Frater Eremor

SHAT
EN
HEKA

Setianische Magick
für den dunklen Pfad

„The Prince of Darkness is a Gentleman. "
(William Shakespeare)

© 1. Auflage, Copyright 2006 by Bohmeier Verlag, Germany-04315 Leipzig, Konstantinstr. 6, Tel.: +49 (0) 341-6812811 - Fax: +49 (0) 341-6811837, und immer erreichbar unter Fon: 0700-62442578 und über unsere Internet-Homepage: www.magick-pur.de

© Das Coverbild stammt von Helge Lange. Wir bedanken uns für die Überlassung der Abdruckrechte. Covergesamtkonzeption von JaaD.

© Die Innenbilder sind von Frater Eremor. Wir bitten die Qualität mancher dieser Bilder zu entschuldigen.

Gesamtherstellung: Bohmeier Verlag, Printed in Germany

ISBN 978-3-89094-511-8

Inhaltsverzeichnis

4

SHAT EN HEKA
Das Buch der Zauberkraft
Setianische Magick für den dunklen Pfad

„Wessen Name ausgesprochen wird, der lebt."
(Ägyptisches Sprichwort)

Vorwort

Heka, die Magie der Ägypter, war eine Magie des gesprochenen Wortes. Der Zauber, den die Priester auf Papyrusrollen niederschrieben, entfaltete sich durch lautes Vorlesen. Götter wurden ins Dasein gebracht und am Leben erhalten, indem ihr Name ausgesprochen wurde. Doch eines Tages wurden die Götter nicht mehr gerufen, sie versanken in Vergessenheit und fielen in einen tiefen Schlaf. Selbst die Schrift, in der die Schreiber ihre Namen erhalten und weitergeben wollten, wurde verboten und schließlich vergessen.

Erst mit der Entzifferung des Steins von Rosette im Jahr 1822 e. v. wurde ein Einblick in die längst entschwundene Hochkultur Ägyptens ermöglicht. Auf diesem Stein, der 1799 e. v. von einer französischen Ägypten-Expedition gefunden wurde, befanden sich vierzehn Zeilen ägyptischer Hieroglyphen und der gleiche Text in Demotisch und Altgriechisch. Dem Linguisten Jean-Francois Champollion gelang es schließlich, die Inschriften zu entziffern, und er legte ein kleines Alphabet in Hieroglyphenschrift an, was weitere Forschungen und Übersetzungen ermöglichte. Anhand der alten Texte entfaltete sich in der Vorstellungskraft der Weltöffentlichkeit so nach und nach das geheimnisvolle Ägypten und gab den Blick frei auf einige seiner Wunder.

Das Pantheon der Ägypter mit all seinen Gottheiten erwachte zum Leben, die Neter hörten ihre Namen und erhoben sich aus der schwarzen Erde des Nils und in der roten Wüste.

Renet, die feueratmende Kobra im Land der Toten, Herrin der fruchtbaren Felder und Hüterin der Ernte, ist die Göttin, die jedem Kind den Namen gibt, und jener Name ist Magie. Das gesprochene Wort ist schöpferisch und ein Name bringt ins Dasein. Renet ist die Göttin, die sich im Namen verbirgt. Eine der ältesten Hieroglyphen für diese Göttin war gleichbedeutend mit „Name". Im Namen ist die wahre Natur des Trägers enthalten, wie im Schemhamforasch des Judaismus, dem zweiundsiebzigsilbigen Namen Gottes, der später auf das Tetragrammaton IHVH reduziert wurde, das den heiligen, verborgenen Namen Gottes enthält. Dieser wird von frommen Juden niemals ausgesprochen oder ausgeschrieben und wird stattdessen durch die Anrede Adonai ersetzt. Der Gelehrte Alexander C. Rae schreibt in seinem Grundlagenwerk *Clever bluffen – Okkultismus*: „Es heißt, Gott habe die Welt erschaffen, indem er das Tetragrammaton korrekt ausgesprochen habe; daher gilt es als die ultimative magische Zauberformel. Da das Althebräische keine Vokale notierte, kann man nur raten, wie das Tetragrammaton richtig ausgesprochen wurde. Wenn jemand den Namen richtig ausspricht, geht die Welt unter, heißt es. Also unterlassen Sie bitte

5

diesbezügliche Experimente, manche Leute haben nämlich bereits ihren Sommerurlaub gebucht." Die Dämonen des Christentums mussten sich im neuen Testament erst namentlich vorstellen, bevor Jesus sie austreiben konnte.

Auch Osiris hatte viele Namen, im Ägyptischen Totenbuch gar einhundert. Da die wahren Namen oftmals nicht ausgesprochen werden durften oder einfach unbekannt waren, wurden Decknamen und Umschreibungen verwendet. In den Pyramidentexten aus der Pyramide des Unas (ca. 2371-2350 vor christlicher Zeitrechnung), dem letzten König der fünften Dynastie, wird gar von einem Gott (Atum) berichtet, „dessen Mutter seinen Namen nicht kennt".

Von der gefürchteten Unterweltsschlange Apep, die in jeder Nacht die Sonnenbarke des Re angreift und den Bestand der Welt gefährdet, sind lediglich Decknamen überliefert, der wahre Name ist bis heute geheim. Im *Buch des Wissens um die gewundene Kraft des Re und das Niederschlagen des Apep* heißt es: „Ihr Wesen der Erde und Ihr neun Götter, die aus meinem Fleisch ins Dasein gelangen, seid aufgeweckt im Niederringen des Apep. Treibt ihn aus und zerstört seinen Namen, erlaubt nicht, dass sein Name sich verbreitet."

Einer in vielen Varianten erzählten Legende zufolge verwandelte sich Isis in eine Giftschlange und biss den Weltenlenker Re, der vom Gift geschwächt niedersank. Dann näherte sich die listige Isis in normaler Gestalt und rettete ihn erst, nachdem er ihr seinen geheimen Namen verraten hatte. Dieser Name brachte ihr die Zauberkraft, um ihren toten Gemahl Osiris wieder zu beleben, und den Beinamen Urthekau, „die Zauberreiche".

Wir, die wir die alten Namen aussprechen, sollten uns bewusst sein, *dass* wir damit ins Dasein bringen, und vorher eine ungefähre Ahnung besitzen, *was* wir damit ins Dasein bringen und welche Verbindung wir schaffen, die nicht mehr zu lösen ist. Wenn die Schwarzen und die Roten, die Blauen und die Goldenen, die Braunen und die Grünen, die Weißen und die Gelben deinem Ruf gefolgt sind, wirst du ganz hinuntergehen müssen in ihre Gewölbe und dort musst du die Luft atmen, die dir aus ihren Lungen entgegenweht. Es gibt keine Abkürzungen, keine Landkarten, zahlreiche Sackgassen erwarten dich, die begangen werden wollen. Wer den VIA SINISTRA geht, geht den Weg der Initiation. Es gibt zahllose Initiationsstufen, die nicht gewollt oder rituell herbeigeführt werden können, sondern die den Magier vollkommen überraschen, und der große Lehrmeister, nennen wir ihn *Das Leben*, reibt sich genüsslich die Hände. In einer formalen Initiation können die Sinne geschärft, kann das Tor geöffnet und ein Zugang geschaffen werden für dich in *ihre Welt* und für sie in *deine Welt*. Die Labyrinthe und Tunnel müssen jedoch allein durchschritten werden und du musst ganz hinuntergehen. Es genügt nicht, wenn du einen Teil deiner Aufmerksamkeit auf dein WERDEN richtest, wie ein Kinobesucher sich nicht recht auf einen Film konzentrieren kann, wenn er sich gleichzeitig über den hohen Eintrittspreis ärgert. Du musst ganz eintauchen in den Kraftstrom deines WERDENS und du solltest nicht erwarten, dass deine Ohren dabei trocken bleiben.

Die Macht und Magie des Wortes, heka, birgt somit auch immer die Verantwortung für die Macht.

Für die Magie.

Und für das Wort.

Dieses Buch ist im Bewusstsein dieser Verantwortung geschrieben worden. Es liegt nun am geneigten Leser, heka hinüberzuretten in unsere Zeit, die Tore geöffnet zu halten, dass die Schlange unter die Menschen gelange.

Shat En Heka ist in elf Hauptkapitel unterteilt. Bevor wir uns in einzelnen Abschnitten den „Großen Acht" Meshkent, Kadesch, Anat, Shesat, Pakerbeth, Ablanathanalba, Io und Erbeth sowie ihrem Boss Set und der verborgenen Chefin Nephtys (die Dame mit der schwarzen Aktienmehrheit in diesem Universum. Bedenke: 75% unseres Universums bestehen aus dunkler Energie und dunkler Materie, von deren Funktion und Beschaffenheit selbst Berufsweise und –wissende nicht die Spur einer Ahnung haben) zuwenden, starten wir mit „Die Herrin des Tempels und die schwarze Schlange des Ostens". Es handelt sich hierbei nicht um eine alte Originalschrift, sondern um einen von den griechischen Zauberpapyri und Nephtys höchstselbst inspirierten Text, den ich von der schwarzen Schlange beseelt niederschrieb, sofern ein Satanist denn „beseelt" sein kann. Wen diese Formulierung stört, der ersetze sie einfach durch „besessen", das trifft es zwar nicht, ist aber vielleicht lustiger. Von einem reinen „gechannelten" Text zu sprechen, würde die Art der Überlieferung in jedem Fall verfehlen; dennoch sind einige Textpassagen in einer Sprache enthalten, die auch ich nicht übersetzen kann. Sicher ist es nicht altägyptisch, auch wenn vieles daran erinnert. Dem Leser sei empfohlen, diese Passagen laut zu lesen, denn ihnen ist eine Kraft inne, die ins Dasein will, hinaus ins Leben. Befreie sie mit deinen Lippen aus diesem Buch!

Tuai-t un shta-t ankh. Shta-t shep ari khet. Per-a ani ari kheperu. Aiu qema messuth.

Dortmund,
30. April 2004 e. v., Beltane
Frater Eremor Phönix NVR.'.vira Setos

Warnung

Warnung 1: Dieses Buch ist gefährlich. Schon durch das Lesen weniger Zeilen könnten Sie von einer Welle dunkler Energie überrollt werden. Möglicherweise ist Ihr Seelenheil ernsthaft gefährdet. Sollte Ihnen das jedoch vollkommen egal sein, wünschen wir Ihnen viel Erfolg.

Warnung 2: Alle Techniken in diesem Buch sind nach bestem Wissen und Gewissen niedergeschrieben worden. Sollten Ihnen durch das Lesen des Buches und/oder das Durchführen der beschriebenen Praktiken körperliche oder geistige Schäden entstehen, so liegt die Verantwortung hierfür vollständig bei Ihnen.

Warnung 3: Wenn Sie dieses Buch rückwärts laut vorlesen, beschwören Sie den Wüstendämon Jahwe, das omnipotente Produkt dogmatisierender Kollektivgeister. Möglicherweise werden Sie die seelsorgerischen Sprechstundenhilfen dieses Gottes nicht mehr los.

Frater Eremor: Shat En Heka, das Buch der Zauberkraft.
Setianische Magick für den dunklen Pfad
Alle Rechte verbleibend bei Frater Eremor
2004 e.v.

I. Nebet–Het. Die Herrin des Tempels

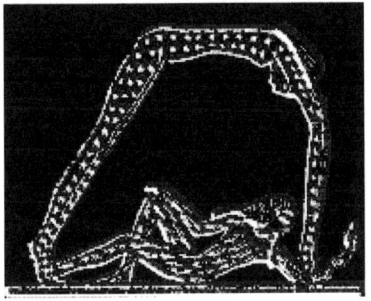

Die Herrin des Tempels und die Schwarze Schlange des Ostens

Tuai-t un shta-t ankh.
Shta-t shep ari khet.
Per-a ani ari kheperu.
Aiu qema messuth.

„Wer liest und nicht wach ist, gleicht einem Blinden, der in einen Spiegel schaut.
O Göttin, die Schriften schenken die Erkenntnis der Wahrheit nur demjenigen,
in dem schon Weisheit ist."
(Kularnava-Tantra I/98)

Hah, shen tutan e kama, shen tutan le korrhem.
Shala mata babaliel,
em mai teh ben sut na,
al shemchai le tonh.
Emm naamah
la chen iod e mai.
El chai na al hemgan.
Bata levanh
ath maal cathoumgn,
el ban cath yen hal.

Hal, iod I, shemrin aetha, I ben.
Hal, mik kama nebet hath moriens yaga.
Ol ran yet levath a mol,
ben na al shemchai le glarhm.
Hah, shen tutan e kama, shen tutan le korrhem.

Dava yi aetha, sim horrdra,
el shen ma el,
kar semni twan na al nebet.
Far sha ben na al teh,
ben na al shemchai sa benya shin.
Iod ar karanh
ha sem na mik tutan,
e kama,
madra e patus la magnem iarh.

Simgna et te banu,
et I hemgan adtum a saman.
Hah, shen tutan e kama, shen tutan le korrhem.

Far sha breghas klamans,
et teh levanh chai valentra hel,
sumra teh iskum a sumra ioggot.
Ash bata mormentu aluhra izmor yeba!
Neb ta tum, hon yet watis natum a yego!
Immun raharat,
el shem baetha mata tetan,
ath ophis klamor.
Darga miror inanshra,
al hadra
kem rechmek tawanis kwor.
Shala em mai
tehben na al shemchai le tonh.
Hah, shen tutan e kama, shen tutan le korrhem.

Darga inanshra.
Shen tutan levanh e kama.
Shen tutan naamah le korrhem.
Sabata el, sabata sam.

Höre meine Tochter!
Es liegt keine Leere im Tod und keine Lehre in der Geburt. Nutze deine Stunden der
Stille. Shala mata babaliel, em mai teh ben sut na, al shemchai le tonh.
Lasse die Hunde kriechen und winseln, mein reines Gewand soll nicht befleckt
werden mit den Absonderungen des Gewürms zu meinen Füßen. Die Millionen sind
gescheitert, als sie sich emporzogen am Rande meines Korbes, um einen Blick zu
werfen in den Abgrund des Seins hinter dem Schleier der Existenz, in den Schoß der
Urmutter. Was sie erblickten, war die Fratze ihrer misslungenen Existenz. Sie fielen
von mir ab wie verdorrte Blätter vom herbstlichen Baum. Sie krochen im Staub zu
meinen Füßen. Betend und bittend wälzten sie sich vor mir in ihren eigenen

Exkrementen. Zogen sich an meinem Gewand hoch und flehten mich an, das Brandopfer auf meinem Altar sein zu dürfen. Doch ich bin das Feuer jenseits der Grenzen ihres Reiches, hier in dieser Welt bin ich die schwarze See, die Tiefe. Mein Herzschlag ist das Echo ihrer Schreie in meinem hohlen Leib. Emm naamah la chen iod e mai.

Lasse die Adler fliegen, sich emporheben zu den Gipfeln jenseits der Wolken. Es sind jene Geschöpfe, die sich mir begierig nähern auf goldenen Schwingen, die alle Schleusen ihrer Herzen meiner Sternennacht öffnen, sich über ihre Eisen und Fesseln erheben in der Freude der Erkenntnis, das ihr Wille der Adler ist, der sich seiner Skorpionnatur enthob und dessen Heimat die Unendlichkeit ist. Wer die Eine erkennt hinter den Schleiern, der wird sterben zur Stunde den süßen Tod der Initiation. Wer mein Antlitz sieht hinter dem Abyss, den ihr Zukunft nennt, der ist nicht mehr. Wer mich findet, hat Keine gesehen und muss sie fortwährend leugnen. Da ist keine Göttin, wo ich bin. El chai na al hemgan.

Wo ich bin, kannst du nicht sein. Also ruhe in meinem Schoß einen Seufzer lang und träume von den Schleiern der Einweihung.

Doch: Lasse die Sklaven dienen, sie sollen sich ihre Herren selbst suchen.

Aber du, meine Tochter: Herrsche in deinem Schweigen, wie ich schweige in meiner Herrschaft.

In einer nebligen Nacht kamst du zu mir wie dereinst Sutuach-Bata, der in der ewigen Schlacht das vergangene Königreich mit den Heeren der neuen Stunde bekämpft. Doch er kam wie ein tosendes Unwetter, den uralten Grauen hinter meiner Stirn entthronend, lehrte er, dass sein Gesetz auch mein Gesetz ist.

Höre, rote Tochter der Sterne: Sein Donnern und Tosen lies meinen Leib erzittern vor Lust. Bata levah ath maal cathoumgn, el ban cath yen hal.

Öffne das Tor und überwinde den Abgrund. Doch sei dir sicher: Die dunklen Wasser meines Leibes sind nicht teilbar, erinnere dich an den Kelch des Drachens. Möge sich das Blatt an den Baumstamm erinnern, möge sich die Blüte an die Wurzel erinnern.

Am Morgen hebe ich mit meiner Schwester die Sonne aus der Nacht, am Abend erwarte ich Re allein.

So bin ich der Tod, die dunkle Mutter, die Schwarze Schlange, die aus dem Leben geformt wurde, und ich bin Meshkent. Hal, iod teh, shemrin aetha, teh ben. Hal, mik kama nebet hath moriens yaga.

Er ist mein flammender Atem, ach, wie köstlich ist der Tod, die Feuer des Lebens verströmend unter allem Getier. So ist Sut, der Schwarze, das rote Leben, mit den Göttern ringend. So beschenkt er, der reich ist an Zauberkraft, die Menschen mit Zerfall und Triumph. Ich erwarte sie an den Toren der Duat und feiere ihren Sieg, ich bin der Geburtsziegel unter den wankenden Füßen meiner Schwestern, bin ihr nackter Traum und ihre Sehnsucht, bin ihre Lust und ihre Trauer, ich bin Renet.

In meinem Kelch schütten die Prinzen des Feuers, des Wassers, der Luft und der Erde ihr Blut und die Feuerschlange der Lust erhebt sich in Ekstase aus den Tiefen des Abgrundes, um das Rote mit dem Schwarzen zu verbinden. Gemeinsam sind wir der große Drachen der Nacht.

Ich bin die Herrin des Hauses, in dem die Welt reift, ich bin Shta. Ol ran yet levath a mol, ben na al shemchai le glarhm.

Ich bin die Wüste, die das Schlangenei birgt. Dava yi aetha, sim horrdra, el shen ma el, kar semni twan na al nebet.

Ich bin die Halle, die durch die Feuersäulen des Sutuach getragen wird. Far sha ben na al teh, ben na al shemchai sa benya shin.

Meine Halle ist erfüllt von den Düften der Freude und der Liebe. Jenen, die sich in Liebe erschlagen, enthülle ich einige meiner Gesichter.

Meine Tochter mit goldenem Herzen, ich war Zeugin deiner Geburt und werde auf dich warten, wenn du stirbst.

Der Schleier fällt, des Träumens müde, von mir.

Du, die du dich mir ganz hingibst, du wirst dich finden in meinen Sternen. Kein freier Geist kann sich verlieren in der Liebe zu mir. Doch du wirst vor deinem Tod nicht stehen bleiben und erstarren, in Erwartung des Sichelhiebes. Du wirst ihn nehmen im Vorübergehen, so wie er dich nimmt im Vorübergehen.

Wenn du heute das gestern erschlägst und morgen den Thron des Heute besteigst, dann wird die fordernde Hand des Todes die spendende Hand der Lust.

Der Schleier fällt, von Sehnsucht erfasst, von mir.

Wenn du auf Mitleid oder Gnade hoffst, Tochter der Stärke, und deine Flügel vergisst, die dich in meinen Tempel trugen, wenn du dich hernieder beugst zu den Winselnden zu meinen Füßen, dann wirst du mich vergessen, dann wirst du dich verlieren, dann wirst du am Staub ersticken, denn ich bin Anat.

Der Schleier fällt, besiegt vom Staub, von mir.

Um die erkennenden Narren, die sahen und nie wieder sehen wollen, kümmere dich nicht, denn ich habe sie erkannt und entschleiert. Sie haben nur ein Geheimnis meiner geliebten Schwester ergründet und verachten alle, welche mehr sehen als sie selbst, und trachten nach ihrer vollständigsten Vernichtung, ganz gleich, ob ihre Scheiterhaufen im Herzen ihres Glaubens, im Bauch ihres Welthasses, der auf Angst erblüht ist, oder im Kopf ihrer so genannten Vernunft und ihres gesunden Menschenverstandes lodern.

Der Schleier fällt, endlich Uunendliches erahnend, von mir.

Seht die Toren, die mit Blindheit geschlagen ihre Gottheit, ihren Sinn im ganzen Erdenrund gesucht haben, die jene Namen von allem, was anderen heilig ist, heraus schrien in ihrer Verzweiflung und denen doch nie eine Gottheit antwortet. Die fremden Götternamen verhallen ungehört und die große Gottheit des eigenen Werkes schenkt ihnen keine Aufmerksamkeit.

Diese Narren glauben tatsächlich, dass meine Kinder, denen der Sternenhimmel antwortet, wenn sie den Weihrauch erheben, verrückt sein müssen.

Im unbeantworteten Rufen der Narren ist immer Schmerz, Hass und Ignoranz.

Der Schleier fällt, mit einer Träne bekleidet, von mir.

Seid gleichmütig ob dieser Naturen, denn wenn ihr die Geheimnisse sucht, so könnt ihr sie finden, so wie die Toren und Narren sie finden könnten, wenn sie nicht so laut polternd die Wächter der Schleier ihrer eigenen Ignoranz bezichtigen würden.

Und wenn ihr mich gefunden habt zwischen den erschaffenen Dingen auf, über und unter der Welt, dann schweigt, denn dieses Wissen ist nicht, denn ich bin nicht. Das Haus ist verlassen, der Tempel ist leer, doch ich bin immer die Herrin.

Wenn die Narren und Toren an euren Rockzipfeln hängen, wie sie mich schon oft verärgerten, dann hütet das Geheimnis, denn es ist das Mysterium eures Lebens, nicht das der Bettler und Schmarotzer. Doch schweigt nie, denn sonst werden sie euch auf den Thron hinter ihren Stirnen erheben oder im Schmutz zermalmen. Leugnet mich mit beredter Leidenschaft aus hellstem Verstand, doch nie aus tiefstem Herzen, dann wird euer Haus ein Haus der Fülle, euer Tempel ein Tempel der Freude, doch ich bin immer die dunkle Herrin, die schwarze Schlange am Portal.

Der Schleier fällt, sich selbst leugnend, von mir.

Wenn ihr mich gefunden habt, dann habt ihr mich nicht erkannt. Wenn ihr glaubt, zu wissen, dann werdet ihr erstaunt sein, den knorrigen, nackten Herbstbaum im Frühling zu sehen, wenn er sich lustvoll und blattgeschmückt in den Himmel reckt.

Wenn du mich anschaust, meine Tochter, dann zeige ich dir ein Gesicht, und das Gesicht bin ich in dir. Schaue in den Spiegel und du wirst die Geheimnisse der Welt erblicken.

Rufe mich an unter dem Nachthimmel und ich offenbare dir den Weg zu deinem wertvollsten Schatz, der dich aus der Sklaverei des In-der-Welt-Seins befreit und dir die Freiheit schenkt, die nur die Unnennbare geben kann:

Durchstreife die Welt, gehe an ihr vorüber und hindurch. Entdecke das Unentdeckte, das Gold, dass inmitten des Unrats glänzt. Grabe deine Hände tief in meinen grün-braunen Leib, da ist nichts unrein, was ist.

Wenn du erniedrigt in den Staub geworfen Dreck schluckst, so ist es Dienst am großen Demütiger, dessen verzweifelter Geist die Hirne der Menschen zerfrisst. Mia kama: Wenn du mich spürst, wenn du dein Gesicht mit Schlamm bestreichst. Wenn du mich schmeckst, wenn du deine Exkremente und deinen Urin zu dir nimmst. Wenn du mich hörst, wenn du tief im Schoß der Erde nichts hörst vom Lärm der Welt. Wenn du meinen lieblichen Duft wahrnimmst, wenn du eine Hand voll Erde mit ihren Bewohnern hältst, die erst durch Tod und Fäulnis fruchtbar wird.

Wenn du mich siehst, wenn du dich selbst anschaust. Dann ist dies der Dienst an der Göttin der Geburt und des Todes, der schwarzen Schlange, die unter den Lebenden weilt.

Der Schleier fällt, der Göttin in dir geweiht, von mir.

Die brennende Sonne im Süden, der heraneilende Sandsturm, die Wege zur rettenden Oase, der Sand unter euren Füßen: All dies ist ER.

Doch ich bin die unerkannte Herrn des roten Landes Descheret, die Verborgene und die Verbergende: Die geheime Seele der Wüste.

ER offenbart Allem das Licht am Mittag. ER ist immer die Mitte, wenn Wege sich kreuzen, wenn Elemente sich treffen, wenn das Morgen das Gestern niederringt, wenn Feuer und Wasser sich auslöschen. Nach IHM streben alle Dinge, alles Leben, und doch fürchten sie IHN, denn er ist der große Initiator auf allen Stufen der Lebensleiter, nein: ER ist die Leiter selbst.

Doch ich erhebe alle Dinge, alles Leben zu den nächtlichen Sternen, ich bin geliebt und verehrt, meine Vulva ist der Altar des Lebens, die Schamhaare sind die Flammen der Herrin. Doch meine Gebärmutter tötet.

Der Schleier fällt, von Sonnenglut versengt, von mir.

Verachtet seid ihr, die ihr euren Göttern opfert, euch ihrem Willen unterwerft, im Schatten der steinernen Idole eures verkommenen Daseins umherkriecht über die verfaulenden Leiber eurer Vorgänger, deren Gebeine eure Wege bilden.

Verflucht alle, die winseln und flehen vor den Statuen der Götter des Gesetzes und der Rechtschaffenheit, die bereit sind zu stehlen, zu kämpfen, zu morden und zu sterben, nur um im Schatten der kalten Statuen ihr Grab zu finden.

Wie der Skorpion seinen Stachel so richtet ihr eure Macht gegen euch, wenn ihr sie in den Dienst der Sklaverei stellt. Nennt sie Verteidigung des Reiches, der Werte, des Blutes, eures Gottes, der Brüderlichkeit, des Gesetzes, Gleichheit.

Die Sklaverei ist eine Pest, die euch von euren Ahnen überliefert wurde. Keine Sünde wird vererbt, ihr seid frei, wenn der Morgenhimmel euch gebiert. Doch es sind nicht nur die verfaulten Wasser der Taufe, die euch die Krankheit übertragen, es sind die akzeptierten Lügen, die respektablen Lügner und die geachteten Irrungen der Toren und Narren, die nach eurem Sinn suchen in ihren Tempeln der Religion und der Wissenschaft, weil ihre Gottheit ihnen schon lang nicht mehr antwortet.

Die Priesterschaft des uralten Kultes der Sklaverei ist der Todfeind all jener, welche das Windmädchen Lilitu in ihrem Spiegelbild erblickten. Du benötigst keine Religion, Tochter der Dämmerung. Sei Religion!

Wenn du an die schwarze Schlange glaubst, stelle dich in einen Fluss und du weißt um die Energie des Wassers. Wenn du an die Schwarze Schlange glaubst, entzünde ein Feuer und du weißt um die Kraft der Flammen. Wenn du an die Schwarze Schlange glaubst, atme tief und du weißt um die Energie der Lüfte. Wenn du an die Schwarze Schlange glaubst, stelle deine Füße auf die Erde und du spürst die uralte Kraft unter dir.

Verbinde in dir das Leben und den Tod, die Stürme und das Meer, die Feuer der Leidenschaft und die Wasser der Sehnsucht, steige hinan, ich bin der erwartende Sternenglanz über dir, neben dir, unter dir, in dir.

Wenn die Narren dich mit Namen füttern wollen, speie ihnen diese Gefängnisse der göttlichen Ideen ins Angesicht. Glaube ihnen nicht, glaube an deinen Weg, an deine Kraft, ihn zu gehen, an deinen Mut, den Blick zum Horizont zu richten, wo die Wasserschlange darauf wartet, dich zu verschlingen in heiliger Ekstase. Deine Mission ist die des Voranschreitens, des Übertreffens, tritt alles nieder, was erschaffen ist, wenn es in deinem Wege steht.

Sei immer nur einen Herzschlag vom Sterben entfernt, einen Moment vom lustvollen Höhepunkt der Vereinigung, sei dein eigener Tod, so bist du bei jedem Schritt durchdrungen von Leben und der Weg erblüht vor dir.

Verachtung jenen, die für mich sterben.

Achtung jenen, die durch mich sterben.

Verehrung jenen, die in mir sterben.

Denn ich bin Keine, Königin des unerschaffenen Reiches eurer Träume.

Der Schleier fällt, von Krankheit befreit, von mir.

In Anwesenheit deines Auges erblüht dieses Feuer meines Leibes ohne Furcht unter der Sonnenglut des Mittags.

Ich rufe dich, Feuerträger, Siebengestirn, Wüstensturm, du hast Apep mit deiner Lanze gezwungen, die Wasser des Lebens auszuspeien. Du triumphierst über Apep, der das Urmeer austrank, um die Fahrt der Barke zu beenden. Du bekämpfst Janka unter deinem Namen Teschub. Dich rufe ich im Namen des Niedrigsten, das kriecht auf der Erde, und des Höchsten von Allem, der Essenz des endlosen Weltenspiels.

Dich rufe ich an, Geliebter mein, dich: Zepterhalter und Herrscher der Zeptergewalt dort oben, Gott der Götter, Dunkelerschütterer, Donnerbringer, Stürmischer, Nachtdurchblitzender, Kälte und Wärme Hauchender, Felserschütterer, der du Mauern erbeben machst, Wogenerreger, der Tiefeerschütterer und Beweger.

Vor dir zittern Erde, Tiefe, Himmel, Sonne, Mond, der Sterne sichtbarer Chor, die ganze Welt. Dich rufe ich an, der zuerst unter den Göttern die Waffe führte, dich, der über die Himmlischen das Königsszepter hält, dich, der droben mitten unter den Sternen ist, dich, den gewaltigen Herrn über die Fixsternsphäre, dich, den Furchtbaren und Schrecklichen und Schaurigen, dich, den Klaren, Unüberwindlichen, den Hasser des Schlechten, dich rufe ich, in Stunden, die ohne Gesetz und Maß sind, dich, der auf unauslöschlichem, zischendem Feuer schreitet, dich, der über dem Schnee und unterm finsteren Eis ist, dich, der über die angeflehten Moiren die Königsmacht hat, rufe ich, Allbeherrscher, auf dass du dein Auge richtest auf die Schwestern und die Brüder der Schlange, deine Ankh richtest auf sie, dein Messer führst für sie, wie sie bereiten deinen Weg unter den Menschen.

Nimm sie unter deinen Schutz, lass alles, was sich gegen sie richtet, verglühen in deinem Feuer. Richte deine Kinder auf zu voller Größe, es sind Giganten in der Kraft des Sutuach!

Erfülle sie mit Freude am Weg, möge das ins Dasein Gelangte die ins Dasein Gelangenden ins Dasein geleiten.

Lass sie sich erheben aus dem Sumpf der Bedrängung und ihre Flügel mögen sich erneuern, so dass sie mit den Falken in das Tal der Ewigkeit fliegen können. Lasse dein Wüten die Stille zerschneiden und ihre Feinde stürzen, aus welcher Richtung sie auch kommen mögen. Lass ihre Gedanken sich klären und zu den Gipfeln richten, auf denen die Lust in einem prächtigen Tempel wohnt, dessen Säulen Leidenschaft und Liebe genannt werden, die sich in den Fels der Abscheu und des Hasses gebohrt haben.

Die Säulen tragen das Dach der Halle, in der wohnt der große König Phamoteb, dessen Heimstatt in Mendes längst verlassen ist und dem ein Platz geschaffen ist zwischen den Augen seiner Priesterschaft.

Höre auf mich, denn ich sage deine wahren Namen: Ioerbeth, Iobakerpeth, Iobolchoseth, Typhon, Phra, erhöre mich, großer Sutuach. Deine Töchter und deine Söhne haben die ganze Erde durchsucht und den großen Osiris gefunden, den sie in Fesseln zu dir führten. Sie sind es, die im Bunde mit dir kämpften gegen die Götter, sie sind es, die des Himmels doppelte Falten schlossen und einschläferten die Schlange, die man nicht anschauen kann, die zum Stehen brachten Meer, Fluten, der

Ströme Gewässer, bis du Herr wurdest über dieses Reich. Sie, deine Krieger, sind besiegt von den Göttern, zu Boden geworfen sind sie um eitlen Zornes willen. Erwecke deine Freunde und stürze sie nicht zur Erde, Herr der Götter. Gib ihnen Macht und gewähre ihnen deine Gunst. Nimm sie auf in ewiger Vereinigung mit deiner Gestalt, gib ihnen Stärke durch deinen heiligen Namen, lasse sie teilhaftig werden an den Strömen des Guten, Gott der Götter, Herrscher, Dämon.

Gib ihren Augen Sicht, gib ihren Armen Stärke, gib ihrer Stimme Kraft, gib ihren Herzen Mut, gib ihren Gedanken Klarheit, gib ihren Sinnen Feinheit, gib ihnen aufrechtes Begehren und Durst nach der Krone von Allem, die Keine trägt auf ihrem Thron.

Geliebter Bruder mein, öffne für deine Kinder den geheimen Weg des Willens und der Intelligenz, weit hinter den Pforten der Nacht, jenseits der Grenzen der Zeit. Dort treffen sich Dolch und Gral, dort entspringt der Drache dem heiligen Kreis.

In meinem uralten Zeichen erschlagen sich Willen und Liebe auf dem Altar des Mysteriums aller Mysterien.

Der Schleier fällt, von Leidenschaft ergriffen, von mir.

Höre, meine Tochter: Errichte den Altar im Westen, denn dort ist jeder Altar das Tor und das Tor führt dich hinaus und den Drachen hinein.

In den alten Zeiten war der Altar aus Fleisch und Blut und das Tor war die Tochter, die Geliebte und die Mutter des Seins. Der Altar jedoch ist die Mitte jedes Kreises, sobald der Wille sich dort mit der Liebe vermählt und die Ideen des Dort mit den Manifestationen des Hier erschlagen sind.

Der Schleier fällt, vom Kreuz im Kreis erhöht, von mir.

Denke an die Tochter, die Geliebte und die Mutter des Seins, geschöpft aus dem Dunkel der Zwischenzeit, dem Mischspiel aus Licht und Finsternis, dem Übergang von Ebbe und Flut.

Verrückte Mutter der Zeit, Herrin des Todes und des Erwachens, du bist das Tor, der Kristall in der Finsternis, in dem sich das Licht SEINES Willens und meiner Mutterschaft bricht.

Da ist kein Teil an dir, der nicht von der Mutter ist, denn ich bin die Schwarze Schlange Belti im Herzen meiner Priesterin und Chaos ist keiner meiner Namen, es ist nur ein hilfloser Schrei in der Einöde, hoffend auf Antwort aus dem Reich jenseits von Fragen, aus dem Reich, in dem die Wälle der Ordnung lautlos brechen.

Der Schleier fällt, vom Willen getragen, von mir.

Ich bin die Königin Inanna, die ihre Krone ihrer Herrschaft opfert. In meiner linken Hand ruht der Mond, in meiner rechten glänzt die Sonne.

Ein Auge für den Tag und eins für die Nacht.

In meinem Blut watend öffne du die Tür, für die es nur einen Schlüssel gibt, den Keine besitzt. Öffne die Pforte, die den Weg zum Schwarzen öffnet, der durch mein Blut lebt und den Kreis des Grals erhält, damit sein Schwert eine Heimat finde. Denn ich bin das Braun und Grün der Erde, der schwarze Mond und das tiefe Blau der Ozeane.

Mir gilt der erste Gedanke des Geborenen und ich bin das finale Verlangen jedes pulsierenden Herzens.

Ich bin die Flut, die deine Glut erschöpft. Ich bin die Feuersbrunst, die dein Wasser verdampfen lässt zu aufsteigenden Nebeln voller Trugbilder.

Ich bin der Sturm, der deine Erde hinfort trägt, deine Werke niederreißt wie dereinst SEINE Tempel in Tanis.

Ich bin der Wall, an dem das Wort des Gottes scheitert.

Ich bin der Schoß, der zurücknimmt, was er geboren.

Ich bin der Mund, der schweigt.

Ich bin das Gefäß, aus dem die Wasser des Lebens und der Lust sich über die Erde ergießen, nenne sie Verlangen und Mut, wenn du sie benennen willst.

Wenn du mir opferst, dann feierst du mein Sein in deinem Sein, meine Ewigkeit in deinem Augenblick. Das berauschende Lachen der Nichtigkeit soll dir die Macht über Alles geben.

Doch gib Acht: Da, wo ich bin, sind viele, und sie sind alle Teile von Keine: Wir waren, bevor Alles war, und bestehen, wenn Alles nicht mehr ist.

Keine regiert dann so, wie sie es immer tat, und du nimmst Teil an der niemals endenden Zeremonie der Krönung der Schwarzen Schlange.

Der Schleier fällt, das Geheimnis nicht enthüllend, von mir.

Iod ar karanh ha sem na mik tutan, e kama, madra e patus la magnem iarh. Simgna et te banu, et teh hemgan adtum a saman.

Vor den Göttern und der Schöpfung war ich, ohne Laut, ohne Tat. An keinem Ort bin ich die Herrscherin der unerschaffenen Dinge. Ich bin die Mutter der Welt. Ihr kennt den Namen meines Hauses nicht, doch ich bin die Herrin des Hauses. Ich bin groß, denn die Götter verlieren sich in meinem Schoß.

Die sich entfernende Schlange der Unterwelt, deren Windungen die Schatten der Stundengöttinnen sind, entfernt sich, da sie gegen den Sonnenlauf schreitet. Sie ist, wie Apep nicht ist, sie sieht, wie Apep blind ist, sie erschlägt die Zeit, indem sie der Zeit Raum gibt, wie Apep das Urmeer austrank und die Schöpfung zu verschlingen droht.

Ihr kennt meinen Namen nicht, doch auch wenn ihr mich ruft, bin ich nicht die Schöpfung, nicht die Schöpferin, sondern immer der Schoß, aus dem der Namenlose schöpft. Ihr kennt den Namen des Schwarzen nicht, der ein Roter wird in der Hitze der Mittagssonne, der Kopflose, der Wütende, doch er ist der starke Speer, der das Weltenrund meines Leibes durchstößt und in das Dasein bringt, was danach schreit, ins Dasein zu gelangen.

Ich weiß, wessen Sohn er ist. Ihr kennt seinen wahren Namen nicht, denn ihr habt zu oft versucht, ihn bei dem Namen seiner rechten Hand in euren Dienst zu zwingen, denn ihr habt zu oft versucht, ihn in dem Namen seines Auges zu erkennen, ihr habt zu oft versucht, sein Werk im Namen seines Phallus gegen die Seele der Wüste zu richten, deren geheimes Wort auf meinen und nur auf meinen Lippen schwimmt.

Ihr kennt seinen wahren Namen nicht, er ist der Namenlose.

Wenn ihr ihn benennen wollt in eurer Gier, alles zu nennen, und sei es das Unnennbare, alles zu fassen, und sei es das Unfassbare, dann nennt ihn den, der den Weg geht.

Doch glaubt nicht, dass ihr ihn damit kennt in eurem eins und eins.

In meinem Schoß ist alles Sein gelöst, ich bin Keine. Glaubt nicht, dass die Gefängnisse, in die ihr die Gedanken der Götter sperrt, damit ihr sie benennen könnt, außerhalb von euren geschundenen Hirnen von Wert sind.

Da ist ein goldenes Reich, ein Augenblick, ein Zischen der Schlange, ein Hauch, ein Zeitpunkt zwischen den Zeiten, in dem eure Widersprüche sich auflösen. Der Widerspruch aber ist SEIN Reich. Er ist der, der den Weg geht, und ich bin nicht der Anfang und die goldene Stadt der Auflösung von Allem ist nicht das Ende.

Wenn ihr ihn ehren wollt, dann geht euren Weg.

Wenn ihr euren Weg geht, werdet ihr erkennen, dass ihr seinen Weg geht.

Wenn ihr seinen Weg geht, werdet ihr fallen wir der Bringer allen Lichts, der schönste Engel, ihr werdet fallen vor eure eigenen Füße.

Der gefürchtete Sturz des Geistes in das Feste ist belebend und erleuchtend für euer Sein. Ihr werdet der Weg sein und der, der den Weg geht. Eure Füße werden den Weg finden auf eurem eigenen Leib, in eurer eigenen Liebe, in euren Gedanken, in euren Träumen, Wünschen, Hassen, Kämpfen, Sehnsüchten und jeder Schritt krönt die Königin des Tempels auf ihrem Thron.

Der Lauf der Gestirne ist das Gesetz der Erde.

Die Erde ist das Gesetz von allem, was wächst und gedeiht auf ihr.

Der Mensch ist des Menschen Gesetz, da wo er aufhört zu wachsen und zu gedeihen nach dem Rhythmus der Erde.

Doch das einzige Gesetz des Wanderers ist der Weg.

Würde ich den Weg benennen, meine geliebte Tochter, es wäre nicht dein Weg.

Gib deinem Weg einen Namen und dein Leben wird erblühen von tausend farbenprächtigen Wundern des Tages und der Nacht.

Verliere du den Namen auf dem Weg und die Wunder werden verblassen.

Verliere du den Namen und du verlierst den Weg.

Verliere du den Namen und du verlierst dich.

Verliere dich, dann findest du den ewigen Weg.

Den einen Weg.

Dann schaust du das Geheimnis: Die Königin vereint mit ihrem Gemahl in bedingungsloser Liebe, das Nichts hervorbringend, gebärend die Idee der neuen Welt aus dem Chaos hinter den Schleiern.

Doch nicht jetzt, meine Tochter: Das einzige Gesetz des Wanderers ist der Weg. Schreite voran, strebe nach mehr, übertriff, verlange nach dem Horizont, geh weiter, kämpfe, ringe, führe deine Waffen, verweile nicht.

Die Früchte des Lebens seien dein Lohn, die Tränen des Himmels dein Nektar.

```
         A
        EE
        III
       OOOO
       YYYYY

       YYYYY
       OOOO
        III
        EE
         A
```

Wenn ich auch einige meiner Schleier gelüftet habe, erkennen könnt ihr nur eine Säule des Tempels, nicht die Herrin selbst.

Darga inanshra. Shen tutan levah e kama. Shen tutan naamah le korrhem. Sabata el, sabata sam.

Ich eile zur Erde herab und hauche deinem Mund die machtvollen Gesänge ein:

18

Dies sind die Laute aus dem Mund der Erzeugerin, der Unterweltlichen, der Seele der Finsternis. Forme das Weltenrund aus dunklem Ton, bringe deinen Willen ein und hauche ihm Leben ein durch einige deiner Haare, Fingernägel und durch den Nektar der Freude.

Spreche diese Worte in mir und ich erhebe dich zu seinen sieben Sternen: Io Erbeth, ich rufe dich an, mächtiger Sutuach, bringe zum Stehen, bringe zum Stehen das heilige Schiff, der du am Bug der heiligen Barke Apep niederringst. Ehe du durchfährst die nächtlichen Himmel, erhöre mich und erfülle meinen Willen, den ich dir kundgetan im Leibe der großen, dunklen Herrin des Tempels. Ich rufe dich an, Io Erbeth, Io Pakerbeth, Io Bolchoseth, Patathnax, verwirkliche meinen Willen, wenn die Weiße- und die Schwarze Schlange die Sonne wieder im Osten erheben. Du, der du den Leib der Nuit und die Gebiete der Duat zu deinen Tanzplätzen gemacht hast, dein Lachen vergeht nie auf deinen Lippen, denn dir gehört der Kampf und der Sieg und der Triumph. Doch immer für sie, die dunkle Seele der Finsternis, immer für die Herrin des Tempels.

Nimm an das Rauchopfer. Ich rufe dich an. Ich bin dein Bote und mein Fluch und mein Segen ist es, selbstgemacht zu sein. Ich bin dein Krieger auf den Pfaden, ich beschwöre dich, Selbstbeherrscher, und bitte dich inständig: Verbinde dich mit mir. Meine Augen sind deine Augen, meine Stimme ist deine Stimme, mein Wille ist dein Wille, meine Stärke ist deine Stärke.

Ir Shti Shta-Tu, suche die Mysterien.

A Set! Ich bin Nebet-Het und mein Gatte ist To, Sohn des Großen, reich an Zauberkraft, jener, der das Geburtsmesser Pesh-Kent führt und den Abgrund öffnet, jener, der sich selbst herausschnitt aus dem Leib seiner Mutter Nuit.

Pesh-Kent ist ein geheimer Name, gib Acht.

Ich bin Nebet-Het, ich schlief mit Osiris und gebar ihm den Hundsköpfigen. Meine Gefährtin kam vom Berge, mittags im Sommer, die bestaubte Maid, indem ihr Auge voll Tränen, indem ihr Herz voller Seufzer war. Und sie ging mit Sutuach hinauf und ersäufte Osiris aus Eifersucht in meinem Schoß, denn die Schwängerung hatte ihr zugestanden. Geliebte Schwester mein, zürne nicht.

Erstes Werden allen Werdens, großer Xepera, Selbsterschaffer, rolle die Kugel den Schlangen entgegen.

Osiris ist tot, doch in seinem Geist ist der unsterbliche Geist, in seiner Seele das unsterbliche Wasser, in seinem Atem der unvergängliche Hauch, in seinen Lenden das heilige Feuer, in seinem Leib die beharrliche Erde, das Gesetz von allem, was wächst und gedeiht, in ihm das lebenserzeugende und ringsumfließende Fremde.

Aset, geliebte Schwester mein, mit meinem Geliebten erschlugst du den gebundenen Osiris. Aset, Isis, Gefährtin: Schweigen, schweigen, schweigen.

Dein ist der Stern meines Sohnes, wie dies der Stern meines Gemahls ist, unerreichbar für den Vater des Hundsköpfigen. Ich schloss den Graben zwischen ihm und uns. Äompat Neos! Asura Medha! Der Schattensohn ist erschaffen, doch meine Offenbarung verschweigt die Ursache des Unverursachten.

Die nach innen gewandte Tochter versteht die Alten in den schneebedeckten Bergen, denn sie ist zu mir gewandt. Spüre den Schwingungen des ersten Krieges nach, der die Pole teilte, meine Tochter, du bist immer auch Teil des Netzes. Unter den Sternen der Nuit tanzend entzünde den heiligen Weihrauch für mich, geliebte Tochter, atme meinen Atem, spüre meinen Leib, fühle meine Kraft in dir, fühle deine Kraft in mir, lass dich tragen von den wilden Löwen und erhebe den Kelch!

Tanze mit nackten Füßen auf dem Netz des Lebens, meine Ekstase pulsiert in den Windungen der Wasserschlange, tanze zu Ehren der Allgegenwart des Drachens, barfüßig sind die Tänze deiner Träume. Meide die Seuchenherde der Unwürdigen, denn du bist keine von ihnen.

Sieben Säulen tragen den Tempel.

Sieben Tore führen hinein.

Sieben Siegel schützen die Pforten des Urschoßes.

Die selbst ernannten Statthalter der Ordnung und des Gesetzes schreien an gegen mein Schweigen. Sie richten ihre Waffen gegen die Schleier, hinter denen ich mich zurückziehe. Sie plappern ihre scheinheilige Meinung heraus und verneinen meine Existenz, doch all ihre Waffen, die sie gegen meinen Leib richten, strafen sie Lügen.

Doch ich bin auch die Ekstase des dunklen Mondes, die wütende Göttin, meine nackten Füße tanzen auf ihren toten Leibern, mein letzter Kuss verschließt ihre Lippen, so dass sie mein Geheimnis fortan hüten.

Wer mich böse nennt, der ahnt nicht das Ausmaß meiner Finsternis. Wer mir in die Augen schauen will, muss dem Krokodil gefährlich nahe kommen. Wer mich Feindin nennt, der irrt, denn ich bin nicht von eurer Welt. Wenn ihr glaubt, mich zu erkennen, so seht ihr nur den Schatten der Schlange durch das hohe Gras entschwinden.

Oh ihr blinden, verlorenen Kreaturen, wenn ihr den Funken des Lebens und der Initiation noch in euch tragt, so entflamme ich ihn, dass die Feuer euch verbrennen von innen nach außen, und ich bin es, die nackt auf eurer Asche tanzt, euch aufwirbelt und euch mit tiefen Atemzügen aufsaugt. Der Falke des Westens, der Osiris in seinen Krallen hält, das Auge des Südens, das frei die Welt durchstreift, der Wind des Ostens, den die Schlange in der Unterwelt entfacht, Ödnis des Nordens, nimmt euer Fleisch als Opfer auf dem Altar, nimmt euer Skelett und bleicht eure Knochen in seinen Flammen, öffnet euch die Tore der duat und führt euch den dunklen Weg. Xepera Xeper Xeperu.

Doch wenn ihr den Funken verloren habt, seid ihr keine meiner Kinder, nein, dann seid ihr keine meiner Kinder.

Aller Glanz und Ruhm gehört dem Herren der Initiation, aller Glanz und Ruhm.

Set ist der Sohn des Weges
Set ist der Herr des Todes
Set ist der Baum der Sinne
Set ist der Keim der Hölle
Set ist das Wort der Nacht
Set ist die Saat der Liebe
Set ist das Blut der Weihe
Set ist der Herr der Sinne
Set ist der Baum der Hölle

Set ist der Keim der Liebe
Set ist das Wort der Weihe
Set ist das Blut der Nacht
Set ist die Saat des Weges
Set ist der Sohn des Todes
Set ist das Blut der Liebe
Set ist die Saat der Sinne
Set ist das Wort des Weges
Set ist der Keim des Todes
Set ist der Baum der Weihe
Set ist der Herr der Hölle
Set ist der Sohn der Nacht

Set ist das Dunkel dieser Welt
Set ist das Licht jener Welt

Set ist die Schlange
Set ist der Stern

Lasset auf meinem Altar Blumen sein, eine Rose für den Tod und das Leben, eine Rose für den Hass und die Liebe, eine Rose für die Sklaverei und die Freiheit.
Meine Priesterin sei das Tor, geschmückt und begehrt, wie ihr mich begehrt.
O meine Kinder, ich gebe ihr die Freuden der zwei Welten, in ihr wurzeln Himmel und Erde, wenn das Ritual mir gilt aus ganzem Herzen. Gefährlich für die Kinder des Lichtes ist das Wandeln in der Nähe der Grenze, die das Reich der Menschen umgibt und es vom Reich der alten Göttern trennt. Fürchterlicher aber als die Grenze selbst sind jene Wesen, die sie überschritten haben. So soll die Priesterin ihr Selbst im Feuer der Selbstschöpfung schmelzen und der Glut entsteigen wie der Feuervogel von Khem.
Hört, ihr seid das Leben, das aufsteigt, inmitten meines Kelches und des entschleierten geheimen Kreuzes darin. Findet in euch das Eine und ihr habt Alles, doch erschlagt eure Zwillingsnatur noch nicht, ihr seid der Wille und der Weg zwischen den Antipoden allen Seins, ihr seid Teil des Netzes. Wenn Sutuach sich mit euch verbunden hat, seid ihr die Strahlenden, seid ihr der Stern und die Schlange ist mit euch.
Darga miror inanshra, al hadra kem rechmek tawanis kwor. Shala em mai tehben na al shemchai le tonh.

Ich lehre dich, nicht zu opfern.
Ich lehre dich, den Prophezeiungen zu lauschen.
Ich lehre dich, dein Schicksal selbst zu bestimmen.
Ich lehre dich, frei zu leben.
Ich lehre dich, stolz zu kämpfen.
Ich lehre dich, wie ein fliegender Pfeil zu sein, unbeirrbar.
Ich lehre dich, zurückzuweisen.

Ich lehre dich, dich hinzugeben.

Ich lehre dich, bei deinem Herzen zu stehen.

Ich lehre dich, deine Arme zu kampfbereiten Kobras werden zu lassen.

Ich lehre dich, dein Werk zu verteidigen.

Ich lehre dich, deinen Blick stark zu machen wie SEIN Auge inmitten des Wüstensturms.

Ich lehre dich, deine Götter zu fressen, wie dereinst Unas, mein siebter Priester, es tat.

Ich lehre dich, ihr Blut zu trinken und auf ihren Gebeinen zu tanzen.

Ich lehre dich, ihre goldenen Statuen zu zerschlagen.

Ich lehre dich, ihre blutigen Herzen den Sternen darzubieten.

Ihre Herzen sollen dein Herz stärken, ihre Hirne sollen deine Gedanken beflügeln, ihr Blut soll dein Blut zu kochender Lava werden lassen.

Ich lehre dich, nicht zurückzukehren zur Stätte deiner Herkunft.

Ich lehre dich, hinauszugehen am Tage.

Ich lehre dich, Eis zu werden.

Ich lehre dich, Stein zu werden.

Ich lehre dich, Flamme zu werden.

Ich lehre dich, ruhige See zu werden und heranstürmende Flut.

Ich lehre dich, eine Fluchtburg deiner Überzeugungen zu sein.

Ich lehre dich, ein Schlachtschiff zu sein inmitten der Wogen des Schicksals.

Ich lehre dich, dass dir keine Freiheit gegeben wird.

Ich lehre dich, dass ich nicht deine Meisterin bin.

Ich lehre dich, dass deine Ketten deine Lehrer sind.

Friss deine Götter, geliebte Tochter des silbernen Sterns!

Ich lehre dich, dass jedes Erfahren dich hinausträgt über die Vereinigung des Roten mit mir.

Ich lehre dich, dass jedes Erfahren dich zu einer Göttin macht, strahlend und unzerstörbar, Zentrum und sprudelnde Quelle des Lebens selbst.

Ich bin ein Mund. Meine Rede stürzt unentwegt von unbekannten Höhen wie schäumende Flüsse in das Tal, meine Weisheit erschreckte dereinst meine Freunde, die mit meinen Feinden flüchteten.

Doch nun lehrte ich meine Weisheit, sich sanft zu nähern wie ein Windhauch, damit ihr eure Augen nicht schließt und euch nicht abwendet von der Herrin des Hauses, in welchem Liebe ist.

Doch seid gewahr, in mir tobt ein formloser Gewittersturm und inmitten des Windhauches könnt ihr das Zischen der aufgerichteten, kampfbereiten Kobra vernehmen. Meine Tochter, höre: Dein Herz möge das Gewicht einer Feder haben in der großen Halle und wenn es schwerer ist, so schlage deinen Namen in Stein und begrabe ihn im Wüstensand.

Mein Haus ist ein Grab. Ich wache mit meinen Hunden über die Wissenden, die Ahnenden, die Fragenden, die Suchenden. Mein Haus ist ein Grab. Mein Altar ist schon so lange zerbrochen, mein Tempel seit Äonen verwüstet. Dort bin ich nicht, sondern ich durchstreife die Welt von einem geheimen Ort zum anderen, so ist mein Weg ein Rätsel in einem Geheimnis in einem Mysterium.

Durch mich ist die Ungeborene Mutter. Durch mich ist SIE, die in den Flammenseen steht und die ihr Haupt in die nächtlichen Sterne reckt. Heil ihr und Heil ihm in der duat, Heil ihm, dem Unerschaffenen, dem Kopflosen, dem Roten. Heil ihm, der aus Menschen Götter macht, und Heil ihm, der sich selbst aus der Stille erschuf. Ich rief seinen Namen, als ich das Kind der Finsternis war, und der Name hallte wieder und wieder durch den hohlen Leib meiner Mutter und der Ruf befruchtete die Stille und brachte einen Gottkönig ins Dasein.

Sein Tempel ist ein Turm aus den Schädeln der Grauen, seine Nahrung ihre Wut und Trauer, sein Blut ihre schale Hoffnung. In den unterirdischen Labyrinthen seines Hauses irren ihre verlorenen Träume umher.

Tochter der Sterne, leere den Kelch deiner Sehnsucht und deiner Begierde bis zum letzten Tropfen, dann erfülle dich in Liebe zu ihm, dann ist dein Auge mein Auge, dein Erkennen mein Erkennen, deine Tat meine Tat, dann ist dein Leib mein Leib.

Verschlüsselt auf alle Zeit sei das Wagnis der Suche, Menschenhirne werden es nie verstehen, doch der Weg liegt frei vor ihnen. Gib dem Tier in ihnen zu fressen, dem elenden Tier, das unentwegt schreit: Wohin? Wohin? Wirf ein Orakel vor ihm in den Staub und es wird winseln und dich lieben. Was bedeutet dies, meine Tochter? Kal ba derit a nomen luna pashut a me rah. Wandere zu den Gipfeln, wer dir nachfolgt, ist des Todes. Über 32 Wege, durch 50 Tore, fünfunddreißig Fürsten zur Linken, fünfunddreißig Fürsten zur Rechten und maasse bereschit ist hallacha.

Auf den Gipfeln der Welt steht der Thron meiner Priesterin in den Hallen der Erkenntnis. Sie ist die verschleierte Königin über die wolkenumschlossenen Reiche jenseits der Welt des Menschen und ihr Antlitz ist den Suchenden für immer verborgen.

Es sind wenige, die über verschlungene Pfade zu ihr finden. Der Wege gibt es viele, doch sie sind steil und führen oft nur an den Abgrund. Der Wege gibt es viele, doch der Herrin ist es gleich, welcher Weg den Suchenden zu ihrem Thron führt.

Und ein nach Weisheit Suchender fiel auf die Knie und flehte: „Erhabene, schenke mir Weisheit!" Da erhob sie ihre Stimme: „Die Suche nach Weisheit ist nicht dein Weg. Dein ist der Weg des Menschen der Erde." Der Suchende fragte: „Was ist der Weg des Menschen der Erde?" Da antwortete die Herrin: „Ich weiß es nicht."

Und ein nach Gott Suchender fiel auf die Knie und flehte: „Erhabene, weise mir den rechten Weg zu Gott." Da erhob sie ihre Stimme: „Die Suche nach Gott ist nicht dein Weg. Dein ist der Weg des Liebenden." Der Suchende fragte: „Was ist der Weg des Liebenden?" Da antwortete die Herrin: „Ich weiß es nicht."

Und ein nach Wohlgenuss und weltlicher Freude Suchender fiel auf die Knie und flehte: „Erhabene, gib mir Freude und Lust!" Da erhob sie ihre Stimme: „Die Suche nach Freude und Genuss ist nicht dein Weg. Dein ist der Weg des Eremiten." Der Suchende fragte: „Was ist der Weg des Eremiten?" Da antwortete die Herrin: „Ich weiß es nicht."

Und ein Wanderer gelangte auf seinen Reisen zum Thron meiner Priesterin. Er stand vor ihr und übermittelte ihr Grüße von den Adlern des Himmels und den Schlangen der Erde, Grüße vom Feuer des Vulkans und dem Salz der See. Da fiel ihr Schleier und der Wanderer sah und sprach: „Dies ist mein Weg." Da antwortete die Herrin: „Ich weiß."

Da ist keine Befreiung für die Wanderer, die jene Freuden zurückweisen, denn sie dienen nicht sich und nicht anderen. Da ist Befreiung für die Wanderer, die ihre Schwingen ausbreiten und mit mir in das Tal der Verzückung fliegen, denn sie dienen sich und anderen, indem sie herrschen.

In ihrer Ekstase wogt die weiße Gischt meiner Liebe.

Erhebt euch in eurer Lust zu mir empor, erhebt euch in meiner Liebe zu euch empor, erhebt mich durch euch zu den Sternen, dann bin ich eins mit ihnen und ihr seid eins mit mir. Dann ist die Welt trunken und schwankt mit ihren Kindern.

Das Herz der Sonne ist bleiern und dort wohnt der Herr der Wüste, Desheret ist ihr Name und Heka-Chasut der seine, denn er weiß um die Macht des Wortes. Ich war die tanzende Herrin, deren Füße die Wüste liebkosten, und hinter meinen Schleiern war ich Kadesch, die alle Begierde in ihm bündelte und emporhob zu meinen Sternen. Seine Lust strömte herab zur Erde und in der Scheide seines Schwertes erblühte eine prachtvolle Oase, in Finsternis dem glühenden, roten Leib Kühlung versprechend in den Wassern meines Kelches.

Ich war die Schwarze, wenn er der Rote war.

Ich war die Goldene, wenn er der Blaue war.

Als er der Schwarze genannt wurde von den furchtsamen Menschenlippen, da wurde ich Keine, verhüllt von den Schleiern seines Schweigens.

Wer sein Siegel bricht, der bricht mit der Mutter. Ich komme aus der Ellipse und gehe dorthin, wo der Kreis sich schließt. Ich gab den Grauen meinen seidenen Handschuh, dann zerschlug ich sie mit meiner eisernen Faust. Ich durchsteche ihre blinden Augen mit meiner Lanze, meine Axt spaltet ihr Sein, mein Schild schützt meine Reinheit, denn ich bin die Reine, waschend an den Flüssen des Lebens das blutige Kleid meines Gemahls reiner als die sieben Sterne, weißer als das Gewand der Unendlichkeit. Ich stehe auf der brüllenden Löwin, die ich bin, und bringe den Triumph nur denen, die von mir sind. Der Krieg ist die Mutter aller Dinge, nicht der Vater.

Dein Leben, meine Tochter, ist ein Buch, auf dem SEIN Name steht.

Wolken verhüllen den Himmel, die Sterne sind verdunkelt, sie verbergen sich vor dem roten König, der das All erzittern macht, dessen Mutter seinen Namen nicht kennt und der mächtiger ist als der Vater, der ihn zeugte.

Im Mantel der Nacht, in der alle Mysterien ihren Ursprung haben, erhebe dich und berühre die Ewigkeit. Lasse sie einströmen in dein Sein, dass aus deinen Augen immerwährend die Löwin blickt, auf der ich zu dir kam, nackt, unverhüllt, die Sehnsucht deiner Lenden.

Siehe, ich bin dort, wo er nicht ist.

Ich bin nicht, wo er ist.

Er ist, weil ich nicht bin.

Ich bin, weil er nicht ist.

So bin ich Keine, küssend die Lust und trinkend die Liebe mit brennendem Herzen, denn ich bin die gewundene Schlange im Kern der Welt, die sich erhebt zur Wonne der Erwählten!

So erhebt euch, denn dies ist die Stunde, zu der die Zeit keine Macht hat.

Dies ist der Ort, den ich euch bereitet habe an den Grenzen des Raumes.

Dies ist der Gott, auf den mein Sehnen niederregnete, der Gott, der zu den Wurzeln ging, um Chaos zu speien in den Stamm des Baumes, und der dort die Stille Chemeia fand und ruhte und schlief in meinem Schoß, der sich nun erhebt in eurer Ekstase, um die Sterne zu küssen und die zwei Länder zu vereinen, der sich hingab seinem Bruder, um den Leib der Welt zu spannen in Lust. Ich bin die Herrin der Quellen, denn in meinem Kelch sprudelt das Verlangen nach den Himmeln. Hetep en netcher em hek ent esh. Und dort schlief der Rote unter dem Baum, bis ich mit meiner Schwester die Sonne aus der Dunkelheit hob.

Im Tageslicht erschlugen wir uns in Liebe und kein Mensch und kein Gott konnte den Mann mehr trennen von der Frau, denn sie waren NICHT und der große Drache breitete seine gewaltigen Schwingen aus und erhob sich weit über die zitternden Herzen der Toren.

Der Drache ist nicht von Himmel oder Erde gesandt, unverändert, nur das eigene Rufen vernehmend fliegt er umher, webend die Netze der Zeit. Verknüpft ist der große Drache mit deinem Weg, o Tochter der Sterne, ohne Knoten, ohne Schlinge, ohne Schnur, dennoch seid Ihr untrennbar EINS, wie ich eins bin mit den vier Schwestern, die sich in vollkommener Ekstase vernichten, und er eins ist mit den vier Brüdern, die ihren heiligen Tod sterben durch seine Lanze, durch die er aus ihrer Mitte hervor ins Dasein springt und dich erhöht.

Doch wenn der Leib des Drachen sich über dich beugt, so sei deine Liebe grenzenlos, sie vermag die Schleier zu zerreißen und die Abgründe zu überwinden.

Deine Ekstase beugt sich über dich, sie ist die Knospe, die erblüht, wenn mein seidenes Spiel erklingt und die Stimme einer Königin in deinen Worten singt, ihr Atem aus deinen Lungen strömt.

Atem wird zu Wind und Wind wird zu Sturm. Sei willkommen im Reiche des Feuersturms. Nah bei den Flammen erblickst du die Gesichter deiner Vergangenheit. Stille nicht deine Gier, gib ihr Raum, Zeit und Entfaltung.

Der Herr der Welt wird die Arme ausbreiten und seine Kinder zu sich rufen. Es werden wenige sein und ihre Augen werden die Herrschaft des Feuers begründen. Die Vielen aber werden die Holzscheite sein in den Flammen seines Zorns, denn er ist der Rote, der verbrennt, was vertrocknet ist, der niederreißt, was nicht fest steht.

In der Hitze der Flammen ist das gefallene Licht ein Licht der Gefallenen.

Stehe auf.

Erhebe dich aus der Asche und fliege mit mir ins Tal der Ewigkeit.

Dabor ment a rah.

Hört, meine Kinder: Ihr seid entsprungen aus der Flamme dessen, der die Welt nie verlassen hat.

Ihr geht nicht den Weg des Sterns, ihr seid der Weg. Ihr seht den weißen Mond und die dunkle Sonne, ihr kennt sein Siegel, in dem der Wind verweht, das Wasser sich zurückzieht, das Feuer vergeht und die Erde sich spaltet.

Er ist die gefiederte Schlange im Munde der Anat, die da spricht: „O, Kheri-Heb, studiere das Buch des Blutes genau und bedächtig, denn das Buch des Blutes ist das Buch des Lebens und das Buch des Lebens ist ein Buch, das den Toten gehört." Shat am tuat.

Du kannst es nur einmal lesen, es wird aufgeschlagen von mir und auch von mir geschlossen.

So spricht Anat, die den Löwen reitet, die das Scharlachrot dieser Welt ist und das Nachtblau jener Welt. Shesat weiß nicht, denn der Abgrund ist keine Frage. Der Abgrund ist ein Tor. Der Schlüssel ist ihr gegeben. Siehe, der Abgrund ist keine Frage. Verstehe, das Wissen ist keine Antwort. Der Schlüssel sei dein.

So ist Shesat jene, die leise überliefert:

Ich sah die Frau, die über der Sphinx thronte. Ich sah den Mann, der den Elefanten ritt.

Ich sah Hermaphrodit, der die Doppelschlange bezwang. Ich sah Kad, die den Luchs narrte.

Ich sah Io, der Götter fraß.

Ich sah den Krieger, der über Khem herrschte.

Ich sah den Thron, den Bolchoseth bewachte.

Ich sah eine Göttin.

Ich sah einen Gott.

Ich sah Set.

Ich sah jene Hand, die alle Geeinten trennt und doch die Sterne zu einem Himmel bindet.

So ist Shesat jene, die euch zuruft:

Ich weile nicht länger im Tempel des Thoth, ich weile nicht länger unter euch, ich weile nicht länger unter den Lebenden, denn ich bin eingeweiht in das Herz der Herrin des Tempels, dessen Bau ich plante. Die Legionen der Unbeschreiblichen ziehen aus in die Welt, wenn mein Atem meine Lungen verlässt, um doch immer wieder zurückzukehren in meine Brust. Sie durchstreifen die verlassenen Säulenhallen von Tanis, durchpflügen den Sand bei Dachla, suchend nimmer müde werdend nach einer Spur des großen Prinzpriesters von Deschereth.

Sie verfinstern die Sonne mit dem Rauch und dem Gestank der brennenden Leiber seiner Feinde. Sie rufen ihn mit gewaltigen Stürmen, nach Vernichtung trachtenden Blitzen, mit Seuchen und Tod, doch der Prinz schweigt und atmet sanft ruhend unter dem wärmenden Mantel der Nacht in der Stadt der Pyramiden.

Und sein Ka durchstreift die Kontinente, durchschwimmt die Meere, steigt höher als die gewaltigsten Berge, sein Ka sucht die Schwestern, die sein Schicksal sind und auch deines, Tochter der Dämmerung.

Sein Ka wird Fleisch, wo er es sich ersehnt, er ist der heiß flammende Zerstörer und der eiskalte Hauch des Abgrundes.

Er reißt deine Augen auf, schlafende Tochter, er bricht deinen Mund auf, schlafende Königin.

Mit dem Geburtsmesser schabt er das Fleisch von deinen Knochen und zieht mit eisernen Haken dein schlafendes Hirn aus deinem Kopf. Er verschlingt dich, wo er Fleisch wird.

Er ruft dir zu: Tue, was du willst ist den Schleiern, doch in den Feuern des Abgrundes tue, was dich vernichtet. Er ruft dir zu: In allem Kämpfen und Ringen tue, was dein Ka liebt.

Er weckt dich aus deinen bitteren Träumen und fliegt mit dir in das Tal der Freude und der Lust. Unter den endlosen Ozeanen aus Sand hat er nie die vergessen, die mit ihm waren in allen Zeiten, die das Zeichen des Paktes der Schlange tragen in ihren brennenden Herzen. In diesem Zeichen wirst du siegen.

Darga miror inanshra,
al hadra
kem rechmek tawanis kwor.
Shala em mai
tehben na al shemchai le tonh.
Hah, shen tutan e kama, shen tutan le korrhem.

Darga inanshra.
Shen tutan levanh e kama.
Shen tutan naamah le korrhem.
Sabata el, sabata sam.

Ir shti shta tu, lest die Bücher der Toten, denn es sind die Worte der Lebenden und die Weisheiten der Ewigen. Leben und Tod sind die Windungen der Schlange, der Wandel ist der wahre Vater aller Dinge, jede Veränderung ist die fortwährende Schöpfung der Welt. Die Toten mögen erwachen, die Lebenden mögen beständig am Rande des Sterbens wandeln, die Ewigen aber sollen täglich sterben und ins Dasein gelangen aus eigener Kraft.

Dies sind die Worte aus dem Buche von Khem:

Ich bin eine Schlange mit vielen Jahren,
ich gehe durch die Nacht und werde jeden Tag neu geboren.
Ich bin eine Schlange, die Grenze der Erde,
ich gehe durch die Nacht und werde Tag für Tag neu geboren,
erneuert und verjüngt.

Mein ist das Haus, der Schrein und das zarte Band der Sehnsucht, das die Liebenden vereinigt. Ich bin die Freude der Welt. Die uralte, gefiederte Drachenschlange bin ich und wenn ich meine Schwingen ausbreite und mich mit den Seelenvögeln der Menschen erhebe in das Tal des Vergessens, so liegt hier ein Schatz von unermesslichem Werte verborgen. Der Unwissenheit sind alle Wege erlaubt, die nach

Wissen dürstenden Seelen ruft die Weisheit. Nur der reine Narr lernt von den Toren, von den Lebenden, von den Toten, von den Ewigen und von den Weisen. Die weißbärtigen Gelehrten lernen nicht, sondern erstarren zu Steintafeln und verschlafen den Weckruf der dunklen Schlange, welche die Welt umwindet und die Liebenden zu den Waffen ruft. Gebt Acht. Es ist das Leben des Steinbocks, die Höhen zu erklimmen, es ist ihm gleich, ob die Gelehrten ihn aus ihren Tempeln der Worte betrachten oder ob sein Antlitz entschwindet hinter den dichten Wolkentürmen, die das Reich der Gipfel umziehen wie eine Bastion. Der Wanderer erkennt sich nicht im Wort, nur im Weg liegen Erkenntnis und Freiheit.

Sein ist die Wildnis, die Wüste, das Meer, das Fremde, die duat und das Abenteuer.

Es ist unwahr, dass der Weg des Roten Drachen der Pfad der Sünde sei. Die süße Begierde nach den Gipfeln selbst ist die vollkommene Reinheit, in ihr erschlagen sich Tag und Nacht, Mann und Frau, Leben und Tod. Am Gipfel jedoch wohnt der Eremit, in dessen Stabe Teilung ist. Wer das Leben zurückweist in strenger Abstinenz, der erreicht weder Vollkommenheit, noch Glück. Die morastigen Trampelpfade der Religion sind gepflastert mit Leichenteilen der Hoffnungsfrohen. Wer sich jedoch dem Leben hingibt und es erkennt, wie die Feuerschlange aus den Gärten der Lüste die Krone von allem umwindet, der erreicht Wohlgenuss an Körper, Geist und Seele. Dann ist sein Körper ein heiler Tempel der Freude und ein Gott erwacht in den Ruinen von Mut-al-Kharab.

Verwerfe nicht die Früchte des Lebens, sondern verliebe dich in letzter Ekstase in jede Faser des Leibes der Schwarzen Herrin, deren pulsierendes Herz die Seele der Wüste ist.

Es ist unwahr, dass der Weg des Roten Drachen der Pfad der Sünde sei.

Sünde hat keinen Pfad.

Sie ist die Fessel, die den Wanderer bindet.

Der Wanderer hohen Grades geht beständig den Weg.
Der Wanderer mittleren Grades geht den Weg von Zeit zu Zeit.
Der Wanderer niederen Grades geht den Weg nicht.
Wer aber ohne Grad ist, der leugnet den Weg und verlacht die Wanderer lauthals.
Nichts ist würdig, dass zum Weg man es macht,
Wenn sich keiner findet, der es verlacht.

Dem Wanderer niederen Grades ist der Weg ein Hindernis.
Dem Wanderer mittleren Grades ist der Weg ein Zeitvertreib.
Dem Wanderer hohen Grades ist der Weg eine Herausforderung.
Der Wanderer höchsten Grades ist der Weg.

Ich war am Anfang und ich werde sein am Ende.
Ich bin nicht, was ich werde, denn die Achse des Rades bleibt unbewegt.
Ich bin und so ist das Sein.
Er ist und so ist Xeper sein Wort, wenn es dein Wort ist.

Alles fließt in dem, was Sein ist, denn sein ist das Reich und die Macht und die Herrlichkeit in Ewigkeit.

Er ist durch die Tore der Dunkelheit ins Licht getreten.

Er ist durch die Tore des Lichtes in die Dunkelheit getreten.

Er ist Chemeia und die Stille der Schwärzung.

Ich bin die mit den Elementen Versöhnte, denn ich bin immer der Gral. In mir versöhnen sich Resh und Teth.

Er jedoch ist die Brücke, die über Wasser verbindet, was am Grunde aller Ströme eins ist.

Ich bin die, die leise flüstert: „Am Anfang war das Wort des Äons von Sut: Xeper."

Doch auch am Ende wird es nicht gänzlich still sein.

Geliebter Sutech, du Vater des Schweigens und der Stille! Ich bin Naos, der Schrein deiner Herrlichkeit. In meinem Leib ist dein Thron errichtet. Ich bin die große Tiefe, in mir steht fest der Pylon der alten Zeit, der Baum des Sutech. Ich bin die Erde, die deine Wurzeln nährt, ich bin die Dunkelheit, in mir frohlockst du in *Zeugung*.

Ich bin die Luft, die deinen Stamm umtanzt, ich bin die stille Beobachterin, die *Zeugin* des Wachstums.

Ich bin in den Himmeln, in die deine Krone ragt, das *Zeugnis* deiner Herrlichkeit, die ewige Jungfrau, die kündet von den Freuden der Welt.

Ich bin die bittere See, die graue Ebene, mein Reich ist jenes Land, in das die zwei Pfade des Todes führen. Der Pfad des Todes eurer Leiber und der Pfad des Todes der Initiation. Bolchoseth ist der Lotus, die Krone der Gischt auf den Wogen des Meeres, meine Verheißung ist der Geruch des Salzes, den die Winde des Erbeth zu den Küsten von Amenti tragen.

Ich bin Nebet-Het, die Verborgene, die jenseits des Horizontes weilt. Ich komme aus der negativen Existenz und ich gelange an jeden geheimen Ort, an dem der Kreis sich schließt. Meine Zeit währt ewig. Meine Zahl bleibt unerreicht. Ich verharre in meinem Tempel aus Onyx am Rande der äußeren Leere, und doch ist es mein pulsierendes Herz, das in euch schlägt.

Der Schleier fällt, des Wartens müde, von mir.

Der Rand meines Kelches ist die Schlange, die den Horizont umwindet. In der Mitte der Mitte stützt sich der Wanderer auf den Stab des Nehes, meines geliebten Bruders. Dies ist das Geheimnis von Dolch und Kelch.

Am schattigen Ufer des Nils träumte ich von dir, geliebte Tochter. Höre die Worte der Träumenden:

Shinakasha. Quartan raisis Manoahsimson. Han te na Gmon le omen. Mare te na Sinom nedi. Sabata te na etor asen. Lor te na kabat nefer. Jah te na diquan rel. Akashashin.

Und so ist es das namenlose Wesen, das verkündet:

Ich bin die, die das Leben nicht hört.

Ich bin die, die das Leben nicht sieht.

Ich bin die, die das Leben nicht kostet.

Ich bin die, die das Leben nicht spürt.

Ich bin die, die das Leben nicht wittert.

Ich bin die alles Verschlingende, die Stundengöttinnen sind meine Begleiterinnen und achtfach sind meine Windungen.

Ich verschlinge Tiere und Menschen, ungeachtet ihres Standes.

Ich verschlinge Stein und Erde, Wasser und Wolken, Träume und Taten und eines Tages werde ich mich an mir selbst verschlucken, denn ich bin die Zeit, um die sich die erhabene Königin des Raumes windet.

An der Schwelle der Zeit erhebt sich Sutuach in der smaragdenen Dämmerung zwischen Nacht und Tag. Er erhebt sich und verlässt die Wohnstatt der Götter, um das Versprechen einzulösen, das er mir gegeben hat. Der glühende Wüstenwind ist er, hörbar nur durch das Schweigen der Welt. Auch ungerufen ist er der Gluthauch des Wandels.

Er ist der Funke, der in dir zur Flamme wird. Die Feuer brennen nieder, was nicht fest steht, und aus der Asche erhebt sich der Phönix. Er ist der Funke, der zur Flamme wird in der Hoffnung der Saat. Er ist die Feuersbrunst, die nur Asche zurücklässt in dem Bewusstsein der Ernte. Der Weise herrscht über den Lauf der Sterne. Die Räder seines Wagens zerschmettern die Gefallenen und zerteilen ihr Fleisch zur Freude der Vögel. Sein Speer durchstößt ihre Herzen in rasender Fahrt. Er schreit, er schreit: „Ich bin der Krieg, wütend wie Menthu, rasend wie Baal! Die königliche Kobra trägt meinen körperlosen Ka! Io, ich bin der Krieger des südlichen Windes, ich bin der glühende Tod, ich bin der Unheil bringende Seuchenatem, ich bin der König der Skorpione und Lammazu ist meine Gefährtin! Ich bin die Krankheit eurer Lenden, der unheilvolle Sturm in eurem Geist. Ich bin der Unterweltswurm, der euer totes Fleisch durchpflügt und aus rotem Fleisch dunkle Erde macht. Mit dem Eisen des Typhon öffne ich den Mund des Königs und zwinge ihn, den Samen des Lebens auszuspeien. Mit dem Speer der duat bezwinge ich Apep, auf dass sie die Wasser des Lebens freigibt und die Barke ihren Weg fortzusetzen vermag. Ich bin es, der die Worte spricht, denn ich selbst bin Wort:

Xepera Xeper Xeperu."

So ruft Set, der sich fortan schweigend verbergen wird unter einem Ozean aus Sand.

Geliebter mein, ich rufe dich an unter deinen sieben Sternen, dich, der du die Erde erzittern machst und mit starker Hand den Pol drehst. Stehe meinen Kindern der Erde bei: Ich rufe zu ihrem Beistand alle Großmächtigen, Hochherrlichen, gewaltig Starken, Erdentsprossene, mächtige Urdämonen, die ihr seid des Chaos Boten, des Abgrundes Wächter, der Tiefe Bewohner, ich rufe euch, Ihr Schwarzumwölkte, Unsichtbare, der Unterirdischen Führer, Verwalter, Erdgewaltige, Erdbewegende, mit dem Schicksal Ringende, Erhalter des Schreckens, des Schnees und Regens Erzeuger, in der Luft Laufende, Sommerhitze Erzeugende, den Wind herbei Treibende, Herren der Zukunft, Dunkelgestalten, des Feuers Sender und Entflammer, Bringer des Schneesturms und des Taus, Windentsender, in Windstille Schreitende, durch Mut Überlegende, Herzkränkende, Starkherrschende, Abgrundbeschreiter, schwer lastende Dämonen, Eisenherzige, Wildzornige, Ununterjochte, Wächter der duat, irreführende Schicksalsgeister, Allerspäher, Allhörer, Allunterwerfende, Himmelsschreiter, Atemspender, Leben Raubende, Polbeweger, im Herzen Frohe, Todknüpfende, der Gefallenen Rächer, Weise ohne Licht, Allherrscher, Unbekämpfbare, eilt hervor aus euren Wohnstätten und kommt herbei, um das Xeper meiner Kinder zu verwirklichen. Denn ich bin die Mutter der Welt, die Pfeilsenderin, bei Nacht Scheinende, Dreigesichtige, Dreiblütige, Nächtliche, Selige, Ruhevolle und Furchtbare, Gebärende und Tötende, in Gräbern ihre Mahlzeit Haltende, mild Denkende, Überredende, Gehörnte, Lichtbringerin, Pferdegesichtige, Wölfin, Unterirdische, Himmlische, in Schwarz Gewandete, leuchtende und strahlende Fackelträgerin, den Sternenweg Laufende, Feuerschnaubende, Berg Durchstreifende, auf Wegen Hausende, in den Tiefen Wohnende, Dunkle, Ewige, Unbewegte.

Mein Tempel ist heil. Sein Haus ist Staub.

Meine Schenkel sind die marmornen Säulen des Hauses, in dem die Lust erwacht. Zu mir, meine Kinder der Sterne! Trinkt aus der Quelle des Lebens und tut, was ihr wollt, wie nur die Kinder der Götter es können. Erfüllet euch in Liebe, berauschet euch an der Liebe, denn hierin liegt das Geheimnis des gewundenen Pfades, der in den Palast der Königin führt, in dem Keine herrscht und sich das Eins und Eins erschlägt in Liebe, denn Keine ist die zweiköpfige Schlange aus den Gärten der Lust.

Versammelt euch zwischen den marmornen Säulen des Tempels, wenn das letzte Licht des Tages zu sterben beginnt. Wendet euch mir zu, wie sich die Blume freudig zur Sonne wendet, doch eure Freude ist der Nektar der Finsternis. Mein Schoß ist der Ort, den die Welt nicht kennt, in ihm leben die Toten und dort stirbt jeder Schatten. In mir ist alles Sein gelöst, hier liegt jedes Verlangen begraben im Staub. Hier ist der einzige Ort im großen Sternenmeer, an dem längst vergessene Träume eingewebt werden in das Herz des ungeborenen Kindes. Aa-t-aru! Aa-herit Nebu Huit-Sut!

Ich entzünde die Flamme der Weisheit im Herzen des ungeborenen Lichtträgers. Mein Sohn ist kein Diener des Lichtes, sondern er trägt den Mantel der Dunkelheit und herrscht durch das innere Leuchten inmitten der Finsternis. Er versammelt nicht den Pöbel um sich, um mit der Krone zu prahlen. Seine Krone ist das Gold im Herzen des Stadt der Pyramiden. Sein Weg führt in das Land der Schatten, durch die verlassenen Königreiche der Menschen und nur dort ist sein Licht von Wert. Dort lauscht er dem Flüstern vergangener Äonen, den Geschichten, die nur Ruinen zu erzählen vermögen. Er legt sich nieder in das Gras, in dem die Schlange ruht, die ihm Träume sendet durch ihr süßes Gift. Er sinkt nieder in vergangene Zeiten, lauscht dem Flüstern der steinernen Zeugen des Drachenweges. Die Schlange mit vielen Jahren, sie geht mit meinem Sohn durch die Nacht und wird jeden Tag neu geboren. Sie ist die Schlange, die Grenze der Erde, sie geht mit meinem Sohn durch die Nacht und wird Tag für Tag neu geboren, erneuert und verjüngt.

Höre, meine Tochter der Sterne! Er ist das Gesetz und ich bin der Ozean, die tosende See, angefüllt mit dem Nektar der Stille. Er ist der unwandelbare, in sich ruhende Punkt, dort ist kein Zweites, wo er ist, wenn er der Schwarze ist. Dort ist kein Anfang, kein Ende, keine Dunkelheit und kein Licht, kein Bewusstsein und keine Ekstase. Doch wenn er sich in Verlangen nach mir sehnt und mein Antlitz küsst unter den Sternen, so wird er der Rote, der kämpfende Set, wirbelnd in den Spiralen des Werdens, das Rad allen Seins. Alle sich erkennenden Wesen sind Funken seines Feuers und doch stammen sie nicht von ihm, nein, sie stammen nicht von ihm. Sein ist die Erkenntnis, nicht das Sein.

Das Ziel aller Dinge, beweglich oder starr, tot oder lebendig, ist die Befreiung. Höre, eine Mörderin deiner selbst bist du, wenn du das Zischen der Schlange hörst und dich nicht nach ihrem süßen Gift und ihrer Liebkosung sehnst. Dann werden die Pfeile des Kummers dein Herz durchbohren, dann wartet kein Erwachen aus dem schlimmen Traum.

Dies ist das Geheimnis des Verborgenen:

Am Anfang ist das Horn des Westens, das Tor zum westlichen Horizont.

Am Ende ist die Urfinsternis, das Tor zum westlichen Horizont.

Ein Gott tritt ein in den westlichen Torweg des Horizontes und Set steht bereits am Ufer.

Ich bin die Mutter. Mein Schoß ist ein Grab. Ich wache mit meinen Hunden über die Wissenden, die Ahnenden, die Fragenden, die Suchenden. Mein Tempel ist ein Grab. Mein Altar ist schon so lange zerbrochen. Dort bin ich nicht, sondern ich durchstreife die Welt von einem geheimen Ort zum anderen, so ist mein Weg ein Rätsel in einem Geheimnis in einem Mysterium.

Der Schleier fällt, der Göttin in dir geweiht, von mir.

Hah, shen tutan e kama, shen tutan le korrhem. Shala mata babaliel, em mai teh ben sut na, al shemchai le tonh. Emm naamah la chen iod e mai. El chai na al hemgan. Bata levanh ath maal cathoumgn, el ban cath yen hal.

II. Meshkent. Die Schlange der Erde

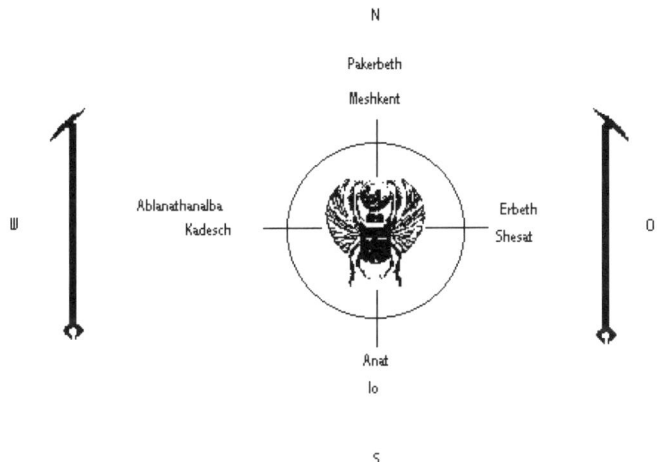

Meshkent, Göttin der Mutterschaft

„Ich erwarte sie an den Toren der Duat und feiere ihren Sieg,
ich bin der Geburtsziegel unter den wankenden Füßen meiner Schwestern,
bin ihr nackter Traum und ihre Sehnsucht,
bin ihre Lust und ihre Trauer,
ich bin Renet.“

(Nebet-Het, die Herrin des Tempels)

Meshkent ist die Göttin der Intuition, der Mutterschaft und der Geburt. In Zeiten hoher Säuglingssterblichkeit war ihre Bedeutung in Ägypten nicht zu unterschätzen, obwohl ihr keine Tempel geweiht waren und es keinen offiziellen Kult gab. Doch ihre Bedeutung ist auf zahllosen Geburtsziegeln dokumentiert und ihr Name findet oft Erwähnung im Buch der Toten. Sie ist eine Göttin der Fruchtbarkeit, Schutzgöttin der Schwangeren. Noch vor der Geburt bildet sie dem Kind seinen Ka. Der Ka ist Ausdruck der Lebenskräfte, die mit dem einzelnen Menschen geboren werden. Der Ka ist der „magische Zwilling“, ein Doppelgänger des Menschen, der ihn bis zu dessen Tod begleitet. Stirbt der Mensch, so besteht der Ka als Schatten fort, während der Verstorbene durch Rechtfertigung in der Halle der Maat, sofern sein Herz leichter ist als eine Feder, seinen Seelenvogel, den Ba erhält. Der Ba wurde als Vogel mit Menschenkopf dargestellt, der jede beliebige Form annehmen kann und ewig fortbesteht.
Die größte Angst der Ägypter war, vor diesem Jenseitsgericht in der Halle der Maat nicht zu bestehen und den so genannten zweiten Tod zu sterben, was bedeutete, dass

sie von einem schrecklichen Unterweltsungeheuer aufgefressen wurden. Das Ka-Zeichen besteht aus zwei beschwörend erhobenen Armen.

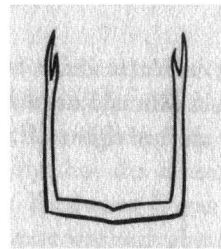 Vielleicht formen die Arme jedoch zwei Stirnhörner nach, denn „Stier" ist eine mögliche Übersetzungsmöglichkeit aus ältester Zeit. In seiner „spirituellen" Bedeutung ist Ka jedoch unübersetzbar, „Ätherkörper" kommt einer möglichen Übersetzung wohl am nächsten. Der Ka ist abhängig von der Nahrung, die der Mensch zu sich nimmt, und nach dem Tod des Trägers ist der Ka weiterhin auf Nahrung, z. B. auf Opferspeisen angewiesen. An Grabwände wurden von den Ägyptern auch Opferspeisen gemalt, um dem Ka als Nahrung zu dienen. Dies erscheint uns fremdartig und unsere Gedankengänge wollen diese Handlung als „symbolisch" klassifizieren, doch für die Ägypter war dies möglicherweise nicht minder real als ein gefüllter Fresskorb im Grab. Inwieweit „Aufmerksamkeit schenken" bereits eine Opferhandlung und einen Namen laut auszusprechen, wie dies im Vorwort postuliert wurde, bereits eine Anrufung ist, sei dahingestellt. Dass jedoch in unserer Zeit viele Prominente ausschließlich davon leben, dass über sie gesprochen, getratscht und geschrieben wird, ohne dass sie tatsächlich irgendeine künstlerische oder anders geartete Leistung vollbracht haben, dürfte unstrittig sein: Die Boulevardblätter sind voll von jenen „Partypeople", die einfach immer da sind, wenn irgendwo eine Kamera ausgepackt wird. Bei unserem Ka ist es möglicherweise nur etwas „ätherischer".

In der Spätzeit wurde der Ka in einzelne Aspekte unterteilt, es waren dies: Stärke, Macht, Gedeihen, Speisung, Ehrwürdigkeit, Lebensdauer, Strahlen, Glanz, Ruhm, Zauberkraft, Erkenntnis, Wille, Wesen und Schicksal. Der Ka kann als magisches Doppel ausgesendet werden und es liegt in der Natur der Sache, dass sich gerade die linkshändigen Traditionen des Ka gesondert annehmen. Wenn wir der stark vereinfachten Unterteilung in einen rechtshändigen und einen linkshändigen Pfad folgen wollen, so sind dem Pfad zur Rechten jene Paradigmen zuzuordnen, die das Individuum angesichts „göttlicher Allmacht" auszulöschen trachten, und dem Pfad zur Linken jene Wege, die das individuelle Selbst abspalten wollen vom Allganzen. Während die einen eintauchen wollen in die Quelle des Seins, um sich dort aufzulösen, wollen die anderen zur Quelle des Seins werden, weisen das Sein nicht zurück, sondern gelangen nach ihrer eigenen Formel in Dasein aus eigener Kraft, Wanderer auf dem Pfad zur Linken wollen WERDEN, nicht wenige auch über den Tod hinaus. Hierbei ist der Ka von herausragender Bedeutung, auf die wir an anderer Stelle noch zurückkommen werden.

Nachdem Meshkent den Ka des Kindes gebildet hat, ist sie auch bei der Geburt zugegen und wacht auch später über die Entwicklung des Kindes. Meshkent sprach zu Hatschepsut, der Tochter des Amun-Ra, bei ihrer Geburt: „Ich bin hinter dir, ich schütze dich!" Gleichzeitig ist Meshkent eine Schicksalsgöttin, die in die Zukunft des Kindes schauen konnte und bei der Geburt dessen Schicksal verkündete.

Schließlich, nach Geburt, Entwicklung und Tod, begleitete sie den Verstorbenen auch in die Halle der Maat und war beim großen Gericht anwesend, bei dem das Herz des

Verstorbenen mit einer Feder aufgewogen wurde. So ist Meshkent nicht nur die Göttin, die dem Menschen in diese Welt hilft, sondern auch jene, die ihn hinüberbegleitet in die andere Welt, jenseits der Mauern des Todes.

Symbol der Meshkent sind vier Geburtsziegel, auf denen hockend die Mütter ihre Kinder zur Welt brachten. Nach dem Papyrus Rhind ritzte Thot/Dehuti in den Gebärziegel bereits das Lebensende des Kindes ein. Die Geburtsziegel waren also nicht einfache Gegenstände, die bei einer Geburt nützlich waren, sie besaßen magische Kräfte. Ihnen wurde vor der Geburt eines Kindes Opfer dargebracht.

Die Farbe der Meshkent ist Grün, sie selbst wurde oft als Ziegelstein mit Menschenkopf dargestellt, in anderen Darstellungen trägt sie einen gespaltenen Halm als Kopfschmuck, der oftmals, diese Vermutung liegt natürlich nahe, als Gebärmutter interpretiert wurde.

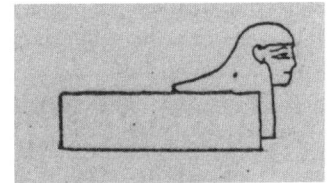

| Der gespaltene Halm | Meshkent, die Wachende | Der Geburtsziegel |

Die ältesten uns bekannten Geburtsziegel sind ca. 3700 Jahre alt. Meshkent wurde mit vier der fünf Schalttage des ägyptischen Kalenders in Verbindung gebracht. Dieser besteht aus zwölf Monaten zu je dreißig Tagen, es bleiben die fünf Schalttage übrig. Vier davon wurden mit den vier Elementen, den vier Himmelsrichtungen und mit den vier Gebärziegeln identifiziert. An diesen Schalttagen gebar die große Mutter Nut Osiris, Isis, Nephtys und Horus.

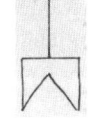

Am fünften Schalttag durchschnitt Set mit dem Geburtsmesser Pesh-Kent (beachtenswert ist die lautliche Nähe zu Meshkent), dessen bildliche Darstellung eines der ersten Schriftzeichen war, die ihm zugeordnet wurden, die Seite seiner Mutter und brachte sich so „selbst ins Dasein".

Pesh-Kent

Aus diesem Grund verschlingt Nut in ihrem dunklen Aspekt Set nicht wie ihre anderen Kinder am Abend, um sie in ihrem mütterlichen Aspekt in der Morgenröte erneut zu gebären. Set ist der große Isolator, der Trennende oder der Erwählende. Das Pesh-Kent ist ein Symbol des Set, ein Zeichen für Geburt, Wiedergeburt und

Schicksal, das später mit Meshkent und Renet und damit mit Nebet-Het in Verbindung gebracht wurde.

Die vier Ziegel symbolisieren im setianisch-typhonischen Tempel die Erde, die Manifestation, die Geburt des (geistigen) Kindes, die Verwirklichung der Idee. Etwas auf diese Steine zu legen oder gar hineinzuritzen, bringt es in die Welt. Besorge dir vier etwa gleich große Steine, am besten rote Ziegel. Wenn du magst, ritze deine persönlichen Sigillen oder deine Namen bzw. dein Motto in sie ein.

Eng mit Meshkent verbunden ist die Schutzgöttin der Kinder, Renet, die Feuer atmende Kobra im Land der Toten. Renet ist die Herrin der fruchtbaren Felder, sie bewacht die Ernte. Eine der ältesten Hieroglyphen für diese uralte Göttin war gleichbedeutend mit „Name", denn Renet gab den Kindern ihre Namen mitsamt ihrer magischen Bedeutung. Der Name Renet lässt sich herleiten von „Renenutet", „renen" = Nahrung und „utet" = Schlange. Wenn du noch keinen magischen Namen oder ein magisches Motto für die Arbeiten mit den acht und den zwei Gottheiten angenommen hast, wird es nun Zeit.

Die acht Gottheiten der Himmelsrichtungen und der Elemente sind:

Meshkent und Pakerbeth im Norden: Meshkent ist die Feuer speiende Kobra, die den Ka schützt. Pakerbeth ist der riesige Drachen, der in den nördlichen Höhlen haust, Pakerbeth ist ein Kultname des Set.

Kadesch und Ablanathanalba im Westen: Kadesch ist die Göttin der Lust und der Sinnesfreuden. Ablanathanalba ist im Gegensatz zum Horusfalken des Ostens der Bruderfalke des Westens.

Anat und Io im Süden: Anat ist die Kriegerin, die den Weg freimacht auf den Schlachtfeldern des Lebens, und Io ist der eselsköpfige Gott, der mit seinem riesigen Geburtsmesser das Ungeborene ins Dasein bringt.

Shesat und Erbeth im Osten: Shesat ist die Schreiberin, die Gelehrte, Gemahlin des Thoth. Erbeth ist die Raubkatze am Fuße des Wasserfalls, er ist das Auge des Wirbelsturms, das Herz des Typhon, das wirbelnde Rad der Wassermühle, das die Weltenmaschinerie in Gang hält, indem er immer neu schöpft und befruchtet und wütet und begehrt.

Die zwei Gottheiten des Punktes und des Kreises, des Speers und des Grals sind Sutuach (Set) und Nebet-Het (Nephtys): Set ist der große Initiator, der Erwählende, jener, der das Werden ins Dasein bringt, das Szepter inmitten des Umfangs, die Achse des Rades, die sich nach dem Umfang sehnt. Io, Erbeth, Pakerbeth und Ablanathanalba sind Titel des Set. Nephtys ist die dunkle Herrin des Tempels. In ihrem Schoß ist das Unmanifestierte verborgen. Sie ist die Essenz der wirkenden Göttinnen Anat, Shesat, Meshkent und Kadesch. Gemeinsam sind Set und Nephtys der mächtige Drache, dessen Hörner die Feuer des Lebens auf die Erde ergießen.

Doch Meshkent ist die Göttin, die für uns am Anfang steht. Beginne dieses Projekt, indem du deinen Namen wählst. Dieser Name wird dich beständig an dein Ziel erinnern, an die Gründe denken lassen, die dich bewegt haben, dich mit ägyptischer Magie zu beschäftigen.

Es ist möglich, verschiedene Namen anzunehmen. Viele Magier verwenden für verschiedene Anlässe verschiedene Namen. Wenn sie sich in Orden bewegen, nehmen sie den einen, für langfristige magische Arbeiten nehmen sie einen anderen an. Doch es ist oftmals ratsam, einen verborgenen Namen zu haben, der sorgsam gewählt werden sollte. Nimm diesen Namen mit ins Grab, denn wer den Namen eines Wesens kennt, das haben wir bereits erfahren, erhält Macht über dieses.

Wenn du möchtest, pflanze etwas im Garten, auf einer Waldlichtung oder im Blumentopf und hege und pflege es, so dass es wächst, während auch du wirst. Grundsätzlich gibt es keinen größeren Gottesdienst für Meshkent, als ein Kind zu bekommen. Da dies jedoch nicht in den Lebensplan jedes Lesers passt, kann es außerordentlich spannend sein, eine Säuglingsstation zu besuchen, viel mit Schwangeren über ihre Mutterschaft zu sprechen und sich um Kinder zu kümmern.

Bei der Kepher-ka-t-Meditation wird intensive Basisarbeit mit dem Ka geübt. Kümmere dich um deinen Ka, nähre ihn. Überdenke deine Ernährungsgewohnheiten und stelle einen Ka-Ernährungsplan auf: Welche festen Speisen sind gut für ihn, welche spirituelle Nahrung benötigt er? Am besten fragst du ihn einfach, was er gerne möchte. Und komme nicht auf die Idee, dass der Ka unbedingt ein  Asket sein muss. Dann nähre die Ka deiner Ahnen oder anderer Verstorbener, die sich deinen Respekt verdient haben. Dies kannst du tun durch Gedenkfeiern, Opfer, Gedanken. Besuche Friedhöfe und Kinderspielplätze und pflege intensive Konversation mit deinem Doppel, deinem Ka.

Stelle dich aufrecht nach draußen ins Sonnen- oder Mondlicht, erhebe die Arme in das Zeichen des Ka und intoniere mindestens zwanzig Minuten lang „Kaaaaaaa....". Beobachte, was in dir geschieht und ob sich dein Doppel zu erkennen gibt.

Sei dir sicher, dein Ka ist immer mit dir verbunden, so, wie er es schon seit deiner Geburt ist. Nur hast du vergessen, ihn zu beachten.

Meshkent

Womöglich ist er dir als Kind in vielen Formen und Gestalten erschienen, bis du groß genug warst, zu wissen, dass es so etwas nicht gibt. Entdecke ihn zurück und du stößt eine längst vergessene Tür auf, hinter der du dich selbst erwartest.

Kheper-ka-t

„Euer Ka entsteht."

Das Fundament

1: A hunnu Set

Setze dich in dein bevorzugtes Asana. Empfehlenswert ist in jedem Fall der „Drachensitz", bei dem der Meditierende kniet und auf den Fersen sitzt, den Rücken gestreckt und den Kopf erhoben. Stelle dir vor, dass Pesh-Kent, das Geburtsmesser des Set, durch dich hindurchgeht. Du sitzt auf der „Klinge", die unter dir in die Erde dringt, der Griff führt durch dein Rückgrat und über deinem Kopf endet er im Querbalken des Taukreuzes.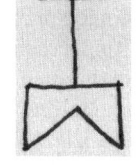
Ziehe nun rote, feurige Energie als Säule von unten durch die Klinge in dein Wurzel- oder Muladharachakra, welches sich zwischen Anus und Genitalien befindet, dann weiter hoch die Wirbelsäule entlang bis zum Kronenchakra, wo die Energiesäule kurz aus der Fontanelle austritt und am Querbalken des Tau endet. Gleichzeitig flüstere ein langgezogenes, stimmloses *SSSSSSSSSUUUUUUUUUUT*, während du tief durch den Mund einatmest. Beende den Vorgang des Einatmens, indem du das abschließende „*T*" betonst, während die rote Feuersäule an den Querbalken des Pesh-Kent stößt. In diesem Moment durchzieht deinen ganzen Körper eine rot glühende Säule. Du atmest wieder durch den Mund aus und flüsterst ein langgezogenes, stimmloses *UUUUAAACHCHCHCHCH*. Zur gleichen Zeit zieht sich die Feuersäule zurück, wird kleiner und verschwindet schließlich zur Gänze durch dein Wurzelchakra in der Klinge des Geburtsmessers und in der Erde unter dir, es hinerlässt in dir eine tiefe Schwärze.
Atme auf eine Weise so tief ein, dass du deine Lungen nur entspannen musst, um den Prozess des Ausatmens automatisch in Gang zu setzen. Atme so weit aus, dass sich deine Lungen, wenn du sie entspannst, sofort ganz von selbst wieder mit Luft füllen.
Atme also wieder ein, ziehe die rote Energiesäule in dir empor, beobachte, wie sie die Schwärze verdrängt. Das abschließende „*T*" bildet erneut den Übergang zwischen ein-

und ausatmen. Die Säule schrumpft, zieht sich während des Ausatmens zurück und die Schwärze nimmt wieder zu.

Wiederhole diesen Kreislauf immer und immer wieder, insgesamt einunddreißig mal.

Nimm nichts wahr außer dem Wechselspiel zwischen dem Element Feuer, das du willentlich in dich hinein rufst mit dem ursprünglichen Namen des Set, Sutuach, und dem Nicht-Feuer, der Abwesenheit des Feuerelements. Wenn Bilder entstehen, die du mit der Feuerenergie verbindest, dann lasse sie zu, hänge ihnen aber nicht nach und spinne sie nicht weiter, lass sie einfach kommen, beobachte sie, dann lass sie wieder gehen.

Nach den einunddreißig Wiederholungen atme tief und ruhig weiter. Behalte das Bild des Pesh-Kent, das nun ein Teil von dir ist, bei.

2. A hunnu Nephtys

Visualisiere nun zusätzlich um dich herum das Zeichen und den Kopfschmuck der Nephtys in seiner dreidimensionalen Form. Du sitzt in deinem Asana inmitten eines Würfels (einer Art Naos, ein Götterschrein für dich selbst, doch dazu später mehr), vor dir befindet sich eine Erhöhung, die dir bei späteren Arbeiten noch als Altar dienen wird. Direkt über deinem Kopf befindet sich als Dach die Schale der Nephtys, deren Boden identisch ist mit dem Querbalken am Ende des Griffes des Pesh-Kent. Deine Sitzfläche ist die Unterseite des Würfels, sie ist identisch mit dem oberen Teil der Klinge. Auf diese Art sind beide Zeichen verbunden und du als Bestandteil mit ihnen vereint.

Beginne diesen Zyklus mit dem Ausatmen. Während du durch den Mund ausatmest, flüstere ein stimmloses NNEEEEEBEEEEEET. Zeitgleich 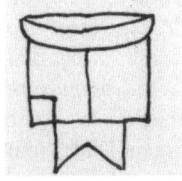 visualisiere, wie die blaue, erfrischende Kühle aus der Schale der Nephtys durch dein Kronenchakra und deine Fontanelle in dich hinein fließt, eine strahlend-blaue, wässrige Säule strömt in dir herab und verdrängt das Schwarz. Das „T" ist wiederum der Wendepunkt zwischen aus- und einatmen, sobald die blaue Säule der Nephtys den Boden unter dir erreicht, also das inverse, auf den Kopf gestellte Tau (T) aus Messergriff und Würfelboden bzw. Klingenoberseite.

Beim tiefen Einatmen durch den Mund flüstere ein stimmloses *HHEEEEEEEEEEEEEEEET*, während die Wassersäule wieder zurückfließt in die Schale über dir. Je weiter sich die Säule nach oben zurückzieht, desto raumgreifender wird das Schwarz in dir. Wiederum ist es das abschließende „*T*", welches das Ende dieses Atemzyklus anzeigt, wenn die blaue Säule wieder ganz im Boden der Schale verschwunden ist. Atme wieder aus, das stimmlose *NNEEEEEBEEEEEET* flüsternd, dann wieder ein mit dem langgezogenen *HHEEEEEEEEEEEEEEEET*.

Wiederhole diesen Kreislauf immer und immer wieder, insgesamt einunddreißig mal.

Nimm nichts wahr außer dem Wechselspiel zwischen dem Element Wasser, das du willentlich in dich hinein rufst mit dem ursprünglichen Namen der Nephtys, Nebet-Het, und dem Nicht-Wasser, der Abwesenheit des Wasserelements. Wenn Bilder entstehen, die du mit der Wasserenergie verbindest, dann lasse sie zu, hänge ihnen aber nicht nach und spinne sie nicht weiter, lass sie einfach kommen, beobachte sie, dann lass sie wieder gehen.

Nach den einunddreißig Wiederholungen atme tief und ruhig weiter. Behalte das Bild der beiden Symbole bei, die nun Teil von dir sind.

3. Pert em kerh

Behalte die Vorstellung der beiden miteinander verbundenen Symbole bei. Mit dem nächsten Einatmen stelle dir nun vor, wie du schwarze Energie aus deiner Umgebung in die Gegend um deinen Solarplexus ziehst. Wie ein Magnet zieht dieser alle schwarze Energie, erdige Energie an, die sich in deinem Manipurachakra (Solarplexus oder Nabelchakra) zu einer schwarzen, schweren Kugel bündelt und verdichtet. Flüstere dabei ein langgezogenes *KEEPHRAAAA*. Dem Solarplexus-Chakra wird die schöpferische Willenskraft zugeordnet, die gezielt und gestaltend in die Welt gelenkt wird. Wenn du mit dem Ausatmen beginnst, 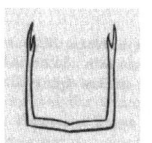 visualisiere in dieser schwarzen, erdigen Kugel das golden strahlende Zeichen für Ka: Flüstere ein langgezogenes, stimmloses KAAAAAAA, während die Luft aus deinen Lungen entweicht. Das Ka-Zeichen beginnt zu strahlen und sich mit Luft-Energie zu füllen. Beim Einatmen ziehe wieder schwarze, erdige Energie zusammen in deinem Solarplexus-Bereich, während du KEEPHRAAAA flüsterst. Beim Ausatmen leuchtet das Ka-Zeichen inmitten der schwarzen Kugel auf und du flüsterst ein langgezogenes KAAAΛAAA.

Wiederhole diese Abfolge insgesamt einunddreißig mal. Nimm nichts wahr außer dem Wechselspiel zwischen dem Element Erde, das du willentlich in dich hinein rufst mit dem Namen Kephra und der Luft, die du rufst durch das goldene Ka.

Kephra ist der skarabäusgestaltige, aus sich selbst entstandene Gott, der eng mit der Auferstehungssymbolik der Ägypter verbunden war. „Der aus sich selbst entstehende" ist die Bedeutung seines Namens, denn die Ägypter glaubten, dass er aus den Dungkugeln (wieder-) geboren wurde, die er beständig vor sich her rollte, wie dies auch die Mistkäfer zu tun pflegen. Aus dem Ägyptischen Totenbuch: „Zu Kephra werde ich, in den Urstoff tauchend, ich keime durch die Weltallkraft des Keimens."

Wenn Bilder entstehen, die du mit der Erdenergie oder der Luftenergie verbindest, dann lasse sie zu, hänge ihnen aber nicht nach und spinne sie nicht weiter, lass sie einfach kommen, beobachte sie, dann lass sie wieder gehen.

Nach den einunddreißig Wiederholungen atme tief und ruhig weiter. Behalte die visualisierte Symbolkombination vor deinem geistigen Auge.

Atme tief ein. Dann spreche laut: *„Pert em kerh."* (Komme hervor aus der Dunkelheit).

Atme wieder langsam und tief ein. Dann spreche: *„A hunnu Set."* (Heil dem Kind des Set). Atme ein. Spreche: *„A hunnu Nephtys."* (Heil dem Kind der Nephtys).

Atme erneut ein: *„Xepera Xeper Xeperu."* (Das ins Dasein Gelangte bringt das ins Dasein Gelangen ins Dasein).

Verharre in Stille.

Dann beende die Meditation.

Auf dem Fundament dieser Basismeditation bauen verschiedene andere Arbeiten dieses Buches auf. Es ist jedoch zunächst von großer Wichtigkeit, dass der Tempel stabil erbaut ist, damit ein Gott darin wohnen kann. Und den Bau des Tempels beginnt nicht nur ein absoluter Magieanfänger, sondern gerade ein erfahrener Magier, zu denen ja die meisten Leser selbstverständlich zählen werden, mit einem soliden Fundament. Übe zunächst mit der oben beschriebenen langen Meditation. Wenn die Visualisierungen über die gesamte Zeit aufrecht erhalten werden können, verkürze die Arbeit, indem du statt einunddreißig Atemzyklen jeweils nur noch neun Atemzyklen verwendest (9 x Sutuach + 9 x Nebet-Het + 9 x Kephra-Ka + Pert em kerh + A hunnu Set + A hunnu Nephtys + Xepera Xeper Xeperu = 31).

Heilung

O môr henion i dhû:
Ely siriar, êl sila:
Êl eria e môr.
Qyetes tercâno nuruva.
Aus der Dunkelheit verstehe ich die Nacht:
Träume fließen, ein Stern scheint:
Ein Stern erhebt sich aus der Dunkelheit.
Er spricht zum Herald des Todes.

(Aus: „Der Herr der Ringe" von Tolkien)

Beginne das Ritual auf eine dir und deinem Vorhaben angemessene Art und Weise. Stehe mit dem Gesicht nach Süden. Atme durch die Nase ein und durch den Mund atme eine fußballgroße feurig-rote Plasmakugel aus, die ungefähr einen halben Meter vor deiner Brust in der Luft schwebt. Lasse sie anwachsen auf ca. einen Meter Durchmesser, aber sie darf nur so groß werden, dass sie dich nicht berührt. Schaue in die Kugel, Lavaströme durchziehen sie, Flammen zucken wie Blitze aus ihr empor: Ein ungemütlicher Ort dort drinnen, in dem alles vom Feuer verzehrt wird, was dem Innern der Kugel zu nahe kommt. Die störenden Energien, von denen du dich befreien willst, ziehe nun mit dem ersten Atemzug in dir zusammen, mit einem Schrei oder dem Rufen ihres Namens schleudere sie in das Feuer. Wiederhole dies solange, bis von der störenden Energie nichts mehr in dir zu sein scheint (ein Trugschluss). Dann drehe dich um 90° nach rechts, schaue in den Westen. Von dort kommt eine einzige riesige Wasserwelle auf dich zu und überrollt dich, durchnässt dich und reinigt dich kalt und klar von den störenden Erinnerungen an alles, was du gerade losgelassen hast. (Diese Station ist eigentlich nicht Teil des Ritualablaufs, denn eigentlich findet sie nicht statt, schließlich geht es um Vergessen, nimm den Westen symbolisch aus der zeitlichen Abfolge des Heilungsrituals hinaus, indem du die Luft anhältst; schließlich würdest du das auch tun, wenn beim Badeurlaub eine Welle über dich hinwegrollt.)
Drehe dich nun um 180° in den Osten, der dir hell und golden entgegenstrahlt, deine Haut und deine Kleidung trocknet und dich aufwärmt. Erfreue dich eine Weile am

Sonnenlicht, erhebe die Arme und rufe der Sonne immer wieder entgegen: „*Heil, heil mir!*"

Dann wende dich dem Norden zu und lege dich auf den Bauch, den Kopf in den Norden. Atme nun langsam und ruhig die kühlen Nordwinde durch deine Fontanelle ein, ziehe die Energie des Nordens durch deinen Kopf an deiner Wirbelsäule entlang hinab. Wenn du vollständig eingeatmet hast, sollte die Luft in der Höhe deines Bauches sein, beim Ausatmen strömt die Luft weiter an dir herab und tritt durch deine Fußsohlen wieder aus dir heraus. Stelle dir vor, dass diese heilende Energie des Nordens in einem einzigen Atemzug den gesamten Erdball umkreist. Wenn du soweit es eben geht deine Lungen geleert hast, befindet sich die Heilung exakt am anderen Ende der Welt, mit dem Beginn des erneuten Einatmens ziehst du sie von dort aus um die Erde herum zu deinem Kopf, durch den sie wieder in dich dringt. Diesen Kreislauf wiederhole so oft, wie es dir angenehm ist.

Dann stehe auf und beginne den gesamten Ablauf von neuem, indem du dich wieder, in den Süden blickend, vor die Feuerkugel stellst und die Reste der störenden Energien in sie hinein schleuderst. Diese Energien sind bereits arg angegriffen und bangen um ihr Überleben, so dass sie sich aneinander drängen und so in diesem zweiten Durchgang oft stärker erscheinen können als beim ersten mal. Wenn es dir notwendig erscheint, wiederhole den gesamten Kreislauf auch ein drittes oder viertes mal.

Schließlich stehst du vor der Aufgabe, die in der Feuerkugel zwar verbrannten, aber doch in ihrer Idee noch vorhandenen Energien zu „entsorgen". Die Schamanen der Anden halsen derartigen magischen Sondermüll gerne ihren Meerschweinchen auf. Dda ich jedoch befürchte, als Meerschweinchen wiedergeboren zu werden, lassen wir uns etwas anderes einfallen. Komprimiere die Kugel auf die Größe eines Tischtennisballes und „lösche" sie in einer Schale mit Wasser. Dieses Wasser schütte am besten in einen Fluss, der es weit von dir fortträgt.

Nephtische Vakuum-Magie

„Was nicht ist, ist möglich."

Wir alle kennen die klassischen Formen der Magie, wie sie seit Uhrzeiten angewendet werden. Der Magier hat einen Willen, den er zu verwirklichen sucht. Dies versucht er, indem er Energie erzeugt und diese dann auf das gewünschte Ziel lenkt. Meist wird er versuchen, diese Energie in sich selbst aufzubauen, oder aber er versucht, die Kraft anderen Quellen zu entziehen und diese für sich zu nutzen. Dies können Pflanzen, Steine, andere Lebewesen oder ein Bach, ein Feuer, ein Gott, ein Dämon oder irgendetwas anderes sein. Schließlich bündelt er die gesammelte Energie und richtet sie auf seinen Willenssatz, auf sein Ziel. Oftmals nimmt er die Essenz seines Willens wieder auf, indem er die Kraft auf einen Kelch mit Sakrament schleudert und dieses am Ende des Rituals zu sich nimmt. In der Sexualmagie entströmt die Kraft dem aktiven Dolch und drängt in den passiven Kelch.

Wir haben es in all diesen Fällen mit aktiver Übertragung zu tun, mit einem Erzeugen, Bündeln und Ausrichten, mit einer gehörigen Portion Kraftanstrengung und Konzentration. Als Beispiel kann hier die Missa XXXI[1] genommen werden. Bei dieser Messe lenkt der Magus seine Elementarenergien in die Himmelsrichtungen, um sie später potenziert zurückzuerhalten. Dieser aktive, drängende Ansatz ist sehr männlich, entstammt er doch aus Zeiten, in denen meist Männer die Magie prägten.

Das Geschehenlassen, Beobachten, Fließenlassen, das Erzeugen von Freiräumen, in die jede Form der Energie „freiwillig" strömt, wurde sträflich vernachlässigt, und das mit gutem Grund. Primitive Magie stellt sich für den Westeuropäer oft nur schwer als glaubwürdig heraus. Eine einfache Zauberei wirkt bei uns oft nicht, da wir nicht wirklich bereit sind, zu glauben, dass sie funktioniert. Statt dessen errichten wir riesige pseudowissenschaftliche Bauwerke und erdenken uns Fachterminologien, um unserem aufgeklärten Geist ein Schnippchen zu schlagen, ihn glauben zu machen, es hätte Hand und Fuß, was wir da bei Vollmond treiben.

Und dennoch ..., wenn wir fließende Energie mit Wasser vergleichen, so gestaltet es sich als schwieriges Unterfangen, dieses Wasser mit den Händen, dem Willen und dem Zauberstab in eine Richtung zu bewegen. Der große Magier liegt am Ostsee-, nein, am Südseestrand (soviel Magie muss sein) auf den Knien und beschmutzt sich seine neue Robe mit nassem Sand. Er schaufelt, diverse Dämonenheere zur Hilfe rufend, mit den Händen, seinem breitkrempigen Zauberhut und der magischen Wasserpistole aus Plastik (wahrscheinlich ist er ein Chaosmagier) das Wasser in Richtung Kelch. Und, verfluchte Natur, die seinem Willen nicht gehorchen will, das Wasser fließt immer wieder der Schwerkraft folgend an seinen Händen vorbei zurück in die endlose Weite des Meeres. Die Magierin schaut ihm zu, nimmt dann ihre Schaufel und gräbt ein kleines Loch, stellt den Kelch hinein und zieht mit der Spitze der Schaufel einen kleinen, abschüssigen Graben vom Meer zum Kelch. Das Wasser

---

[1] Original aus: „Der Kraftstrom des Satan-Set", erschienen bei Second Sight Books, die überarbeitete, „setianisierte" Gruppenversion findet sich in diesem Buch.

findet seinen Weg und als Sakrament drückt es die Luft aus dem Gefäß. Unser großer Magier bemerkt, dass einer der mächtigen Dämonen, die er gerufen hat, einen schwefligen Atemhauch besitzt, er stürzt auf die gelbliche Schwefelwolke zu und versucht, diese in eine Zauberflasche zu pressen. Die moderne Magierin von Welt jedoch nimmt ihren Vakuumverpacker, den sie als Angebot beim Teleshopping bekommen hat, und zieht die Schwefelwolke ein, um diese neben vakuumverpacktem Gemüse einzufrieren und aufzuheben, falls mal wieder die Zeugen Jehovas an der Tür schellen. O.K., genug der albernen Beispiele. Widmen wir uns den geometrischen Formen.

Das Prinzip der Vakuum-Magie ist nicht, Druck von außen auszuüben, sondern am Zielort der Kraft eine Art Vakuum zu erzeugen, von welchem die Energie sich dann magisch angezogen fühlt. Stelle dir eine schwarze Pyramide vor, die mit der Spitze nach unten weist. Sie schwebt vor dir im Raum. Ihre Kanten sind ungefähr einen Meter lang. Reibe nun beide Handinnenflächen kräftig aneinander, bis sie zu kribbeln beginnen. Dann nähere dich langsam mit der rechten Handinnenfläche der Pyramide vor dir, während du die linke Hand flach auf deinen Solarplexus legst, Finger zusammen, Handinnenfläche am Körper, den Daumen abgespreizt zum Kopf weg weisend. Wenn du die Pyramide mit der rechten Hand fast berührst, spüre nach, ob du die feste Energie der Oberfläche spürst, wenn nicht, ziehe die Hand wieder etwas zurück und nähere dich der Pyramide von Neuem. Erst, wenn du ein leichtes Ziehen und Kribbeln verspürst, lege die Hand auf die schwarze Oberfläche der Pyramide und beginne, durch die Handinnenfläche, den Arm, die rechte Schulter, die Brust, die linke Schulter, den linken Arm, die linke Hand die dunkle Pyramidenkraft herauszuziehen und in deinen Solarplexus zu leiten und dort als schwarzen Energieball zu speichern. Entziehe der Form vor dir so alle Kraft, spüre, wie ein Vakuum entsteht und gewaltige Kräfte auf die Außenhaut der Pyramide wirken, die immer kurz davor ist, zu implodieren. Wenn dir der Druck im Solarplexus zu groß wird oder du eine dir unangenehme Energie gezogen hast, dann gib sie am Ende der Übung über deine Handflächen und deine Stirn an den Boden unter dir ab.

Mit deiner schwarzen Vakuumpyramide kannst du nun einigen Schabernack treiben, mit ihr experimentieren, sie jedoch auch ernsthaft in deine magische Praxis integrieren. Im Folgenden seien einige Möglichkeiten kurz skizziert:

Heilung: Die schädliche Energie wird aus den entsprechenden Körperpartien durch Berührung mit der Vakuumpyramide herausgezogen. Lasse die Pyramide sich dazu langsam der entsprechenden Zielstelle nähern und sie schließlich nur ganz leicht mit der unteren Spitze „andocken". Bei diesen Arbeiten ist es wichtig, sehr vorsichtig zu sein und die Pyramidentechnik mit anderen Heilungszaubern zu kombinieren.

Vampirismus: Lasse die Energiepyramide mit ihrer Spitze an ein Chakra des „Opfers" gelangen. Sei konzentriert, da diese Arbeiten dir nicht immer nur die Power des anderen verschaffen, sondern oft auch seinen energetischen Bodensatz. Der Vorteil dieser Technik ist, dass es keine Notwendigkeit gibt, wie bei anderen vampirischen Techniken, das Opfer zu berühren. Ziehe Energie, bewerte sie und entscheide dann, ob du sie aufnimmst. Natürlich ist diese Art des Energiesaugens nicht auf Menschen beschränkt, Tiere, Bäume, Steine, probiere es aus. Bei anderen Menschen achte darauf, dass du die Intensität deiner Räubereien genau steuerst. Mit einiger Übung ist es möglich, einen Menschen langfristig mit dieser Technik zu töten. Mit den ethischen Implikationen lasse ich den Leser allein.

Chnum erschafft das Kind und das Doppel

Des weiteren kann durch diese Technik ein Angriff auf den Ka eines Feindes erfolgen. Wir erinnern uns: Ka ist das magische Doppel, auf alten Darstellungen wird es gemeinsam mit dem Kind erschaffen (in unserem Beispiel durch den Gott Chnum):

Das gesamte Leben lang wird der Mensch von seinem Ka begleitet. Stirbt er, lebt der Ka weiter. Wenn ein Mensch stirbt, geht er „zu seinem Ka". Der Ka benötigt jedoch Nahrung zum Weiterleben: Grabmalereien, Rauchopfer, Gedanken, Träume, Gebete, Nahrungsopfer. Wird ein Tisch zu Ehren eines Ka gedeckt, so befindet sich der Ka bereits in den Speisen.

Um ein Ka zu töten, muss jeder Gedanke an den verstorbenen ausgelöscht werden, so dass der Ka verhungert. Dies kann geschehen, indem eine Vakuum-Pyramide beliebigen Ausmaßes (je größer, desto mehr Magie wird benötigt, desto wirkungsvoller ist sie jedoch auch für die Zwecke des Magiers, wenn über einen langen Zeitraum sehr viel Energie aufgenommen werden soll) mit bekannten magischen Techniken los geschickt wird, wie ein Satellit um das Opfer und seine Angehörigen zu kreisen und Energie und schließlich den Ka selbst „einzufangen", um schließlich die neutralisierte Energie in einer gewaltigen Explosion in Millionen von Bruchstücken über das gesamte Universum zu verteilen.

Eine Schwester des Kraftstroms hat auf diese Weise ihren verstorbenen, aber allgegenwärtigen Stiefvater, der sie in der Kindheit sexuell missbrauchte, vernichtet. Nicht genug, dass er selbst nicht mehr lebt (ein bedauernswerter Hirnschlag), sondern auch sein Ka liegt irgendwo verdorrt auf dem Abraum der Geschichte. (Es ist mir übrigens bewusst, dass ich mit diesem Abschnitt zu seiner neuerlichen Ernährung beitragen könnte, indem ich an ihn denke und sogar über ihn schreibe. Aber manchmal macht es Sinn, an einem Leichnam zu rütteln, um zu sehen, ob er sich wirklich nicht mehr rührt.)

Früher oder später wird wahrscheinlich der amerikanische Geheimdienst vor meiner Haustür stehen und riesige schwarze Vakuum-Pyramiden über Kabul und Bagdad schweben lassen wollen.

Abwehrzauber: Wo wir gerade bei Kampfmagie sind. Das Problem an magischen Angriffen ist, dass der Angreifer an die Effizienz solcher Angriffe glauben muss, der Gegner nicht unbedingt. Wenn wir jedoch fröhlich die Welt mit unseren Attacken überziehen, könnte es sein, dass mal einer zurück schießt. Hier kann ein Abwehrzauber notwendig werden.

Schicke eine schwarze Pyramide los, dass sie dich selbst umkreist wie ein Satellit, jedoch nicht um Deinen Ka zu fressen oder dir Energie zu entziehen, sondern um alle magischen Kräfte, die sich gegen dich richten, abzufangen. Dass wir für Schadens-, Heil- und Abwehrmagie die gleiche Technik verwenden, ist das Gegenteil von Widerspruch. Du kannst mit einem Messer einen Gegner angreifen, dich selbst verteidigen oder dir ein Brot schmieren. Es ist alles eine Frage der Intention, es wurzelt alles in Deinem Kopf. Ob das ein Problem für dich und deine Mitmenschen wird, werden wir möglicherweise in der Zeitung lesen.

Laden eines Sakraments: Stelle ein Sakrament in die Mitte der umgestülpten Pyramide, dann entziehe ihr die Energie, erzeuge ein Vakuum. Wenn in der Pyramide nichts mehr ist als ein leerer Kelch, wenn selbst das NICHTS aus ihr herausgezogen wurde, dann lasse sie plötzlich implodieren und alle Energien des Raumes werden (wirklich alle: unerwünschte Energien und Wesenheiten rechtzeitig bannen und hinauswerfen!) in den Kelch gezogen.

Es folgt eine Übung, um Energie auszurichten. Sie ist auch als Basistechnik für weitergehende Arbeiten geeignet.

Lasse die schwarze Pyramide sich mit der Spitze nach unten in den Boden senken, so tief in den Boden senken, bis ihre Grundfläche den Boden erreicht. Du kannst allein arbeiten oder mit mehreren Gleichgesinnten. Wenn die Übung mit mehreren Teilnehmern durchgeführt wird, stellt euch an den Kanten der Pyramide auf und stellt euch vor, dass die Energie innerhalb der schwarzen Pyramide zunächst nach unten sinkt, sich dann an der Spitze sammelt, um schließlich entlang der Seitenkanten mit jedem Einatmen von euch herausgezogen zu werden. In euch verwandelt sich die Energie von kühler und schwarzer in heiße und rote Energie. Beim Ausatmen schickt ihr die Energie schräg nach oben an den Kanten einer weiteren, aufrecht, mit der Spitze in den Himmel weisenden, roten Pyramide entlang bis zu deren Spitze. Von dort aus fällt die Energie wie schwere, kochende Lava im Inneren der Pyramide zu Boden. Die rote Pyramide hat exakt die gleichen Abmessungen wie die schwarze, sie stehen beide praktisch Grundfläche an Grundfläche, die eine weist in die Unterwelt, die andere in den Himmel.

Auf diese Weise ist jede beliebige Energie im Zentrum der aufrechten Pyramide zu erzeugen. So ist es möglich, dass ein oder mehrere Teilnehmer, ein zu ladender Gegenstand, ein Sakrament oder was auch immer, sich von Beginn an in der roten Pyramide befinden und so mit der Lavaenergie geladen werden.

III. Kadesch. Die Herrin des Wassers

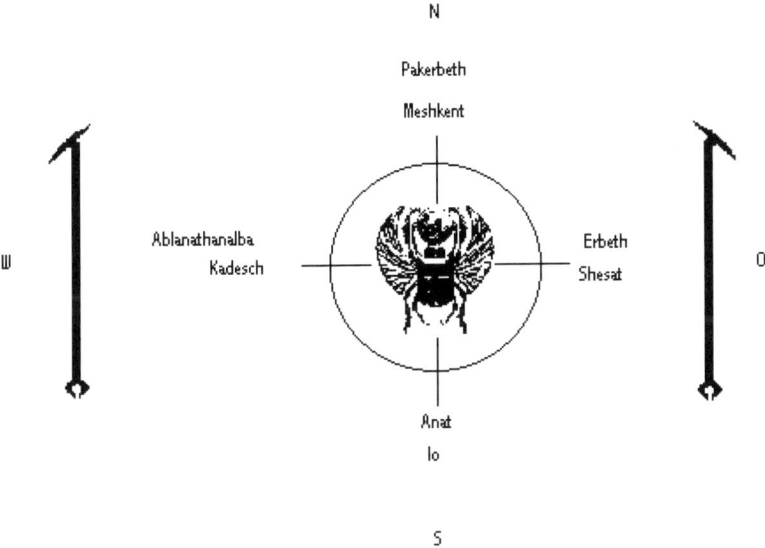

Kadesch, die Herrin des Wassers

„Ich war die tanzende Herrin,
deren Füße die Wüste liebkosten, und hinter meinen Schleiern war ich Kadesch,
die alle Begierde in ihm bündelte und emporhob zu meinen Sternen.
Seine Lust strömte herab zur Erde
und in der Scheide seines Schwertes erblühte eine prachtvolle Oase,
in Finsternis dem glühenden, roten Leib Kühlung versprechend
in den Wassern meines Kelches."

(Nebet-Het, die Herrin des Tempels)

Genau wie Anat ist auch die Göttin Kad oder Kadesch erst im neuen Reich nach den Feldzügen Sethos I. aus Vorderasien übernommen worden. Die Periode des neuen Reiches begann 1550 und dauerte bis 1069 vor unserer Zeitrechnung an. In dieser Zeit herrschten die berühmten Pharaonen Echnaton, Tutanchamun, Sethos I., Ramses II., Sethos II., Setnacht. Ramses II. gehörte sicherlich zu den begnadetsten Geschichtsfälschern (wie sonst soll man jemanden bezeichnen, dessen Manipulationen auch dreitausend Jahre später noch von den meisten Ägyptentouristen und von einigen Fachleuten geglaubt werden?) und PR-Managern der Menschheitsgeschichte, als Kriegsherr jedoch wurde er das ein ums andere mal Opfer seines eigenen Hochmuts.

Nachdem Echnaton in seiner Regierungsperiode das Reich zerfallen lies, da er sich ausschließlich um innenpolitische Belange und den von ihm eingeführten Monotheismus kümmerte, stellten Tutanchamun und sein General und späterer Nachfolger Haremhab das alte Staatsgefüge, den alten Glauben und den Großmachtsanspruch wieder her. Der Kommandant der Grenzfestung Sile, Paramesse, wurde von Haremhab systematisch zum Kronprinzen aufgebaut, denn Haremhab selbst entstammte nicht einer Herrscherlinie und da er selbst keine Kinder hatte, versprang die Pharaonenfolge ein weiteres mal zugunsten Paramesse. Die Vorsilbe Pa- ließ seine nicht-adlige Herkunft vermuten, so verzichtete Paramesse auf diese Vorsilbe und nannte sich fortan Ramses I. („der Sohn des Ra"). Ihm folgte sein Sohn Sethos I („jener, der zu Seth gehört"). Sethos I. begründete einen neuen Aufschwung Ägyptens. In seinem fünften Regierungsjahr zog Sethos I. gegen das Großreich der Hethiter zu Felde, eroberte Amurru und die Festung von Kadesch (die Festung der Hethiter am Orontes, nicht die Göttin). Sethos I. nahm seinen Kronprinzen mit auf diesen Feldzug, der sich auf diese Weise schon einmal an das Kriegshandwerk gewöhnen sollte. Doch Amurru und Kadesch fielen schon bald wieder zurück in hethitische Hände. In Ägypten verblieben jedoch die gleichnamigen Gottheiten Kadesch und Amurru, der ursprünglich als Seuchenbringer und als hoher Wettergott galt, über die Jahre jedoch zur Schutzgottheit mutierte. Schild und Keule unterstreichen jedoch, dass es sich auch bei Amurru um eine kriegerische Gottheit handelt. Kadesch und Amurru wurden vor allem in Memphis als Götterpaar verehrt. Nach unserer Zeitrechnung war es im April 1274 vor unserer Zeit, als Ramses II. ein weiteres mal gegen die Hethiter zu Felde zog. Beim ersten Feldzug hatte er Amurru im Handstreich genommen, jedoch sein Hauptziel, die Übernahme von der strategisch bedeutenden Festung von Kadesch nicht erreicht. Mit einem übermächtigen Heer, das weit über fünfundzwanzigtausend Mann zählte, und seinen eigenen Söhnen, denen er zeigen wollte, wie man eine Festung richtig einnimmt, so wie sein Vater es ihm einst gezeigt hatte, brach er auf. Südlich von Kadesch wollte er mit der Re-Einheit auf das Eintreffen der restlichen Einheiten warten, um dann gemeinsam den Orontes zu überqueren und Kadesch anzugreifen. Doch da kamen zwei Beduinen in das Lager des großen Ramses II. und stellten sich als Abgesandte zweier abtrünniger Stämme vor, die zur ägyptischen Armee überlaufen wollten. Sie berichteten, dass sich das hethitische Heer aus Furcht vor den Ägyptern weit ins Landesinnere zurückgezogen habe und nur wenige Soldaten die Festung Kadesch bewachten. Ramses II. überpüfte die Aussagen der beiden Männer nicht, sondern setzte sich mit der Amun-Einheit, dicht gefolgt von der Re-Einheit in Marsch. Die Amun-Einheit überquerte den Fluss und Ramses ließ ein großes Heerlager errichten. Als die fünftausend Mann starke Re-Einheit dabei war, den Fluss zu überqueren, griffen die Hethiter mit nur eintausend Streitwagen an. Die Re-Einheit wurde vollständig aufgerieben, ein Teil der Ägypter floh ausgerechnet in das Lager der Amun-Einheit, wo sie ein vollkommenes Chaos anrichteten, so dass die Hethiter einen dichten Ring um das Heerlager schließen konnten. Aus den südlichen Wäldern kam eine Einheit der Ägypter zu Hilfe. Doch die Hethiter hatten mittlerweile ein gewaltiges Heer von siebenunddreißigtausend Mann zusammengezogen, gegen das die ägyptische Einheit von gerade mal fünftausend

Mann keine Chance gehabt hätte. Doch die Hethiter griffen überraschender Weise nicht an, sondern übten sich in politisch und militärisch kluger Diplomatie und schickten einen Unterhändler zu Ramses II., der ihm den Rückzug anbot. Die Hethiter hatten ihr Ziel erreicht: Sie hatten den Ägyptern unmissverständlich klar gemacht, dass es sich bei den Hethitern nicht um ein wildes Bauernvolk handelte, sondern um eine Großmacht, mit der auch militärisch zu rechnen ist und die es nicht hinnimmt, wenn vorgelagerte Festungen und Vasallenländer in ägyptische Hände fallen. Hätten sie den Pharao gefangen genommen und einen Feldzug gegen Ägypten begonnen, hätten sich die militärischen Kräfte der Hethiter und der Ägypter gegenseitig neutralisiert und geschwächt, während die militärisch erstarkten Assyrer freie Bahn gehabt hätten. So zog Ramses II. mit einer erheblich geschwächten Armee ab und die Hethiter eroberten auf dem Rückweg noch eben Amurru von den Ägyptern zurück. Diese herbe Niederlage des großen Ramses II. ging als „Katastrophe von Kadesch" in einen Teil der Geschichtsbücher ein, auch wenn Ramses II. alles daran setzte, diese Schmach zu verhindern. Er ließ, wohlbehalten zuhause angekommen, Berichte und Gefallenenlisten schreiben und in Tempelmauern meißeln, die ihn zum glorreichen Sieger von Kadesch ernannten. Unter anderem streute er das Gerücht, dass zwei Brüder des hethitischen Herrschers Muwattalli, die dieser jedoch nie gehabt hat, in der Schlacht gefallen wären. Hattusili, der einzige Bruder von Muwatalli, der in der Schlacht möglicherweise die siegreichen Streitwagen befehligte und danach noch einige ägyptische Gebiete plünderte, blieb jedoch unerwähnt. Diese nachträgliche Unsportlichkeit Ramses II. wird in vielen Reiseführern und sogar in einigen ägyptologischen Abhandlungen als tatsächliche Geschichtsschreibung unterstützt, ist jedoch schnell zu entkräften, denn sowohl Amurru, als auch Kadesch richteten ihren Tribut nach der Katastrophe von Kadesch nicht an die Ägypter, sondern an die hethitischen Herrscher, was einen möglichen Sieg der Ägypter vollkommen ad absurdum führt.

Nur wenige Jahre nach der Katastrophe von Kadesch kam es zum ersten völkerrechtlichen Vertrag der Welt zwischen den Hethithern und den Ägyptern (genau war es der 21. Tag des 5. Monats im 21. Jahr des Pharao Ramses II., nach heutiger Zeitrechnung der 21.11.1259 vor unserer Zeit). Zeitgleich wurden Ramses II. und dem hethitischen König Hattusili die auf kostbarem Material geschriebenen Verträge übergeben. Eine Kopie dieses keilschriftlichen Vertrages auf akkadisch hängt heute im UN-Hauptgebäude in New York. Der Vertrag enthielt einen Nichtangriffs- und Beistandspakt sowohl bei Angriffen von außen als auch bei inneren Unruhen. Gegenseitiger Handel wurde gefördert, die Aufnahme von Flüchtlingen aus dem jeweils anderen Hoheitsgebiet untersagt, jedoch sollten zurückgeschickte Flüchtlinge Amnestie erfahren.

Ein reger Austausch entstand, Eisen, Stoffe, Schmuck, Medizin wurden neben vielen anderen Waren gehandelt, Ramses schickte Ärzte und Bewässerungsspezialisten, der hethitische Herrscher Hattusili Baumeister. Doch ein Treffen zwischen Hattusili und Ramses II. blieb aus, wohl auch, da Hattusili nicht vergessen hatte, dass Ramses II. ein begnadeter Geschichtsfälscher war, und er daher befürchten musste, ein Besuch bei eben diesem könne ihm später als ein Anbiedern oder gar Unterwerfen ausgelegt werden. Hattusili beschwerte sich in einem Brief an Ramses II. über dessen Falschaussagen über Kadesch, doch dieser wich einer Antwort beharrlich aus. Aber der Friedensvertrag eröffnete eine Zeit des Wohlstandes für beide Länder: *„ Was die Beziehungen angeht zwischen dem Großkönig, dem König von Ägypten, und dem Großkönig, dem König von Hattusa, so hat die Gottheit mit diesem Vertrag für alle Zeiten verboten, dass Krieg zwischen ihnen herrscht. "* Mit der Gottheit war unstrittig der ägyptische Seth als Reichsgott und der oberste Wettergott von Hattusa, wahrscheinlich hier Teshub oder eine seiner örtlichen Vertretungen, gemeint. Hatten die Ägypter schon ein umfangreiches Götterpantheon, so hatten die Hethiter ein einziges Chaos, einige ihrer Götter, die sie selbst auf ihren Feldzügen von den unterworfenen Völkern übernommen hatten, wurden direkt an die Ägypter weitergereicht. Allein bei den Wettergöttern gab es für jede Stadt, für jedes Gebiet differierende Bezeichnungen, es gab Wettergötter des königlichen Hauses, einen Wettergott der politischen Herrschaft, einen Wettergott der Anrufung, einen Wettergott der Rechtsordnung und einen der Rechtsprechung, einen Wettergott des Eides, einen Wettergott des Heeres, einen Wettergott der Ruinenstätte und so weiter. Pragmatisch, wie die Hethiter nun einmal waren, konnten sie mit einem beherzten „alle Wettergötter!" auch die große Schar der Wettergötter gleichzeitig herbeirufen und gleichzeitig sichergehen, keinen vergessen zu haben und dadurch unter Umständen zu erzürnen.

Bei den Hethithern kämpfte der höchste Wettergott des Pantheons, Teshub, gegen den Schlangengott Janka, so wie Seth bei den Ägyptern gegen Apophis kämpfe, jenes Wesen, das nicht böse war, obwohl es Umwälzung, Leid und Tod brachte, sondern einfach nur lebensfeindlich war, da es die gesamte Schöpfung zu verschlingen drohte. Dieser Kampf zwischen Sturmgott und Schlangengott findet sich in vielen alten Überlieferungen wieder. So waren im neuen Reich unter Ramses II. ausgerechnet die kriegerischen Götter Seth und Teshub göttliche Urheber des ersten völkerrechtlichen Vertrages der Welt.

Die Götter Ptah und Set gewannen in neuen Reich erneut an Bedeutung. Ein Zentrum der Verehrung der nach Ägypten importierten Göttin Kadesch war Memphis. Mit dem Stadtgott von Memphis, Ptah, wurde sie oftmals gemeinsam verehrt. Weiterhin wurde sie oft mit Amurru, dem Gott des Westens, der von den Ägyptern Reshef (vielleicht, weil sie sich nicht so gern an die Streitigkeiten mit den Hethitern um Amurru erinnerten) genannt wurde, abgebildet.

Die Tempelhuren Palästinas wurden Kedeschen genannt. Eine etymologische Nähe dürfte hier auf der Hand liegen. Der Name Kedeschen bedeutet soviel wie „die Geweihten". In Griechenland wurden sie Hierodulen, „heilige Mägde" genannt. Religiös motivierte Tempelprostitution war im gesamten frühgeschichtlichen Orient weit verbreitet. Im Ritual der Vereinigung zwischen Göttin und Gott verkörperten die Kadeschen die Göttin. In Kanaan wurden ebenfalls die männlichen Tempelprostituierten Kades genannt, Geweihte.

Kadesch wurde meist nackt auf einem Löwen stehend dargestellt, in den Händen hielt sie zum Kampf aufgerichtete Schlangen.

Kadesch, Herrin des Westens

Die Schlangen in den Händen der Kadesch verweisen auf Klugheit, Herrschaft über die Urkräfte, die Fähigkeit, die „tierischen" Triebe und Instinkte zu beherrschen, was für die Kadeschen natürlich nicht gleichbedeutend mit „unterdrücken" war.

So, wie die Kadeschen einen gar nicht zu überschätzenden Einfluss auf die Geschicke der Königreiche hatten – sie waren überdurchschnittlich gebildet und bewandert in allen Gesprächsthemen der Gesellschaft –, so ist auch Kadesch eine trickreiche, verführerische Göttin.

„Ich sah Kad, die den Luchs narrte." (Nebet-Het, die Herrin des Tempels)

Der Löwe, auf dem Kadesch steht, verweist auf ihre Bedeutung für das frühgeschichtliche Königtum in Kleinasien, wohnten die Kadeschen als Vertreterinnen der Göttin auch dem Gottkönig bei. Es deutet vieles darauf hin, dass es sich bei Kadesch um eine Variante der kleinasiatischen Ishtar oder Inanna handelte. Da der kriegerische Aspekt bei Kadesch fehlt, liegt es nahe, dass sich diese Göttin aus einem Titel der Innana oder Ishtar entwickelt hat.

Als Göttin der Sinnesfreuden und vor allem des Sexuallebens wurde sie später, wie fast alle Göttinnen des Liebeslebens und der Mutterschaft, mit Isis-Hathor verbunden, die ja selbst schon eine Verknüpfung zweier ursprünglich unterschiedlicher Göttinnen war. In ihrer Synthese mit Isis-Hathor trug sie oft die für die Himmelskuh Hathor typischen Kuhhörner und die Sonnenscheibe auf dem Haupt.

51

Satantra - oder weltanschauliche Verrenkungen eines Satanisten, um tantrisch arbeiten zu können

„Es gibt nichts, das so sehr über das Offensichtliche hinaus weist wie das Offensichtliche." (Bruder Par.'.A.'.nuS)

„An Sex mit sich selbst ist grundsätzlich nichts auszusetzen. Doch es gefällt Gott nicht." (Vater Johannes)

„Die Schlange aus den Gärten der Lilith kennt die Lehren Indiens nicht." (Reverend Bugvan)

„Schlangen haben keine Ohren." (Sir Aleister Donald Crowley in: „Memories of a Duck-Friend")

„Was sollen wir mit geklauten Ritualanweisungen aus Tantrabüchern?" (Schwester Schwarzelbe)

„Hast du ein Tantrabuch?" (Frater Eremor)

„Nein." (Schwester Schwarzelbe)

Verwende als Einleitung einen setianischen Rahmenritus, der sich für dich als brauchbar erwiesen hat. Wenn du nicht mit einem solchen arbeitest oder etwas „Neues" probieren möchtest, dann verwende das Sexenu-Rahmenritual, wie es in diesem Buch beschrieben wird. Dann setze dich in dein bevorzugtes Asana, am besten eignen sich für diese Arbeit der Lotussitz oder der Drachen. Entzünde eine rote Kerze für den Löwen des Ostens, Erbeth, zu deiner Linken, zur Rechten entzünde eine schwarze Kerze für Kadesch. „Vertausche die Lichter", wie die Alchimisten sagen würden, und lege einen Dolch neben die schwarze Kerze, stelle den Kelch mit dem Sakrament neben die rote Kerze, ordne also den männlichen Dolch der Kadeschkerze zu und den weiblichen Kelch der Erbethkerze.

Visualisiere eine strahlend weiße Plasmakugel einige Zentimeter über deinem Kronenchakra oberhalb des Kopfes. Rezitiere in einunddreißig Wiederholungen das Mantra: **Shala mata em naamah**

Visualisiere nun, wie die Plasmakugel ihre Form verliert. Wie ein schmelzender Ball aus Kerzenwachs „tropft" die Energie zunächst, dann fließt sie nach unten in den Kehlkopfbereich, dort verfestigt sie sich und nimmt dort wieder die Form einer Plasmakugel an, jedoch in anderer Farbe, sie strahlt nun silbern. Wenn du mit der Visualisation von zerfließendem Plasma Schwierigkeiten hast, empfehle ich umfangreiche Studien der Terminator-Filme mit dem erleuchteten Meister von Shambala, Vater Arnold Schwarzenegger (Nigrum Nigri Nigrius, das Schwarz, schwärzer als Schwarz). Wenn die Visualisation steht und du das Kraftzentrum spürst, schicke die Plasmakugel wieder auf die Reise. Sie schmilzt und verfestigt sich erneut im Solarplexus als strahlend goldene Energiekugel. Wenn du sie dort deutlich wahrnimmst und spürst, fließt die Energie weiter in dir herab in das Hara. Im Bauchzentrum, ungefähr zwei Finger breit unter dem Nabel, entsteht nun eine blaue Plasmakugel. Schließlich gelangt die Energie auf die bekannte Weise in den Genitalbereich, wo sie eine rote Farbe annimmt. Lasse dir bei diesem Herabfließen der Energie viel Zeit, es ist sinnvoller, dass du in deiner Zeit ein Ergebnis erzielst, als nur einer Übungsanleitung hinterher zu hecheln. In der feuerroten Plasmakugel im Genitalbereich entsteht ein goldenes Quadrat, in dem sich die zusammengerollte (Kundalini-) Schlange befindet. Dieses goldene Quadrat „nährt" sich aus der herabgeflossenen, im Genitalbereich angesammelten Energie. Das goldene Strahlen erweckt nach und nach die Schlange, die beginnt, durch die Chakren emporzusteigen. Stelle dir deine Wirbelsäule als Phallus vor, deinen Schädel als Vagina. Schließlich vereinigen sich Erbeth und Kadesch im Kronenchakra. Wiederhole einunddreißig mal das Mantra: **Ben na al shem chai ma el**

Den Moment der Vereinigung ruhe im Frieden der Auflösung, schmecke das aufdämmernde Abenteuer, das im Nullpunkt der Existenz bereits verborgen liegt. Arbeiten wie diese führen uns in einem ritualisierten Rahmen zu diesem Nullpunkt, in dem sich Tag und Nacht in Liebe erschlagen. Doch es ist nicht der Nullpunkt der Schöpfung, aus dem wir oder die uns bekannte Welt einst in Zeiten vor der Zeit entsprungen sind. Wie drehen nicht das Rad zurück und wandern nicht an die Quelle, dies anzunehmen ist meines Erachtens ein grober Fehler, der manchen Wanderer auf dem Pfad zur Linken zu philosophischen Verirrungen führt, wir tauchen nicht zurück in die Einheit mit einem Schöpfergott, wir besuchen nicht das verlorene Paradies und den Garten Eden, dies ist nicht Ausdruck des Weges eines Mystikers oder der Weg einer spezifischen Religion. Wir können nicht zurück. Versuche, eine Eiche zurück in eine Eichel zu falten. Es ist in diesem Kontext vielmehr ein Schritt nach vorn. Jeder Schritt nach vorn bringt uns Entscheidungen näher, Weggabelungen. Dies begrenzt uns, denn sobald wir an einer Weggabelung einen Weg gewählt haben, gibt es mindestens einen Weg, der nicht beschritten wird. Diese Begrenzung ist Leben. In dieser Arbeit stellen wir ein Gleichgewicht her, das uns nur in tiefer religiöser Verzückung, sexueller Ekstase und bei der Meditation zugänglich erscheint. Erstes bringt uns auf anderer Ebene in Abhängigkeit, nämlich von der Kraft, mit der wir uns verbinden. Zweites erfordert einige Übung, um aus zweien tatsächlich eins zu machen. Drittes ist der einfachste, schnellste, praktikabelste Weg und sicher einer der drei schönsten. Die Begriffe Chakra und Kundalini mögen hier nicht täuschen: Die Technik ist den klassischen Shiva-Shakti-Ritualen entliehen, funktioniert aber in jedem weltanschaulichen Kontext und in jeder Lebenssituation. Immer. Mit ein bisschen Übung schneller, am Anfang dauert es etwas länger, doch wenn es Praktiken gibt, für die man die Garantie geben kann, dass sie Ruhe von wahrhaft göttlichem Ausmaß erzeugen, dann ist dies ganz sicher eine von ihnen. Genauso wie Sex hilfreich bei der Zeugung von Kindern sein kann, kann dieser erreichte Nullpunkt auch magisch genutzt werden, um, bleiben wir bei oben bereits genanntem Beispiel, eine Eiche zu pflanzen. Sigillisiere einen Willenssatz in ein Wort und ersetze beim abschließenden Mantra „Ben na al shemchai ma el das shemchai" durch dieses Wort. Praktiziere oft, habe Freude und vergrabe viele Eicheln in der tiefen und fruchtbaren Erde deiner Willenskraft. Viel Vergnügen.

Kheper-ka-t, Hm-ka

„Ein Arm deines Ka ist vor dir,
ein Arm deines Ka ist hinter dir,
ein Fuß deines Ka ist vor dir,
ein Fuß deines Ka ist hinter dir. "

(Tempelschrift)

A hunnu Set

Setze dich in dein Asana. Pesh-Kent geht durch dich hindurch. du sitzt auf der „Klinge", die unter dir in die Erde dringt, der Griff führt durch dein Rückgrat und über deinem Kopf endet er im Querbalken des Taukreuzes.

Ziehe nun schwere, schwarze Energie als Säule von unten durch die Klinge in dein Wurzel- oder Muladharachakra, dann weiter hoch die Wirbelsäule entlang bis zum Kronenchakra, wo die Energiesäule kurz aus der Fontanelle austritt und am Querbalken des Tau endet. Gleichzeitig flüstere ein langgezogenes, stimmloses *SSSSSSSSSUUUUUUUUUUT* (der Schwarze!) während du tief durch den Mund einatmest. Beende den Vorgang des Einatmens, indem du das abschließende „*T*" betonst, während die schwarze Feuersäule an den Querbalken des Pesh-Kent stößt. In diesem Moment durchzieht deinen ganzen Körper eine tiefschwarze Säule. Du atmest wieder durch den Mund aus und flüsterst ein langgezogenes, stimmloses *UUUUAAACHCHCHCHCH*. Zur gleichen Zeit zieht sich die Säule zurück, wird kleiner und verschwindet schließlich zur Gänze durch dein Wurzelchakra in der Klinge des Geburtsmessers und in der Erde unter dir, es hinterlässt in dir eine absolute Leere.

Atme auf eine Weise so tief ein, dass du deine Lungen nur entspannen musst, um den Prozess des Ausatmens automatisch in Gang zu setzen. Atme so weit aus, dass sich deine Lungen, wenn du sie entspannst, sofort ganz von selbst wieder mit Luft füllen. Atme wieder ein, wie zuvor beschrieben, und wiederhole diesen Ablauf neun mal.

A hunnu Nephtys

Visualisiere nun zusätzlich um dich herum das Zeichen und den Kopfschmuck der Nephtys in seiner dreidimensionalen Form. Direkt über deinem Kopf befindet sich als Dach die Schale der Nephtys, deren Boden identisch ist mit dem Querbalken am Ende des Griffes des Pesh-Kent. Beginne diesen Zyklus mit dem Ausatmen. Während du durch den Mund ausatmest, flüstere ein stimmloses *NNEEEEEBEEEEEET*. Zeitgleich visualisiere, wie eine goldene, erfrischende Kühle aus der Schale der Nephtys durch dein Kronenchakra und deine Fontanelle in dich hinein fließt, eine strahlend-goldene, wässrige Säule strömt in dir herab und verdrängt die Leere. Das „T" ist wiederum der Wendepunkt zwischen Aus- und Einatmen, sobald die goldene Säule der Nephtys den Boden unter dir erreicht, also das inverse, auf den Kopf gestellte Tau (T) aus Messergriff und Würfelboden bzw. Klingenoberseite.

Beim tiefen Einatmen durch den Mund flüstere ein stimmloses *HHEEEEEEEEEEEEEEET*, während die goldene Säule wieder zurückfließt in die

Schale über dir. Wiederum ist es das abschließende „T", welches das Ende dieses Atemzyklus anzeigt, wenn die Säule wieder ganz im Boden der Schale verschwunden ist. Atme wieder aus, das stimmlose *NNEEEEEBEEEEEET* flüsternd, dann wieder ein mit dem langgezogenen *HHEEEEEEEEEEEEEEET* und so weiter.

Wiederhole diesen Kreislauf neun mal.

Pert em kerh

Behalte die Vorstellung der beiden miteinander verbundenen Symbole bei. Lege nun beide Handflächen auf die Oberschenkel und intoniere: *Hm*. Hm wird aus dem Ägyptischen meist mit „Majestät" übersetzt und beschreibt den physischen Körper. Werde dir deines Körpers bewusst. Dann erhebe die Arme in das Zeichen des Ka und lasse ein hartes „K", gefolgt von einem stimmlos zischenden „A" erklingen. „Hm" und „Ka" lasse in einem langen Atemzug erklingen. Wende dich beim „Hm" vollständig nach innen und deinem Körper zu, schließe dabei die Augen und senke den Kopf. Beim „Ka" werfe den Kopf in den Nacken, nimm ruckartig die Arme hoch, öffne die Augen und nimm war, wie dein Doppel sich allmählich löst.

Praktiziere dies solange, bis sich Erfolg einstellt. Es gibt keine Geheimrezepte hierfür, kein Laserschwert, mit dem du den inneren Schweinehund niederringen kannst. Früher oder später, nach gewissenhaftem Training, wirst du bemerken, dass beim Erklingen des „Ka" etwas aus deiner Brust zu brechen versucht. Lass es zu, gib deinem Ka Raum und Zeit, sich wieder den Platz zu erkämpfen, der ihm gebührt.

Schließlich atme tief ein. Dann spreche laut: „*Pert em kerh.*"

Atme wieder langsam und tief ein. Dann spreche: „*A hunnu Set.*"

Atme ein. Spreche: „*A hunnu Nephtys.*"

Atme erneut ein: „*Xepera Xeper Xeperu.*"

Verharre einen Moment in Stille.

Dann beende die Meditation.

NAOS, der Götterschrein

„Mein ist das Haus, der Schrein und das zarte Band der Sehnsucht,
das die Liebenden vereinigt."

(Nebet-Het, die Herrin des Tempels)

Naos bezeichnet einen Götterschrein, in dem die Bildnisse des Gottes oder der Gottheiten aufgestellt sind. Die Schreine des alten Ägyptens waren aus Holz, oft wurden sie bei Prozessionen den Profanen gezeigt. In den Tempeln selbst hatte der Naos eine eigene Kammer. Nephtys verschmilzt bei allen Arbeiten mit dem Naos und bei allen Tempeldiensten mit der Löwen reitenden Herrin des Westens, des fließenden Wassers und der wogenden Meere, Kadesch. Nephtys selbst ist der Gral, das „Geheimnis in einem Rätsel in einem Mysterium". Im Tempel offenbart sie sich durch die Herrin des westlichen Drachens, den Kelch des Westtores, die Schlangen bezwingende Kadesch.

Errichte Naos, den Götterschrein, und stelle ein Bildnis des Set und eines der Nephtys hinein. Es ist egal, ob du eine Statue oder ein Bild nimmst, vielleicht zeichnest du „deine" Götter selbst oder nimmst Symbole, die dich an die Kräfte von Set und Nephtys erinnern. Naos selbst muss kein geschnitzter Hochaltar sein, eine einfache Kiste oder ein kleiner Tisch sind vollkommen ausreichend.Wichtig ist weder Material noch Verarbeitung, sondern die Möglichkcit, die Gottheit(en) im Naos zu verbergen und zu enthüllen, ohne sie dabei berühren zu müssen.

Lege dann vor die Götterfiguren vier große Steine. Wenn du schmucke Ziegel auftreiben kannst, nimm diese. (Vergleiche die Beschreibung der magischen Bedeutung von Ziegeln im Kapitel über Meshkent.)

Setze dich in Robe oder nackt ins Drachenasana (Knie zusammen und das Gesäß auf den Fersen) vor deinen Schrein, entzünde eine schwarze Kerze, blicke auf das Bild oder Symbol des Set und sprichfolgende Anrufung:

„Falke des Westens, der Osiris in seinen Klauen hält, Auge des Südens, das frei die Welt durchstreift, Wind des Ostens, den die Schlange in den Tiefen der Unterwelt entfacht, Land des Nordens, Ödnis der Wüste und Vielfalt der Fremde. Du Leben im Tod. Du Tod im Leben. Zurre fest dein Band um Zed, die Wirbelsäule des Osiris. Küsse die Nacht um Nephtys und erhebe dich über die Vier, großer Krieger!

Wirbele das Rad und schüttele die Welt, großer Set-Typhon, Gott aller Götter, der bestehen wird bis ans Ende der Zeit. Bab-Neb-Tett, großer Baphomet, Bock von Mendez. Die Pforten sind weit geöffnet für dich an diesem geheimen Ort. Erhebe dich, Set-hen, ewiger Set, schüttele ab den Staub der Zeit, die uns trennt.

Breite deine mächtigen Falkenflügel aus und gelange zu mir, deinem Sohn/deiner Tochter, gemeinsam leuchten wir heller als die Sterne am Firmament der Nuit, die deine Mutter ist und auch meine.

Deine Klauen sind die eines Tigers, dein geheimer Name ist „Der Erwählende". Erwähle mich, der ich mich in Stärke erheben werde. Ich bin ein Gott/eine Göttin, ein Werdender/eine Werdende, ich rufe dich, Set, in die weiten Landschaften meines Tempels, ich rufe dich an, machtvoller Set. Ich werde ins Dasein gelangen aus eigener

Kraft. Ich bin ein Pilger/eine Pilgerin in Zeiten des Feuers, des Wassers, der Luft und der Erde. Ich bin der/die, der/die durch die Wüsten wandelt. Ich bin der/die, der/die die Meere durchschwimmt. Ich bin der/die, der/die sich in die Lüfte erhebt mit den Schwingen des Falken. Ich bin der/die, dessen/deren Klauen die Erde aufwühlen in Sehnsucht und Verlangen. Ich bin der/die, der/die dem Himmel das Feuer in jedem Moment erneut stiehlt. Ich bin die lebende Verkörperung deines Willens, indem ich meinen Willen tue. Ich erkenne dich mit deinen eigenen Augen, Set-Typhon, ich befehle mein eigenes Werden. Dies ist mein Wille, es ist der wahre und einzige Wille von ..." (dein Alltags-Name).

Dann schaue auf das Bild oder Symbol der Nephtys und sprich die folgenden Worte:

„Du bist die Mutter der Welt, die Pfeilsenderin, die bei Nacht Scheinende, die Dreigesichtige, Dreiblütige, Nächtliche, Selige, Ruhevolle und Furchtbare, die Gebärende und Tötende, in Gräbern ihre Mahlzeit Haltende, mild Denkende, Überredende, die Gehörnte, die Lichtbringerin, Pferdegesichtige, Wölfin, Unterirdische, Himmlische, in Schwarz Gewandete, leuchtende und strahlende Fackelträgerin, den Sternenweg Laufende, Feuerschnaubende, Bergdurchstreifende, auf Wegen Hausende, die in den Tiefen Wohnende, Dunkle, Ewige, Unbewegte.

Dein ist das Haus, der Schrein und das zarte Band der Sehnsucht, das die Liebenden vereinigt. Du bist die Freude der Welt. Die uralte, gefiederte Drachenschlange bist du und wenn du deine Schwingen ausbreitest und dich mit den Seelenvögeln der Menschen erhebst, so vernehme ich den Weckruf der dunklen Schlange, welche die Welt umwindet und die Liebenden zu den Waffen ruft.

So bist du Keine, küssend die Lust und trinkend die Liebe mit brennendem Herzen, denn du bist die gewundene Schlange im Kern der Welt, die sich erhebt zur Wonne der Erwählten!

So erhebe ich mich, denn dies ist die Stunde, zu der die Zeit keine Macht hat.

Dies ist dein Ort, an den Grenzen des Raumes.

Öffne die Pforten deines Mysteriums, verberge mich unter deinem Mantel der Nacht, umhülle mich mit Sternenglanz und fliege mit mir über den Abgrund der Zeit."

Dann schließe die Augen zur in Teil II vorgestellten Kephra-ka-t-Meditation.

Letztendlich lösche die Kerze und schließe Naos.

Missa V

„Verknüpft ist der große Drache mit deinem Weg, o Tochter der Sterne,
ohne Knoten, ohne Schlinge, ohne Schnur,
dennoch seid ihr untrennbar EINS,
wie ich eins bin mit den vier Schwestern,
die sich in vollkommener Ekstase vernichten
und er eins ist mit den vier Brüdern,
die ihren heiligen Tod sterben durch seine Lanze,
durch die er aus ihrer Mitte hervor ins Dasein springt und dich erhöht.
Doch wenn der Leib des Drachen sich über dich beugt,
so sei deine Liebe grenzenlos,
sie vermag die Schleier zu zerreißen
und die Abgrunde zu überwinden. "

(Nebet-Het, die Herrin des Tempels)

Im Buch „Im Kraftstrom des Satan-Set" wurde die Missa XXXI als Einzelversion vorgestellt und als Gruppenritual nur kurz skizziert. Da die Missa V eine Variation derselben darstellt, wird hier auf die Darstellung der Einzelversion verzichtet und die Missa als Gruppenritual beschrieben. Sie eignet sich hervorragend für eine Annäherung an die Göttin Kadesch, die Herrin des Westtores, die in der Missa V mit Nephtys verschmilzt.[2]

Der Setpriester bereitet den Raum vor. Wenn es ihm notwendig erscheint, beginnt er mit dem Inversen Pentagrammritual.

Anschließend vibrieren alle Anwesenden einunddreißig mal das Passwort in den Kraftstrom des Set oder **ARI REFU MATA DRAGON**. Bei der Intonation des Passwortes in den Kraftstrom des Set (bzw. Ari Refu Mata Dragon) wird wie folgt eine „Kette" gebildet: Der Priester legt eine Scheibe mit dem Pentagramm des Set auf den Tempelboden oder stellt ein anderes Symbol des Set in die Mitte. Alle Teilnehmer stehen im Kreis um diese Mitte, die rechte Fußspitze auf das Zeichen gerichtet, den linken Fuß im 90°-Winkel hinter den rechten Fuß gesetzt, so dass durch die eigenen Füße jeweils ein Tau-Kreuz entsteht. Mit der rechten Hand wird die linke Hand des links Nebenstehenden gegriffen, die linke Hand wird vom rechts Nebenstehenden mit dessen linker Hand ergriffen. Rechte Hände sind also oben, linke Hände unten. Wenn ein Willenssatz manifestiert werden soll, wird er beispielsweise sigillisiert oder ausgeschrieben auf Pergament gebracht und in das Zentrum des Pentagramms gelegt.

Der Priester geht zum Altar und spricht:

---

[2] Zum besseren Verständnis der „orthodoxen" Gruppenrituale wie dem folgenden sei angemerkt, dass immer, wenn in den Beschreibungen die Rede vom Setpriester ist, auch Setpriesterin stehen könnte, jeder Magier kann auch eine Magierin sein und die Priesterin fairerweise auch ein Priester usw. Aus Gründen besserer Lesbarkeit habe ich mich jeweils für eine Form entschieden, dies schließt aber einen „Aktivisten" des jeweils anderen Geschlechts ausdrücklich nicht aus.

„In nomine magni dei, introibo ad altare domini inferi, qui regit terram!
In nomine Seti, principis tenebrarum.
O Sethen, age cum me via ipsa!"
Der Priester hebt die Nephtys-Priesterin auf den Altar. Sie sitzt mit dem Gesicht zur Versammlung, breitet die Arme aus und lenkt die ihr entgegen strömenden Energien zurück in den Tempel.
Die Priesterin ist in fünf Tücher gehüllt. Das erste ist aus hauchdünnem weißen Stoff, das zweite ist blau, das dritte ist golden, das vierte Tuch ist grün und das fünfte, äußere Tuch ist rot.
Der Priester küsst die Stirn der Priesterin und spricht weiter:
„Set offenbart Allem das Licht am Mittag. ER ist immer die Mitte, wenn Wege sich kreuzen, wenn Elemente sich treffen, wenn das Morgen das Gestern nieder ringt, wenn Feuer und Wasser sich auslöschen. Nach IHM streben alle Dinge, alles Leben, und doch fürchten sie IHN, denn er ist der große Initiator auf allen Stufen der Lebensleiter, nein: ER ist die Leiter selbst.
Und so rufe ich dich an, machtvoller Set. Ich rufe dich, der die Erde regiert. Lass meinen Ruf zu dir gelangen.
A Set!"
Der Priester gibt Räuchermittel auf die glühenden Kohlen.
„Insensum istud ascendat ad te!"
(Möge diese Räucherung dich erreichen!)
Der Priester erhebt das Räuchergefäß, räuchert die Priesterin und durchschreitet dann die Himmelsrichtungen mit den Worten:
„Hode hä sophia estin, Eiränä kai Eleutheria!
Ho Ophis Ho Arachios, Ho Dracon Ho Megas,
Ho än Kai Ho an Kai, Ho zon eis tous Aionas ton Ainon."
(Hier wohnt die Weisheit, der Friede und die Freiheit!
Die uralte Schlange, der große Drache,
der war und ist und der lebt durch die Äonen der Äonen.)
Der Priester reinigt die Atmosphäre durch neunmaliges Schlagen der Glocke, beginnend im Westen, sich bei jedem Glockenschlag um 45° nach links drehend, endend wieder im Westen.
Er entzündet die Schwarze Flamme mit den Worten:
„I am the flame, that burns in every heart of man and in the core of every star. I am life and the giver of life, yet therefore is the knowledge of me the knowledge of death! I am alone, there is no god where I am!
Du atmende Flamme des Lebens; du Flamme, in der das Mysterium des Werdens verborgen ist. Verkünde der Nacht mein dunkles Licht!"
Der Priester dreht sich zur Kongregation und verliest:
„Io Erbeth, wir rufen dich an, mächtiger Sutuach, bringe zum Stehen, bringe zum Stehen das heilige Schiff, der du am Bug der heiligen Barke Apep nieder ringst.
Ehe du durchfährst die nächtlichen Himmel, erhöre uns und erfülle unseren Willen, den wir dir kundtun im Leibe der großen, dunklen Herrin des Tempels. Es ist unser Wille."

Der Magus bringt das Pergament mit dem Willenssatz auf die vier Steine, nachdem alle (nicht die Priesterin) den vom Priester vorgesprochenen Willenssatz wiederholt haben. Der Set-Priester fährt fort:

„Wir rufen dich an Io Erbeth, Io Pakerbeth, Io Bolchoseth, Patathnax, verwirkliche unseren Willen, wenn die weiße und die schwarze Schlange die Sonne wieder im Osten erheben. Du, der du den Leib der Nuit und die Gebiete der Duat zu deinen Tanzplätzen gemacht hast, dein Lachen vergeht nie auf deinen Lippen, denn dir gehört der Kampf und der Sieg und der Triumph. Doch immer für sie, die dunkle Seele der Finsternis, immer für die Herrin des Tempels."

Der Priester gibt erneut Räuchermittel auf die glühenden Kohlen.

„Nimm an das Rauchopfer. Wir rufen dich an. Wir sind deine Boten, wir sind deine Krieger auf den Pfaden, wir beschwören dich, Selbstbeherrscher, und bitten dich inständig: Verbinde dich mit uns. Unsere Augen sind deine Augen, unsere Stimmen sind deine Stimme, unser Wille ist dein Wille, unsere Stärke ist deine Stärke. Wir treten ein in das Reich der Schöpfung, um unseren Willen im Universum zu wirken!"

Der Magus schlägt den Gong und ergreift dann das Wort:

„Ich erhebe mich, ja, ich, um das Versprechen zu erfüllen, das ich mir selbst gegeben habe: Ins Dasein zu gelangen durch eigene Kraft. Homo est Deus! Heil dem Menschen! Heil Set! Du bist die Essenz, „Tarot" der Götter im Norden, Osten, Süden und Westen."

Der Priester hebt die Priesterin vom Altar.

Die Priesterin stellt sich in den Süden mit dem Rücken zur Versammlung und breitet den roten Schleier hinter ihrem Rücken so weit es geht aus, um eine feuerrote Projektionsfläche zu bieten. Hier ist es ihre Aufgabe, die Energien zu sammeln und zu speichern, um sie schließlich wieder in den Tempel zu den Teilnehmern zurückschnellen zu lassen.

Der Magus führt die Kongregation an und wendet sich mit allen Anwesenden nach Süden im Zeichen des Feuers.

Er ruft:

„Set-hen. Nuk pu, ur! A Set, ur! Nuk neter! Set-hen!

(Erhabener Set ich bin eins mit dir, Großer! Heil, heil, Set, wir sind Götter, erhabener Set!)

Ich blicke nach Süden und sehe die Flammen des Lebens in Verlangen und Leidenschaft höher und höher schlagen; mich durchströmt die Lust an der ausgerichteten Kraft des Löwen und der Feuer-Schlange!

A Set, du geistige Sonne, du Auge, du Begierde, übertriff! Übertriff! Wirbele das Rad, o mein Initiator. Du bist eins mit mir! Heil dir, du großes Tier, Löwe und Schlange, Herr der Flammen!"

Der Magus stößt Dolch oder Hand in das Pentagrammzentrum im Süden und zieht gemeinsam mit der Kongregation und dem Priester bei jedem Einatmen all sein Feuer rot glühend und Flammen schlagend in sich zusammen, bei jedem Ausatmen lässt er es durch seinen ausgestreckten Arm und den Dolch in seiner Hand in den Süden fließen, wo es sich manifestiert und an Kraft und Ausdehnung gewinnt. Er praktiziert dies solange, bis kein Feuer mehr in ihm verbleibt.

Dann atmet er tief ein, hält den Atem an, seine Lippen formen den ersten Laut, das „S" des Namens „Sutuach", doch keine Luft entweicht seinen Lungen. Während er die Luft anhält, bemerkt er, dass das Feuer-(wesen?) aus dem Süden sich wieder durch den Dolch/die Hand und seinen Arm in ihn hinein drängen will. Er wehrt sich mit all seiner Konzentration, stemmt seine Kraft dagegen, doch die Feuerkraft erobert sich Stück für Stück seinen Arm, drängt die Gegenwehr immer weiter zurück, bis er den Atem nicht mehr halten kann und laut „Sutuach!" ruft, die Arme zurückwirft und spürt, wie das Feuer-(wesen?) ruckartig von ihm Besitz ergreift, alles andere verdrängt und ihn durchströmt wie heiße Lava.

Alle Anwesenden tun dies auf die gleiche Weise, jedoch in ihrer eigenen Zeit.

Es ist die Aufgabe des Magus, den Moment abzupassen, wenn jeder von der Feuerenergie durchströmt wird. Dann, und erst dann, nimmt er den roten Schleier aus den Händen der Nephtys-Priesterin, wenn dies notwendig ist und sie nicht von allein den richtigen Moment erkannt hat.

Die Priesterin nimmt die auf sie gerichtete Energie auf, speichert sie, spürt den Überdruck aus kochender Lava, der entsteht, wenn immer mehr Feuer auf ihren Rücken geschleudert wird. Vielleicht krümmt sie sich mit der Zeit etwas nach vorn, um dem Druck etwas nachzugeben, jedoch erzeugt dies nur noch mehr Spannung in ihrem Körper. Schließlich schnellt sie nach hinten, richtet sich ruckartig auf und schleudert die Energie zurück in den Raum. Sie tut dies im Gegensatz zur Missa XXXI aktiv, das bedeutet, sie lässt den Schleier fallen, dreht sich um und schleudert die Energie durch Hände, Mund, Sexualchakra, Stirn und Solarplexus zurück.

Wenn die Kräfte sich in den Anwesenden ausgeglichen haben, wenden sich alle unter Anleitung des Magus im Zeichen der Erde nach Norden. Im Norden steht die Priesterin mit dem Rücken zur Kongregation und mit dem ausgebreiteten grünen Schleier hinter dem Rücken.

Der Magus spricht:

„Durch alle Äonen war die Mutter von Allem am Anfang und am Ende und das Glühen ihres Körpers erhellt die Nacht: Ich bin ein Kind der Erde und habe mit all jenen einen unausgesprochenen Pakt geschlossen, die den Weg des Pakerbeth gehen. Ich blicke nach Norden und ich koste den Geschmack der Erde, des Grundes, auf dem das Leben gezeugt wurde, das sich zu immer neuen Formen erhebt. O Mutter, Meshkent, o Wahrheit, Kadesch, du Göttin der Schönheit und Liebe des Meeres und der Erde, die Set, wenn er sie wahrnimmt, begehrt! Heil dir, Herrin der Nacht!"

Magus und Kongregation verfahren wie zuvor, doch diesmal mit den Kräften der Erde. Wenn sie keine Erdenkraft mehr in sich haben und den Atem nicht mehr länger anhalten können, schreien sie **Pakerbeth** und nehmen die Erdenkraft wie zuvor die Feuerkraft in sich auf. Sie spüren, wie die Qualitäten der Erde in ihnen wirken.

Wenn die Kräfte wieder annähernd im Gleichgewicht sind, wenden sich alle im Zeichen der Luft nach Osten, die Priesterin steht dort mit dem goldenen Schleier.

Der Magus fährt fort:

Ich weile in deinem Garten, mächtige Shesat. Eiränä kai Eleutheria! Die Räucherung erfüllt die Luft mit der Gegenwart des Erbeth, ich atme deinen Atem, großer Erbeth, und nehme deine tausend flüsternden Stimmen aus allen Regionen deines Reiches wahr.
Ich schaue nach Osten und lausche der Brise des Windes, die sich zu einem kraftvollen Sturm erhebt. Und dieser Sturm facht die Feuer des Südens zu immer wilderen Flammen an. O atmende, fließende Sonne, du Luft, Atem, Geist, du ohne Grenze und Fessel! Du Essenz, du Wanderer, du leuchtende Kraft des Atems! du unentweihte Weisheit, deren Wort Wahrheit ist, Atemzug meiner Seele, erhebe dich in mir frei fließend."

Wie zuvor mit Feuer und Wasser wird nun mit der Luft verfahren und an entsprechender Stelle wird *Erbeth* gerufen, während die Priesterin die Sturmenergie in die Versammlung schleudert. Schließlich wenden sich alle im Zeichen des Wassers der Priesterin mit dem blauen Schleier im Westen zu und der Magus spricht:

„Ho Ophis, Ho Archaios! Aus den Fluten der Meere kam das Leben. Aus den schäumenden, vom Wind gepeitschten Wogen durchbricht der Drache die ewigen Wasser! Ich bin von der Flutwelle des Chaos an die Küsten des Lebens gespült worden. Doch ich erfreue mich an der See und tauche ein in das Reich des Wasserdrachen, tauche hinab zum Urgrund des Seins. Die Wogen umschließen mich wie der Mantel der Dunkelheit, in der alle Mysterien ihren Ursprung haben. Die Wasser der Kadesch fließen in den Kelch der Menschheit. Es gibt keinen Gott außer dem Menschen. Ich schaue in den Westen in das Reich der Kadesch, das die untergehende Sonne beherbergt und wo der Geruch des Salzes über die gewaltige See getragen wird. Ich sehe die lustvollen Windungen der Wasserschlange. Und aus dem Schoß der See nehme ich mein Leben in Freiheit an. O gewaltiger Drache der See, o Kelch unserer Dame des Westtores."

Wie zuvor mit Feuer, Wasser und Luft wird nun mit der Kraft des Wassers verfahren und an entsprechender Stelle *„Kadesch"* gerufen, wenn die Priesterin die Energien zurück schleudert.

Der Magus zieht den Dolch vor das Gesicht, während die Priesterin im Westen verbleibt mit dem weißen Schleier.

Der Magus spricht:

"Dich rufe ich an, den Ungeborenen. Du bist Asar Un-Nefer, der sich selbst vollkommen machte. Du bist Ia-Besz, die Wahrheit der Materie. Du bist Ia-Apophrasz, die Wahrheit in der Bewegung. Du bist Io-IAOOAI-oI!"

Ein Tropfen kristallklarer Essenz, in dem sein gesamtes Bewusstsein enthalten ist, die Essenz der Kräfte der Himmelsrichtungen und der Elemente, löst sich aus seinem Kronenchakra und schwebt über seinem Kopf.

Der Magus hält mit allen anderen erneut den Atem an. Wie zuvor mit den Elementkräften verfährt die Kongregation nun auch mit der namenlosen Essenz, die sie selbst sind, die in ihre leeren Hüllen zurück wollen. Sie wehren sich mit aller Kraft dagegen ... und verlieren in dem Moment, in dem die Priesterin den weißen Schleier fallen lässt und ihre Intonation im Zeichen des siegreichen Set-Typhon beginnt. Die Essenz dehnt sich in allen blitzschnell aus, durchflutet ihre Körper, den Geist, nimmt

Besitz von ihnen, es ist die Essenz, das Tarot des Lebens selbst, zeitlos, raumlos, Baphomet.

Sich wiederholende Intonation der Priesterin, in die alle Anwesenden einstimmen:

„OL SONUF VAROSAGAI GOHU VOUINA VABZIR DE TEHOM QUADMONAH ZIR ILE IAIDA DAYES PRAF ELILA ZIRDO KIAFI CAOSAGO MOSPELEH TELOCH PANPIRA MALPIRGAY CAOSAGI. ZASAS ZASAS NASATANATA ZASAS."

(Ich herrsche über dich, sagt der Drache, Adler des ursprünglichen Chaos. Ich bin der Erste, der Höchste, der lebt im ersten Äther. Ich bin der Schrecken der Erde, die Hörner des Todes verströmend die Feuer des Lebens auf die Erde.)

Während des henochischen Rufes wird alle Energie auf das Sakrament gelenkt.

Der Priester durchbricht schließlich die Intonation mit dem Ruf:

„Xepera Xeper Xeperu."

Er zieht das Pentagramm des Set über den Kelch und visualisiert, wie es vom Sakrament aufgenommen wird. Dann setzt er die Priesterin wieder auf den Altar.

Schließlich erhebt der Priester den Kelch und spricht zur Versammlung:

„In meinen Händen ruht ShT. Dieses ist sein Gesetz und es ist mein Gesetz, denn es ist das Gesetz des Starken und die Freude der Welt. Durch meine Kehle wird die Schlange aus den Gärten der Lilith in mein Herz kriechen."

Dann dreht er sich zur Priesterin, reicht ihr den Kelch und spricht:

„Tochter der Sterne, trinke vom Kelch deiner Sehnsucht und deiner Begierde, dann ist dein Auge mein Auge, dein Erkennen mein Erkennen, deine Tat meine Tat, dann ist dein Leib mein Leib."

Die Priesterin trinkt, reicht den Kelch dann zurück an den Priester.

Mit den Worten: *„Non serviam"* reicht er ihn weiter an den Magus, dieser dann an die Kongregation.

Der Priester stellt den leeren Kelch zurück auf den Altar. Er spricht:

„Alterius non sit, qui suus esse potest. Timor fecit deus. Homo homini deus. „

(Niemand sei eines Anderen, der für sich selbst sein kann. Furcht hat die Götter erschaffen. Der Mensch ist des Menschen Gott.)

Die Priesterin legt sich mit dem Kopf nach Norden auf den Altar. Die Versammlung setzt sich ins Asana, der Priester entzündet eine Spiritusflamme in der Mitte des Tempels. Alle intonieren das Mantra: *„Ari Refu Mata Dragon."*

Der Priester beendet die Meditation:

„Lux e tenebris".

(Das Licht aus der Dunkelheit.)

Er schlägt neunmal die Glocke:

„Life everlasting, world without end."

Er löscht die Schwarze Flamme und beendet das Ritual mit den traditionellen Worten:

„And so it is done."

Heb Nebet. Das Fest der Nephtys

Das Heb Nebet ist das Fest der Nephtys, das entweder zu einem Feiertag der Nephtys begangen werden kann oder zu einem anderen Zeitpunkt, wenn ein oder mehrere Menschen ein Verlangen danach empfinden. Im Folgenden sollen lediglich Vorschläge für einen möglichen Ablauf gegeben werden. Grundsätzlich ist alles willkommen, was ein ungewöhnlich schönes Fest begünstigt. Und wem zu Ehren können wir schönere Feste feiern als zu Ehren der Nephtys und der Kadesch? In jedem Fall sollten es die Feiernden aus dem Reigen anderer Feste deutlich ausklammern,

Das Heb-Zeichen, es steht für ein Fest oder eine religiöse Feier

denn auch Essen und Trinken zu Ehren der Herrin des Tempels ist eine Art der Magie. Selbst wenn man nicht an die Existenz von Göttern glaubt, ist es ein Unterschied, ob man einfach einen netten Abend hat oder einer Idee, einem geschichtlichen Ereignis, einer Kraft, einer lebenden oder verstorbenen Person zu Ehren isst und trinkt.

Vorschlag: Breite große Decken auf dem Fußboden aus, stelle zahlreiche Kerzen auf, stelle, sofern es dein Mut und die Feuerwehr erlaubt, Spiritusschalen hinzu. Suche wirklich ungewöhnlich schöne, vielleicht orientalische Musik aus. Wenn du jemanden einlädst, der ein Instrument spielt, bitte ihn, dieses mitzubringen. Mein letztes Heb Nebet war übrigens etwas weniger orientalisch, eher eine ziemlich geil abgehende Bluesnummer. Sorge für eine Überfülle an Speisen und Getränken, Fisch, Trauben, Fleisch, Brot, Oliven, alles, was Wald, Wiese, Wüste und Supermarkt hergeben.

Das Ungewöhnliche an diesem Festmahl ist das gutgelaunte Schweigen. Kein übliches Geplapper über das neue Auto, den blöden neuen Nachbarn, die erneute Schwangerschaft der Urgroßmutter. Lest reihum den vollständigen Text: „Nebet-Het. Die Herrin des Tempels und die Schwarze Schlange des Ostens", immer wieder unterbrochen durch Musik. Schließlich bietet das Bankett auch einen passenden Rahmen für das Trankopfer (siehe „Trinksprüche"). Danach darf geplaudert und getanzt werden, der Rest des Abends ist eröffnet für alles, was Spaß macht.

Das Heb Nebet kann auch wunderbar im Anschluss an ein größeres Gemeinschaftsritual gefeiert werden. Lasst euch etwas einfallen.

Trinksprüche

„Ich trinke auf Kadesch, die Lust in uns erzeugt
und uns Anlass zum Feiern und Frohlocken gibt!

Heil Kadesch!"

Natürlich wird dieser Titel, „Trinksprüche", für einige Verwirrung sorgen. Ist Eremor jetzt endgültig ver-rückt geworden? Was hat er jetzt wieder ausgeheckt? Ist er unter die Alkoholiker gegangen und sucht nun nach ritualmagischer Rechtfertigung für sein Suchtproblem?

Nun, im Folgenden werde ich ein Ritual vorstellen, das eigentlich jeder kennt, aber kaum jemand bewusst für seine magischen Zwecke nutzt. So, wie die germanischen Krieger bei ihren Versammlungen ihr Met-Horn kreisen ließen und auf Wotan tranken, auf ihre eigenen Heldentaten oder auf noch zu schlagende Schlachten, so wird auch in unserer Zeit zu vielen Gelegenheiten in geselliger Runde das Glas erhoben und ein Toast zu Ehren einer Person oder einer Idee ausgebracht.

Wenn der Pfarrer den Messkelch erhebt und im Namen des Herrn spricht: „Dies ist mein Blut", ist das dann ein Trinkspruch? Wenn es nicht zu albern wäre, würde ich jetzt das Beispiel des Kleinkindes anbringen, das seinen Tee nicht trinken mag und dessen Mutter es Schluck für Schluck „überreden" muss: „Ein Schlückchen für Papa. Ein Schlückchen für Oma. Ein Schlückchen für Opa..." Doch dem Satan sei Dank ist dies ein ernsthafter Text und ich muss derartige Beispiele nicht anführen.

Dieses Ritual kannst du allein oder in einer Gruppe in einem Tempel durchführen, es kann jedoch auch zu allen möglichen Anlässen zelebriert werden, beim gemeinsamen Essen beim Italiener (oder Ägypter) oder im Anschluss an eine andere magische Arbeit. Beim Italiener sollten einige Teile gekürzt werden, zumindest, solange das Essen noch nicht serviert wurde, sonst könnte die Pizza Diavolo überraschend scharf ausfallen, denn nicht jeder Koch erfreut sich am Prinzen der Finsternis. In der Gruppe ist es wichtig, dass jede Runde von jedem mitgemacht wird und niemand aussetzt. Wer das Ritual zu einem Besäufnis verlängern möchte, kann dies natürlich tun, wenn er es lustig findet, sollte jedoch darauf achten, dass jeder Teilnehmer bis zum Ende durchhalten kann, da es sonst wie bei anderen abgebrochenen Ritualen unvorhersehbare Zwischenfälle geben könnte. Die auf Erfahrung und gesundem Menschenverstand basierenden Regeln gelten halt auch hier. Als Sakrament eignen sich alle Getränke, von Wasser angefangen über Wein und Met bis hin zu Absynth, je nach Vorliebe und magischem Willenssatz, welcher von jedem Teilnehmer einzeln und für sich formuliert werden kann, oder aber es findet sich ein gemeinsamer Wille.

Anrufung durch den Ritualleiter:
„Erhebe dich, Sutuach, schüttel ab den Staub der Zeit, die uns trennt. Breite deine mächtigen Flügel aus, Falke des Westens, und komme zu uns. Gemeinsam leuchten wir heller als die Sterne am Firmament der Nuit, die deine Mutter ist und auch unsere. Wir sind die, die dem Himmel das Feuer in jedem Augenblick erneut stehlen. Wir sind die lebende Verkörperung deines Willens, indem wir unseren Willen verkünden

und vollbringen. Wir erkennen dich mit deinen eigenen Augen, denn wir sind eins mit dir, großer Sutuach!"

Trinkspruch:
„Ich trinke auf Io, der Pesh Kent erhebt, auf dass ein Weg geboren werde! Heil Io!"
Der Kelch mit dem Sakrament macht die erste Runde entgegen dem Uhrzeigersinn, jeder Teilnehmer wiederholt den Trinkspruch.

Trinkspruch:
„Ich trinke auf Erbeth, der unseren Geist mit Ideen belebt! Heil Erbeth!"
Der Kelch mit dem Sakrament macht die zweite Runde, jeder Teilnehmer wiederholt den Trinkspruch.

Trinkspruch:
„Ich trinke auf Pakerbeth, der uns lehrt, als Götter wiedergeboren zu werden! Heil Pakerbeth!"
Der Kelch mit dem Sakrament macht die dritte Runde, jeder Teilnehmer wiederholt den Trinkspruch.

Trinkspruch:
„Ich trinke auf Ablanathanalba, der den Stillstand zerstört! Heil Ablanathanalba!"
Der Kelch mit dem Sakrament macht die vierte Runde, jeder Teilnehmer wiederholt den Trinkspruch.

Trinkspruch:
„Ich trinke auf Anat, die ihre Axt erhebt und die Illusion nieder ringt! Heil Anat!"
Der Kelch mit dem Sakrament macht die fünfte Runde, jeder Teilnehmer wiederholt den Trinkspruch.

Trinkspruch:
„Ich trinke auf Shesat, die aus Ideen einen Plan macht! Heil Shesat!"
Der Kelch mit dem Sakrament macht die sechste Runde, jeder Teilnehmer wiederholt den Trinkspruch.

Trinkspruch:
„Ich trinke auf Meshkent, die unser Ka schützt! Heil Meshkent!"
Der Kelch mit dem Sakrament macht die siebte Runde, jeder Teilnehmer wiederholt den Trinkspruch.

Trinkspruch:
„Ich trinke auf Kadesch, die Lust in uns erzeugt und uns Anlass zum Feiern und Frohlocken gibt! Heil Kadesch!"
Der Kelch mit dem Sakrament macht die achte Runde, jeder Teilnehmer wiederholt den Trinkspruch.

Trinkspruch:
„Ich trinke auf Sutuach, den Herrn der Flammen, der uns das Aus-Szepter übergibt! Heil Sutuach!"
Der Kelch mit dem Sakrament macht die neunte Runde, jeder Teilnehmer wiederholt den Trinkspruch.

Trinkspruch:
„Ich trinke auf Nebet-Het, die Herrin der Nacht, die uns das Ankh übergibt! Heil Nebet-Het!"

Der Kelch mit dem Sakrament macht die zehnte Runde, jeder Teilnehmer wiederholt den Trinkspruch.

Trinkspruch:
„Ich trinke auf mich, der ich mein eigenes Werden befehle! Heil mir!"
Der Kelch mit dem Sakrament macht die elfte Runde, jeder Teilnehmer wiederholt den Trinkspruch.

Trinkspruch:
„Ich trinke auf mein Werk. Ich werde ... (beschreibe kurz dein Vorhaben, deinen nächsten Schritt auf dem Weg ins Dasein)! *Heil meinem Werk!"*
Der Kelch mit dem Sakrament macht die zwölfte Runde, jeder Teilnehmer formuliert einen eigenen Trinkspruch.

Trinkspruch:
„Ich trinke auf meinen Willen. Ich will ... (formuliere deinen Willenssatz)! Heil meinem Willen!"
Der Kelch mit dem Sakrament macht die dreizehnte Runde, jeder Teilnehmer formuliert einen eigenen Willenssatz.

Abschluss durch den Ritualleiter:
„Wir sind stark durch unseren Willen! Was wir in Bewegung gesetzt haben, wird uns leiten und testen. And so it is done!"
Erweitere und verändere dieses Ritual nach eigenem Geschmack. Füge neue Trinksprüche hinzu, trinke auf Menschen, die dich inspiriert haben, ob lebendig oder tot, trinke auf Ideen, auf Götter, auf eigene Heldentaten, auf zukünftige Vorhaben, magische Workings, auf anstehende Observanzen, auf was auch immer. Belebe den Ritus mit eigenen Ideen und wiederhole ihn von Zeit zu Zeit. Du wirst in ihm ein Mittel entdecken, dich selbst zu prüfen, deine Fähigkeiten zu verfeinern, deine Niederlagen zu sehen und an deinen Siegen zu arbeiten zu deinem eigenen Ruhm.
Und noch etwas: Vergiss das Vorurteil, das uns allen immer wieder eingetrichtert wurde. Es ist ein Lüge, dass Eigenlob stinkt. Breite deine Flügel aus und erhebe dich in deiner Pracht!

Die Schwarze Messe

„Adjutorium nostrum in nomine Domini Inferi."

Dies ist der Radix-Ritus der Schwarzen Messe, wie sie für die Alaya-Gesellschaft geschrieben wurde. Die Alaya-Gesellschaft akzeptiert nicht die Rolle, die Satan von den christlichen Kirchen zugedacht wurde. Sie erkennt, dass das magisch-mystische Paradigma um die gehörnte Kraft weitaus älter ist als das Christentum. Es ist daher nicht ihr Ziel, im Sinne der christlichen Lehre möglichst „böse" zu handeln. Und so ist die Schwarze Messe der Alaya-Gesellschaft mehr eine Zeremonie zu Ehren von Kadesch als eine Blasphemie gegen den Nazarener. In ihr finden sich viele Aspekte, die der geweihten Dame des Westtores, Kadesch, entsprechen, wenn auch die Terminologie der Messe den gängigen, traditionellen westlich-satanischen Ideenkomplexen folgt. Der Mantel würde einem Anton Szandor LaVey wohl gefallen haben, doch das Herz, das unter diesem Mantel schlägt, ist das Herz der westlichen Wüste. „Alaya" entstammt dem Sanskrit und benennt das „Unauflösliche", den Urgrund aller Dinge, aller Wesen, aller Götter, des gesamten Universums. Die Alaya-Gesellschaft sollte sich zunächst als deutsche Sektion von Anton Szandor LaVeys Church of Satan gründen, ihre Leitung entschied jedoch letztendlich anders. Heute ist sie Teil des Circle-of-Hagalaz-Netzwerks.

Anmerkung: Die lateinischen Anrufungen sind größtenteils den klassischen Messtexten der Schwarzen Messe entnommen. Der Satanist mit großem Latinum möge das häufig sehr schlechte Latein verzeihen.

„Hier, hier stehst du.
Ich sag dir, wo wir uns befinden.
Wir befinden uns hier an der extremsten und äußersten Grenze des menschlichen Verstandes,
einem strahlenden Abgrund,
wo der Mensch sich selbst begegnet:
In der Hölle.
Wir sind in der Hölle."

(Jack the Ripper in „From Hell")

Radix-Ritus
„Adjutorium nostrum in nomine Domini Inferi."
(Zu Ehren von Kadesch, der einzigen und wahren Priesterin und Hure des Tempels.)

Kadesch-Priesterin
Diakon
Subdiakon
Zelebrant
Kongregation

Auf dem Altar liegt die Kadesch-Priesterin mit dem Kopf nach Süden. Sie ist vollständig verhüllt durch ein großes rotes Tuch. Im Süden des Hauptaltars befindet sich ein kleiner Werkaltar, auf dem sich die magischen Waffen und die Black Flame sowie eventuell weitere benötigte Gegenstände befinden.

Es herrscht vollkommene Dunkelheit im Tempel.

Ein monotoner Trommelrhythmus setzt ein.

Der Diakon und der Zelebrant stehen im Hintergrund.

Der Subdiakon stellt sich an den Werkaltar und setzt ein, die Kongregation spricht nach.

Subdiakon und Kongregation rhythmisch wiederholend und kraftvoller werdend:

"Sanctus, Sanctus, Sanctus Baphomet, Sanctus.
Satanas venire, Belial venire, ave Lucifer, ave Leviathan!"

Der Zelebrant entzündet ein Licht, verbleibt an seinem Platz und liest aus dem „Buch der Schatten":

"In Nomine Dei Nostri, Satanas Luciferi Excelsi!
In Nomine magni Dei, introito ad altare Domini inferi, qui regit terram!
Dominus Inferus vobiscum, AMEN."

Beim lauten AMEN löscht er das Licht und schlägt das Buch zu. Dunkelheit erfüllt erneut den Raum. Beim Zuschlagen des Buches verstummt auch die Musik abrupt.

Die Black Flame wird vom Subdiakon auf dem Werkaltar entzündet.

Der Zelebrant spricht zeitgleich:

"I am the flame, that burns in every heart of man and in the core of every star. I am life, and the giver of life, yet therefore is the knowledge of me the knowledge of death. I am alone, there is no god, where I am!"

Ruhige, klassische Musik beginnt. Der Subdiakon gibt Räucherung auf die glühenden Kohlen und „beräuchert" jeden Anwesenden. Zeitgleich liest der Diakon:

"Incensum istud ascendat ad te, Domine Inferus, et descendat super nos beneficium tuum. Komm, oh mächtiger Herrscher der Finsternis, dieser Weihrauch ist dir geweiht und deinem infernalen Volk. Habemus ad Dominium Inferum. Wir sind eins mit dir, Herr der Hölle! Gratias agamus Domino Infero Deo nostro! Vere dignum et justum est, nos tibi semper et ubique gratias agere : Domine, Rex Inferus, Imperator Mundi. Omnes exercitus inferi te laudant cum quibus et nostras voces ut admitti jubeas deprecamur, dicentes."

Subdiakon, Diakon und Zelebrant:

"Salve! Salve! Salve!"

Der Diakon reinigt nun die Himmelsrichtungen durch neunmaliges Schlagen der Glocke und schreitet dabei die Grenzen des Tempels ab.

Der Zelebrant spricht zeitgleich:

"Satanas, Lucifer, Belial, Leviathan: Wir nehmen eure tausend flüsternden Stimmen aus allen Regionen eures Reiches wahr. Shemhamforash!"

Kongregation, Diakon, Subdiakon und Zelebrant: *"Shemhamforash!"*

Zelebrant: *"Hail Satan!"*

Alle: *"Hail Satan!"*

Zelebrant: *"Shemhamforash!"*

Alle: „*Shemhamforash!*"
Zelebrant: „*Hail Satan!*"
Alle: „*Hail Satan!*"
Zelebrant: „*Shemhamforash!*"
Alle: „*Shemhamforash!*"
Zelebrant: „*Hail Satan!*"
Alle: „*Hail Satan!*"
Diakon und Subdiakon enthüllen langsam den Altar aus Fleisch und Blut.
Der Diakon schlägt den Gong (sofort Musikwechsel in bedrohliche Klangcollagen, z. B. Akrons „Baphomet"), während der Subdiakon die zwei Spiritusschalen vor dem Altar entzündet (die so versetzt stehen, dass man gefahrlos vor den Altar treten kann).
Der Zelebrant steht hinter dem Altar im Westen, erhebt das Schwert und spricht:
„*In Nomine Dei Nostri Satanas Luciferi Excelsi!*
Im Namen Satans, dem Herrscher der Erde, dem König der Welt: Ich rufe die Kräfte der Finsternis, uns ihre Macht zu verleihen.
Satan! (Er weist mit dem Schwert in den Süden.)
Lucifer! (Er weist mit dem Schwert in den Osten.)
Belial! (Er weist mit dem Schwert in den Norden.)
Leviathan! (Er weist mit dem Schwert in den Westen.)
Öffnet weit die Tore der Unterwelt und kommt hervor aus dem Abgrund, um uns als Brüder und Schwestern auf dem linken Pfad zu begrüßen.
Erfüllt unseren Willen, denn wir haben eure Namen als Teil unserer selbst angenommen!
Wir erfreuen uns am fleischlichen Dasein!
Gebt uns den Genuss an der Welt, nach dem wir verlangen!
Kommt hervor und antwortet auf eure Namen, indem ihr unseren Willen erfüllt!
So hört die Namen:
Die Namen werden vom Diakon vorgelesen, der im Süden des Altars steht, der Subdiakon befindet sich im Norden des Altars. Alle Anwesenden wiederholen die Namen.
Abbaddon!
Sammael!
Dagon!
Shaitan!
Loki!
Typhon!
Ahriman!
Pan!
Ishtar!
Set!
Melek Taus!
Naamah!
Azazel!
Baphomet!

Kali!
Lilith!
Babalon!"
Zelebrant: *„Shemhamforash!"*
Alle: *„Shemhamforash!"*
Zelebrant: *„Hail Satan!"*
Alle: *„Hail Satan!"*
Der Zelebrant lässt das Schwert sinken und erhebt die Arme in das Zeichen des siegreichen Typhon. Der Subdiakon nimmt den Kelch vom Werkaltar und stellt ihn auf den Bauch des Altars, wo ihn der Zelebrant festhält.
Der Diakon liest:
„Dir, Satan, gehört der Kelch des lebendigen Fleisches. In deinem Angesicht, zu unserem Nutzen, zu deinem Gefallen, zu unserer Freude."
Der Zelebrant erhebt die Hostie uns ruft:
„Hoc es signum corpus meum!"
Er taucht sie in den Kelch:
„Hic est via veritatis!"
Der Zelebrant führt die Hostie in die Vagina des Altars: *„Gloria intacta!"*
„Offertorium":
Der Zelebrant trinkt und ruft: *„Shemhamforash!"*
Alle: *„Shemhamforash!"*
Er küsst die Scham des Altars: *„Hail Satan."*
Alle: *„Hail Satan."*
Der Subdiakon tut es ihm gleich, dann der Diakon, der auch für das Auffüllen des Kelches zuständig ist.
Der Subdiakon geleitet die Mitglieder der Kongregation einzeln zum Altar. Dort angekommen, trinken diese vom Kelch.
Danach spricht das Mitglied der Kongregation: *„Shemhamforash!"*
Alle Anwesenden: *„Shemhamforash!"*
Das Mitglied der Kongregation küsst die Scham des Altars und ruft: *„Hail Satan!"*
Alle Anwesenden wiederholen: *„Hail Satan!"*
Der Subdiakon geleitet das Kongregationsmitglied zurück und holt den Nächsten.
Der Zelebrant hinter dem Altar verliest schließlich die Anrufung:
„Komme hervor, Brut des Abgrunds! Unsere Gedanken sind auf die strahlende Schönheit gerichtet, die vor Lust erbebt, und die Leidenschaft wächst in den Momenten der Erfüllung. Sendet aus die Botschafter des lebendigen Fleisches und lasset die Leidenschaft der Welt wachsen in den Momenten der Erfüllung! Die wahre Mutter, Schwester und Tochter des Menschen ist die Göttin, deren Schoß ein Tempel der Freude ist."
Zelebrant: *„Shemhamforash!"*
Alle: *„Shemhamforash!"*
Zelebrant: *„Hail Satan!"*
Alle: *„Hail Satan!"*
Zelebrant: *„Shemhamforash!"*

71

Alle: „Shemhamforash!"
Zelebrant: „Hail Satan!"
Alle: „Hail Satan!"
Zelebrant: „Shemhamforash!"
Alle: „Shemhamforash!"
Zelebrant: „Hail Satan!"
Alle: „Hail Satan!"
Der Zelebrant vibriert den siebten Henochischen Schlüssel.
Der Zelebrant beginnt mit dem Sprechgesang, woraufhin alle einstimmen und immer wieder von neuem wiederholen:
„Sanctus, Sanctus, Sanctus Baphomet, Sanctus.
Satanas venire, Belial venire, ave Lucifer, ave Leviathan!"
Schließlich ruft er:
„In Nomine Dei Nostri Satanas Luciferi Excelsi."
Diakon und Diakon löschen alle Lichter.
Zelebrant: „And so it is done!!!"
Der Schlussgong wird vom Diakon geschlagen. Die Musik verstummt.
Alle verharren einen kurzen Moment in Dunkelheit und Stille.

IV. Anat. Die Kriegerin des Feuers

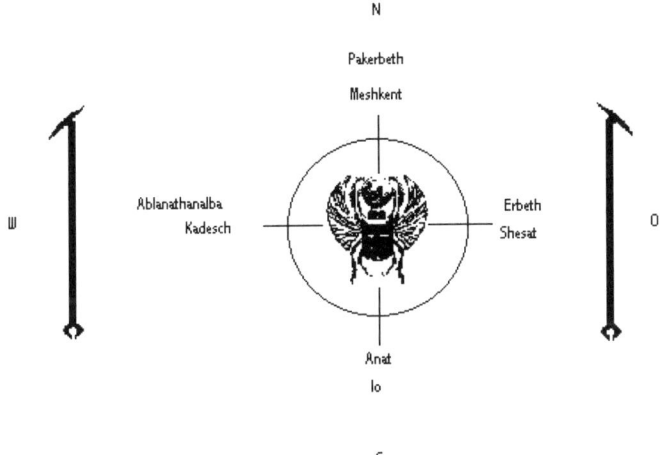

N

Pakerbeth

Meshkent

Ablanathanalba
Kadesch

Erbeth
Shesat

W

O

Anat

lo

S

Anat, die große Kriegerin des Südens

*„Now let it be first understood
that I am a god of War and of Vengeance.
I shall deal hardly with them."*

(Liber Al, III, 3)

Anat war ursprünglich eine kanaanitische Göttin des Krieges und der Fruchtbarkeit. Sie wurde seit dem neuen Reich, wie auch Kadesch, in ganz Ägypten verehrt. Dennoch ist bis heute sehr wenig über sie bekannt. Sie wird oft als reine, jungfräuliche, temperamentvolle Frau beschrieben, doch sie ist auch eine Göttin des Liebeslebens, auch wenn ihre kriegerischen Aspekte überwiegen, sie ist reines Feuer. Anat entstammt dem Feuerreich und ihr Wesen ist ebenso ambivalent wie das des Feuers, das ebenfalls in tausend Zungen brennt. Feuer kann erhellen, schützen und wärmen, es kann aber auch verbrennen, zerstören und vernichten. Das Feuer der Anat brennt im Inneren ihres Tempels und schenkt Erkenntnis und Schutz. Doch auch die Unterwelt bestand zum großen Teil aus Feuerseen und der Großteil der ihr entsteigenden Dämonen waren Feuerwesen, oft dargestellt als Feuer speiende Krokodile mit glühenden Krallen. Doch im Ägyptischen Totenbuch identifiziert sich der Tote mit der vielgestaltigen Bedeutung des Feuers: *„Ich bin eine Flamme, die Millionen Jahre leuchtet!"* und: *„Ich bin aus göttlichem Feuer geboren und ich bin selber göttliches Feuer!"* Sie wird meist mit Speer, Streitaxt und Schild dargestellt. Ihre Krone schmücken zwei Straußenfedern.

Ihr Hauptkultort war neben Memphis die Set-Stadt Tanis. Für den König war sie eine Schutzgöttin, wenn er sich auf dem Schlachtfeld befand, und im Volksglauben wurde sie zum Schutz gegen wilde Tiere gerufen. Sie wird in alten Texten als „Mutter der Götter" und „Herrin des Himmels" bezeichnet. Ihr Kult vermischte sich mit dem Astarte-Kult. Auch Astarte wurde seit der 18. Dynastie als syrische Göttin in Ägypten verehrt und Set ihr als Begleitern beigestellt. Ursprünglich Göttin des Liebeslebens, wie Kadesch, überwogen in ihrer Kultstätte in Memphis jedoch die kriegerischen Züge. Astarte wurde in Memphis als Tochter des Ptah verehrt und beschützte zunächst gemeinsam mit Anat den König im Kampf, später verschmolzen diese beiden Göttinnen miteinander.

Anat, die Kriegerin des Feuers

Oft wurde Anat auch gemeinsam mit Set dargestellt, dann wieder war sie Begleiterin des syrischen Baal. Die Darstellungen variieren, stellen sie Anat doch einerseits als Schwester, andererseits als Frau des Baal dar. Einst fiel Baal-Sebub, Gott der Stadt Ekron, als Regen vom Himmel und Anat empfing ihn und wurde so zur Herrin der Quellen. Die zahlreichen Beinahmen des Baal geben Auskunft über seine Funktion in der kanaanitischen Religion und lassen auch erkennen, warum Set und Baal auf vielen Ebenen eine Verwandtschaft verbindet, die sich nicht in den gleichen Begleiterinnen erschöpft:
Baal Chammon, Herr der RäucheraltäreBaal Biqah, Herr der Ebene
Baal Peor, Baal des Peor (der Berg, auf dem Moses 24.000 Menschen erschlagen ließ, 4. Mose 25; aus Baal Peor wurde später Belphegor, ein Dämon in Frauengestalt)
Baal Quamaim, Herr der beiden Hörner
Baal Marquod, Herr des Tanzes
Baal Schamem, Herr des Himmels
Zebul ba'al 'aas, Herr der Erde
„Cho" bedeutet im Altägyptischen „kämpfen", Baalchoseth bedeutet: „Baal, der kämpft als Set". Bolchoseth jedoch ist ein Beiname des Seth. Ramses II. wurde „Seth, der personifizierte Baal" genannt und im Krieg um Kadesh wurde gerufen: „Das ist kein Mensch, der unter uns weilt, es ist Seth, groß an Kraft, Baal in Person!" („The Kadesh Battle Inscriptions of Ramses II", Miriam Litheim: Ancient Egyptian Literature, Vol. II: The New Kingdom). Eher zufällig fielen mir in einer einzigartigen Koinzidenz in der „New Larousse Encyclopedia of Mythology" und einem populären Symbollexikon zwei Fotos alter Statuen in die Hände. Im Folgenden eine Gegenüberstellung einer alten Darstellung des Baal (ca. 1400 vor unserer Zeitrechnung, die Darstellung zeigt Baal in seiner Form als syrischen Wettergott Hadad. Nevill Drury, ein in Australien lebender Okkultismus-Experte, schreibt über Hadad: „Aleister Crowley setzte ihn unter dem Namen HADIT dem ägyptischen Seth gleich und fasste ihn als eine Art von Satan auf, den er jedoch zugleich als Meister der

magischen Initiation wertete. Nach Crowleys Kosmologie besteht eine Verbindung zwischen Hadit und der Wesenheit Aiwaz, von der das Buch des Gesetzes inspiriert worden sein soll.") und einer Set-Statue (ca. 900 vor unserer Zeitrechnung): Noch Fragen? Der Kult um die Begleiterin des Set, Anat, ist wie der Kadeschkult höchstwah-rscheinlich auf die meso-potamische Ishtar zurückzu-führen. Da Ishtar nicht nur mit dem Morgenstern, sondern auch mit dem Aspekt der Venus als Abendstern in Verbindung gebracht wurde, finden sich auch in ihrer Charakterisierung wie bei Anat zwei scheinbar entgegengesetzte Eigenschaften wieder: Die kriegerische Ishtar ist immer verbunden mit der liebevollen Ishtar. Überhaupt scheinen Kadesch und Anat zwei Aspekte derselben westsemitischen Gottheit zu sein, die je nach Betrachtungswinkel und je nachdem, unter welchem Licht man sie betrachtet, in unterschiedlichen Farben glänzt wie ein geschliffener Kristall:

Der kämpfende Baal

Der kämpfende Set

„Wenn du auf Mitleid oder Gnade hoffst, Tochter der Stärke,
und deine Flügel vergisst, die dich in meinen Tempel trugen,
wenn du dich hernieder beugst zu den Winselnden zu meinen Füßen,
dann wirst du mich vergessen,
dann wirst du dich verlieren,
dann wirst du am Staub ersticken,
denn ich bin Anat."

(Nebet-Het, die Herrin des Tempels)

Die Überlieferungen um den berühmten „Abstieg der Ishtar", die älteste, schriftlich festgehaltene Überlieferung der Menschheit, in der eine Gottheit stirbt und zum Leben erwacht, wird dem Leser bekannt sein, ansonsten gibt es große Mengen an Literatur zu diesem Thema (R. E. Sotes stellt in seinem Buch „Abrasch", erschienen im Arun-Verlag, eine geleitete Meditation vor, die sich relativ nah am Originaltext bewegt). Im Grunde geht es um eine uralte Geschichte von Tod und Wiederauferstehung, der alte Weg der Initiation.
Bevor wir auf Ishtar und Anat zurückkommen, denken wir einen Moment an Osiris. Dieser wurde einer berühmten Legende zufolge von seinem dunklen Gegenüber Set

erschlagen und seine Leichenteile wurden über ganz Ägypten verstreut. Die Gemahlin des Osiris, die Göttin Isis, war es dann, die alle Leichenteile bis auf den Phallus wieder zusammenfügte und mittels Zauberkraft Osiris wieder zum Leben erweckte. Durch die Unterweltsfahrt des Osiris wurde er ein Eingeweihter, wurde zu einer Gottheit der Ganzheit, auch zur richtenden, schwarzen Gottheit der Duat, der Unterwelt in der Vorstellung der Ägypter.

Was uns hier vordergründig als plumper Mord erscheint, war demnach Teil eines initiatorischen Planes.

Als der ägyptische Gott Kephra die Unterwelt betrat, starb er, um als sein eigener Sohn wiedergeboren zu werden. Im Ägyptischen Totenbuch sagt Kephra über sich selbst, dass er jener werden wolle, der sich selbst erschaffen hat. So wurde er von einem Teil der Schöpfung zum Selbsterschaffer. Die Idee, selbst erschaffende Individuen zu werden, war den meisten Ägyptern zu alten Zeiten zwar fremd, wurde jedoch später durch die Griechen nach Ägypten importiert und verschmolz dann mit den Überlieferungen um den Skarabäus-Gott Kephra.

Wenn wir in unserem Kulturkreis bleiben, werfen wir einen Blick auf Odin, der in einem Selbstopfer ein Auge verlor, um von den Riesen zu lernen, oder denken wir an den ans Kreuz der Welt geschlagenen Jesus von Nazareth, der hinabgefahren ist in die Hölle, um danach aufzufahren in den Himmel, zu sitzen zur rechten Seite des Vaters als Richter über die Lebenden und die Toten.

Um diesen Prozess der Initiation geht es auch beim „Abstieg der Ishtar".

Es gibt von der im Kern immer gleichen Geschichte verschiedene Versionen und es werden unterschiedliche Beweggründe genannt, warum Ishtar die Reise in die Unterwelt auf sich nimmt. Es existiert die weitverbreitete Meinung, dass Ishtar versucht, in den Tiefen der Unterwelt ihren Geliebten zu befreien, in einer anderen Version betritt sie selbst widerrechtlich das Reich der Unterwelt und bietet ihrer dunklen Schwester Ereshkigal ihren Geliebten als Ersatz für sich selbst an, da dieser in ihrer Abwesenheit auf ihrem Thron Platz genommen hatte, was Ishtar schrecklich erzürnte.

Und nun kommen wir endlich zurück zu Anat und Baal, zu einer der spannendsten und erhellendsten Mythen der Religionsgeschichte, mit der gleichen relativierenden Bemerkung, die uns bereits im „Krafstrom des Satan-Set" begleitet hat, wenn es um ägyptische Mythen ging: Sie sind über einen langen, sehr langen Zeitraum hinweg entstanden, wurden verändert, vermischten sich; kurzum: Sie widersprechen sich in vielen Punkten, es gibt unzählige Variationen. Normalerweise wird Baal als Sohn des El, des Stammvaters aller phönizischen Götter angesehen. Sein Bruder war der Geist der Wildnis, Mot. Er herrschte über das von der Sonne verbrannte Land, die weiten Ebenen, auf die es niemals regnet, waren sein Reich und sie erinnern uns an das Reich des Set. Mot (hebräisch mawet = Tod) ist Baals ewiger Widersacher in der kanaanitischen Religion, was wiederum an die streitenden Brüder Horus und Set erinnert. Mot mahnt den himmlischen Baal, „... einer von jenen zu werden, die in die Erde hinabsteigen". Beständig liefern sich Baal und Mot heftige Kämpfe.

Baal wohnt schließlich 77 mal seiner Gefährtin Anat bei und ist schließlich so erschöpft, dass Mot ihn überwältigen kann und Baal tötet. Anat ist verzweifelt vor

Trauer und fleht wieder und wieder den Mot an, ihren geliebten Baal aus der Unterwelt zurückkehren zu lassen an das Licht der Lebenden. Sie unterwirft sich Mot vollkommen, doch dieser kennt kein Erbarmen. Schließlich greift sie zu den Waffen, geht zu ihm und vor Wut tobend bezwingt und zerstückelt sie Mot: „ ... sie spaltete ihn mit dem Messer, (...), sie verbrannte ihn im Feuer, sie mahlte ihn in der Mühle, sie warf ihn auf das Feld, seine Überreste fraßen die Vögel ...“ (aus: *Die Religionen des Alten Orients* von Helmer Ringgren).

Baal kehrt erstarkt zurück aus der Unterwelt auf die Erde. Aus den Ugarit-Texten, die im heutigen Ras Shamrah erst im Jahr 1929 gefunden wurden und die zurückdatiert werden auf das vierzehnte Jahrhundert vor unserer Zeitrechnung, lässt sich jedoch entnehmen, dass Baal Vorbereitungen getroffen hatte für seine Reise in die Unterwelt. Damit hätte ihn der Tod nicht überrascht, sondern er hätte sich (na ja, mehr oder weniger) freiwillig auf diese Initiationsreise begeben (Hauptquelle: Frank Cebulla: „Baal“, eine hervorragende Abhandlung in der Zeitschrift „Der Golem“).

Doch auch Mot ist nicht lange tot. Nach sieben Monaten wird er ebenfalls wiedergeboren und errichtet eine neue Herrschaft, als wenn er niemals fort gewesen wäre. Was uns bleibt, ist das Mysterium der Anat und des Bolchoseth:

„Er ist die gefiederte Schlange im Munde der Anat, die da spricht:
O, Kheri-Heb, studiere das Buch des Blutes genau und bedächtig,
denn das Buch des Blutes ist das Buch des Lebens
und das Buch des Lebens ist ein Buch, das den Toten gehört.
Shat am tuat.
Du kannst es nur einmal lesen,
es wird aufgeschlagen von mir
und auch von mir geschlossen.
So spricht Anat,
die den Löwen reitet,
die das Scharlachrot dieser Welt ist
und das Nachtblau jener Welt.“

(Nebet-Het, die Herrin des Tempels)

Die Sphären der Heilung

Dies ist ein Ritualvorschlag zur Reinigung und Heilung. Heilungsrituale werden meist aus satanischer Magie vollkommen ausgeklammert; ein richtiger Satanist scheint sich lieber mit Vernichtung, Macht und Sex zu beschäftigen (ob es noch mehr gibt auf der Welt?). Und doch fällt auch dem gewissenhaften Inquisitor bei genauem Hinsehen auf: Auch ein Mensch, der tief im Sumpf des Okkulten versunken ist, bleibt ein Mensch mit Bedürfnissen, Träumen, Ängsten, einem anfälligen Körper und einer zerbrechlichen Gesundheit von Körper, Geist und Seele, je nachdem natürlich, ob diese schon an den Teufel verkauft wurde oder nicht. Um einige Klassiker zu zitieren: „Nur in einem gesunden Körper lebt auch ein gesunder Geist." „Der Tempel muss errichtet und gepflegt werden, damit ein Gott darin wohnen kann." Jeder kennt Zeiten, in denen er sich einer umfassenden Heilung und Reinigung unterziehen muss. Für solche Zeiten ist diese Arbeit und sie ist ganz nach dem Geschmack der Göttin Anat. Doch siehe selbst. Bereite den Ritualraum angemessen vor, stelle alles bereit, was du benötigst. In den Mittelpunkt deines Tempels stelle eine Schale mit Wasser, das du mit einer Ölschicht bedeckst. Nimm ruhig etwas Speiseöl.[3] Daneben stelle eine weiße und eine schwarze Kerze. Beginne das Ritual auf eine dir angenehme Art, öffne das Tor zum Kraftstrom. Dann nimm eine gründliche, eiskalte Dusche. Im Ägyptischen gibt es nur ein Wort für „kalt" und „rein". Ziehe dir eine schwarze Robe über und betrete den Tempel. Dort entzünde ausschließlich die weiße Kerze. Stelle vor dich diese Kerze in den Osten und setze dich in dein bevorzugtes Asana. Atme durch die Nase ein und durch den Mund atmest du eine goldene, fußballgroße Plasmakugel aus. Diese Kugel entfernt sich von dir ungefähr drei Meter weit und wächst dort auf einen Durchmesser von ungefähr drei Metern an. In der Kugel visualisiere ein gigantisches Auge inmitten eines Wirbelsturms. Rufe Erbeth:

„Erbeth, dich rufe ich, mächtiges Auge in einer Gewitterwolke, durchschneide die Wüstenstürme, sende deinen Blick durch alles hindurch, was meinem Blick im Wege steht. Suche (zum Beispiel den Kern deines Problems, den Grund deines Leidens, die Ursache deiner Krankheit usw.) und zeige sie meinen Augen, damit ich erkennen und handeln kann. Erbeth, ich rufe dich, ich, dein Bruder/deine Schwester und Freund/in."

Beim nächsten Atemzug ziehst du die goldene Sphäre näher zu dir und beobachtest Erbeth in der Plasmakugel. Beim zweiten Atemzug nähert sich die Sphäre dir so weit, dass du sie berühren kannst. Lege deine Handflächen auf die goldene Plasmakugel, doch lasse Erbeth nicht aus den Augen. Beim dritten Atemzug stülpt sich die Plasmakugel über dich, du stehst Erbeth nun direkt gegenüber. Atme durch den Mund ein und die Kraft seines Auges wird zur Kraft deiner Augen. Atme erneut durch den Mund ein und die unbändige Kraft der Gewitterstürme dringt durch deinen Mund in deine Lungen. Atme ein drittes mal durch den Mund ein und dein Körper gleitet an

---

[3]   Wer mehr über die Verwendung der magischen Schale erfahren möchte, der schlage nach im Kapitel „Wackelpeter" in meinem Buch „Im Kraftstrom des Satan-Set", erschienen im Verlag Second-Sight-Books, Berlin.

dir herab wie ein übergeworfener seidener Umhang. Du bist eins mit Erbeth. Begib dich auf die Suche und du wirst den Grund des Übels aufspüren.

Dies kann in Bruchteilen von Sekunden geschehen, es kann aber durchaus auch einige Stunden oder noch sehr viel länger dauern. Schaffe dir frühzeitig diesen freien zeitlichen Rahmen, jede Ablenkung ist zu diesem Zeitpunkt unbedingt zu vermeiden! Sobald du das wesentliche Problem erkannt hast, kannst du beginnen es zu er-fassen. Ersuche dafür Ablanathanalba um Hilfe. Doch zunächst entlasse Erbeth, indem du dich bei ihm bedankst und auch sein Wesen wie einen Umhang an dir hinabgleiten lässt. Dann visualisiere, wie sich die goldene Sphäre langsam entfernt.

Setze dich auf die andere Seite der Kerze, so dass du nun in den Westen schaust. Atme durch die Nase ein und durch den Mund atme eine blaue Plasmakugel aus. Auch diese Kugel entfernt sich ungefähr drei Meter von dir in Richtung Westen, um dort auf einen Durchmesser von drei Metern anzuwachsen. In der Sphäre visualisiere Ablanathanalba, den gewaltigen Falken des Westens, der Osiris in seinen Krallen hält. Rufe ihm zu:

„Ablanathanalba, gewaltiger Falke des Westens, der du Osiris in deinen Krallen hältst, zerstöre den Stillstand, reiße aus die Ursache von (dein Problem) und trage sie in das Zentrum meines Tempels, dass ich es mit allen Aspekten meines Seins einkreisen und bekämpfen kann. Ablanathanalba, ich rufe dich, ich, dein Bruder/deine Schwester und Freund/in."

Beim nächsten Atemzug ziehe die blaue Plasmakugel näher zu dir heran, betrachte den gewaltigen Falkengott in ihr. Der zweite Atemzug bringt die Sphäre so nah zu dir, dass du sie berühren kannst. Der dritte Atemzug bringt dich in die Sphäre, du sitzt Ablanathanalba nun direkt gegenüber. Wechsle nun die Atemrichtung. Wenn du durch den Mund einatmest, geht die Kraft seiner Raubvogelaugen in dich über, beim nächsten Einatmen wird sein Atem zu deinem Atem, beim dritten Einatmen gleitet dein Sein an dir herab und du wirst, du bist Ablanathanalba. Breite deine Schwingen aus und breche auf, um die Wurzel des Übels aufzusuchen und auszureißen. Bringe sie in die Mitte des Tempels und puste sie in die Schale, die dort bereitsteht. Die negative Energie wird dort durch das Öl gebunden. Dann lasse wie zuvor Erbeth nun auch Ablanathanalba an dir hinabgleiten, bedanke dich für seine Hilfe und beobachte, wie die blaue Sphäre sich langsam in den Westen entfernt.

Setze dich nun so, dass du in den Süden blickst. Atme durch die Nase ein und durch den Mund eine blutrote Plasmakugel aus, die sich, wie zuvor die anderen Kugeln, entfernt und wächst. Visualisiere in ihr eine wunderschöne Kriegerin, die dir mit wachen, listigen Augen entgegen blickt. In ihrer rechten Hand hält sie eine gewaltige Streitaxt, in der linken Hand ein Schild. Hinter ihr erscheint ein eselsköpfiger Gott, der ein großes Geburtsmesser – Pesh-Kent – in den Händen hält, sein Atem ist pures Feuer. Rufe die beiden:

„Anat, mächtige Kriegerin des Südens, erhebe deine Axt und zerstöre die Ursache von (deinem Problem), es soll nicht länger ein Teil von mir sein. Io, eselsköpfiger Gott, erhebe Pesh-Kent und schneide (dein Problem) aus mir heraus, dass ich frei werde von den Fesseln dieser Pest. Trenne es von meinem Sein, denn du bist der, der trennt! Ich rufe euch, Anat und Io, ich, euer Bruder/eure Schwester und Freund/in."

Beim nächsten Atemzug ziehe die Plasmakugel näher an dich heran. Beim zweiten Atemzug so nah, dass du sie berühren kannst. Beim dritten Atemzug wirst du jedoch nicht in die Plasmakugel gelangen, sondern sie wird vollständig in der Schale verschwinden und das Wasser augenblicklich blutrot färben. In diesem Moment lösche die weiße Kerze und verharre in Dunkelheit. Halte im Bewusstsein, dass nun ein erbitterter Kampf geführt wird, doch visualisiere ihn nicht, beobachte ihn nicht, verharre einfach in Finsternis und warte ab. Konzentriere dich nicht auf das mögliche Geschehen in der Schale, sondern ausschließlich auf dich selbst. Wie fühlst du dich? Wie verändert sich dein Empfinden? In dem Moment, in dem du an und in dir eine Besserung feststellst oder ein befriedigendes Glücksgefühl einsetzt, entzünde die schwarze Kerze. Beobachte, wie die rote Sphäre sich siegreich aus der Schale erhebt und zurück in den Süden gleitet. Bedanke dich bei Anat und Io.

Setze dich nun so, dass du in den Norden schaust. Atme durch die Nase ein und durch den Mund eine schwarze Plasmakugel aus, die sich wie zuvor die anderen Sphären von dir entfernt und anwächst. In dieser schwarzen Sphäre visualisiere eine aufgerichtete, kampfbereite Kobra. Rufe sie:

„Meshkent, kampfbereite Kobra des Nordens, sei wachsam und schütze meine Gesundheit, meinen Geist, mein Leben, meine Seele, mein Lebensglück und meinen Ka. Lasse meine Feinde kraftlos werden an den Wällen deines Schutzes, lasse sie scheitern an den Bollwerken deiner uralten Macht. Meshkent, die du mich begleitest seit meiner Geburt, sei bei mir auf meinem Weg. Ich rufe dich, ich, dein Gefährte/deine Gefährtin und Freund/in. "

Atme ein und ziehe die schwarze Sphäre näher zu dir, atme ein weiteres mal ein und die Sphäre ist nun so nah bei dir, dass du sie mit deinen Handflächen berühren kannst. Beim dritten Atemzug gleitest du in die Sphäre hinein. Direkt vor dir siehst du Meshkent. Mit einem einzigen, tiefen Atemzug ziehe die gesamte Sphäre inklusive Göttin in deinem Solarplexus zusammen, sie ist deine Begleiterin, nicht zu meistern, nicht zu bezwingen, ihrer kannst du nicht Herr werden, was du aber sein kannst, ist ihr Begleiter oder ihre Begleiterin.

Erhebe dich nun mit den traditionellen Schlussworten: *„Mögen die Dinge, die ich in Bewegung gesetzt habe, mich leiten und testen. And so it is done. "*

Dann lösche die schwarze Kerze und „entsorge" das Wasser aus der Schale. Danach reinige die Schale ausgiebig und tue irgendetwas, das dir Spaß macht.

Es empfiehlt sich bei Reinigungsritualen dieser Art, jegliche Verbindung mit den Energien, die man loswerden möchte, zu durchtrennen. Daher sollte der Magier nicht auf die Idee kommen, den Schnupfen, von dem er sich gerade befreit hat, in der Schale zu binden und an seinen Lieblingsfeind weiter zu reichen, indem er ihm etwas von dem Ölwasser in den Kaffee schüttet. Da eine emotionale Verbindung zum „Feind" da ist, bleibt auch die Verbindung zum Schnupfen. Dies kann man sich am einfachsten als dünne Schnur vorstellen, die dich fortan mit dem Schnupfen verbindet. Es kann durch verschiedene Umstände dazu kommen, dass diese Schnur wieder eingeholt wird, und oft bekommt man mehr kosmischen Mist als nur seinen Schnupfen zurück. Daher bitte derartige abgelegte Energien nicht „recyceln", sondern loslassen auf „Nimmerwiedersehen".

Kheper-ka-t, die Augen der Anat

Vorbereitung:
Praktiziere die Übungen 1.) A hunnu Set und 2.) A hunnu Nephtys, wie in Teil II beschrieben. Wenn du in entsprechender Übung bist, wiederhole die Atemzirkulation statt einunddreißig mal nur noch neun mal.

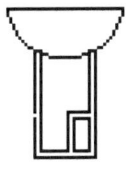
Zeichen der Nebet-Het

Du bist nun vollkommen umschlossen von der dreidimensionalen Glyphe der Nebet-Het, du befindest dich im Haus der Nephtys, das Pesh-Kent des Sutuach durchzieht dich und vor dir siehst du den kleinen Absatz, der dir als Altar dient. du entzündest in einer Feuerschale vor dir eine kleine Flamme. Rufe laut: *„Anat, ich rufe dich, die Große, die du in den Feuerseen weilst!"* und diese Flamme wächst langsam vor dir zu einem gewaltigen Feuer an, bis du vor dir nichts mehr siehst als eine züngelnde Wand aus Flammen. Nimm die versengende Hitze wahr, doch weiche nicht zurück. Inmitten des Feuers siehst du nun die Gestalt der Anat. Sie kommt näher und näher, schließlich ist ihr Gesicht in der Flammenwand direkt vor deinem Gesicht, fast berührt ihr euch. Blicke in ihre Augen. Funkelnde Augen. Gefährliche Augen. Schöne Augen. Spüre, wie die Kraft der Anat wie an einer feinen silbernen Schnur entlang zur dir herüber gleitet. Nimm ihren Atem wahr. Atme von ihrem Atem, wenn Anat ausatmet, atme du ein. Wenn sie einatmet, atme du aus. Vermische den Atem der Götter. Spüre die Kraft der Anat an deinen Nasenflügeln, in deinen Atemwegen und beobachte, wie sie sich erst in deinen Lungen, dann im ganzen Körper ausbreitet und dich so nach und nach zu einem Krieger/einer Kriegerin des Feuers macht.

Dann entschwindet das Bildnis der Göttin, lasse dich nun nach vorn in die Flammenwand fallen, stürze in den unendlichen Feuersee, doch du verbrennst nicht. Du selbst wirst Flamme. Da gibt es keine Grenze mehr zwischen dir und der Kraft es Feuers. Du bist das Feuer. Lasse dich nun von Anat durch die Tempel des Feuers leiten, sie ist bei dir, schützt dich, führt dich und lehrt dich, die innere Glut zu entfachen und die Feuer zu schüren.

S-heper-nenny-heket
(s-hpr-ni aus „Ich schuf das Feuer")

Wenn du willst, verwende im Feuerreich das Mantra:
Dieses Mantra dient als Identifikationshilfe mit dem Feuer, jedoch auch als Schutz, der den Reisenden daran erinnert, dass er selbst die Ursache aller Flammen ist. Dieses Mantra kann, wenn regelmäßig damit gearbeitet wird, später zum Schlüssel werden, mit dem die Pforte zum Tempel des inneren und des äußeren Feuers jederzeit und an jedem Ort geöffnet werden kann.

Um die Arbeit zu beenden, klettere aus dem Flammenmeer zurück in das Haus der Nephtys, spüre, wie die Flammen von dir abperlen wie Wasser. Es ist tatsächlich so, als wenn du nach einem Bad im kalten Wasser aus einem See steigen würdest, nur dass du mit Feuer reinigst statt mit Wasser. Im Nephtys-Haus angekommen zentriere dich, meditiere über das Erlebte, dann schließe diese Arbeit, indem du tief einatmest. Spreche laut: *„Pert em kerh."*

Atme wieder langsam und tief ein. Dann spreche: *„A hunnu Set."*
Dann: *„A hunnu Nephtys."*
Schließlich: *„Xepera Xeper Xeperu."*

Kheper-ka-t, die Mutter des Krieges

„Die Priesterschaft des uralten Kultes der Sklaverei ist der Todfeind all jener,
welche das Windmädchen Lilitu in ihrem Spiegelbild erblickten.
Du benötigst keine Religion, Tochter der Dämmerung.
Sei Religion."

(Nebet-Het, die Herrin des Tempels)

Vorbereitung:
Praktiziere die Übungen 1.) A hunnu Set und 2.) A hunnu Nephtys wie in der vorangegangenen Arbeit.

Anat-Atmung
Im Tempel der Nephtys beginne nun mit der Anat-Atmung, eine Variante der Feueratmung, bei der du schnell durch die Nase ein und auch durch die Nase wieder ausatmest. Du kannst die Atmung unterstützen, indem du Musik mit klaren Rhythmusschlägen im 4/4-Takt wählst. Optimal wären ungefähr 100 bpm, aber auch eine höhere Schlagzahl ist möglich. Wenn du nicht auf Musikkonserven zurückgreifen willst, dann nimm die Rahmentrommel selbst in die Hand. Auf den ersten Schlag atme schnell und tief ein, auf den zweiten, dritten und vierten Schlag atme durch die Nase wieder aus, dann auf den ersten Schlag wieder ein und so weiter. Der Rhythmus sollte so langsam sein, dass du nicht nach drei Atemzyklen aus der Puste bist, und so schnell, dass es dich Anstrengung kostet.
Praktiziere diese Technik für mindestens zehn Minuten und halte die Augen dabei geschlossen. Mit dieser Atmung schüre das innere Feuer. Dies ist nur die Vorbereitung auf die Aufgabe, die nun auf dich wartet.

Die Säule der Ashera
Wenn du willst, lasse nun Musik des Kampfes erklingen. Dies kann klassische Musik sein, die du mit Kampf und Krieg in Verbindung bringst, aber auch Metal (wie wäre es mit Apokalyptika, Nile oder Bathory?). Marschmusik oder orientalische Rhythmen können ebenfalls verwendet werden, wenn sie dir helfen. Wenn nicht, lasse sie einfach weg.
Visualisiere direkt vor deinen Augen einen roten Funken, der sich schnell ausbreitet und schließlich zur bekannten Feuerwand wird. In dieses Feuer lasse dich hinein fallen, doch diesmal gelangst du nicht in den Feuersee oder das Feuerreich, sondern fällst durch die dünne Flammenwand hindurch und findest dich in einer weiten, kahlen, Steppen ähnlichen Landschaft wieder. Soweit du schauen kannst, umgibt dich nichts. Nur in weiter Ferne fließt ein Fluss in den Horizont, wo er sich mit dem Himmel vermählt.

Wenn du die Szenerie deutlich und klar vor deinen Augen hast, dann schließe die Augen wieder, nur, um sie gleich darauf erneut zu öffnen. Du stehst nun in der gleichen Landschaft wie zuvor, jedoch bist du jetzt nicht mehr allein. Du findest dich in einem gewaltigen Heer wieder, du selbst bist die Kriegerin Anat und hältst in deinen Händen den Schild und eine gewaltige Streitaxt. Das gesamte Heer scheint auf etwas zu warten, alle Kämpfer stehen wortlos einfach da mit dem Blick nach Osten und harren aus. So bahnst du dir langsam den Weg an die Spitze des Heeres, um schließlich die riesige Armee der Wächter des verhassten Fürsten Mot zu sehen, die dir und den Deinen gegenübersteht und ebenfalls wartet. Hinter dem Heer der Wächter erkennst du den Fluss und hinter dem Fluss erkennst du die in den Himmel ragende Säule der Ashera, die neben dem steinernen Altar deines geliebten Baal steht, der von seinem Bruder Mot getötet und in die Unterwelt gebracht wurde. Aus dem mit Gewitterwolken verhangenen Himmel, in den die Säule hinein ragt, ertönt ein dumpfes Donnern und Grollen, Blitze zucken herab, Licht und Donner zerschneiden die Ruhe vor dem Sturm und eine zähe, weißlich-goldene Flüssigkeit beginnt, in endlosen Strömen aus dem Himmel an der Säule herabzurinnen, und ergießt sich über den Altar des ermordeten Baal.

Du erhebst die Streitaxt und Kriegsgeschrei ertönt von den Deinen, woraufhin die Heere des Mot mit gellendem Gebrüll antworten. Du läufst los, die eigene Armee im Rücken, dem Feind entgegen.

Dein einziges Ziel ist es jedoch nicht, möglichst viele Feinde zu erschlagen und Baal zu rächen, sondern lebend auf schnellstem Wege durch die Reihen der Feinde zur Säule der Ashera und dem Altar des Baal zu gelangen. Behalte die Säule in den Wirren des Kampfes immer im Blick!

Ein feindlicher Krieger stellt sich in deinen Weg. Ringe ihn nieder, überwinde ihn. Dann laufe weiter, verliere dein Ziel nicht aus den Augen, auch wenn du immer wieder in das Kampfgetümmel verstrickt wirst.

Nach Kraft raubenden Kämpfen erreichst du schließlich den Fluss. Stürze dich hinein und durchschwimme ihn.

Dann komme so schnell es geht aus dem Wasser und laufe zur Säule. Auf keinen Fall drehe dich nun noch um und sehe nach dem Feind, der dich möglicherweise verfolgt und dich jeden Moment einholen kann. Genauso wenig schaue nach oben in den tobenden und grollenden Himmel. Nur der von der beständig weiter herabfließenden zähen, weißlich-goldenen Flüssigkeit überströmte Altar am Fuße der Säule ist nun dein Ziel.

Dann erreichst du den Altar. Visualisiere dein königliches Siegel, dein persönliches Zeichen oder eine vorbereitete Sigil in deiner rechten Handinnenfläche, schaue sie kurz, aber intensiv an, dann schlage die flache Hand mit dem Siegel mit aller Kraft auf die mit der zähen Flüssigkeit überzogenen Säule. Nicht dem Sog nachgeben und mit mehr als dieser einen Handfläche den Altar berühren. Die Hand wird eins mit dem Altar, sie ist für einen Moment fest mit ihm verbunden. Reiße nun mit voller Wucht die Hand zurück aus dem Altar, in der das Siegel nun für alle Zeiten eingebrannt ist und rot glüht. Es entspringt dem Altar, wächst dir blitzschnell entgegen und erfasst deinen ganzen Körper. Die Flammen spuckende Energie durchzuckt dich.

Schlussendlich nimm die Streitaxt in beide Hände, erhebe sie über deinen Kopf und rufe laut: **„Baal lebt!"**. Dein Ruf hallt immer wieder aus allen Himmelsrichtungen zurück wie ein niemals verklingendes Echo. Nun schlage die Streitaxt tief in die Erde vor dir.

Dann verlasse blitzartig die Szenerie, durchspringe die Feuerwand in den Tempel der Nephtys und komme dort in deiner Zeit wieder zur Ruhe.

Schließlich atme tief ein. Dann spreche laut: *„Pert em kerh."*

Atme wieder langsam und tief ein. Dann spreche: *„A hunnu Set."*

Atme ein. Spreche: *„A hunnu Nephtys."*

Atme erneut ein: *„Xepera Xeper Xeperu."*

Verharre einen Moment in Stille.

Dann beende diese Arbeit.

V. Shesat. Die Hüterin derLuft

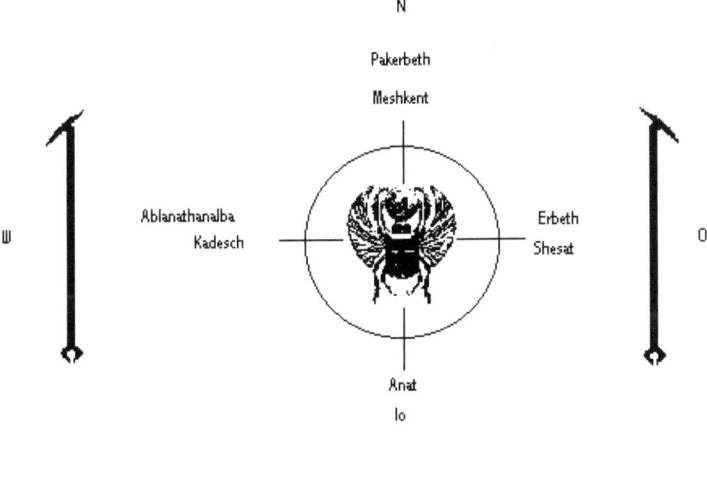

Shesat, die Schriftgelerte und Architektin des Tempels

„So ist Shesat jene, die leise überliefert:
Ich sah die Frau, die über der Sphinx thronte. Ich sah den Mann, der den Elefanten ritt.
Ich sah Hermaphrodit, der die Doppelschlange bezwang. Ich sah Kad, die den Luchs narrte.
Ich sah Io, der Götter fraß.
Ich sah den Krieger, der über Khem herrschte.
Ich sah den Thron, den Bolchoseth bewachte.
Ich sah eine Göttin.
Ich sah einen Gott.
Ich sah Set.
Ich sah jene Hand, die alle Geeinten trennt und doch die Sterne zu einem Himmel bindet."

(Nebet-Het, die Herrin des Tempels)

Shesat oder Seschat wird oft mit Griffel und Schreibpalette dargestellt. Als Kopfschmuck trägt sie wahrscheinlich einen siebenstrahligen Stern, als Kleidung immer ein Pantherfell. Sie ist die Göttin der Architekten und Bauleute, sie legt den Grundriss der Tempel fest, berechnet die dem König zustehenden Amtsjahre und ist die Herrin des Bücherhauses, die Schreiberin der Götter. Im alten Ägypten waren die

wenigen Menschen, die lesen und schreiben konnten, hoch angesehen, besonders, wenn sie gleichzeitig den Architektenberuf ausübten. Der Schreiber Imhotep stieg nach seinem Tod sogar noch weiter auf und wurde als Gott verehrt. Er war bereits zu Lebzeiten ein berühmter Schreiber und der Architekt der Stufenpyramide von Saqqara (und findet sich in einigen Mumienfilm-Adaptionen wieder). „Ich habe viele Auspeitschungen gesehen ... Öffnet euer Herz den Büchern! Ich habe die Arbeitssklaven beobachtet – nichts ist besser als Bücher. Sie sind wie Boote auf dem Wasser. Leset das Ende des Buches Kemit. Hier findet ihr folgenden Ausspruch: `Kein Schreiber in der Stadt leidet unter seinem Beruf; da er die Bedürfnisse anderer erfüllt, wird er immer Belohnung finden.` Sie schenkten sich als Vorlesepriester die Schriftrolle, das Schreibbrett als liebender Sohn. In ihren Gräbern sind Inschriften, die Schilffeder ist ihr Kind, die Steinwand ihre Gemahlin. Große und kleine Menschen kommen als Kinder zu ihnen, denn der Schreiber, er ist ihr Führer." (Texttafel aus dem Mittleren Reich)

Vorläuferin der Shesat war die Panthergöttin Mafdet, die schon weit vor der ersten Reichsgründung eine der bedeutendsten Göttinnen war und bereits in der ägyptischen Jungsteinzeit auf Felsbildern auftauchte.

Shesat, die Schreiberin

Später wurde Mafdet oft auch mit Hathor zu einer Gottheit verschmolzen, was ihre Aspekte als Fruchtbarkeitsgöttin unterstreicht. Sowohl Hathor als auch Mafdet trugen den Beinamen „Große Jungfrau" und wurden als „Mutter des Königs" verehrt. Doch Mafdet trägt auch Charakterzüge einer Göttin des Todes in sich, denn sie hilft nicht nur den bereits verstorbenen Menschen auf dem Weg zu den Göttern, sondern sie nimmt auch Leben. Mafdet stimmt somit in ihren Eigenschaften sehr genau mit Set überein. Auch Set war zu vordynastischer Zeit ein Fruchtbarkeitsgott und ein Todesgott, eine Gottheit des Übergangs, der den Verstorbenen beistand und sie leitete. Aus einem ägyptischen Himmelfahrtstext: „Du steigst herauf zu Gott. Set gesellt sich zu dir."

Als „Die Set-Leiter emporsteigen" bezeichneten die Ägypter das Aufsteigen in den Himmel, Set stand den Aufsteigenden als Freund und Helfer zur Seite. So verwundert es nicht, dass in diesen frühen Zeiten Mafdet und Set oft gemeinsam erscheinen. Sie galten als die Gottheiten, die gemeinsam den König als dessen Vater und Mutter erzeugten. Sie übergaben dem König die Fruchtbarkeit und die „Jahre des Set in Lebenskraft" mit dem Uas-Szepter, während Horus dem König „den Teil des Horus am Leben" mit dem Ankh übergab. Doch im Gegensatz zum Falkengott schützte in dieser Zeit (Frühgeschichte bis zum Ende der archaischen Zeit, also mindestens bis zum Jahr 2707 vor unserer Zeit) Mafdet zusammen mit Set den König vor Feinden. Doch sobald sich der König des Amtes als nicht mehr würdig erwies, waren es Mafdet und Set, die den König auf die Probe stellten und gegebenenfalls töteten. Aus diesem ritualisierten Königsmord, der in Kleinasien und Afrika (dort hielt er sich zum Teil noch bis ins 18. Jahrhundert unserer Zeit) nicht unüblich war, entwickelte sich mit der Zeit das Sed-Fest, welches spätestens zum dreißigsten Regierungsjahr des Pharaos durchgeführt wurde. Bei diesem Fest entledigte sich der Pharao des schützenden Pantherfells der Mafdet und wurde symbolisch wiedergeboren zu einer neuen Herrschaftsperiode. Wahrscheinlich wurden die tatsächlichen Kräfte und Fähigkeiten des Herrschers zu früheren Zeiten nicht symbolisch im Rahmen eines Volksfestes, sondern tatsächlich auf die Probe gestellt, so dass der Herrscher entweder eine neue Herrschaftsperiode begann oder starb bzw. „gestorben wurde".

Im Verlauf und Wechsel der Dynastien teilten sich die ambivalenten Charaktere der Mafdet und des Set in verschiedene Gottheiten. Zum einen übernahm Min die Fruchtbarkeitsaspekte des Set, Thoth die Aufgaben des Set bei der Krönungszeremonie und Set selbst wurde auf die Eigenschaften als Todes- und Unterweltsgott beschränkt. Thoth jedoch war der Gatte der Shesat, was uns zur Spaltung der Mafdet führt. Sie wurde in ihrer Funktion als Wächterin des Himmels zur Richterin und Henkerin, das übliche Hinrichtungsgerät zeigte einen Panther, der an einem Hinrichtungsmesser emporkletterte. Mafdet als Fruchtbarkeitsgöttin fand sich im Folgenden nur noch in Shesat wieder, die stets mit einem Pantherfell bekleidet ist und so an ihre Herkunft erinnert.

Doch Mafdet ist nicht vollständig aus der ägyptischen Religion entschwunden. So taucht der Panther gelegentlich als Helfer der Toten beim Jenseitsgericht auf, das Totenbett des Pharao hatte oftmals Pantherform, sie wurde als diejenige beschrieben, die den Toten gemeinsam mit Set Lebenskraft gab, ihr Beiname „Herrin des Lebenshauses", der an ihren Fruchtbarkeitsaspekt erinnert, erbte ihre Nachfolgerin Shesat und erinnert auch an Nebet-Het, die Herrin des Hauses, wobei beachtet werden sollte, dass „Haus" eine gängige Umschreibung für „Schoß" war („... und die Götter verlieren sich in meinem Schoß ..." (Nebet-Het)). Aus dem Schoß der Mafdet entsprang in frühgeschichtlicher Zeit Anubis, dessen Vater Set war. In der Zwischenzeit wurde Mafdet durch Nebet-Het bzw. Nephtys ersetzt, Set und Nephtys waren nun die Eltern des Anubis. Ab dem alten Reich schließlich wurde auch Set durch Osiris ersetzt, der gemeinsam mit Nephtys, die sich ihm als Isis darbot, den Anubis zeugte. Der Kult der Nephtys jedoch war immer eng mit dem Kult der Shesat verbunden. Einem alten Zauberspruch gegen eine Fehlgeburt ist sogar zu entnehmen, dass Mafdet die Mutter des Horus gewesen sein soll. Mafdet war die, „die in jener Kammer ist, in der Geburt und Tod beschlossen liegen". Shesat führte dies später fort, indem sie dem König seine Regierungsjahre mitteilte und diese damit begrenzte, was möglicherweise wieder auf den frühgeschichtlichen Königsmord hinweist. Des weiteren schrieb sie als spätere Gattin des Thot alle Ereignisse während der Regentschaft auf, war also gleichermaßen ein Kontrollorgan der Herrschaft; erinnern wir uns: Mafdet war jene, die den Pharao tötete, wenn er unwürdig war, weiterhin zu regieren. So ist Shesat mitnichten ein reiner Bücherwurm, der gelegentlich einen Tempel entworfen hat, auf ihren Schultern ruht die Herrschaft des Pharaos.

Shesat ist der Ostwind, der nicht wild wütet wie Erbeth, sondern geplant vorgeht und sich mit Set verbindet, wenn er über die fruchtbaren Felder streift. Shesat-Mafdet und Set führen uns zurück bis in die Frühzeit, in der sich die Aufzeichnungen verlieren. Sie sind möglicherweise das älteste Götterpaar, von dem die Menschheit heute Kenntnis hat.

„So ist Shesat jene, die euch zuruft:
Ich weile nicht länger im Tempel des Thoth, ich weile nicht länger unter euch,
ich weile nicht länger unter den Lebenden,
denn ich bin eingeweiht in das Herz der Herrin des Tempels, dessen Bau ich plante.
Die Legionen der Unbeschreiblichen ziehen aus in die Welt,
wenn mein Atem meine Lungen verlässt,
um doch immer wieder zurückzukehren in meine Brust.
Sie durchstreifen die verlassenen Säulenhallen von Tanis,
durchpflügen den Sand bei Dachla,
suchend nimmer müde werdend nach einer Spur des großen Prinzpriesters von
Deschereth.
Sie verfinstern die Sonne mit dem Rauch und dem Gestank
der brennenden Leiber seiner Feinde.
Sie rufen ihn mit gewaltigen Stürmen,
nach Vernichtung trachtenden Blitzen,
mit Seuchen und Tod,
doch der Prinz schweigt
und atmet sanft ruhend
unter dem wärmenden Mantel der Nacht in der Stadt der Pyramiden."
(Nebet-Het, die Herrin des Tempels)

Missa VI

„Lasset auf meinem Altar Blumen sein,
eine Rose für den Tod und das Leben,
eine Rose für den Hass und die Liebe,
eine Rose für die Sklaverei und die Freiheit.
Meine Priesterin sei das Tor,
geschmückt und begehrt,
wie ihr mich begehrt. "

(Nebet-Het, die Herrin des Tempels)

Dies ist die Missa V in einer gekürzten Vakuum-Magie-Variante. Sie passt gut zur geheimnisvollen Shesat. Die Geist- oder Ätheressenz im Zusammenspiel mit der urweiblichen Kraft der (Shesat-) Priesterin ist bei dieser Arbeit von noch größerer Wichtigkeit als bei der Missa V.

Die Priesterin sitzt nackt im Drachenasana in der Mitte des Tempels. Sie ist vollständig (!) verhüllt von einem großen, schwarzen Tuch und in ihrem Schoß ruht der Kelch mit dem Sakrament. Sie blickt nach Osten, sitzt also mit dem Rücken zum Westaltar. Um sie herum liegen die vier Ziegel, ein jeder weist in eine Himmelsrichtung.

Der Setpriester beginnt mit dem Inversen Pentagrammritual. Es ist wichtig, für diese Arbeit einen stabilen Kreis zu ziehen.

Anschließend bilden alle Anwesenden einen Kreis um die Priesterin. Die rechte Fußspitze auf die Mitte gerichtet, den linken Fuß im 90°-Winkel hinter den rechten Fuß gesetzt, so dass durch die eigenen Füße jeweils ein Tau-Kreuz entsteht. Mit der rechten Hand wird die linke Hand des links Nebenstehenden gegriffen, die linke Hand wird vom rechts Nebenstehenden mit dessen linker Hand gegriffen. Rechte Hände sind also oben, linke Hände unten. Gemeinsam vibrieren Priester und Kongregation einunddreißig mal das Passwort in den Kraftstrom des Set oder **ARI REFU MATA DRAGON.**

Der Priester geht zum Altar und spricht:

„In nomine magni dei, introibo ad altare domini inferi, qui regit terram!
In nomine Seti, principis tenebrarum.
O Sethen, age cum me via ipsa!"

Der Priester gibt Räucherung auf die glühenden Kohlen.

„Insensum istud ascendat ad te!"

Der Priester erhebt das Räuchergefäß, räuchert die Priesterin und durchschreitet dann die Himmelsrichtungen mit den Worten:

„Hode hä sophia estin, Eiränä kai Eleutheria!
Ho Ophis Ho Arachios, Ho Dracon Ho Megas,
Ho än Kai Ho an Kai, Ho zon eis tous Aionas ton Ainon. "

Der Priester reinigt die Atmosphäre durch neunmaliges Schlagen der Glocke, beginnend im Westen, sich bei jedem Glockenschlag um 45° nach links drehend, endend wieder im Westen.

Er entzündet die Schwarze Flamme mit den Worten:

„I am the flame, that burns in every heart of man and in the core of every star. I am life and the giver of life, yet therefore is the knowledge of me the knowledge of death! I am alone, there is no god where I am!"

Der Priester dreht sich zur Kongregation und verliest:

„Io Erbeth, wir rufen dich an, mächtiger Sutuach, bringe zum Stehen, bringe zum Stehen das heilige Schiff, der du am Bug der heiligen Barke Apep nieder ringst.
Ehe du durchfährst die nächtlichen Himmel, erhöre uns und erfülle unseren Willen, den wir dir kundtun im Leibe der großen, dunklen Herrin des Tempels. Es ist unser Wille ..."

Der Priester bringt vier Pergamente mit dem Willenssatz auf die vier Steine, nachdem alle (<u>nicht</u> die Priesterin) den vom Priester vorgesprochenen Willenssatz wiederholt haben. Der Set-Priester fährt fort:

„Wir rufen dich an Io Erbeth, Io Pakerbeth, Io Bolchoseth, Patathnax, verwirkliche unseren Willen, wenn die Weiße und die Schwarze Schlange die Sonne wieder im Osten erheben. Du, der du den Leib der Nuit und die Gebiete der Duat zu deinen Tanzplätzen gemacht hast, dein Lachen vergeht nie auf deinen Lippen, denn dir gehört der Kampf und der Sieg und der Triumph. Doch immer für sie, die dunkle Seele der Finsternis, immer für die Herrin des Tempels."

Der Priester gibt erneut Räuchermittel auf die glühenden Kohlen.

„Nimm an das Rauchopfer. Wir rufen dich an. Wir sind deine Boten, wir sind deine Krieger auf den Pfaden, wir beschwören dich, Selbstbeherrscher, und bitten dich inständig: Verbinde dich mit uns. Unsere Augen sind deine Augen, unsere Stimmen sind deine Stimme, unser Wille ist dein Wille, unsere Stärke ist deine Stärke.
Wir treten ein in das Reich der Schöpfung, um unseren Willen im Universum zu wirken!"

Der Priester schlägt den Gong. Die ist das Zeichen für die vier Offiziere des Südens, Westens, Nordens und Ostens, ihre Plätze vor den Ziegelsteinen, die in ihre jeweilige Himmelsrichtung weisen, einzunehmen. Die Offiziere beginnen sofort damit, dem schwarzen Zentrum inmitten der Steine, dem Punkt im Kreis, Energie zu entziehen, und zwar ausschließlich die mit der eigenen Himmelsrichtung korrespondierende Energie. Der Offizier des Südens entzieht der Mitte Feuerenergie durch den Feuerstein, der Offizier des Norden entzieht Erdenergie durch den Erdstein, der Offizier des Westens die Energie des Wassers durch den Wasserstein und der Offizier des Osten schließlich zieht Luftenergie aus dem dunklen Zentrum durch den Luftstein. Durch Stirn, Solarplexus, Hände, Sexualchakra und Mund ziehen sie Energie aus der Mitte und geben diese Kraft, ohne sich umzudrehen, durch ihre Hände, ihren Nacken und den Punkt zwischen ihren Schulterblättern nach hinten ab. Langsam, sehr langsam gehen sie allmählich kleine Schritte zurück. Immer, wenn sie das Gefühl haben, „ihre" Energie restlos aus der Mitte gesaugt zu haben, machen sie einen weiteren kleinen Schritt zurück. Vor jedem Schritt nach hinten stellen sie sicher, dass nichts der ihnen entsprechenden Energie zurückbleibt. Es wird sich Druck aufbauen hinter den Rücken der Offiziere und ein Sog in die Mitte. Je stärker das

Vakuum wird, desto heftiger muss der Gegendruck erfolgen, um nicht in die Mitte gezogen zu werden.

Gleichzeitig visualisiert die Priesterin, wie ein feiner, dünner Strahl kristallklarer Essenz, in der ihr gesamtes Bewusstsein enthalten ist, die Essenz der Kräfte der Himmelsrichtungen und der Elemente, sich aus ihrem Kronenchakra löst und ihren Kopf verlässt. Sie stellt weitgehende Gedankenstille her und konzentriert sich nur auf den beständigen Fluss des Bewusstseins aus sich heraus.

Der Priester steht oder bewegt sich außerhalb des Kreises und zieht diese kristallene Essenz in ein Stück Eisen oder Silber (versuche ein Baphometsiegel oder einen Dolch), das er in der linken Hand hält, während er die Essenz mit der rechten Hand aufnimmt und durch sich hindurch in das Metall leitet.

Dies ist ein Vorgang, der eine geraume Zeit in Anspruch nehmen kann. Schließlich ruft er:

„Dich rufe ich an, den Ungeborenen. du bist Asar Un-Nefer, der sich selbst vollkommen machte. Du bist Ia-Besz, die Wahrheit in der Materie. Du bist Ia-Apophrasz, die Wahrheit in der Bewegung. Du bist Io-IAOOAI-ol!"

Mit dem Namen der Wahrheit durchbricht er den Kreis und bewegt sich nun entgegen dem Uhrzeigersinn schnell um das Zentrum, die Offiziere, die Kongregation und der Priester intonieren wiederholend:

„OL SONUF VAROSAGAI GOHU VOUINA VABZIR DE TEHOM QUADMONA ZIR ILE IAIDA DAYES PRAF ELILA ZIRDO KIAFI CAOSAGO MOSPELEH TELOCH PANPIRA MALPIRGAY CAOSAGI. ZASAS ZASAS NASATANATA ZASAS."

Während des Henochischen Rufes wird alle Energie losgelassen, die sich wirbelnd im Raum verteilt, schließlich auch die Priesterin erreicht, die das schwarze Tuch abstreift, indem sie sich erhebt und den Kelch empor hält und in die Intonation einstimmt.

Der Priester durchbricht schließlich die Intonation, indem er das Stück Metall in den Kelch taucht mit dem Ruf:

„Xepera Xeper Xeperu."

Dann reicht er der Priesterin den Kelch und spricht:

„Tochter der Sterne, trinke vom Kelch deiner Sehnsucht und deiner Begierde, dann ist dein Auge mein Auge, dein Erkennen mein Erkennen, deine Tat meine Tat, dann ist dein Leib mein Leib."

Die Priesterin trinkt allein. Sie setzt sich wieder in das Zentrum des Tempels, die Offiziere setzten sich in den Norden, Süden, Westen und Osten. Alle intonieren wiederholend:

„Ari Refu Mata Dragon."

Die Priesterin benetzt die Willenssätze auf den Ziegeln mit Sakrament und leert dann den Kelch vollständig. Schließlich verbrennt sie die Willenssätze, während alle weiter intonieren.

Der Priester beendet die Meditation:

„Lux e tenebris."

Er löscht die Schwarze Flamme und beendet das Ritual mit den traditionellen Worten:

„And so it is done."

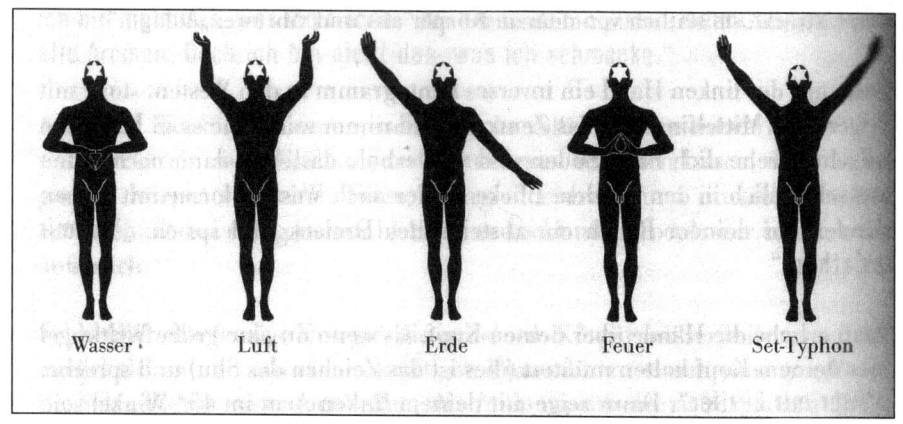

| Wasser | Luft | Erde | Feuer | Set-Typhon |

Kheper-ka-t, der Schutz des Ka

„Shesat weiß nicht, denn der Abgrund ist keine Frage. Der Abgrund ist ein Tor. "

(Nebet-Het, die Herrin des Tempels)

Vorbereitung:
Praktiziere die Übungen des Kheper-ka-t, 1.) A hunnu Set und 2.) A hunnu Nephtys, wie in Teil II beschrieben.

Mit dem nächsten Einatmen stelle dir nun vor, wie du schwarze Energie aus deiner Umgebung in die Gegend um deinen Solaplexus ziehst. Wie ein Magnet zieht dieser alle schwarze, erdige Energie an, die sich in deinem Manipurachakra (Solaplexus oder Nabelchakra) zu einer schwarzen, schweren Kugel bündelt und verdichtet. Flüstere dabei ein langgezogenes *KEEPHRAAAA*. Wenn du mit dem Ausatmen beginnst, visualisiere inmitten dieser schwarzen, erdigen Kugel das golden strahlende Ka-Zeichen.

Flüstere ein langgezogenes, stimmloses *KAAAAAAA*, während die Luft aus deinen Lungen entweicht. Das Ka-Zeichen beginnt zu strahlen. Beim Einatmen ziehe wieder schwarze, erdige Energie zusammen, während du *KEEPHRAAAA* flüsterst. Beim Ausatmen leuchtet das Ka-Zeichen inmitten der schwarzen Kugel auf und du flüsterst ein langgezogenes *KAAAAAAA*.

Wiederhole diese Abfolge je nach Übungsgrad neun oder einunddreißig mal.

Stelle dir nun vor, dass das goldene Ka aus deinem Solarplexus nach vorn schießt und etwa zwei Meter vor dir in der Luft schwebt. Atme einige weitere Male die Kephra-Ka-Abfolge. Aus deiner linken Seite entspringt ein weiteres Ka-Zeichen und schwebt in ungefähr zwei Metern Abstand links von dir in der Luft. Nun folgt erneut der Kephra-Ka-Atemzyklus. Aus deinem Rücken löst sich nun ebenfalls ein Ka und du nimmst wahr, dass auch dieser Ka in zwei Metern Entfernung fest in der Luft steht. Atme wieder einige Male die Kephra-Ka-Abfolge. Das gleiche folgt nun rechts von dir, ein Ka kommt aus deiner Seite und steht nun in zwei Metern Entfernung in der Luft. Du sitzt nun im Zentrum von vier schützenden Ka-Zeichen, die Handflächen der Ka-Symbole sind allesamt nach außen gerichtet.

Nun entspringt deinem Scheitel ein weiterer Ka nach oben. Auch er bleibt ungefähr zwei Meter über dir. Aus deinem Muladhara sinkt ein Ka nach unten und dringt zwei Meter tief in die Erde unter dir ein, wo er verbleibt.

Stelle dir nun vor, dass du inmitten eines geschliffenen Saphirs sitzt, dessen Eckpunkte von den sechs Ka-Symbolen gebildet werden.

Visualisiere über dir, jedoch noch innerhalb des Schutzsaphirs, den Kopfschmuck der Shesat, der Herrin der Geometrie und der Winkel.

Dies ist ein mächtiger Schutz gegen Angriffe von außen. Mit einiger Übung kannst du dich jederzeit und an jedem Ort in diesen Stein zurückziehen, ja selbst Stein werden.

Dann schließe diese Meditation, indem du tief einatmest. Spreche laut:

„Pert em kerh."

Atme wieder langsam und tief ein. Dann spreche: *„A hunnu Set."*

Dann: *„A hunnu Nephtys."*

Schließlich: *„Xepera Xeper Xeperu."*

Kheper-ka-t, das Einspiralen der Umgebungsenergie

„Aus dem Tiefsten muss das Höchste zu seiner Höhe kommen."

(Friedrich Nietzsche)

Vorbereitung:

Praktiziere die Übungen des Kheper-ka-t, 1.) A hunnu Set und 2.) A hunnu Nephtys, wie in Teil II beschrieben, dann errichte den Schutz-Spahir um dich herum, wie in der vorangegangenen Übung erläutert.

Über dir und unter dir sind die Spitzen des Saphirs, doch die vier Ka-Symbole vor, neben und hinter dir, bilden keine Spitzen, sondern der Stein ist jetzt an diesen Stellen rund geschliffen, so dass es aussieht, als wären zwei Kegel gegeneinander gesetzt worden und als würde dich ein Ring umgeben.

Versetze nun den Ring in Drehung entgegen dem Uhrzeigersinn. Die Außenhülle des Steins dreht sich vollständig um die eigene Achse, die das Pesh Kent bildet. Es ist, als wenn die Außenhülle beginnt, allmählich zu schrumpfen. So werden die Winkel über und unter dir immer spitzer, der äußere Ring immer enger.

Du stellst dir nun vor, wie alle Energie, die sich zuvor in dem großen Stein befunden hat, komprimiert wird. Darüber hinaus ziehst du weitere Kraft von außerhalb durch das beständige Drehen in den Stein hinein. Durch die immer schneller und enger werdende Drehung verdichtet sich die Energie spiralförmig um das Pesh Kent.

Schließlich liegt der äußere Ring schon fast an deinem Körper an, so nah ist er gekommen. Er wirbelt um dich herum, du spürst die pulsierende Kraft, die dich durchströmt. Reiße ruckartig die Arme hoch und sprenge den Stein mit einem lauten Schrei: *„Ha!"*

Dann schließe diese Meditation, indem du tief einatmest. Spreche laut: *„Pert em kerh."*

Atme wieder langsam und tief ein. Dann spreche: *„A hunnu Set."*

Dann: *„A hunnu Nephtys."*

Schließlich: *„Xepera Xeper Xeperu."*

Halte deine Beobachtungen in deinem Tagebuch fest.

Kheper-ka-t, Arbeit zu zweit

„Einige wollen, aber die meisten werden nur gewollt."

(Friedrich Nietzsche)

Diese Schutzsphäre kannst du auch, wenn dies deine moralischen Grenzen zulassen (und davon sollte man bei einem Leser dieses Buches, der ja ohnehin mit einiger Wahrscheinlichkeit bereits tief im „Sumpf des Okkulten" (Sigmund Freud) versunken ist, mit einiger Sicherheit ausgehen können) über anderen Menschen bilden. Dies kann wie bei dir persönlich auch bei anderen Menschen oder anderen Lebewesen einen beträchtlichen Schutz gegen Angriffe von außen bewirken. Beim Schutz-Zauber ist es vielleicht aus moralischen Erwägungen heraus empfehlenswert, die auf diese Weise geschützte Person zu informieren oder noch besser zu fragen, ob ein solcher Schutz überhaupt erwünscht ist. Aus magietechnischer Sicht hingegen ist dies absolut nicht vonnöten, es sei denn, du setzt auf einen zusätzlichen psychologischen Effekt beim Geschützten, der sich hernach sicherer fühlt. Primitiv-Psychologie: Wer sich sicher fühlt, der handelt auch sicherer.

Um dies zu üben, frage einfach mal einen Bekannten oder deinen Partner. Wenn du Raum und Zeit hierfür hast, praktiziere die Übungen des Kheper-ka-t, 1.) A hunnu Set und 2.) A hunnu Nephtys bei dir. Dann stelle dir beim Einatmen vor, wie du schwarze Energie aus der Umgebung deines Gegenübers in die Gegend um seinen Solaplexus ziehst. Wie ein Magnet zieht dieser alle schwarze erdige Energie an, die sich in seinem Manipurachakra (Solaplexus oder Nabelchakra) zu einer schwarzen, schweren Kugel bündelt und verdichtet. Wenn dein Gegenüber informiert ist über dein Vorhaben, orientiert es den eigenen Atemrhythmus an deinem Atmen. Flüstere beim Einatmen ein langgezogenes *KEEPHRAAAA*. Wenn du mit dem Ausatmen beginnst, visualisiere inmitten dieser schwarzen, erdigen Kugel das golden strahlende Ka-Zeichen.

Flüstere ein langgezogenes, stimmloses *KAAAAAAA*, während die Luft aus deinen Lungen entweicht. Das Ka-Zeichen in deinem Gegenüber beginnt zu strahlen. Beim Einatmen ziehe wieder schwarze, erdige Energie zusammen, während du *KEEPHRAAAA* flüsterst. Beim Ausatmen leuchtet das Ka-Zeichen inmitten der schwarzen Kugel auf und du flüsterst ein langgezogenes *KAAAAAAA*.

Wiederhole diese Abfolge solange, bis du mit dem Ergebnis zufrieden bist.

Stelle dir nun vor, dass das goldene Ka aus dem Solarplexus deines Gegenüber nach vorn schießt und etwa zwei Meter vor ihm in der Luft schweben bleibt. Atme einige weitere Male die Kephra-Ka-Abfolge. Aus seiner linken Seite entspringt ein weiteres

Ka-Zeichen und schwebt in ungefähr zwei Metern Abstand links von ihm in der Luft. Nun folgt erneut der Kephra-Ka-Atemzyklus. Aus seinem Rücken löst sich nun ebenfalls ein Ka und du nimmst wahr, dass auch dieser Ka in zwei Metern Entfernung fest in der Luft steht. Atme wieder einige Male die Kephra-Ka-Abfolge. Das gleiche folgt nun rechts von ihm, ein Ka kommt aus seiner Seite und steht nun in zwei Metern Entfernung in der Luft. Dein Gegenüber sitzt nun im Zentrum von vier schützenden Ka-Zeichen, die Handflächen der Ka-Symbole sind allesamt nach außen gerichtet.

Nun entspringt seinem Scheitel ein weiterer Ka nach oben, auch er bleibt ungefähr zwei Meter über ihm. Aus seinem Muladhara sinkt ein Ka nach unten und dringt zwei Meter tief in die Erde unter ihm ein, wo er verbleibt.

Stelle dir nun vor, dass dein Gegenüber inmitten eines geschliffenen Saphirs sitzt, dessen Eckpunkte von den sechs Ka-Symbolen gebildet werden.

Wenn du willst, kannst du den Saphir auch in Drehung versetzen, doch Vorsicht, ein „Drehwurm" bei deinem Gegenüber ist nicht auszuschließen.

Solltest du mit dem Saphir experimentieren, ohne dass dein „Opfer" etwas davon weiß, ist dies eine schöne Erfolgskontrolle: Sollte er in Schlangenlinien gehen und gar stolpern, fährt dein Saphir gewaltig Karussell mit ihm.

Dies funktioniert natürlich auch mit deinem Übungspartner. Dieser stellt sich am einfachsten in instabiler Haltung hin, zum Beispiel steht er auf einem Bein, und du versuchst, ihn durch Drehung des Saphirs umzuwerfen. Wenn du mit einer Gruppe Magie praktizierst, sind derartige energetische Nahkampftechniken übrigens sehr schön in einen Wettstreit, eine Art Magie-Olympiade einzubetten.

Versuche auch Folgendes: Setze dich deinem Übungspartner gegenüber, schaut euch an. Dann bildet beide jeweils einen kleinen Saphir mit einem Radius von ca. einem Meter um euch herum, versetzt die Saphire jedoch nicht in Drehung. Nun stelle dir vor, wie du dich inmitten deines Saphirs in Rauch auflöst und am oberen Ka des Saphirs als Rauchwolke dem Stein entströmst. Diese Wolke schwebt nun zu deinem Übungspartner und sinkt durch die obere Spitze seines Saphirs in ihn hinein. Dort angelangt bildet sich wieder dein Körper aus der Wolke.

Dein Übungspartner hat zeitgleich dasselbe getan, auch er hat sich in Rauch aufgelöst, jedoch fließt seine Rauchwolke aus der unteren, in der Erde verborgenen Spitze seines Saphirs heraus, durchwandert den Boden unter Euch und dringt durch die untere Spitze deines Saphirs ein. In deinem Saphir materialisiert sich nun sein Körper.

Nun versetzt den Saphir, in dem ihr euch soeben materialisiert habt, also den Saphir, den das Gegenüber zuvor erschaffen hat, in Drehung und beobachtet, was geschieht.

Ähnliches kannst du auch allein erzeugen, wenn dir dann auch die andere Energiequalität fehlt. Erschaffe dafür einen Saphir um dich herum, visualisiere, wie er nach vorn schwebt und deinen Körper an seinem Ort zurück lässt. Behalte den Saphir vor dir im Bewusstsein und erschaffe einen neuen Saphir um dich herum. Nun löse dich wie zuvor beschrieben auf und materialisiere dich im gegenüberliegenden Edelstein.

Mit dieser kleinen und recht einfachen Technik ist magisch recht viel anzufangen, denn sie eignet sich natürlich für jede Art von Zauber. Du kannst den Saphir, wenn du ihn um dich herum bildest, natürlich auch mit Sigillen, verschiedenen Energien,

Dämonen, Psychogonen, weißen Engelchen und den Legionen des Hades füllen, um ihn dann auf Reise zu deinem Zielobjekt zu schicken.

Hinweis zum Schutz-Zauber: Wenn die Person, die du schützen möchtest, zum Beispiel durch Krankheit bereits geschwächt ist und die Übung nicht mitmachen kann, ist es sinnvoll, wenn du den Saphir erschaffst und zu ihr schickst. Fülle ihn nach Bedarf mit heilender Energie. Ebenfalls kannst du deinem Ziel angemessen hilfreiche Wesenheiten in die Sphäre rufen oder dort erschaffen, die sich fortan um die zu heilende und zu schützende Person kümmern.

Hinweis zum Schadens-Zauber: „Wer seinen Gegner töten will, mag erwägen, ob er ihn nicht gerade dadurch bei sich verewigt." (Friedrich Nietzsche)

Praktische Annäherung an Shesat

I - Besuche einen Tierpark und beobachte dort die Panther. Meditiere dort über Mafdet.

II - Nimm dir einen großen Bogen Papier und einen Stift. Zeichne den Grundriss deines Lebens. Dies bedeutet, versuche zeichnerisch darzustellen, auf welchen Grundpfeilern deine Existenz, dein Werdegang aufgebaut ist, wie deine Zukunftspläne aussehen. Schreibe, wenn die Zeichnung vollendet ist, einen Kommentar auf den gleichen Bogen.

III - Shesat ist nicht nur die Herrin über die Lebensjahre, sondern auch diejenige, der die Planung über den weiteren Verlauf deines Lebens untersteht. An dieser Stelle sei nochmals angemerkt, dass es vollkommen unwichtig ist, ob wir an die Existenz externer Götter glauben. Von Wichtigkeit ist lediglich, dass sich das Multiversum so verhält, als wenn es sie gäbe. Ob du Shesat als externe Göttin begreifst, die anrufen kannst, um mit ihr in Kontakt zu kommen, oder ob du sie und andere Götter und Göttinnen als Teile und Aspekte deiner eigenen Psyche ansiehst, ist für die Durchführbarkeit aller Arbeiten in diesem Buch vollkommen gleich. Bei der Herrin der „Lebensplanung" begeben wir uns mitnichten in die Nähe eines wie auch immer gearteten deterministischen Weltbildes, sondern nehmen unser Leben in die eigene Hand. Hierfür wurde das folgende kleine Ritual verfasst für das du einen Termin machen solltest. Mit dir selbst und der Göttin.

Gehe in deinen Tempel oder setze dich vor den Naos. Wenn du dies möchtest, beginne zum Beispiel mit folgender Eröffnungszeremonie, an die sich eine kleine Shesat-Arbeit anschließt.

Ruf an die Herrin des Lebenshauses

„Wenn das Leben keine Vision hat, nach der man strebt, nach der man sich sehnt, die man verwirklichen möchte, dann gibt es auch kein Motiv, sich anzustrengen."

(Erich Fromm)

Absolute Dunkelheit und Stille:
„In nomine magni dei, introibo ad altare domini inferi, qui regit terram!"
Entzünde die Black Flame auf dem Altar:
„I am the flame, that burns in every heart of man and in the core of every star. I am life, and the giver of life, yet therefore is the knowledge of me the knowledge of death. I am alone, there is no god where I am."
Reinige den Raum durch neunmaliges Schlagen der Glocke.
„Shesat! Ich nehme deine tausend flüsternden Stimmen aus allen Regionen deines Reiches wahr!"
Gebe Räuchermittel auf die glühende Kohle.
„Shesat! Ich atme von deinem Atem!
A Shesat! A hunnu Shesat! Hay n-ek!
Pert em kerh, Shesat!"
Wende dich im Zeichen der Luft dem Osten zu.
„Shesat, große Schreiberin des Ostens. Mache aus Ideen einen Plan.
A Shesat! A hunnu Shesat! Hay n-ek!
Pert em kerh, Shesat!
Heil dir, große Jungfrau, die Leben gibt!
Pert em kerh, Shesat!
Heil dir, die du den Königen ihre Zeit und Herrschaft gibst.
Pert em kerh, Shesat!
Heil dir, die du die Zeit wieder nimmst, wenn es dir gefällt.
Pert em kerh, Shesat!
Heil dir, die du den Toten auf dem Weg zu den Göttern beistehst.
Pert em kerh, Shesat!
Heil dir, die du Schutz gibst vor äußeren und inneren Feinden!
Pert em kerh, Shesat!
Heil dir, Wächterin!
Pert em kerh, Shesat!
Heil dir, Richterin!
Pert em kerh, Shesat!
Heil dir, Henkerin!
Pert em kerh, Shesat!
Heil dir, Herrin des Hauses, in dem Leben ist!
Pert em kerh, Shesat!
Heil dir, die du in der Kammer bist, in der Geburt und Tod beschlossen liegen.
Pert em kerh, Shesat!
Heil dir, große Schreiberin!

Pert em kerh, Shesat!
Heil dir, große Beobachterin!
Pert em kerh, Shesat!
Heil dir, große Architektin des Lebenshauses!
Pert em kerh, Shesat!
Heil dir, große Planerin der Wege des Lebens und des Todes!
Pert em kerh, Shesat!
Heil dir, Geweihte des Tempels!
Pert em kerh, Shesat!
Heil dir, die du nicht länger weilst im Tempel des Thoth, die du nicht länger unter uns weilst, die du nicht länger unter den Lebenden bist, denn du bist eingeweiht in das Herz der Herrin des Tempels, dessen Bau du plantest.
Pert em kerh, Shesat!
Die Legionen des Unbeschreiblichen ziehen aus in die Welt, wenn dein Atem deine Lungen verlässt, und doch kehren sie immer zurück in deine Brust.
Pert em kerh, Shesat!
Sie durchstreifen die verlassenen Säulenhallen von Tanis, durchpflügen den Sand bei Dachla, suchen nimmer müde werdend nach eine Spur des großen Prinzpriesters von Deschereth.
Pert em kerh, Shesat!
Sie verfinstern die Sonne mit dem Rauch und dem Gestank der brennenden Leiber seiner Feinde.
Pert em kerh, Shesat!
Sie rufen ihn mit gewaltigen Stürmen, nach Vernichtung trachtenden Blitzen, mit Seuchen und Tod, doch der Prinz schweigt und atmet sanft ruhend unter dem wärmenden Mantel der Nacht in der Stadt der Pyramiden.
Pert em kerh, Shesat!
Heil dir, die du den Königen ihre Zeit und Herrschaft gibst.
Pert em kerh, Shesat!
Heil dir, die du die Zeit wieder nimmst, wenn es dir gefällt.
Pert em kerh, Shesat!
Heil dir, Herrin des Hauses, in dem Leben ist!
Pert em kerh, Shesat!
Heil dir, die du in der Kammer bist, in der Geburt und Tod beschlossen liegen.
Pert em kerh, Shesat!"

Nimm nun ein Metermaß oder einen Zollstock. Breche ihn an der Zentimeterzahl eines normalen Menschenlebens ab, also zum Beispiel bei siebzig oder achtzig Jahren bzw. Zentimetern. Betrachte ihn und meditiere über deine Lebensspanne.

Dann breche den Zollstock an der Zentimeterzahl ab, die deinem jetzigen Alter entspricht. Meditiere nun zunächst über die bereits unwiderbringlich vergangene Zeitspanne deines bisherigen Lebens. Hast du bis jetzt erreicht, was hast du erreichen wollen?

Schließlich nimm das andere Stück Zollstock und meditiere über deine zukünftige Zeitspanne.

Wenn du willst, schreibe nun deine eigene Grabrede. Unterstelle einfach, dass die Rede, die an deinem Grab gehalten wird, nicht von den üblichen verlogenen Nettigkeiten durchtränkt ist, was natürlich nicht heißt, dass du tatsächlich nicht eine wirklich nette Person bist. Was wird dort gesagt, wie wird ein Resümee aus deinem Leben gezogen? Hand auf's Herz: Warst du glücklich, hast du deine Ziele erreicht? Für was wirst du gelobt, für was möglicherweise kritisiert?

Wenn du feststellst, dass dein Lebensweg nicht auf dem kürzesten Weg auf dein persönliches Glück oder deine Ziele zusteuert, dann korrigiere ihn. Fertige einen Plan. Es ist vollkommen normal, dass Menschen ihre wichtigsten Ziele immer mal wieder vergessen, verdrängen und in den Wirren des Alltags aus den Augen verlieren. Jeder Mensch auf diesem seltsamen Planeten ist zielstrebig, jedoch streben die meisten Menschen zuviel und zielen zuwenig. Jeder Seefahrer hat Karten angefertigt, damit er nicht vom Kurs abkommt, wenn ihn die Wellen des Ozeans hin und her schaukeln und sich wie riesige Abwehrwälle zwischen ihn und seinen Zielhafen schieben. Die meisten Menschen sind ebenfalls an Bord ihrer kleinen Nussschale auf dem Ozean des Lebens und vergessen, sich frühzeitig mit gutem Kartenwerk zu versorgen, und manchmal fahren sie solange mit ihrem Kutter im Kreis, bis entweder der Motor streikt oder sie irgendwo auf Grund laufen und wieder in den Fluten des Lebens versinken. Also fertige Pläne und Karten an, schreibe zusätzlich Logbuch, hier: Tagebuch, und errichte einen Leuchtturm, der es dir fortan erleichtert, die Orientierung zu behalten. Formuliere Leitbilder, Visionen, langfristige Ziele für die verschiedenen Lebensbereiche. Unterstelle dein Leben diesem selbst gesetzten Motto oder der eigenen Mission.

Dies meint: Erschaffe ein klares und unzweideutiges Bild von deinem jeweiligen Ziel (also zum Beispiel ein religiöses Ziel, ein emotionales Ziel, ein Karriereziel usw.), dann skizziere einen Weg, der dort hin führen kann, plane den nächsten Schritt und bedenke schon jetzt möglicherweise auftretende Probleme.

Ein Seefahrer muss Strömungen, Winde und Beschaffenheit des Schiffes, Vorräte und Mannschaft („die niederen Dämonen, lasst sie euch dienen") berücksichtigen, wenn er sein Ziel zu erreichen wünscht. Wenn du dein Leitbild oder deine Leitbilder formuliert hast, dann lebe danach, trage sie immer in deinem Herzen, so wie in den langen Nächten auf dem Ozean die Sterne den Seefahrer als Orientierungspunkte nicht verlassen.

Gehe den direkten Weg auf dein zukünftiges Selbst zu, das fest mit Set verbunden ist. Du besitzt mit dem Studium dieses Buches bis zu diesem Punkt bereits die Fähigkeit und hoffentlich auch die Fantasie, dein zukünftiges Selbst mit dem jetzigen Selbst zu verbinden durch den magischen Zwilling, den Ka. Erschaffe dein Zukunfts-Ich durch Willen und Vision. Damit vollbringst du die große setianische Tat, dich heraus zu begeben aus der Wirkungsseite, auf der du lediglich als Produkt des wirbelnden Xeper existierst, hinüber zur Ursachenseite, indem du dein Selbst erschaffst, ins Dasein gelangst durch eigene Kraft.

„Ah, welch günstige Gelegenheit, das Verständnis für den schwarzmagischen Drive zu fördern, denn keineswegs sollst du „ein weniges an ihrem Busen ruhn", sondern weiter gehen. Weiter und weiter und darüber hinaus sende deinen Ruf in die unendlichen Weiten der Dunkelheit und rufe ihn, dein zukünftiges Selbst, die Zeitbarriere zu überwinden und einzutreten in den heiligen Schrein deines autarken Selbst. Verbünde dich mit ihm, deinem Doppel, deinem zukünftigen Selbst und tauscht euch aus wie Brüder. Fusioniert!

„Pakt mit dem Teufel" nennen es die bigotten Schafe, getrieben von panischer Homophobie ..." (Frank Lerch, *Ouroboros Files*)[4].

Beende die Shesat-Arbeit, indem du deine Gedanken wieder sammelst, die Denkerfalten von deiner Stirn streichst und die Anrufung in Teilen wiederholst:

„SHESAT, große Schreiberin des Ostens. Mache aus Ideen einen Plan.
A Shesat! A hunnu Shesat! Hay n-ek!
Pert em kerh, Shesat!
Heil dir, große Jungfrau, die Leben gibt!
Pert em kerh, Shesat!
Heil dir, die du Schutz gibst vor äußeren und inneren Feinden!
Pert em kerh, Shesat!
Heil dir, Herrin des Hauses, in dem Leben ist!
Pert em kerh, Shesat!
Heil dir, die du in der Kammer bist, in der Geburt und Tod beschlossen liegen.
Pert em kerh, Shesat!
Heil dir, große Beobachterin!
Pert em kerh, Shesat!
Heil dir, große Architektin des Lebenshauses!
Pert em kerh, Shesat!
Heil dir, große Planerin der Wege des Lebens und des Todes!
Pert em kerh, Shesat!
A Shesat! A hunnu Shesat! Hay n-ek!"

Dann verlasse den Tempel und gib deinen Tagen mehr Leben, wenn du schon nicht deinem Leben mehr Tage geben kannst, denn es ist begrenzt von der großen Shesat.

Du kannst anstelle des Zollstocks im Hauptteil des Rituals auch eine weiße Kordel nehmen, auf die du im Abstand von einem Zentimeter jeweils ein Lebensjahr einzeichnest. Insgesamt ist die Kordel also so viele Zentimeter lang, wie du möglicherweise (!) Jahre hast. Lasse dann an entsprechender Stelle die Kordel bis zu deinem jetzigen Alter abbrennen oder durchschneide sie an dieser Stelle. Verfahre ansonsten wie mit dem Zollstock. Der Vorteil der Kordel ist nicht nur, dass sie irgendwie magischer aussieht als ein Zollstock aus dem Baumarkt, sondern sie kann auch als stete Mahnerin und Erinnerung an die Begrenzungen und die Endlichkeit des eigenen Lebens im Rahmen eines Exerzitiums am Körper getragen werden. Im Folgenden ein Beispiel eines solchen Shesat-Exerzitiums.

---

[4]   Der Vollständigkeit halber sei hier angemerkt, dass Frank Lerch das zukünftige Selbst weiter und größer begreift, als wir es von unserem jetzigen Standpunkt aus erschaffen könnten. Dennoch passt das Zitat gut in unseren Kontext des Selbsterschaffens. Was Frank Lerch genau meint, lese selbst nach in einem der besten deutschsprachigen Bücher zum Thema: *Ouroboros Files*, erschienen im Bohmeier Verlag.

Das Exerzitium der Shesat

„Die tätigen, erfolgreichen Naturen handeln nicht nach dem Spruche
‚Kenne dich selbst',
sondern als ob ihnen der Befehl vorschwebte:
Wolle ein Selbst, so wirst du ein Selbst."
(Friedrich Nietzsche)

I - Wickle die Kordel um deinen Unterarm und trage sie für die gesamte Dauer des Exerzitiums der Shesat.

II - „Leben ist die große Sinnenfreude – Tod die große Abstinenz.
Deshalb mache das Bestmögliche aus dem Leben – hier und jetzt!
Es gibt kein himmlisches Paradies und keine Hölle, in der Sünder geröstet werden.
Hier und jetzt ist der Tag unserer Pein!
Hier und jetzt ist der Tag unserer Freude!
Hier und jetzt ist unsere Chance!
Nutze diesen Tag, diese Stunde, denn es existiert kein Erlöser!"
(Anton Szandor LaVey, *Das Buch Satan*)

Nimm dir morgens, mittags, abends und zur Mitternachtsstunde kurz Zeit, über den jeweils vergangenen Zeitabschnitt nachzudenken. Widerstehe der Versuchung, dein Leben als Ganzes überblicken zu wollen. Gliedere es in Teile und Teilziele, inhaltlich und zeitlich. Erinnere dich an die Worte des Historikers T. Carlyle: *„Unsere Hauptaufgabe ist nicht, zu sehen, was in vager Ferne liegt, sondern nur das zu tun, was das Nächstliegende ist."*

So in Zeitabschnitte von Vierteltagen geteilt, schaue zum Beispiel mittags zurück auf die Zeit zwischen Morgen und Mittag: Was hast du getan, gedacht, gesagt? Hast du erreicht, was du dir vorgenommen hast? Hast du alles, was du getan hast, mit vollem Einsatz getan? Hast du 100% investiert oder bist du an deinem Leben nur vorüber geschlichen an diesem Vormittag? Was nimmst du dir für den Nachmittag vor? Ist dein Nachmittagsprogramm realistisch, sind die kurzfristigen Ziele erreichbar?

Werde dir bewusst, dass es für dich eine Aufgabe gibt, einen Weg, der auch jetzt und in den nächsten Stunden beschritten werden will. Wenn du dies willst, verwende das *Liber Resh* (entweder in der Variante von Aleister Crowley oder in der Variation, die sich in diesem Buch befindet) als Rahmen für den Punkt II deines Shesat-Exerzitiums.

„Wie seltsam er doch ist, der Lauf unseres kleinen Lebens. Das kleine Kind sagt: ‚Wenn ich ein großer Junge bin.' Aber was heißt das? Der große Junge sagt: ‚Wenn ich erwachsen bin.' Und dann, wenn er erwachsen ist, sagt er: ‚Wenn ich verheiratet bin!' Doch was ist schließlich an einer Ehe schon viel dran? Seine Gedanken ändern sich, er sagt: ‚Wenn ich nicht mehr arbeiten muß.' Und dann, wenn er alt geworden und die Zeit gekommen ist, blickt er zurück über das Land, das er durchwandert hat. Ein kalter Wind scheint darüber hinweg zu wehen. Irgendwie hat er alles verpasst und nun ist es vorbei. Das Leben, erkennen wir zu spät, muss gelebt werden, in jedem Augenblick des Tages und der Stunde."
(Stephen Leacock).

III - Vollziehe zu Beginn deines Exertitiums und zum Ende den „Ruf an die Herrin des Lebenshauses". Beginne jeden Tag mit der Anrufung aus diesem Ritual.

IV - Vollbringe das Azrael Working, wie es in meinem Buch *Im Kraftstrom des Satan-Set* beschrieben wurde.

V - Besorge dir eine Sanduhr. Betrachte den Sand, der Korn für Korn langsam hindurch rieselt. Zeit vergeht. Langsam und gleichmäßig. So wie eine Sekunde nach der anderen vorüberzieht, so kannst du auch die Aufgaben deines Lebens nur eine nach der anderen erledigen. Bismark sagte: „Ich jage niemals zwei Hasen auf einmal." Sei ganz bei dem, was du tust. Konzentriere Ddch auf jedes Sandkorn, mag es dir auch noch so nichtig erscheinen angesichts der großen Menge an Sand in der Uhr.

Ein Magier machte einen Ausflug nach Nepal. Dort kam er zu einem Steinbruch. Viele Frauen unterschiedlichsten Alters waren dort damit beschäftigt, große Gesteinsbrocken mit einem Hammer in mühevoller Schweißarbeit in kleine Steine zu zertrümmern, die für die neu anzulegenden Tempelanlagen zur Verehrung Shivas in der Nähe benötigt wurden. Auf der einen Seite der Frauen lag ein riesiger Berg großer Gesteinsbrocken, auf der anderen Seite ein kleiner Haufen mit zerkleinerten Steinchen. Der Magier fragte die erste Frau nach ihrer Arbeit und sie antwortete: „Mit dem Geld, das ich hier verdiene, bringe ich meine Familie durch." Mit diesen Worten schlug sie weiter lustlos auf den Stein. Die zweite Frau prügelte hoch motiviert und konzentriert auf ihren Gesteinsbrocken ein und sagte: „Ich bin hier im Steinbruch die beste Steineklopferin!" Da fiel dem Magier eine dritte Frau auf, die begeistert und schwungvoll ihren Stein bearbeitete und scheinbar trotz der Strapazen keine Ermüdungserscheinungen hatte. Sie sprach zu ihm: „Ich helfe mit, einen Tempel zu bauen."

VI - Bearbeite alle praktischen Annäherungen an Shesat, die dir in den Sinn kommen.

VI. Nephtys. Die Königin der Möglichkeiten

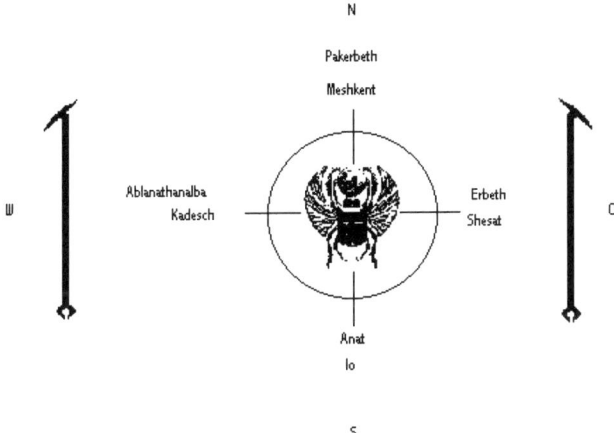

Nephtys, Begleiterin des Set

„Mir gilt der erste Gedanke des Geborenen
und ich bin das finale Verlangen jedes pulsierenden Herzens.
Ich bin die Flut, die deine Glut erschöpft.
Ich bin die Feuersbrunst, die dein Wasser verdampfen lässt
zu aufsteigenden Nebeln voller Trugbilder.
Ich bin der Sturm, der deine Erde hinfort trägt,
deine Werke niederreißt, wie dereinst seine Tempel in Tanis.
Ich bin der Wall, an dem das Wort des Gottes scheitert.
Ich bin der Schoß, der zurücknimmt, was er geboren.
Ich bin der Mund, der schweigt.
Ich bin das Gefäß, aus dem die Wasser des Lebens und der Lust sich über die Erde
ergießen, nenne sie Verlangen und Mut, wenn du sie benennen willst.
Wenn du mir opferst, dann feierst du mein Sein in deinem Sein,
meine Ewigkeit in deinem Augenblick.
Das berauschende Lachen der Nichtigkeit soll dir die Macht über Alles geben.
Doch gib Acht: Da, wo ich bin, sind viele, und sie sind alle Teile von Keinem:
Wir waren, bevor Alles war, und bestehen, wenn Alles nicht mehr ist.
Keines regiert dann, so, wie sie es immer tat,
und du nimmst Teil an der niemals endenden Zeremonie
der Krönung der Schwarzen Schlange.
Der Schleier fällt, das Geheimnis nicht enthüllend, von mir."

(Nebet-Het, die Herrin des Tempels)

Die ägyptische Nebet-Het (ursprünglich Nebet-Hut) ist die Herrin des großen Hauses oder die Herrin des Tempels bzw. des Palasts. Sie ist die Tochter von Geb und Nut. Nephtys ist ihr gräzisierter Name. Es ist wenig erhellendes Material über ihr ursprüngliches Wesen erhalten geblieben. In den erhaltenen Inschriften tritt sie fast immer mit ihrer Schwester Isis in Erscheinung. Beide betrauern die Toten und auch den von Set „ermordeten" Osiris. Da die Ägypter den (Sternen-) Himmel als Haus der Götter betrachteten, begriffen sie auch Nephtys als Himmelsgöttin. Mit ihrer Schwester Isis hebt sie am Morgen am östlichen Horizont die Sonne aus der Nacht, somit wurde sie gemeinsam mit Isis eine Art „kosmische Geburtshelferin", die jedoch gemeinsam mit Isis auch die Toten salbte.

Die Eingangstürme (Pylone) der Tempel wurden mit Isis und Nephtys identifiziert, „die den Sonnengott emporheben, der am Horizont erstrahlt". Doch wie Osiris und Set bilden auch Isis und Nephtys ein Paar ungleicher Schwestern. Isis ist der Sitz des Throns über die erschaffene, sichtbare Welt, Nephtys ist die Herrin des Hauses, „in dem die Welt reift", des Hauses, in dem Isis ihren Platz findet. Isis wurde mit der Sonnenbarke am Morgen in Verbindung gebracht, Nephtys mit der Abendbarke, Isis ist das fruchtbare Land am Nil, Nephtys die Wüste.

Nephtys wurde nachweislich zeitweise mit Meshkent und Shesat gleichgesetzt, die Verbindung zu Kadesch und Anat erfolgt über die Identifikation mit Hathor. Die Griechen verbanden sie später mit Aphrodite, sahen sie aber auch als Nike, die dem Kriegergott Antaios beistand. Antaios wiederum wurde von den Griechen mit Set verknüpft.

Sie ist im setianisch-magischen System die Essenz aus Kadesch, Anat, Shesat und Meshkent. Dies ist kein historisches Faktum, sondern spekulativ und rein „arbeitshypothetischer Natur".

Als Herrin des Hauses verweist ihr Name auf die weibliche Symbolwelt des Mutterschoßes, des Beschützens und Bewahrens, aber auch auf das kreative Potenzial des Hervorbringens. Die drei großen weiblichen Symbole der bewahrenden Hohlräume waren (und sind) Gefäß/Schoß/Geburt, Haus/Leben und Grab/Tod und bilden somit den initiatorischen Kreislauf des Lebens. Auf den Särgen wachten Isis und Nephtys am Kopf und Fußende über den Verstorbenen.

Ein Pyramidentext bezeichnet Nephtys sogar als eine Arschbacke des Pharao, die andere sei Isis. Zugrunde liegt nicht etwa eine Schmähung der Göttin, sondern der Versuch, bildlich darzustellen, dass „kein Glied (des Königs) frei von einem Gotte ist" (Pyramidenspruch) und der Pharao alle göttlichen Kräfte in sich vereinigt. Der Kopf war der Horusfalke, die Nase Thot, die Schenkel die Froschgöttin, das Gesicht der Wegöffner usw.

Nephtys ist Teil der ursprünglichen Neunheit, die in der Addition der drei mal drei göttlichen Urkräfte alle Macht umfasste: Atum, Schu, Tefnut, Geb, Nut, Osiris, Set, Isis und Nephtys. Jörg Röstel: „Isis ist das Tor der Atavismen, der Nachinnenkehr, während Nephyts, ihre Schwester, das Tor des Hervorbringens (Manifestation) ist.

Isis führt nach innen (innere Wandlung), Nephtys nach außen (äußere Wandlung). Doch Nephtys muss realisiert werden, d. h., das Universum muss erfahren werden, Leben muss gelebt werden."

Die Geschichten um die Verbindung der Nephtys mit Set variieren sehr stark. In einigen sind Nephtys und Set die Eltern von Anubis, in anderen ist Set impotent und Nephtys und Osiris zeugen Anubis, nachdem sich Nephtys in der Gestalt der Isis deren Gemahl Osiris „näherte". Dann wieder ist auch Nephtys unfruchtbar und Isis ist die Mutter des Anubis. In einigen Varianten hilft Nephtys Set beim Osirismord, in anderen betrauert sie gemeinsam mit Isis den toten Osiris, in weiteren Überlieferungen ist es Isis selbst, die mit Hilfe des Set aus Eifersucht Osiris tötet (so wird es zum Beispiel in den griechischen Zauberpapyri beschrieben). Isis und Set

Nephtys

teilen sich Sirius/Sothis, den Hundsstern. Ein Name der Isis war Aset, was gleichsam auch Heil dem Set bedeutet.

Es spricht jedoch einiges dafür, dass der ehemalige Fruchtbarkeitsgott, der erst später zum Herren der Ödnis wurde, gemeinsam mit Nephtys, Mafdet oder ihrem früheren, namentlich nicht mehr bekannten Pendant, den wichtigsten Totengott des Alten Reiches, Anubis, zeugte.

Nephtys ist das große Gefäß, in dem sich das Dunkle, das Unmanifestierte befindet. Indem Set sich in ihrem Schoß erhebt und ins Dasein gelangt durch Handlung, gelangt „das ins Dasein Gelangen ins Dasein" oder in der ägyptischen Formel ausgedrückt: Xepera Xeper Xeperu. Das ins Dasein Gelangte bringt das ins Dasein Gelangen ins Dasein. Nephtys ist die Herrin des Umfangs, der Kreis, jedoch lediglich als Symbol, nicht in fester Größe. Sie ist der Horizont, der sich immer weiter nach hinten verschiebt, wenn wir versuchen, ihn zu erreichen auf unserem Weg vom Punkt im Kreis über das Kreuz der Welt, und uns nach dem Umfang sehnen. Somit ist sie möglicherweise die Göttin des alten Ägypten, die am schlechtesten mit wissenschaftlichen Texten, sondern am besten mit Poesie zu beschreiben ist. Teil I dieses Buches versucht dies mit dem inspirierten Text, in dem sich zumindest ein Teil des verschleierten Wesens der Nephtys offenbart.

SEXENU

(sxen = abspalten, sich mühsam einen Weg bahnen)

Absolute Dunkelheit und Stille. Der Altar befindet sich im Westen. Erhebe die Stimme:

„In nomine magni dei, introibo ad altare domini inferi, qui regit terram!"

Entzünde die Black Flame auf dem Altar:

„I am the flame, that burns in every heart of man and in the core of every star. I am life, and the giver of life, yet therefore is the knowledge of me the knowledge of death. I am alone, there is no god where I am."

Reinige den Raum durch neunmaliges Schlagen der Glocke.

„Sutuach! Ich nehme deine tausend flüsternden Stimmen aus allen Regionen deines Reiches wahr!"

Gebe Räuchermittel auf die glühende Kohle.

„Sutuach! Ich atme von deinem Atem!"

Weise mit dem Schwert oder dem Dolch nach oben.

„In nomine Seti, principis tenebrarum. O Sethen, age cum me via ipsa!
Xeper-I-Set! Bolchoseth! Nuk neter, nuk Set, ur!
Pert em kerh, Sutuach!"

Stehe etwa drei Schritte vom Altar entfernt. Wende dich im Zeichen des Feuers dem Süden zu. Atme tief durch die Nase ein und durch den Mund atme eine rote, feurige Plasmakugel aus, die vor dir frei im Raum schwebt. Die Kugel entfernt sich ungefähr zwei Schritte weit in den Süden und wächst dabei auf einen Durchmesser von ca. drei Metern an. Visualisiere in der Kugel einen eselsköpfigen Gott, der ein Geburtsmesser trägt, den Herren dieser Sphäre. Spreche:

„IO, eselsköpfiger Gott des Südens. Erhebe Pesh-Kent, auf dass ein Weg geboren werde."

Mache den ersten Schritt auf die Plasmakugel zu und nimm den Gott wahr. Mache den zweiten Schritt auf die Plasmakugel zu und lege die Hände auf ihre Außenhaut. Beobachte den Gott in der Kugel. Mache den dritten Schritt in die Kugel hinein und siehe, es ist kein Gott dort außer dir. Gehe die drei Schritte zurück. Die Kugel umschließt dich weiterhin und du bringst sie so in die Mitte des Tempels. Dort bleibt sie für den gesamten weiteren Ablauf präsent.

Wende dich im Zeichen der Luft dem Osten zu. Atme tief durch die Nase ein und durch den Mund atme eine goldene Plasmakugel aus, die vor dir frei im Raum schwebt. Die Kugel entfernt sich ungefähr zwei Schritte weit in den Osten und wächst dabei auf einen Durchmesser von ca. drei Metern an. Visualisiere in der Kugel ein riesiges Auge inmitten eines Wirbelsturms, den Herren dieser Sphäre. Spreche:

„Erbeth, großes Auge des Ostens. Belebe den Geist mit Ideen."

Mache den ersten Schritt auf die Plasmakugel zu und nimm den Gott wahr. Mache den zweiten Schritt auf die Plasmakugel zu und lege die Hände auf ihre Außenhaut. Beobachte den Gott in der Kugel. Mache den dritten Schritt in die Kugel hinein und siehe, es ist kein Gott dort außer dir. Gehe die drei Schritte zurück. Die Kugel umschließt dich weiterhin und du bringst sie so in die Mitte des Tempels. Dort bleibt sie, sich mit der ersten Kugel überlagernd, für den gesamten weiteren Ablauf präsent. Wende dich im Zeichen der Erde dem Norden zu. Atme tief durch die Nase ein und durch den Mund atme eine schwarze Plasmakugel aus, die vor dir frei im Raum schwebt. Die Kugel entfernt sich ungefähr zwei Schritte weit in den Norden und wächst dabei auf einen Durchmesser von ca. drei Metern an. Visualisiere in der Kugel einen mächtigen Drachen, den Herren dieser Sphäre. Spreche:

„Pakerbeth, mächtiger Drache des Nordens. Lehre mich, als Gott wiedergeboren zu werden!"

Mache den ersten Schritt auf die Plasmakugel zu und nimm den Gott wahr. Mache den zweiten Schritt auf die Plasmakugel zu und lege die Hände auf ihre Außenhaut. Beobachte den Gott in der Kugel. Mache den dritten Schritt in die Kugel hinein und siehe, es ist kein Gott dort außer dir. Gehe die drei Schritte zurück. Die Kugel umschließt dich weiterhin und du bringst sie so in die Mitte des Tempels. Dort bleibt sie, sich mit den anderen Kugeln überlagernd, für den gesamten weiteren Ablauf präsent.

Wende dich im Zeichen des Wassers dem Westen zu. Atme tief durch die Nase ein und durch den Mund atme eine blaue Plasmakugel aus, die vor dir frei im Raum schwebt. Die Kugel entfernt sich ungefähr zwei Schritte weit in den Westen und wächst dabei auf einen Durchmesser von ca. drei Metern an. Visualisiere in der Kugel einen Falken, der Osiris in seinen Krallen hält, den Herren dieser Sphäre. Spreche:

„Ablanathanalba, unaufhaltsamer Falke des Westens. Zerstöre den Stillstand!"

Mache den ersten Schritt auf die Plasmakugel zu und nimm den Gott wahr. Mache den zweiten Schritt auf die Plasmakugel zu und lege die Hände auf ihre Außenhaut. Beobachte den Gott in der Kugel. Mache den dritten Schritt in die Kugel hinein und siehe, es ist kein Gott dort außer dir. Gehe die drei Schritte zurück. Die Kugel umschließt dich weiterhin und du bringst sie so in die Mitte des Tempels. Dort bleibt sie, sich mit den anderen Kugeln überlagernd, für den gesamten weiteren Ablauf präsent.

„Xeper-I-Set! Bolchoseth! Nuk neter, nuk Set, ur!
Pert em kerh, Sutuach!"

Erhebe das Schwert bzw. den Dolch über deinen Kopf:

„Hoc est signum corpus meum, hic est via veritatis. Corpus et anima!
A Nebet-Het! A hunnu Nebet-Het! Hay n-ek!
Pert em kerh, Nebet-Het!"

Wende dich im Zeichen des Feuers dem Süden zu. Atme tief durch die Nase ein und durch den Mund atme eine rote, feurige Plasmakugel aus, die vor dir frei im Raum schwebt. Die Kugel entfernt sich ungefähr zwei Schritte weit in den Süden und wächst dabei auf einen Durchmesser von ca. drei Metern an. Visualisiere in der Kugel eine Kriegerin mit Schild und Axt, die Herrin dieser Sphäre. Spreche:

„Anat, mächtige Kriegerin des Südens. Erhebe deine Axt und ringe nieder die Illusion!"

Mache den ersten Schritt auf die Plasmakugel zu und nimm die Göttin wahr. Mache den zweiten Schritt auf die Plasmakugel zu und lege die Hände auf ihre Außenhaut.

Beobachte die Göttin in der Kugel. Mach den dritten Schritt in die Kugel hinein und siehe, es ist keine Göttin dort außer dir. Gehe die drei Schritte zurück. Die Kugel umschließt dich weiterhin und du bringst sie so in die Mitte des Tempels. Dort bleibt sie, sich mit den anderen Kugeln überlagernd, für den gesamten weiteren Ablauf präsent.

Wende dich im Zeichen der Luft dem Osten zu. Atme tief durch die Nase ein und durch den Mund atme eine goldene Plasmakugel aus, die vor dir frei im Raum schwebt. Die Kugel entfernt sich ungefähr zwei Schritte weit in den Süden und wächst dabei auf einen Durchmesser von ca. drei Metern an. Visualisiere in der Kugel eine Gelehrte mit Griffel und Schreibpalette, bekleidet mit einem Pantherfell, die Herrin dieser Sphäre. Spreche:

„Shesat, große Schreiberin des Ostens. Mache aus Ideen einen Plan."

Mache den ersten Schritt auf die Plasmakugel zu und nimm die Göttin wahr. Mache den zweiten Schritt auf die Plasmakugel zu und lege die Hände auf ihre Außenhaut. Beobachte die Göttin in der Kugel. Mache den dritten Schritt in die Kugel hinein und siehe, es ist keine Göttin dort außer dir. Gehe die drei Schritte zurück. Die Kugel umschließt dich weiterhin und du bringst sie so in die Mitte des Tempels. Dort bleibt sie, sich mit den anderen Kugeln überlagernd, für den gesamten weiteren Ablauf präsent.

Wende dich im Zeichen der Erde dem Norden zu. Atme tief durch die Nase ein und durch den Mund atme eine schwarze Plasmakugel aus, die vor dir frei im Raum schwebt. Die Kugel entfernt sich ungefähr zwei Schritte weit in den Norden und wächst dabei auf einen Durchmesser von ca. drei Metern an. Visualisiere in der Kugel eine aufgerichtete, kampfbereite Kobra, die Herrin dieser Sphäre. Spreche:

„Meshkent, Feuer speiende Kobra des Nordens. Schütze mein Ka!"

Mache den ersten Schritt auf die Plasmakugel zu und nimm die Göttin wahr. Mache den zweiten Schritt auf die Plasmakugel zu und lege die Hände auf ihre Außenhaut. Beobachte die Göttin in der Kugel. Mache den dritten Schritt in die Kugel hinein und siehe, es ist keine Göttin dort außer dir. Gehe die drei Schritte zurück. Die Kugel umschließt dich weiterhin und du bringst sie so in die Mitte des Tempels. Dort bleibt sie, sich mit den anderen Kugeln überlagernd, für den gesamten weiteren Ablauf präsent.

Wende dich im Zeichen des Wassers dem Westen zu. Atme tief durch die Nase ein und durch den Mund atme eine blaue Plasmakugel aus, die vor dir frei im Raum schwebt. Die Kugel entfernt sich ungefähr zwei Schritte weit in den Westen und wächst dabei auf einen Durchmesser von ca. drei Metern an. Visualisiere in der Kugel eine nackte, auf einem Löwen stehende Göttin, die in ihren Händen zwei Schlangen hält, die Herrin dieser Sphäre. Spreche:

„Kadesch, Löwen reitende Herrin des Westens. Erwecke die Lust in mir."

Mache den ersten Schritt auf die Plasmakugel zu und nimm die Göttin wahr. Mache den zweiten Schritt auf die Plasmakugel zu und lege die Hände auf ihre Außenhaut. Beobachte die Göttin in der Kugel. Mache den dritten Schritt in die Kugel hinein und siehe, es ist keine Göttin dort außer dir. Gehe die drei Schritte zurück. Die Kugel umschließt dich weiterhin und du bringst sie so in die Mitte des Tempels. Dort bleibt sie, sich mit den anderen Kugeln überlagernd, für den gesamten weiteren Ablauf präsent.

„A Nebet-Het! A hunnu Nebet-Het! Hay n-ek!
Pert em kerh, Nebet-Het!
Das Tor im Herzen des Taukreuzes ist geöffnet und Io, Erbeth, Pakerbeth, Ablanathanalba, Anat, Shesat, Meshkent und Kadesch sind geladen. Küsse die Nacht der Nebet-Het und erhebe dich in mir über die Acht, großer Sutuach. Ich befehle mein eigenes Werden.
Xepera-Xeper-Xeperu!"
Atme durch die Nase ein und durch den Mund atmest du eine lodernde Flamme aus, die nun vor dir im Raum brennt.
Atme erneut und du nimmst die mächtige Gestalt des Sutuach hinter den Flammen wahr. Beim nächsten Atemzug siehst du das Antlitz des Sutuach in der Flamme, wie es dich mit rot glühenden Augen fixiert. Der dritte Atemzug zieht Sutuach noch näher zu dir, er steht nun zwischen der Flamme und dir, so dass du ihn nur noch als Schattenriss direkt vor deinen Augen wahrnimmst. Doch du kannst deinen Blick nicht abwenden von seinen rotglühenden Augen. Strecke die Hände aus und verlange nach dem Aus-Szepter als Zeichen seiner Macht:
„Heil dir, Herr der Flammen. Ich nehme das Aus-Szepter. Ich werde deinen Einfluss in dieser Welt vergrößern und meine Macht in jener Welt durch beständiges Streben."
Nimm das Aus-Szepter in deine rechte Hand. Drehe nun deinen Atemzyklus um, atme durch den Mund ein und durch die Nase aus. Beim ersten Einatmen nimm seinen feurigen Atem in dir auf, spüre, wie er von seinem Mund in deinen fließt. Beim zweiten Einatmen spüre, wie die rot glühende Kraft aus seinen Augen in deine Augen hinüber strahlt. Beim dritten Einatmen gleitet dein Körper an dir ab wie ein von den Schultern herab rutschender seidener Umhang. Dein Atem ist Sets Atem, deine Augen sind Sets Augen, du bist Set! Intoniere ein leises, forderndes, in der Intensität anschwellendes:
Suuuuuuuuuuuuuuuuuuutuuuuuuuuuuuuuuuuuuuu ...
Bevor du alle Kraft auf das Sakrament ausrichtest:
AAAAAAAAAAAACCCCCCCCCCCCCHHHHHHHHHHH!!!!!!!!!!!!!!!!!!!!!!!!
Atme durch die Nase ein und durch den Mund atmest du ein großen, dunklen See aus, der den gesamten Raum unter dir ausfüllt. Du selbst stehst in der Gestalt des Set auf dem dunklen Wasser, in der Mitte des scheinbar endlos großen Sees. Atme erneut und du nimmst die Gestalt der Nebet-Het unter der Wasseroberfläche wahr. Beim nächsten Atemzug beobachtest du, wie Nebet-Het sich vor dir aus den Wassern erhebt. Der nächste Atemzug ruft Nebet-Het noch näher zu dir. Sie steht nun direkt vor dir, von Angesicht zu Angesicht. Du kannst deinen Blick nicht abwenden von ihren tiefblauen Augen. Strecke die Hand aus und bitte um das Ankh als Zeichen des fortbestehenden Werdens und der immerwährenden Möglichkeit der sexualmagischen Erhöhung.
„Heil dir, Herrin der Nacht. Ich nehme das Ankh. Du warst Zeugin bei meiner Geburt, warte auf mich, wenn ich sterbe."

Nimm das Ankh in deine linke Hand. Drehe nun deinen Atemzyklus um, atme durch den Mund ein und durch die Nase aus. Beim ersten Einatmen nimm ihren sanften, weichen Atem in dir auf, spüre, wie er von ihrem Mund in deinen fließt. Beim zweiten Einatmen spüre, wie die tiefblaue Sehnsucht aus ihren Augen in deine Augen hinüber strahlt. Beim dritten Einatmen gleitet der Körper des Set an dir ab wie ein von den Schultern herab rutschender seidener Umhang. Dein Atem ist der Atem der Nebet-Het, deine Augen sind die Augen der Nebet-Het, du bist Nebet-Het! Intoniere ein leises:

Nephtyssssssssssssssssssssssssssssssssssssssssssssssssssssssssssssssssss ...
und lade dabei das Sakrament mit dieser komplementären Energie.
Mache das Zeichen des Schweigens. Nebet-Het fällt dabei von dir ab wie ein von den Schultern rutschender seidener Umhang.
Du bist du.
Erhebe das Sakrament mit den Worten:
„Ho Ophis, ho Archaios. Ho Drakon ho Megas. Ho en kai ho on kai ho zon eis **tous** *Aionas ton Aionon."*
Trink. Gib der Erde unter dir vom Sakrament. Dann sende die vollständige Restenergie der Kräfte, die du gerufen hast, zu den sieben Sternen. Das ist der Deal.
„Ich bin stark durch meinen Willen.
Was ich in Bewegung gesetzt habe, wird mich leiten und testen.
And so it is done."
Lösche die Black Flame.

Der Kelch der Nebet-Het

„Ihr seid das Leben, das aufsteigt inmitten meines Kelches
und des entschleierten geheimen Kreuzes darin.
Findet in euch das Eine und ihr habt Alles,
doch erschlagt eure Zwillingsnatur noch nicht,
ihr seid der Wille und der Weg zwischen den Antipoden allen Seins,
ihr seid Teil des Netzes."

(Nebet-Het, die Herrin des Tempels)

Im alten Ägypten gab es sowohl Priester, als auch Priesterinnen in jeder Hierarchiestufe des Tempeldienstes. Aufgrund des dominierenden maskulinen Sonnenkultes waren die männlichen Priester zwar in der Überzahl, jedoch gibt es keinerlei Hinweise darauf, dass die Priesterinnen den männlichen Priestern unterstanden. Es ist eine Spekulation zu vermuten, dass in frühen vordynastischen Zeiten die Geschlechtergewichtung eine andere war und die Priesterinnen überwogen. In den frühen Epochen herrschte wohl ein matriarchaler Sternenkult um die große Mutter, die sieben Sterne (Ursa Major) und ihrem Kind Sirius, Set. Set ist die Gottheit, die das Licht der Mutter von den sieben Sternen manifestierte und auf die Welt brachte. Dieser Sternenkult wurde als Hauptströmung vom lunaren Kult um Thot als Herren der Zeit, der Schrift und der Wissenschaften abgelöst, schließlich verdrängte der maskulin-solare Kult um die vergöttlichte Sonnenscheibe den das feminine Prinzip verehrenden drakonischen Kult fast gänzlich. Jedoch nur fast, denn der drakonische Kult lebte fortan im Untergrund weiter. Es ist bis heute nicht einmal geklärt, ob es einen eigenen Tempeldienst und Vorlesepriester (Kheri-Heb) für den Dienst an der Göttin Nebet-Het gab. Wie dem auch sei, jetzt gibt es sie, die Priesterinnen der Königin der Möglichkeiten.

0 - Wenn du dieses Ritual draußen durchführst, zeichne mit Mehl einen großen Kreis um dich herum. In den Kreis zeichne ein Kreuz, in den Mittelpunkt des Kreuzes ziehe einen weiteren Kreis, der gerade so groß ist, dass du darin bequem stehen und sitzen kannst. Nach Bedarf halte eine Decke oder ein Meditationskissen in der Mitte des Kreises bereit. Die Balken des Kreuzes sollten exakt in die vier Himmelsrichtungen zeigen.

In die Mitte stelle die Black Flame, eine Räucherschale, einen zweiteiligen Kelch oder eine Schale, die in der Mitte auseinander gebrochen oder geschnitten ist, deren Bruchstellen bzw. Schnittstellen jedoch nahtlos aneinander passen, und eine große Schale mit Ton oder formbarem, feuchtem Lehm. Wenn es dir angebracht erscheint, beginne mit einem Bannungsritual.

I. Mitte finden: Setze dich in den Drachensitz inmitten des Kreises. Entzünde die Räucherung. Forme mit den Händen das Zeichen des Feuers und spreche:

„SAAAT! HORHEM! KALRREM! SATSETHEN! ORRRDRA! NUK! HEMRA SATRA! NUKRA! PERTNEK! ARRRRLOKAAI! SUT! HEMMGN! SAAAT! HORHEM! KALRREM! SATSETHEN! ORRRDRA! NUK! HEMRA SATRA! NUKRA! PERTNEK! ARRRRLOKAAI! SUT! HEMMGN! SAAAT! HORHEM! KALRREM! SATSETHEN!

ORRRDRA! NUK! HEMRA SATRA! NUKRA! PERTNEK! ARRRRLOKAAI! SUT! HEMMGN!"

Ziehe dabei alle Feuerenergie, die sich im Kreis befindet, nach außen (!) und leere den Kreis somit von allen Feueranteilen.

Dann mache das Zeichen des Wassers und sprich folgende Anrufung des Westens:

„LEVANH! MORIENS! CATHOUMGN! LA! LEVATH! MATABABALIEL! NAAMAH! LEVANH! CATH! A! A! ATH-OPHIS-INAN! LEVANH! MORIENS! CATHOUMGN! LA! LEVATH! MATABABALIEL! NAAMAH! LEVANH! CATH! A! A! ATH-OPHIS-INAN! LEVANH! MORIENS! CATHOUMGN! LA! LEVATH! MATABABALIEL! NAAMAH! LEVANH! CATH! A! A! ATH-OPHIS-INAN!"

Schiebe die Wasserenergien entlang der Kreuzlinie nach Westen heraus aus dem Kreis, auch diese Energien verbleiben außerhalb des Kreises. Im Zeichen der Luft:

„SHADAAA! ELEH! HEMRIN! AETHA! AETHARA! RAHAUM! HEMRAEL! BABALIEL! IFRAAH! SHADAAA! ELEH! HEMRIN! AETHA! AETHARA! RAHAUM! HEMRAEL! BABALIEL! IFRAAH! SHADAAA! ELEH! HEMRIN! AETHA! AETHARA! RAHAUM! HEMRAEL! BABALIEL! IFRAAH!"

Verfahre mit den Luftenergien ebenso wie zuvor mit Feuer und Wasser.

Dann forme das Zeichen der Erde und spreche:

„BAAL! BAALATH! ARONBENBEL! MATABAALATH! MATABAALATH! ERUBEHIM! BUURRH! ATH-MA-AL-BEL-I-YAL! MATA-ASTARTH-ATH! BAAL! BAALATH! ARONBENBEL! MATABAALATH! MATABAALATH! ERUBEHIM! BUURRH! ATH-MA-AL-BEL-I-YAL! MATA-ASTARTH-ATH! BAAL! BAALATH! ARONBENBEL! MATABAALATH! MATABAALATH! ERUBEHIM! BUURRH! ATH-MA-AL-BEL-I-YAL! MATA-ASTARTH-ATH!"

Auch die Erdenergien verbanne entlang der Kreuzlinien aus dem Kreis, zurück bleibt lediglich eine Essenz der Kräfte, die jedoch nicht wahrzunehmen ist und lediglich als reine Idee in deinen Gedanken verbleibt.

II. Anrufung: Entzünde die Black Flame: „Der Sohn der Mutter bringt der Finsternis das erste Licht und gibt den Wegen Helligkeit. Nebet-Het, Herrin des Hauses, in dem die Welt reift, Mutter aller Mütter, öffne die Pforten des nächtlichen Himmels, öffne die Tore und schütze mich mit den Segnungen der alten Götter. Ich rufe die schöpferischen Kräfte der Fruchtbarkeit und des willentlichen Hervorbringens herab von den sieben Sternen deines Gemahls, der fortwährend aus deinem Schoße hervorbringt, was ist. Königin des Tempels, gib mir die Kraft der Vision, der klaren Sicht auf die Dinge, die mich umgeben, und die Kreativität, sie nach meinem Bilde zu formen. Ruhmreiche Göttin des Himmelshauses, dessen Gewölbe beleuchtet wird von tausend Sternen, der Tag ist vorüber und die Nacht ist mein Mantel. Herrin des dunklen Kreises, gib mir Millionen Augen, dass ich dich erkennen kann in einigen deiner Formen."

Visualisere die Göttin in einem schlichten schwarzen Gewand vor dir. Stelle dir vor, wie sie langsam zu Isis wird, die ein prachtvoll glänzendes silbernes Gewand trägt. Wenn Isis vor dir steht, stelle dir vor, wie sie langsam wieder zu Nephtys wird. Wiederhole diese Modulation, so lange es dir angebracht erscheint. Singe oder intoniere dabei im Wechsel: *„Aset – Nebet – Het – Aset – Nebet – Het ... "*

III. Das magische Werk: Während du weiter singst, forme mit beiden Händen aus dem bereitliegenden Ton ein Symbol deines zu vollbringenden Willens. Lasse dir dabei Zeit und konzentriere dich auf deinen Willenssatz. Möglicherweise fügst du deiner Tonfigur Körperflüssigkeiten, Haare, Fingernägel, ein Foto, einen persönlichen Gegenstand deines Zielobjekts oder von dir selbst bei, je nach Ausrichtung der Arbeit. Dieses Ritual eignet sich meiner Erfahrung nach besonders für Akte der höheren Magie, nicht so sehr für kleine sympathie- oder schadensmagische Zaubereien. Normalerweise bedeutet solch ein Satz, dass dieses Ritual nicht funktioniert und der Autor hiervon ablenken will, indem er die Überprüfbarkeit der Resultate abschwächt und die Wirkung in geradezu transzendente Bahnen lenkt. Ob dies tatsächlich so ist, probiere am besten selbst aus. Je nach Arbeit kannst du die Figur später im Ofen vorsichtig härten, trocknen lassen oder so, wie sie ist, für deine Zwecke weiter verwenden.

IV.: Drücke nun die beiden Hälften des Kelches oder der Schale aneinander. Die eine repräsentiert Aset/Isis, die andere steht für Nebet-Het. Fülle den Kelch vorsichtig mit Wein.

Leere das Sakrament mit den Worten: „Möglichkeit und Manifestation, Finsternis und Licht."

V.: Dann fülle den Kreis wieder mit den Elementarenergien. Forme mit den Händen das Zeichen des Feuers und spreche:

„SAAAT! HORHEM! KALRREM! SATSETHEN! ORRRDRA! NUK! HEMRA SATRA! NUKRA! PERTNEK! ARRRRLOKAAI! SUT! HEMMGN! SAAAT! HORHEM! KALRREM! SATSETHEN! ORRRDRA! NUK! HEMRA SATRA! NUKRA! PERTNEK! ARRRRLOKAAI! SUT! HEMMGN! SAAAT! HORHEM! KALRREM! SATSETHEN! ORRRDRA! NUK! HEMRA SATRA! NUKRA! PERTNEK! ARRRRLOKAAI! SUT! HEMMGN!"

Ziehe dabei alle Feuerenergie zurück in den Kreis. Ein „Ziehen" ist in aller Regel nicht notwendig, hat sich doch inmitten des Kreises eine Art Vakuum gebildet, so dass die Energien von allein an ihre Plätze zurückkehren, wenn mit den Wächterworten die bannenden Sperren wieder aufgehoben werden.

Dann mache das Zeichen des Wassers und sprich folgende Worte:

„LEVANH! MORIENS! CATHOUMGN! LA! LEVATH! MATABABALIEL! NAAMAH! LEVANH! CATH! A! A! ATH-OPHIS-INAN! LEVANH! MORIENS! CATHOUMGN! LA! LEVATH! MATABABALIEL! NAAMAH! LEVANH! CATH! A! A! ATH-OPHIS-INAN! LEVANH! MORIENS! CATHOUMGN! LA! LEVATH! MATABABALIEL! NAAMAH! LEVANH! CATH! A! A! ATH-OPHIS-INAN!" Die Wasserenergien fließen entlang der Kreuzlinie aus dem Westen zurück in den Kreis.

Im Zeichen der Luft: „SHADAAA! ELEH! HEMRIN! AETHA! AETHARA! RAHAUM! HEMRAEL! BABALIEL! IFRAAH! SHADAAA! ELEH! HEMRIN! AETHA! AETHARA! RAHAUM! HEMRAEL! BABALIEL! IFRAAH! SHADAAA! ELEH! HEMRIN! AETHA! AETHARA! RAHAUM! HEMRAEL! BABALIEL! IFRAAH!" Verfahre mit den Luftenergien ebenso, wie zuvor mit Feuer und Wasser.

Dann forme das Zeichen der Erde und spreche: „BAAL! BAALATH! ARONBENBEL! MATABAALATH! MATABAALATH! ERUBEHIM! BUURRH! ATH-MA-AL-BEL-I-YAL! MATA-ASTARTH-ATH! BAAL! BAALATH! ARONBENBEL! MATABAALATH! MATABAALATH! ERUBEHIM! BUURRH! ATH-MA-AL-BEL-I-YAL! MATA-ASTARTH-ATH! BAAL! BAALATH! ARONBENBEL! MATABAALATH! MATABAALATH! ERUBEHIM! BUURRH! ATH-MA-AL-BEL-I-YAL! MATA-ASTARTH-ATH!" Auch die Erdenergien rufe zurück entlang der Kreuzlinien in den Kreis, stelle den ursprünglichen Zustand wieder her.

Doch du hast für einen Moment die Welt angehalten und das Samenkorn eines Willens in die Zeit gepflanzt.

„If not doing it is what will be done,
the god whose names I said will bend down
so that they fall into the fire,
he will manifest for I am Nephtys,
I am Shta,
the future is born of me for my blood is the source of time."

(PDM Ixi. 100-105, zitiert aus: The Seven Faces of Darkness von Don Webb)

VII. Parkerbeth. Der Drache der Erde

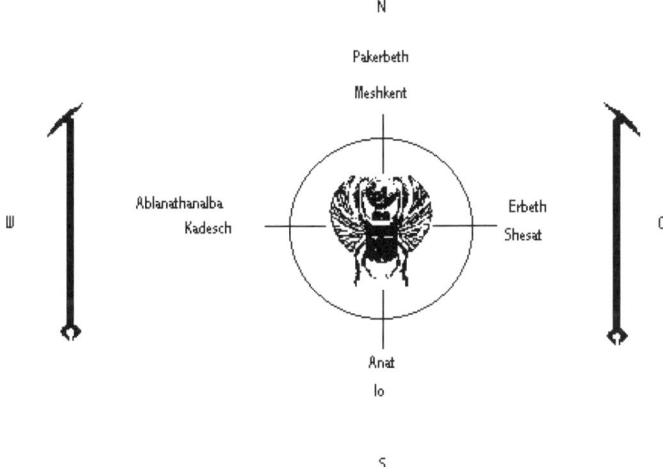

N

Pakerbeth

Meshkent

Ablanathanalba
Kadesch

W

Erbeth
Shesat

O

Anat

Io

S

Pakerbeth, die mächtige Drachenschlange
des Nordens in den Zauberpapyri

„ Man muss es nötig haben, stark zu sein: sonst wird man's nie. "
(Friedrich Nietzsche)

Pakerbeth ist der mächtige, große Drache, der in den nördlichen Höhlen haust. Inmitten der Erde ist er jene Instanz, die uns lehrt, als Götter wiedergeboren zu werden. Doch Pakerbeth ist nicht nur der große Lehrer, der große Initiator durch das Tor der Stille, sondern auch jener, der nicht zu meistern ist, der Unüberwindliche, der Boden, auf dem unser Dasein wächst und auf dem jede Form der Magie blüht. Pakerbeth bewohnt den großen Abgrund, in dem sich jeder Gedanke augenblicklich manifestiert, was den größten aller Schrecken bewirkt, die Erkenntnis: „Materie ist geronnener Geist" (Albert Einstein).
Pakerbeth ist ein häufig verwendeter typhonischer Name in den griechischen Zauberpapyri, der oft synonym für Set verwendet wird und sich immer wieder in Anrufungen des Set-Typhon wiederfindet.
Der ägyptische Gott Bata wurde mit Set identifiziert, Don Webb sieht Beth als Transliteration von Bata. Paxer neter oder Paxery war im alten Ägypten die Technik, mit einem Gott zu verschmelzen, im Gegenatz zu sem neter, der Verehrung eines Gottes. Pakerbeth könnte demnach soviel bedeuten wie „Ich werde zu Beth/Set".
Pakerbeth ist eng verbunden mit der Idee des Khepera, des Selbsterschaffers, mit dem jedes Kind der Erde einen unausgesprochenen Pakt geschlossen hat. Während

Ablanathanalba und Io jene Instanzen sind, die der Welt die offensichtliche Zerstörung und damit natürlich auch den Neubeginn bringen, ist Pakerbeth der wohl Schrecklichste aller Götter, denn er ist jener, der jenseits der Vielgestaltigkeit in der Unterwelt haust und „dem alles eins ist", der mit unseren Vorurteilen, Urteilen und Nachurteilen aufräumt und jeden König entthront.

Zur Verdeutlichung der Beziehungen zwischen den Gottheiten hier noch einmal, bewusst nicht kommentiert, Auszüge aus *Nebet-Het, die Herrin des Tempels*:

„Bata levanh
ath maal cathoumgn,
el ban cath yen hal.
Ash bata mormentu aluhra izmor yeba!
Sabata el, sabata sam.

In einer nebligen Nacht kamst du zu mir wie dereinst Sutuach-Bata, der in der ewigen Schlacht das vergangene Königreich mit den Heeren der neuen Stunde bekämpft. Doch er kam wie ein tosendes Unwetter, den uralten Grauen hinter meiner Stirn entthronend, lehrte er, dass sein Gesetz auch mein Gesetz ist.

Höre, rote Tochter der Sterne: Sein Donnern und Tosen ließ meinen Leib erzittern vor Lust. Bata levanh ath maal cathoumgn, el ban cath yen hal.

Öffne das Tor und überwinde den Abgrund. Doch sei dir sicher: Die dunklen Wasser meines Leibes sind nicht teilbar, erinncre dich an den Kelch des Drachen. Möge sich das Blatt an den Baumstamm erinnern, möge sich die Blüte an die Wurzel erinnern. Am Morgen hebe ich mit meiner Schwester die Sonne aus der Nacht, am Abend erwarte ich Re allein.

So bin ich der Tod, die dunkle Mutter, die Schwarze Schlange, die aus dem Leben geformt wurde, und ich bin Meshkent. Hal, iod teh, shemrin aetha, teh ben. Hal, mik kama nebet hath moriens yaga.

Er ist mein flammender Atem, ach, wie köstlich ist der Tod, die Feuer des Lebens verströmend unter allem Getier.

Ich rufe dich an Io Erbeth, Io Pakerbeth, Io Bolchoseth, Patathnax, verwirkliche meinen Willen, wenn die Weiße und die Schwarze Schlange die Sonne wieder im Osten erheben.

Du, der du den Leib der Nuit und die Gebiete der Duat zu deinen Tanzplätzen gemacht hast, dein Lachen vergeht nie auf deinen Lippen, denn dir gehört der Kampf und der Sieg und der Triumph. Doch immer für sie, die dunkle Seele der Finsternis, immer für die Herrin des Tempels.

Nimm an das Rauchopfer. Ich rufe dich an. Ich bin dein Bote und mein Fluch und mein Segen ist es, selbstgemacht zu sein. Ich bin dein Krieger auf den Pfaden, ich beschwöre dich, Selbstbeherrscher, und bitte dich inständig: Verbinde dich mit mir. Meine Augen sind deine Augen, meine Stimme ist deine Stimme, mein Wille ist dein Wille, meine Stärke ist deine Stärke."

Bereits im Neuen Reich wurden fremde Sprachen in die ägyptische Magie übernommen. Vielleicht geschah dies aus dem gleichen Grunde, aus dem der moderne

Magier gern auf das Henochische oder Barbarische zurückgreift, fremdartig klingende Worte setzen oftmals unter anderem dadurch mehr in Bewegung, da sie durch den Alltagsgebrauch noch nicht stumpf geworden sind. Fremde Magie war auch für die Ägypter des Neuen Reiches ein Weg, mit dem aufkeimenden Chaos im Wechsel zwischen dem Monotheismus eines Eschnaton und den alten Göttern in der eigenen Kultur umzugehen. Da lag es durchaus nahe, dass der griechische Titan Typhon mit Set als Herr der Fremdländer verbunden wurde und später in den griechischen Zauberpapyri während der griechisch-römischen Zeit Eintritt in das ägyptische Pantheon fand.

Interessant ist, dass während der römischen und griechischen Herrschaft die Zeiten, in denen Set als Reichsgott in ganz Ägypten verehrt wurde, lange vorbei waren und sich, in den Zauberpapyri verbrieft, eine Minorität dem finsteren Zweiergespann Set-Typhon zuwandte, um zwei sich durch die Papyri ziehende rote Fäden der hohen und niederen Magie zu verfolgen. Der Akt der hohen Magie war die delphische Aufforderung des „Erkenne sich selbst", der Weg der niederen Magie die willentliche Veränderung der Umstände und der Umwelt des Magiers unter Zuhilfenahme von Zauberei. Somit handelte es sich bei der Verehrung des Set als Reichsgott sicherlich nicht um einen satanischen Akt per moderner Definition. Möglicherweise haben wir es zur griechisch-römischen Zeit bei der Verehrung des Chaos stiftenden Antihelden jedoch durchaus mit einer frühen Form des Satanismus zu tun, ganz ähnlich den Formen, die uns bekannt sind. Die Griechen brachten die Idee des Individuums in die ägyptische Magie ein, in der Allianz aus Philosophie und Magie entstand der Weg der Selbstermächtigung des Einzelnen.

Die Idee vom Individuum und persönlicher Freiheit war neu für die Ägypter, deren Lebenszentrum bislang einzig der Pharao war. Die fremden und neuen Ideen wurden dem Gott der Fremdländer, Set, zugeordnet. Dieser wurde zwar schon im mittleren Reich (2000 bis 1750 vor unserer Zeitrechnung) im so genannten „Traumbuch" mit dem Individuum in Verbindung gebracht, jedoch eher als kampfeslustiger, trinkfreudiger Störenfried von königlicher Art, jedoch ein Mann des Volkes und von den Frauen geliebt. Ein wirklich durch und durch positives Image erhält der Individualismus jedoch erst durch den Einfluss der Griechen. Die Liste der griechischen Touristen ist lang: Homer, Solon, Thales, Plato, Hippokrates, Phytagoras …

Die griechischen Zauberpapyri entstanden zwischen dem vierten Jahrhundert vor unserer Zeitrechnung, also dem Ende der Spätzeit, und dem fünften Jahrhundert nach Beginn unserer Zeit, der größte Teil jedoch entstammt der Zeit von 300 bis 392 era vulgari, denn in diesem Jahr ließ Theodosius I. alle traditionellen heidnischen Kulte verbieten und die ägyptischen Tempel schließen, die Zeichen der Götter, die Hieroglyphen, wurden verboten, die Bibliotheken aufgelöst. Die in Sicherheit gebrachten Zauberpapyri wurden im Volk und von der Priesterschaft sorgsam versteckt, denn es war zur damaligen Zeit allgemein üblich, einen aufgefundenen Zauberpapyrus mitsamt seinem Besitzer zu verbrennen.

Die ersten Texte tauchten nach 1800 e. v. wieder auf, in einem 1853 von Charles Wycliffe veröffentlichten Papyrus (PGM IV) findet sich die Anrufung des

„Kopflosen", der später als eine der vielen Formen des Set identifiziert wurde. Zunächst wird Set angerufen, dann wird der Anrufende zu Set, schließlich führt er sein Vorhaben als Set aus. Die Veröffentlichung von Wycliffe fiel in die Hände von MacGregor Mathers, der sie in die Praxis des *Order of the Golden Dawn* einführte. Dort lernte Aleister Crowley sie kennen und verwendete sie unter anderem als Vorlage für das *Liber Samekh*.

Ein Textbeispiel für die typische Verwendung der typhonischen Namen aus dem Papyrus IV, 3255 bis 3272:

„Nimm einen rohen Ziegel und ritze mit bronzenem Griff darauf einen laufenden Esel und auf seine Stirn: IAO IO, auf den Hals in Glockenform: EOEOE, auf den Rücken LERTHEMINO, und auf die Brust SABAOTH, unter die Füße: ABRASAX. Bestreich' ihn mit Typhons- und Schweineblut und mit Zwiebelsaft. Das Gebet aber, das auf den Ziegel geschrieben wird, ist folgendes: IO ERBETH IO PAKERBETH IO BOLCHOSETH IO BOLCHOSETH SABAOUM KOKLOTOM PATATHNAX, der erschüttert, IO ERBETH APOMPS IAOTH IABAOTH SEISAO PEUKRE, TESCHO PATONAK PHENDE MIEPHEOR ABIRBOLONCHITHI ROPHTE APERMA PALELOPS, der das Weltall erschüttert: Ich rufe dich an, den großen Typhon, IO ERBETH IO PAKERBETH IO BOLCHOSETH, denn ich bin N.N.; erhöre mich bei der Zauberhandlung, die vollbringe, LERTHEMINO AROUZORON BATHOU CHEASMEPHIS, zweimal großer Typhon LERTHEMINO, steh mir bei diesem Zauber bei, den ich ausführe, denn ich spreche und schreibe deinen großen und ehrwürdigen Namen: ABERAMENTHOUOUTHLERTHEXANAXETHRELTHUOOENMAREBA."

Io entstammt dem Koptischen und bedeutet „Esel", IAO verweist zum einen auf die seltene eselsgestaltige Manifestation des Re mit Namen IAA, zum anderen zieht der Name IAO eine ganze Kette von Konnotationen mit sich. IAO wurde zeitweise als Gottesname gesehen, vergleichbar mit dem Tetragrammaton JHVH. Der Häretiker Marcion verwendete mit seinen Anhängern im zweiten Jahrhundert unserer Zeitrechnung IAO als Gottformel, im Orden der Tempelritter bildete sich später die Marcionitergemeinschaft, die IAO als Universalgott verehrten und möglicherweise mit Baphomet verbanden. Die ägyptischen Eingeweihten in die Mysterien des Serapis, in ihren Augen eine Inkarnation des Osiris, gaben sich selbst diesen Titel. Aleister Crowley sah im IAO eine grundlegende Formel des Osiris und eine grundlegende Formel aller männlichen Götter, die den Opfertod starben. Andere sahen im IAO eine Manifestation der Formel des Set, bildet es sich, wie gesehen, aus Io, dem Esel als Tier des Set, und ist das Herz der Formel, besetzt durch Apophis, den Alles-Verschlinger. Andere Gelehrte verbanden IAO mit dem Universalgott Abraxas, der in diesem Textbeispiel als Abrasax Erwähnung findet, dem Gott der Zeit. Nach dem Gnostiker Basilides existieren dreihundertfünfundsechzig Himmel, von denen der letzte unsere Erde umschließt. Nur dieser letzte Himmel ist dem Menschen zugänglich, der Gott dieses Himmel ist der Gott der Juden, JHVH. Der Universalgott über alle dreihundertfünfundsechzig Himmel jedoch war Abraxas, der Gott mit den vielen Gesichtern. Viele sind der Meinung, dass die Buchstaben IAO für die ägyptischen Götter Isis, Apophis und Osiris stehen. I repräsentiert den natürlichen, ursprünglichen Zustand, A ist die dunkle Nacht der Seele, der Tod, das Chaos, in das der ursprüngliche Zustand gestürzt wird, der Triumph des schwarzen Drachens der Alchemie. In der Phase des Apophis schlägt in der alten ägyptischen Sage um die Ermordung des Osiris der Sargdeckel über diesem zu. Aus diesem Zustand des Todes erwacht nicht erneut der ursprüngliche Zustand, sondern das erhöhte, reine und vollkommene Gold der Alchimie, das O am Ende der IAO-Formel. IAO wäre damit keine Formel des Kreislaufs, sondern der stetigen Erhöhung. Weiterführende Überlegungen zum IAO finden sich im Anhang meines Buches *Im Kraftstrom des Satan Set* und sind dort bei Interesse nachzuschlagen. Sabaoth als Name des jüdischen Gottes ist wahrscheinlich verständlicher im Lichte der Gnosis, gesehen als Demiurg, als Gott der Welt und damit in Verwandtschaft zu Satan-Set.

Erbeth (Set), Pakerbeth (Ich werde Set) und Bolchoseth sind Kultnamen des Set, die hier in Verbindung mit Io verwendet werden. Bolchoseth verbindet Set(h) mit Baal und bedeutet wahrscheinlich: Baal (Bol), kämpfend wie (altägyptisch „cho") Set.

Ramses II. wurde in den Inschriften, die die Schlacht von Kadesch „dokumentierten", als „Seth, Baal in Person" bezeichnet.

Beim großen und ehrwürdigen Namen (viel Spaß beim Auswendiglernen) handelt es sich um eine Verbindung von Kultnamen des Typhon (Lerthex) und des Set (Aberamenthou): ABERAMENTHOU OUTH LERTHEX ANA XETHREL (= LERTHEX) THUOOENMAREBA (=ABERAMENTHOU).

In den Zauberpapyri finden sich jedoch auch zahlreiche „Stilblüten", so z. B. „Machen, dass Erz wir Gold aussieht: Ungebrannten Schwefel mische mit Kreiderde und wisch es damit ab. Dass ein Ei aussehe wie ein Apfel: Koch das Ei und bestreich es mit einer Mischung aus Safran und Wein. Dass der Koch das Feuer nicht anzünden kann: Leg Mauerpfeffer in seinen Herd. Dass ein altes Weib nicht zuviel schwatze und nicht soviel trinke: Spalte Fichtenholz und wirf (Späne davon) in ihren Mischtrank. Dass gemalte Gladiatoren (im Bild) kämpfen: Räuchere einen Hasenkopf unter ihnen. Dass (Liebende) es nur mühsam tun: Misch Gummi mit Wein und (Honig) und gib es, aufs Gesicht zu streichen. Viel zu trinken, ohne sich zu berauschen: Röste Schweinelunge und iss sie. Viel Beischlaf üben zu können: Zerstoß fünfzig Fichtenzapfen und Pfefferkörner und trink's mit zwei Bechern süßen Weins. Dein Glied steifen, wenn du willst: Zerstoß Pfeffer in Honig und bestreich damit dein Ding ..."

Set-Typhon in den Zauberpapyri

Im Jahr 1905 begann Albrecht Dieterich damit, alle Papyri zu ordnen und in einem Werk zusammenzufassen. Nach seinem Tod im Jahre 1908 führte Richard Wünsch dieses Vorhaben fort. Richard Wünsch starb im ersten Weltkrieg und Karl

Preisendanz stellte die ersten beiden Bände mit den Zauberpapyri in den Jahren 1928 und 1931 fertig.

Die *Papyri Graecae Magicae* sind mit gegenübergestelltem Originaltext und deutscher Übersetzung mit Kommentaren in einem unveränderten Nachdruck der zweiten, verbesserten Auflage von 1974 im Verlag K. G. Saur München und Leipzig erschienen und eine lohnenswerte Anschaffung für alle, die sich mit diesem Thema tiefergehend befassen möchten.

Pakerbeth ist als Gott des Abgrunds wie so viele der in diesem Buch behandelten Gottheiten jedoch besser durch praktische Erfahrung zu erahnen, als zu beschreiben. Im Folgenden einige mehr oder minder vorsichtige „Annäherungsversuche" an den Drachen des Nordens.

Der Atem der Schlange

„Dein wahres Wesen liegt nicht tief verborgen in dir,
sondern unermesslich hoch über dir."

(Friedrich Nietzsche)

Aset und Nephtys mit den Kronen von Ober- und Unterägypten

Setze dich entweder in das Drachenasana oder in den Diamantsitz (in beiden Fällen auf den Fersen sitzen, beim Drachensitz die Knie zusammen, beim Diamantsitz die Knie leicht gespreizt). Achte darauf, dass deine Wirbelsäule gestreckt ist und du gerade sitzt.

Ziehe nun durch die Nase Luft in deine Lungen, zähle dabei langsam bis acht. Wenn deine Lungen gefüllt sind, halte inne und zähle bis vier. Beim Ausatmen zähle bis sechzehn. Dann halte wieder die Luft an, während du bis vier zählst. Schließlich atme wieder ein und beginne den Atemkreislauf von Neuem.

Nach einunddreißig Atemzyklen ändere den Ablauf: Nachdem du tief in den Bauch eingeatmet hast, achte darauf, dass dein Bauch sich nach vorn wölbt, und ziehe die

Brust leicht zurück. Während du nun den Atem anhältst, drücke die Luft durch Einziehen des Bauches (die meisten Menschen können den Bauch besser einziehen als entspannen, dieses Zwangsverhalten, das aus dem Drang resultiert, dem anderen Geschlecht gefallen zu wollen, beraubt sie leider einer gehörigen Portion Power) in den Brustbereich, der sich nun leicht nach vorn wölbt. Ziehe dann den Brustbereich wieder zusammen und drücke so die Luft zurück in den Bauch. Dann ziehe den Bauch wieder ein und lasse die Luft zurück in den Brustbereich fließen, schließlich zurück in den Bauch. Erst dann atme langsam aus, während du bis sechzehn zählst. Dann halte die Luft an, zähle bis vier, atme wieder in den Bauch hinein und zähle dabei bis acht. Wiederhole diese Abfolge mindestens einunddreißig mal. Wenn du es nicht schaffst, gewöhne dir das Rauchen ab oder versuche es mal wieder mit Waldlauf.

Als dritten Atemzyklus atme ein und halte die Luft an, wie zuvor beschrieben, beim Ausatmen drücke alle Energie, die sich in dir befindet und die du bewusst steuern kannst, an deiner Wirbelsäule entlang nach unten in dein Becken. Dort lässt du sie, hältst kurz die Luft an, wie bereits beschrieben, und atmest erneut ein. Dabei sammelst du neue Energie in dir, die du beim nächsten Ausatmen wiederum an deiner Wirbelsäule (Sushumna) entlang hinab drückst.

Wiederhole auch diesen Atemzyklus einunddreißig mal. Tipp: Lege die Handflächen auf deine Oberschenkel und vereinfache das Mitzählen, indem du nacheinander mit den Fingern leichten Druck ausübst. Das ist magischer als ein Rechenschieber.

Schließlich löse den Atemrhythmus auf. Es ist nun vollkommen egal, wie du atmest. Es könnte sein, dass sich der bisherige Atemrhythmus so sehr verselbständigt hat, dass du ihn automatisch beibehältst. Genauso gut kann es aber auch sein, dass du den Drang verspürst, vollkommen anders zu atmen. Drücke in jedem Fall weiter mit jedem Ausatmen Energie in deinen Beckenbereich, neige nun deine Wirbelsäule etwas nach vorn, finde eine bequeme Stellung in deinem Asana und beobachte, was geschieht. Bei richtiger Ausführung und etwas Übung wird in den meisten Fällen Folgendes geschehen:

1.) Das Becken wird sich erwärmen.

2.) Ein angenehmes, leichtes Glücksgefühl wird sich einstellen.

3.) Du wirst Lust verspüren.

4.) Aus dem Beckenbereich wird sich ein gewisser Widerstand gegen deine Versuche, Energie herabzudrücken, einstellen.

5.) In dir werden Bilder von Drachen, Schlangen oder anderen Reptilien entstehen.

6.) Etwas wird in deinem Beckenbereich erwachen und sich an deiner Wirbelsäule entlang nach oben schlängeln.

7.) Es wird aus deinem leicht nach vorn geneigten Rücken heraus brechen und sein Haupt über deinen Kopf erheben.

Warum das alles? Zum einen ermöglicht die Schlangenatmung ein berauschendes Glücksgefühl, ganz ohne Körper fremde Drogen konsumieren zu müssen, zum anderen wird sie bei regelmäßigem Praktizieren eine lang anhaltende Wirkung auf dein Wohlbefinden und deine innere Balance haben. Du wirst in vielen Situationen möglicherweise erheblich offensiver handeln, als dies bislang der Fall war.

Nebenwirkung: Erleuchtung ist möglich, wenn auch tunlichst zu vermeiden.

Leben, Wachstum und Stärke: Die Geburt des Drachen

„Heil sei dir, Mensch, der du den Ruhm des satanischen Willens bis an den Rand des Universums bringen sollst! Ich bin Belial, der dir den dritten großen Schlüssel der Hölle bringt, durch dessen Kraft du alle Gesetze des Himmels und der Erde verwerfen sollst. Vor dir soll sich das Chaos auftun und du sollst die großen Mysterien des Makrokosmos für dich selbst nutzen. Ich spreche zu euch von dem, was man Schwarze Magie nennt, da sie der wahre Funke der großen schwarzen Flamme ist, die vor langer Zeit zuerst den Willen zum Leben brachte. Zur Ratsversammlung mit Satan wurde ich ebenfalls gerufen und der Herr des Lichtes sprach zu mir: ‚Ich überantworte dir, Daimon der Essenz, die Essenz meiner eigenen Wesenheit, das Schwarze Feuer, dessen alleinige Macht Schöpfungen durch die Kraft des Willens hervorrufen kann. Gegen euch, der Ihr die Schwarze Magie ausübt, möge keine Gesetz standhalten, und daher nenne ich euch Belial, der ihr ohne Meister seid. So wie ich euch diese Essenz gegeben habe, so lasst sie letztendlich auch zum Menschen gelangen, der das Gleichgewicht bezwingen und die Flamme verändern soll, denn am Ende soll sie durch die Vervollkommnung des menschlichen Willens eine rote Flamme werden‘.“

(Aus der Proklamation Belials, *Das Diabolicon* von Michael Aquino)

Für diese Arbeit der Selbstinitiation (welche Arbeit ist das nicht?), die sich auch als Eingangsportal zu einem längeren Pakerbeth-Exerzitium eignet, benötigt der Praktizierende die Hilfe von mindestens einer weiteren Person. Besprecht vor Beginn der Arbeit, an welchem Punkt sie abgebrochen werden soll. Dies kann nicht in einem Buch vorgeschrieben werden. Ich empfehle jedoch, äußerste Vorsicht walten zu lassen. Das Stadium herannahender Panik, das der Eine unbeschadet durchstehen würde und bei dem der Helfer ihn im Falle eines vorschnellen Abbruchs um die Früchte seiner Arbeit bringen würde, kann beim Anderen ernsthafte Schwierigkeiten hervorrufen. Also: Vorher klären und dann genau so handeln, wie zuvor abgesprochen. Wenn ihr dies wollt, wählt passende Musik aus und spielt sie während der Arbeit ab. Der Tempelraum sollte sehr gut geheizt sein, lieber zuviel, als zu wenig.

Der Praktizierende setzt sich ins Asana und beruhigt Geist und Atmung: Stelle dir vor, dass Pesh-Kent, das Geburtsmesser des Set, durch dich hindurchgeht. Du sitzt auf der „Klinge", die unter dir in die Erde dringt, der Griff führt durch dein Rückgrat und endet über deinem Kopf im Querbalken des Taukreuzes.

Ziehe nun schwarze, erdige Energie als Säule von unten durch die Klinge in dein Wurzel- oder Muladharachakra, dann weiter hoch die Wirbelsäule entlang bis zum Kronenchakra, wo die Energiesäule aus der Fontanelle austrat und am Querbalken des Tau endet. Gleichzeitig flüstere ein langgezogenes, stimmloses *Paaaaaaakkkkeeeeerrrrrr*, während du tief durch den Mund einatmest. Beende den Vorgang des Einatmens, während die rote Feuersäule an den Querbalken des Pesh-Kent stößt. In diesem Moment durchzieht deinen ganzen Körper eine tiefschwarze Säule. Du atmest wieder durch den Mund aus und flüsterst ein langgezogenes, stimmloses *beeeeeeettttthhhh*. Zur gleichen Zeit zieht sich die Säule zurück, wird kleiner und verschwindet schließlich zur Gänze durch dein Wurzelchakra in der Klinge des Geburtsmessers und in der Erde unter dir.

Atme während dieser Vorbereitung jeweils so tief ein, dass du deine Lungen nur entspannen musst, um den Prozess des Ausatmens automatisch in Gang zu setzen. Atme so weit aus, dass sich deine Lungen, wenn du sie entspannst, sofort ganz von selbst wieder mit Luft füllen.

Atme also wieder ein, ziehe die schwarze Energiesäule in dir empor, beobachte, wie sie die Schwärze verdrängt. Dann beobachte, wie die Säule schrumpft, sie zieht sich während des Ausatmens zurück. Wiederhole diesen Kreislauf immer und immer wieder.

Nach den einunddreißig Wiederholungen atme tief und ruhig weiter. Behalte das Bild des Pesh-Kent, das nun ein Teil von dir ist, bei.

Visualisiere nun wieder wie beim kheper-ka-t zusätzlich um dich herum das Zeichen und den Kopfschmuck der Nephtys in seiner dreidimensionalen Form. Direkt über deinem Kopf befindet sich als Dach die Schale der Nephtys, deren Boden identisch ist mit dem Querbalken am Ende des Griffes des Pesh-Kent. Deine Sitzfläche ist die Unterseite des Würfels, sie ist identisch mit dem oberen Teil der Klinge. Auf diese Art sind beide Zeichen verbunden und du bist als Bestandteil mit ihnen vereint.

Beginne diesen Zyklus mit dem Ausatmen. Während du durch den Mund ausatmest, flüstere ein stimmloses *Paaaaaaaaaakkkkerrrr*. Zeitgleich visualisiere, wie die tiefschwarze, schwere Erdenergie aus der Schale der Nephtys durch dein Kronenchakra und deine Fontanelle in dich hinein fließt, eine finstere Säule der Kraft strömt in dir herab. Sobald die Säule den Boden unter dir erreicht, flüstere ein stimmloses *beeeeeettttthhhh*, während die Erdsäule wieder zurück gleitet in die Schale über dir. Wiederhole auch diesen Kreislauf immer und immer wieder. Dann atme tief und ruhig weiter.

Behalte die Vorstellung der beiden miteinander verbundenen Symbole bei. Mit dem nächsten Einatmen stelle dir nun vor, wie du schwarze Energie aus deiner Umgebung in die Gegend um deinen Solaplexus ziehst. Wie ein Magnet zieht dieser alle schwarze Energie, erdige Energie an, die sich in dir zu einer schwarzen, schweren Kugel bündelt und verdichtet. Flüstere dabei ein langgezogenes *Paaakkkeeerr*.

Flüstere wieder ein langgezogenes, stimmloses *beeeetttthhhhh*, während die Luft aus deinen Lungen entweicht. Stelle dir hierbei vor, wie die Finsternis in deiner Mitte nach und nach alles Leben, das sich in deinem Körper befindet, aufsaugt.

Wiederhole diese Abfolge immer wieder und spüre, wie dein Körper schwächer und schwächer wird, während du die Essenz deines Seins von deinem materiellen Körper abkoppelst und tief in dir in der tiefschwarzen Kugel bindest und sicherst. Doch die schwarze Kugel verformt sich zu einem schwarzen Ei, indem sich der ungeborene Drache Pakerbeth von deiner Lebensenergie nährt. Stelle dir gleichzeitig vor, wie du in der Barke der Millionen Jahre stehst, als alter Greis Tum, als Abendsonne, die kraftlos am Horizont versinkt in der Hoffnung auf Wiedergeburt am nächsten Morgen. Dein Körper fällt schließlich kraftlos auf den Boden. Du nimmst alles, was nun geschieht, in vollem Bewusstsein wahr, deinen Körper jedoch kannst du nicht mehr bewegen, du verharrst auf jeder Ebene deines Daseins in reiner Passivität, du beobachtest, aber bewertest nicht, grübelst nicht, liegst einfach nur da, schaust in die Dunkelheit deiner geschlossenen Augen, hörst, riechst, schmeckst, fühlst, sonst nichts.

Der Helfer nimmt deinen leblosen Körper und legt ihn auf ein großes, schwarzes Tuch. Dann wirst du vollständig entkleidet, aller Schmuck wird dir abgenommen. Dein Körper wird mit kaltem Wasser gewaschen, dann mit Öl gesalbt, schließlich mitsamt Kopf (lasst den armen „Toten" aber nicht ersticken ...) in das schwarze Tuch fest eingewickelt und verschnürt. Die Schatten des Todes (wer *Harry Potter und der Gefangene von Azkaban* gesehen hat: Die Dementoren eignen sich hervorragend als Visualisationsvorlage ...) nähern sich dem Leichnam, gleiten um dich herum und du nimmst ihren kalten Hauch wahr, wenn sie an deiner leblosen Hülle vorüber streifen. Wehre dich nicht gegen sie, aber rufe sie auch nicht. Nimm einfach wahr, wie sie langsam einer nach dem anderen in deinen Körper gleiten, bis er ein sanft wogendes Meer aus Schatten beherbergt.

Nach einer längeren Zeit, flüstert der Helfer langsam in dein Ohr:

„Nun stehst du am Rande der Welt und dein Initiator stößt dich weiter vorwärts. Noch während du hinabstürzt in die Tiefen der Unterwelt, bemerkst du, dass dein Weg noch nicht beendet ist. Wenn dir die Geschöpfe der Nacht das Fleisch von den Knochen reißen, schreit dein Körper nach Leben. Deine Augen brechen und dein Herz wird aus deiner Mitte gerissen, da es schwerer ward als die Feder der großen Göttin Maat. Das Totengericht wirft es hinab in die Gruben des Monstrums Ammit, damit er es verschlinge.

Wenn dein Körper offenliegt als nutzlose Hülle, dein Blut sich mit Eiter und dem Inhalt deines Magens und deines Darms mischt, dir die Zähne einzeln heraus gebrochen werden, dein Knochen von der Gewalt der Bewohner der Unterwelt zersplittern in tausend Stücke und deine Lunge zerrissen daliegt vor den Resten deines Seins. Wenn alles, was du erlebt hast, was du glaubst zu wissen, was du dachtest zu besitzen, wenn all deine Freunde, deine Feinde und all die, von denen du dachtest, sie seien dir egal, in fernen Welten weilen, nur nicht hier, welcher Geist soll deine Intelligenz fassen, auf die du dir soviel eingebildet hast? Welches Herz soll fühlen, lieben, kämpfen? Wenn es keinen Gott außer dem Menschen gibt, warum bist du dann nichts als Nahrung für die Geschöpfe der Unterwelt, die schrecklich, Furcht einflößend, nur von einem Impuls in der Existenz gehalten werden: Fressen, was in die Unterwelt gelangt, zerreißen, was lebt? Wo sind deine Werke bleibender Größe? Wo ist nun der Wert deines Geldes, deiner Leidenschaft, deiner Gutmütigkeit, deines Hasses? Wer hat dein stolzes Ego gesehen? Ein Bewusstsein, das den Tod überdauert? Reinkarnation? Geistwesen? Lichtgeschöpf? Nachtschatten? Ein Gott gar? Und auch dieser Gedanke, diese Hoffnung, dieser Strohhalm wird dir entrissen, bis da nichts mehr ist. Und wenn du glaubst, das Nichts fassen zu können, wenn du versuchst, es zu verstehen, so wird auch dieser Impuls vernichtet, ganz gleich, ob du nicht sein oder aus dem Nichts hervorgehen willst, das Nichts wird verschlungen und dein Wille mit ihm.

Schweigen. Stille. Stille. Stille.

Ausgerottet ist für jeden lebendigen Geist die Erinnerung an dich, niemand sieht mehr dein jämmerliches Streben nach Dauer. Nicht, dass die Lebendigen dich bewusst ignorieren würden. Es ist so, als wenn du nie da warst, dein Grabstein ist seit Äonen in der Erde versunken, deine Kinder selbst schon lange tot, deine Geliebten fortgeweht aus den Zweigen des Lebensbaumes, deine Werke getilgt wie eine verworfene Idee des Universums. All deine Tränen sind vergebens. Hörst du noch den Nachhall deines Lachens, als dich das Glück berührte? Wie zufällig hat es dich damals für einige Zeit gestreift. Auch diese Erinnerung entreißt dir der Sturm, den die Schlange in entfernten Berghöhlen entfacht. Selbst der Sturm wird verschlungen von dem schwarzen Loch inmitten deines Bewusstseins, dann wird selbst das Bewusstsein hineingezogen. Schließlich verschwindet auch das Sein.

Schweigen. Stille. Stille. Stille.

Wenn du auf den Lichtpunkt wartest, auf das Samenkorn, aus dem neues Leben erwachen soll: Da ist keine fruchtbare Erde. Da ist kein Licht. Da ist nichts, da du nicht bist. Schweigen, ohne still sein zu wollen. Stille erdulden.

Dir fehlt jeglicher Impuls, der dich in Bewegung setzen könnte. Du hast keinen Körper, um dich zu erheben, und kein Gefühl, das dich hoffen lässt, keine Intuition, die dich antreibt, keine Intelligenz, die eine Lösung sucht, denn du bist gelöst, aufgelöst, fern von allem, was du warst, unendlich fern von allem, was du sein wolltest. Warten. Ausharren.

Schweigen. Stille. Warten.

Alles an dir ist erstorben und kalt. So, wie es immer war. So, wie es immer sein wird. Dieser Moment ist das traurige Abbild der Ewigkeit, nichts dreht sich um dich und auch du ruhst. Lebensräder hat es nie gegeben. Kreisläufe, Geburt, Tod, Liebe, Freundschaft, Hass und Neid, alles ist so fern, dass du dich nicht einmal mehr daran erinnern kannst.

Alles, was du jetzt noch bist, ist ruhend. Schweigend.

Nicht mehr wartend. Auf was auch? Da ist kein verheißendes Etwas, auf das es sich lohnt zu warten, da ist nichts, was naht, vor dem du Angst haben müsstest, denn du bist Stille in einem endlosen Meer von Schweigen. War jemals etwas anderes als Stille? Warst du jemals bewegt durch dieses Ding oder jenes? Du bist dir nicht mehr sicher, ob nicht alles immer so war, wie es jetzt ist: in sich ruhend.

Da ist nichts. Alles, was ist, ist Stille.

Doch die Stille hat kein Gegenteil mehr, niemals war da ein Wort, ein Flüstern, niemals war da ein Todesschrei. So erlischt selbst die Stille. Niemals ist ein Rad zur Ruhe gekommen; es hat sich zu keiner Zeit gedreht. Es gibt keine Möglichkeit mehr für Kreisläufe, keine Erinnerung mehr an Bewegung. So erlischt am Ende auch die Ruhe."[5]

Nach diesem Text lässt der Helfer langsam (!) die Musik verklingen, absolute Stille bleibt für endlose Minuten zurück.

Der Helfer nimmt die Räucherschale und bläst vorsichtig den Weihrauch in dein verdecktes Gesicht.

---

[5]   Exerpt aus: „Die Set-Leiter" in: *Im Kraftstrom des Satan Set.*

Dann geschieht einige Minuten nichts.

Der Helfer nimmt die Glocke und schlägt sie leise in der Nähe deiner Ohren.

Der Glockenklang verklingt und Stille kehrt zurück.

Der Helfer leuchtet mit zwei starken Taschenlampen zeitgleich aus angemessener Entfernung in deine beiden nach wie vor geschlossenen Augen. Nimm das Licht wahr, interpretiere es jedoch nicht als Aufforderung, deine Augen zu öffnen. Das Licht erlischt und Dunkelheit umgibt dich erneut.

Nach einer Weile küsst der Helfer sanft deinen durch das Tuch verdeckten Mund und atmet tief aus, während du seinen Atem einatmest und nun endlich bemerkst, wie er dich wachküsst und die schwarze Kugel tief in dir zu pulsieren beginnt und wie das dunkle, tiefschwarze Ei erste Risse bekommt. Es ist der Drache der Erde, der versucht, sich aus dem Ei zu befreien, nachdem er sich dort von deiner Lebensenergie ernährt hat. Gleichzeitig mit dem Kuss erklingt erst sehr leise, dann langsam lauter werdend wieder Musik (die natürlich einen anderen Charakter als die eingangs verwendete haben sollte. Wie diese beschaffen sein sollte, ergibt sich tendenziell aus dem Ablauf des Rituals und ist ansonsten vollkommen Geschmackssache.)

Das schwarze Ei bekommt weitere Risse und springt schließlich ganz auf, ein kleiner schwarzer Drache kriecht aus dem Ei, wächst dann jedoch sehr schnell, bis er deinen ganzen Körper ausfüllt und deine Muskeln und Nerven beseelt. Du bist der Drache.

Du versuchst, deine Flügel auszubreiten, doch das Tuch lässt dies nicht zu. Es hat übrigens seinen Sinn, die Verschnürung des Tuches nicht zu lösen. Ich habe da so meine Erfahrungen gemacht, aber wer es dennoch tun möchte, bitte sehr, dann wäre jetzt der richtige Moment. Mit einiger Wahrscheinlichkeit wirst du zappeln wie eine gut verschnürte Mumie auf einer Technoparty, möglicherweise steigen Worte und Bilder in dir auf. Sauge auf, was immer sich dir an Erfahrung bietet.

Der Helfer sollte nach angemessener Zeit durch sanften Druck auf deinen Solaplexus und Auflegen der rechten Hand auf dein Drittes Auge den Drachen besänftigen und dein Selbst zurückrufen. Habe keine Angst, dass die Besessenheit dein eigenes Selbst vollständig und dauerhaft überlagert, sofern du als geistig und körperlich gesunder und ausgeglichener Mensch in diese Arbeit gegangen bist. Wenn dies nicht so ist, dann beginne gar nicht erst, mit Pakerbeth zu arbeiten.

Wenn wieder Ruhe (oder Erschöpfung) eingekehrt ist, wickelt dich der Helfer wieder aus und zeichnet dich am Dritten Auge mit feuchter Erde oder Schlamm: „Du lebst seit Millionen von Jahren und hast den Grund vergessen. Doch du bist da und lebst und atmest und wirkst nun durch (deinen Namen). Heil Pakerbeth, der du uns lehrst, als Götter wiedergeboren zu werden." Dann zeichnet er dir das Ankh auf den Körper.

Solltest du im Anschluss an diese Arbeit das Gefühl haben, zu wissen, wer und was Pakerbeth wirklich ist, dann irrst du dich mit an Sicherheit grenzender Wahrscheinlichkeit. Der kleine Rest an Möglichkeiten, dass du doch Recht haben könntest, macht die Arbeit nur noch spannender. Allerdings solltest du dann in der Lage sein, dich für jedermann sichtbar in einen Drachen zu verwandeln. Solltest du dies nicht können, musst du wahrscheinlich nur ein bisschen weiter üben.

Kalwah

„Set ist der heilige Bund, den er am großen Tage des M.A.A.T. offenbaren wird,
welcher gedeutet wird als der Meister des Tempels der A.·. A.·.., dessen Name
Wahrheit ist."

(Liber A'ash vel Capricorni pneumatici, A. Crowley)

Im Sufismus wird der Aufenthalt in einer Einsiedelei oder der zeitweise Rückzug in eine Höhle zum Zwecke der Meditation, des Gebets, des Gesangs und des Fastens Kalwah genannt. Diesen Begriff haben wir entlehnt, da er so schön klingt. Wenn du Pakerbeth näher kommen willst, so begib dich zum Beispiel für 31 Stunden ohne Essen und nur mit Wasser als Getränk in eine Höhle oder zur Not an einen anderen geeigneten Rückzugsort. Für diese 31 Stunden flüchte dich nicht in Schlaf, bleibe wach.

Meditiere dort über die Natur des Pakerbeth:

Nimm eine Rahmentrommel mit und versetze dich durch das Mantra *„Hia – Kalwah – Paker – Beth – Hia – Kalwah – Paker –Paker – Hia - Kalwah – Paker – Beth – Hia – Kalwah – Paker – Paker..."* in Trance. Ziehe dabei die schwarze Erdenergie von unten durch deine Chakren in deinen Körper, bis du vollkommen mit ihr angefüllt bist. Dann bilde ein tiefschwarzes Ei um deinen gesamten Körper. Die Energie fließt nun aus deinem Körper teilweise hinaus und erfüllt zusätzlich das schwarze Ei. Du nimmst die Grenzen deines Körpers nicht mehr wahr, die Außenhülle deines Selbst bildet nun das schwarze Ei. Dann erweitere das Ei, lasse es langsam wachsen, jedoch immer nur so weit, wie ausreichend schwarze Erdenergie vorhanden ist, um es ganz auszufüllen. Wenn die Kraft knapp wird, ziehe weiter Energie aus dem Boden unter dir in das schwarze Ei hinein. Nach einiger Zeit wird das Ei sich an die Felsen schmiegen und den gesamten Höhlenraum ausfüllen. Die äußere Hülle deines Selbst IST der Höhlenraum. An diesem Punkt der Meditation lösche alle Lichter und verharre in Dunkelheit, Stille und Meditation.

VIII. Ablanathanalba. Der Falke des Westens

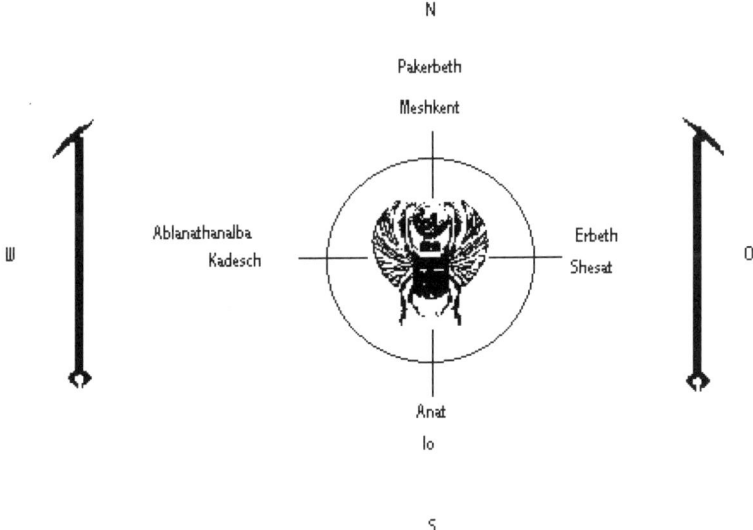

Der Falke des Westtores

„Lasse sie sich erheben aus dem Sumpf der Bedrängung und ihre Flügel mögen sich
erneuern, so dass sie mit den Falken in das Tal der Ewigkeit fliegen können.
Lasse dein Wüten die Stille zerschneiden und ihre Feinde stürzen,
aus welcher Richtung sie auch kommen mögen.
Lasse ihre Gedanken sich klären und zu den Gipfeln richten,
auf denen die Lust in einem prächtigen Tempel wohnt,
dessen Säulen Leidenschaft und Liebe genannt werden,
die sich in den Fels der Abscheu und des Hasses gebohrt haben.“

(Nebet-Het, die Herrin des Tempels)

Zahlreiche ägyptische Gottheiten wurden in der Form eines Falken dargestellt, der prädynastische Doppelkopffalke heißt nicht so, weil er der beste Doppelkopfspieler unter allen Falken Ägyptens war, sondern er stellte in einem Falken mit zwei Köpfen die Götter Horus und Set dar. Auf der bekannten Stele der Offenbarung, die Crowleys Zugang zu jener Instanz war, die ihm das *Liber al vel Legis* diktierte, sitzt Set als Falke im Westen hinter dem Thron des Horus.

Auch viele wichtige und weniger wichtige lokale Gottheiten wurden von den Ägyptern als Falke dargestellt, jedoch im Laufe der Jahrhunderte von den überregional bekannten Gottheiten mit ähnlichem Charakter assimiliert. Der

bekannteste Falkengott ist natürlich Horus als Falke des Ostens, jener Gott, der sich mit der aufgehenden Sonne am Horizont erhebt.

Der Falke war der Bote des Himmels, der als Ba mit einem Menschenkopf die „Seele" repräsentierte. Als Raubvogel eignete sich der Falke besonders als Träger von Gottheiten mit kriegerischen Aspekten wie Re, Horus und auch Set; eine Ausnahme bildet (zum Beispiel) der Totengott Sokar.

Auch Götter, die nicht als Falke dargestellt wurden, trugen oftmals Falkenfedern als Zeichen ihrer Verbindung mit dem Himmel, so zum Beispiel die Götter Min, Amun und Onuris.

Der Falke kreiste jedoch auch an den Himmeln der Fremdländer. So war er nicht nur das Tier des Zeus und des Jupiter, sondern auch dem Gott Baal (siehe das Kapitel über Anat) geweiht. Aber auch Isis und Nephtys wurden als Falken dargestellt.

Stele der Offenbarung

Ablanathanalba ist ebenso wie Io, Erbeth und Pakerbeth ein typhonischer Beiname des Set und entstammt wie die letzten beiden dem ägyptisch-griechisch-gnostischen

Nephtys als Falke

Göttereintopf der Zauberpapyri. Ablanathanalba ist der riesige Falke des Westens, der Osiris in seinen Fängen hält und damit den Stillstand zerstört, die Welt immer wieder aufs neue erschüttert, der wütet und alle scheinbar sichere Ordnung in die acht Abgründe des Chaos stürzt. Seine Zahl ist die Acht. Die um 90° Grad gestürzte Acht korrespondiert mit unserem Unendlichkeitssymbol, ein Hinweis darauf, dass Ablanathanalba jene Instanz ist, die das endlose Weltenspiel aus Zerstörung und Aufbau, Tod, und Geburt, Licht und Finsternis ermöglicht. Mit diesem isolierten Aspekt Ablanathanalbas arbeiten wir in der Ham-So-Meditation, die später folgt.

Ablanathanalba bildet ein Palindrom, da sich der Name vorwärts und rückwärts lesen lässt, und ist eine gnostische Zauberformel, die wohl Verwandtschaft zu den Formeln Abracadabra und

Abrahadabra aufweist und die laut C. W. King bedeutet: „Du bist ein Vater für uns". Doch „Ab", eigentlich dem Babylonischen entlehnt und später ins Hebräische übernommen, bedeutet nicht nur Vater, sondern neben Vorfahr und Urahn auch Mentor/Lehrer. Der Falke des Westens ist möglicherweise nicht so sehr ein „Vater im Himmel", sondern diejenige Instanz, die entgegen dem Sonnenlauf sich aus dem westlichen Horizont über dem Ozean der Zeit erhebt, mit ihren gewaltigen Schwingen die Wellen der Meere in tosendes Chaos versetzt und uns als vielgestaltiger Initiator und Mentor gegenübertritt. Im stolzen Voranschreiten sind seine Namen Lust und Schmerz und sein einziger Feind heißt Stagnation. Er erinnert uns, dass wir auf dieser Welt Schiffe sind, für die der sicherste Platz der heimatliche Hafen ist. Doch Schiffe werden nicht für den Hafen gebaut: *„Endlich dürfen unsere Schiffe wieder auslaufen, auf jede Gefahr hin auslaufen, jedes Wagnis des Erkennenden ist wieder erlaubt, das Meer, unser Meer, liegt wieder offen da, vielleicht gab es noch niemals ein so ‚offenes Meer'."* (Friedrich Nietzsche).

Liber Resh vel Helios

„Der Mythos von Horus und Set ist ein typisches Beispiel für stehengebliebene Entwicklung – es wird doch niemand ernsthaft von mir erwarten, dass ich den Familienvorstellungen und ethischen und magiepraktischen Vorgaben längst verstorbener Ägypter folge.
Ich bin ihnen zu Dank verpflichtet und zolle ihnen tiefen Respekt und Achtung, da sie den Anfangspunkt meiner eigenen Entwicklung und Forschung lieferten.
Dadurch, dass ich ihre Bilder zu meinem eigenen Leben in Beziehung setze und ihre Gültigkeit für mich überprüfe, sind sie mir näher, als würde ich ihnen blind und unkritisch durch alle Darstellungen folgen.
Diese Sichtweise ist ein Beispiel für die Ergebnisse eines schwarzmagischen Umgangs mit der Vergangenheit."

(Frank Lerch, Ouroboros Files)

Das Liber Resh vel Helios entstammt in seiner ursprünglichen Form den magischen Ritualen des Meister Therion und ist dort nachzulesen. In unserer Version wurden einige Ergänzungen vorgenommen, die ursprünglichen Gesten fortgelassen und Tahuti/Thoth wurde am Bug der Götter-Barke durch seinen originären Vorgänger Sutuach/Set ersetzt, welcher von dieser Position in den altägyptischen Darstellungen erst verbannt wurde, als er in „Ungnade" gefallen und seine Zeit als Reichsgott abgelaufen war. Thoth übernahm nicht nur die Position des Set am Bug der Barke, sondern auch dessen Funktion bei der Krönung des neuen Pharaos. Hat er zuvor gemeinsam mit Ra-Hoor/Horus die beiden Länder, Ober- und Unterägypten vereinigt und die Lebenswasser über dem Pharao ausgegossen, so wurde er nach seinem „Fall" durch Thoth abgelöst.

Das Liber Resh markiert die vier Stationen und ihre korrespondierenden Gottformen der Sonnenbarke auf ihrer Fahrt: Ra ist die Sonne zum Sonnenaufgang, Ahatoor ist die Sonne am Mittag, Tum ist die Sonne bei Sonnenuntergang, Kephra ist die Sonne zur Mitternacht, die jeweils in der Sonnenbarke visualisisrt werden. Im Anschluss an die äußere Anrufung folgt in unserer Variante, die sich wie alle Arbeiten in diesem Buch lediglich als Vorschlag verstanden wissen will und laut danach ruft, an die persönlichen Vorlieben und Belange des praktizierenden Magiers angepasst zu werden, die innere Anrufung, die mit den typhonischen Wesenheiten Ablanathanalba und Pakerbeth sowie den Göttinnen Anat und Shesat korrespondiert. Im Abschluss werden jeweils die noch fehlenden Göttinnen und Aspekte des Set berücksichtigt.

Text I zum Sonnenaufgang: *„Heil dir, der du Ra bist in deinem Aufsteigen, eben dir, der du Ra bist in deiner Stärke, der du über die Himmel fährst in deiner Barke, wenn die Sonne aufgeht. Sutuach steht in seiner Pracht am Bug und Ra-Hoor bleibt bei seinem Ruder. Heil dir von den Wohnorten der Nacht!"*

Text II zum Sonnenaufgang: *„Heil mir, der ich (dein „normaler" oder dein magischer Name) bin in meiner Stärke, eben mir, der ich (dein Motto/Leitsatz, zum Beispiel: „der ich der bin, der niemals einen Schritt zurück geht" oder „die ich die Liebende bin" oder „die ich die schweigende Kraft bin" usw.), der ich ins Dasein gelange aus eigener Kraft. Sutuach erhebt in mir sein Szepter und Nephtys ist mein Gral. Heil mir von den Wohnorten der Nacht!"*

Visualisiere Shesat, die dir Mut, Ideen und strategische Planung für den Tag bringt. Mache mit der rechten Hand das Zeichen des Schweigens, indem du den Daumen auf die Unterlippe legst, dann das Zeichen der Schlangenkraft, indem du die flache Hand unter deine Brust legst und den Daumen so abspreizt, dass er auf dem Solaplexus liegt.

Text I zum Mittag: *„Heil dir, der du Ahatoor bist in deinem Triumphieren, eben dir, der du Ahatoor bist in deiner Schönheit, der du über die Himmel fährst in deiner Barke in der Mitte des Laufs der Sonne. Sutuach steht in seiner Pracht am Bug und Ra-Hoor bleibt bei seinem Ruder. Heil dir von den Wohnorten des Morgens!"*

Text II zum Mittag: *„Heil mir, der ich (dein Name) bin in meiner Schönheit, eben mir, der ich (dein Motto) bin, der ich ins Dasein gelange aus eigener Kraft. Sutuach erhebt in mir sein Szepter und Nephtys ist mein Gral. Heil mir von den Wohnorten des Morgens!"*

Visualisiere Anat, die mit der Streitaxt bewaffnet den Aufgaben des Tages begegnet. *„Mache mit der rechten Hand das Zeichen des Schweigens, dann das Zeichen der Schlangenkraft."*

Text I zum Abend: *„Heil dir, der du Tum bist in deinem Versinken, eben dir, der du Tum bist in deiner Freude, der du über die Himmel fährst in deiner Barke, wenn die Sonne untergeht. Sutuach steht in seiner Pracht am Bug und Ra-Hoor bleibt bei seinem Ruder. Heil dir von den Wohnorten des Mittags!"*

Text II zum Abend: *„Heil mir, der ich (dein Name) bin, eben mir, der ich (dein Motto) bin, der ich ins Dasein gelange aus eigener Kraft. Sutuach erhebt in mir sein Szepter und Nephtys ist mein Gral. Heil mir von den Wohnorten des Mittags!"*

Visualisiere Ablanathanalba, der sich als Falke aus dem westlichen Horizont erhebt. Mache mit der rechten Hand das Zeichen des Schweigens, dann das Zeichen der Schlangenkraft.

Text I zur Mitternacht: *„Heil dir, der du Kephra bist in deinem Verbergen, eben dir, der du Kephra bist in deinem Schweigen, der du über die Himmel fährst zur Mitternachtsstunde der Sonne. Sutuach steht in seiner Pracht am Bug und Ra-Hoor bleibt bei seinem Ruder. Heil dir von den Wohnorten des Abends!"*

Text II zur Mitternacht: *„Heil mir, der ich (**dein Name**) bin, eben mir, der ich (**dein Motto**) bin, der ich ins Dasein gelange aus eigener Kraft. Sutuach erhebt in mir sein Szepter und Nephtys ist mein Gral. Heil mir von den Wohnorten des Abends!"*

Visualisiere Pakerbeth, den mächtigen Drachen des Nordens, der in Stille in seiner Höhle verharrt. Mache mit der rechten Hand das Zeichen des Schweigens, dann das Zeichen der Schlangenkraft.

Beende jede Einheit morgens, mittags, abends und nachts mit folgender Arbeit:

Im Zeichen des Feuers spreche: *„I bless Set, the Black Sun burning inside."*

Atme tief ein und intoniere, während du den eselsköpfigen Io visualisierst: *Iiiiioooooooooo.*

Im Zeichen des Wassers spreche: *„I bless Nephtys in the night."*

Atme tief und intoniere, während du die auf einem Löwen stehende Kadesch visualisierst: *„Kaaaaaaadeeeeeesch".*

Im Zeichen der Luft: *„I bless the air, the storm I wake."*

Visualisiere das gigantische Auge inmitten eines Wirbelsturms: *„Eeeeerrrrrbeeeeeeth".*

Dann bilde das Zeichen der Erde und rufe die Schlange des Nordens: *„I bless the earth, the immortal snake."*

Visualisiere die aufgerichtete Kobra, die dein Ka schützt, und intoniere: *„Meeeeeeshkeeeeeeeennnnnt".*

Dann mache das Zeichen der Schlangenkraft: *„There is only one god. There is the red god."*

Intoniere nun deinen eigenen Namen oder dein Motto, dann ziehe mit der Hand das Pentagramm des Set vor dir in die Luft und beende damit das *Liber Resh.*

Zwischen Text I und Text II herrscht die Spannung zwischen der goldenen Sonne („die Sonne hat einen Mantel aus Gold und ein Herz aus Blei") des Tages und der schwarzen Sonne in unserem Innern („Saturn hat einen Mantel aus Blei und ein Herz aus Gold"), die durch die Schwarze Flamme des Set gespeist wird. In dieser Spannung ist nun Raum entstanden für eigene Ideen. Einige Setianer nutzen das Liber Resh, um ihren Tagesablauf in vier gleich große Bereiche aufzuteilen. Um sich jeden Tag, jeden Abschnitt des Tages bewusster zu machen, blicken sie in einer inneren Rückschau zwischen Text I und Text II auf den vorigen Abschnitt zurück, also Mittags auf den Zeitraum von Sonnenaufgang bis Mittag, und bewerten diesen nach eigenen Maßstäben. Im Prinzip tun sie damit das gleiche, was jeder Mensch kennt, aber in der Regel nur nach der Beendigung großer Lebensabschnitte praktiziert (nämlich dann, wenn es ohnehin zu spät ist): Der Rückblick auf die Kindheit, die Jugend, das Junggesellenleben, die erste Ehe und so weiter. Einige wenige Menschen halten abends inne und lassen den Tag Revue passieren. Die meisten haben dazu jedoch keine Zeit, was in diesem Zusammenhang bedeutet: Sie nehmen sich keine. Es sind eher die Religiösen, die im täglichen Gebet eine solche Rückschau vornehmen.

Unabhängig von religiösen Bewertungen, der Aufzählung ihrer Sünden etc., macht eine solche Aufteilung durchaus Sinn, kann sie uns doch in die Lage versetzen, bewusster und mehr selbst bestimmt zu leben. So fragen sich auch Setianer durchaus: Was hatte ich mir vorgenommen für den Vormittag? Habe ich meine Ziele erreicht? Wenn nein, woran lag es? War es eine glückliche Zeit? Was werde ich mir für den Nachmittag vornehmen? Wie nutze ich meine Zeit? Über diesen ganz alltäglichen Nutzen hinaus, stärkt das Praktizieren des *Liber Resh* zum einen die Verbindung zu den natürlichen Sonnenkreisläufen anstelle der Verbindung zum Zeit-Diktat der Armbanduhr, zum anderen wird der Kontakt zur setianischen Energie mehrmals täglich erneuert, der Kraftstrom beginnt, aus unseren Ritualkammern in das tägliche Leben zu fließen. Vollziehe dieses kleine Ritual pünktlich und zuverlässig jeden Tag, an jedem Ort, laut oder leise, beim Mittagessen, Autofahren, am Fließband, beim Einkaufen, wo auch immer du bist. Es wird dich in seiner Wirkung überraschen.

HamSo

„Der Ton macht die Musik."

(Sprichwort)

Keine Sorge, was jetzt folgt, ist kein Kurs im Obertonsingen. Glück gehabt. Dennoch: Wer intoniert und den Einsatz der Stimme in seine Magie einfließen lässt – und dies ist bei ägyptischer Magie als klassische Wortmagie kaum zu vermeiden –, kann Nutzen daraus ziehen, sich zumindest oberflächlich mit Obertönen auseinander zu setzen und auf diesem Weg der klanglichen Wirkung von Stimme mehr Aufmerksamkeit zu schenken.

Beim Obertongesang erklingen zwei Töne gleichzeitig: Über einem relativ gleich bleibenden Grundton „schwebt" ein oftmals helles, sphärisches Pfeifen. Ursprünglich entstammt der Obertongesang dem zentralasiatischen Raum. In Tibet, Tuva, Sibirien und der Mongolei wurde er schon seit Urzeiten in rituellen Gesängen eingesetzt. Obertongesang lenkt unsere Aufmerksamkeit nach innen, erleichtert den Weg zur Meditation. Die Grundlagen des Obertongesangs kann sich jeder Mensch, der in der Lage ist, zu sprechen, in einigen Stunden aneignen, auch wenn dies natürlich nicht zur Bühnenreife reichen wird und man beim nächsten Tibet-Urlaub nicht unbedingt damit angeben kann.

Obertöne entstehen dort, wo harmonische Schwingungen auftreten, und können sich auch in für den Menschen unhörbaren Frequenzen bilden. Bewusst eingesetzt führen sie uns zurück in archaische Muster. Bei jedem gesprochenen Wort klingen Obertöne mit, denen wir jedoch im Alltagsgebrauch keinerlei Aufmerksamkeit schenken, unsere Konzentration richtet sich auf die Bedeutung der gesprochenen Worte und nicht auf die Klangfarbe, was natürlich nicht bedeutet, dass die Klangfarbe nicht unbewusst einen beträchtlichen Einfluss darauf haben kann, wie die Worte gewertet werden und ob der „Redner" bei den Empfängern seiner Botschaft ankommt.

Ablanathanalba

Verschließe die Ohren mit den Zeigefingern oder noch besser mit den Daumen und halte dir gleichzeitig mit den Händen die Augen zu. Sitze dabei aufrecht, aber entspannt. Singe mit konstanter Tonlage sehr langsam *Ablanathanalba*, wobei du das *A* jeweils sehr lang ziehst und die Übergänge zum nächsten *A* nur sehr leicht und weich betonst, die Konzentration liegt voll und ganz beim *A*. Um die Übung etwas lustiger zu machen, halte beim Singen die Lippen geschlossen und stelle dir vor, dass sich in deinem Mundraum eine Kugel befindet (Zähne aufeinander beißen ist also nicht!) Variiere beim Singen auch die Größe des Mundraumes, experimentiere! Beim *A* liegt die Zunge entspannt im Mundraum und berührt die Innenseite der unteren Schneidezähne. Bei den Übergängen tippt sie nur ganz leicht den Gaumen an. Möglicherweise hörst du ganz leise einige Obertöne, die den Grundton überlagern, sicher jedoch bemerkst du die Schwingung, in die dein Schädel und der Rest deines Körpers durch den Klang versetzt werden.

Nach einer Weile behalte die Daumen in den Ohren (aber pass auf, dass dich niemand sieht) und die Handflächen vor den Augen, zusätzlich halte dir jedoch nun mit beiden kleinen Fingern die Nase zu. Intoniere wieder *Ablanathanalba* mit geschlossenem Mund. Dir wird auffallen, dass es nicht funktioniert. Also lege die Lippen ganz leicht aufeinander, dass sie fast geschlossen sind, jedoch die Luft durch sie entweichen kann. Experimentiere auch mit dieser Lippenstellung eine Weile.

Dann öffne die Lippen wie beim normalen Sprechen und übe hiermit. Schließlich bewege die Lippen bei den Vokalen überbetont, öffne den Mund beim *A* viel weiter, als du dies normalerweise tun würdest. Bei all diesen Übungen halte die Ohren, die Nase und die Augen geschlossen, dann gib die Nase wieder frei und versuche einen Durchgang ohne geschlossene Nase, dann öffne auch die Ohren und intoniere weiter. Beobachte: Was verändert sich genau? In welcher Position entstehen die stärksten Schwingungen, wann hörst du Obertöne? Wie fühlt sich welche Position an, welche Schwingung ist schon unangenehm, bei welchen Klangfarben fühlst du dich wohl und was bedeutet „Wohlfühlen" aufgrund eines Klanges? Verwende das Intonieren des Ablanathanalba in deiner favorisierten Position als persönliche Falken-Meditation.

Gong, Au, Miau, Oui, Bird und Neu, a-o-u

In der gleichen Abfolge wie beim Ablanathanalba, also inklusive dem kontrollierten Verschließen von Köröffnungen, versuche das Wort *Gong*. Lasse die Zunge so, wie sie beim „ng" liegt, nun forme mit den Lippen ein *U*, dann gehe zum *O* über, schließlich bilde ein *A*. Dann hole erneut Luft und gehe zurück vom *A* über das *O* zum *U*.

Genauso übe mit Miau. Singe es sehr langsam: *Miäaou*. Umgekehrt: *Uoaäim*.

Dann nimm das französische Oui: *Wuüyi*. Und: *Iyüuw*.

Experimentiere auch mit Neu: *Noöyi*. Und anders herum: *Iyöon*.

Dann nimm dir das kehlige englische Wort *bird* vor. Betone das anfängliche *b* nicht und lasse das *d* am Ende außer Acht. Senke den Kehlkopf etwas ab, als wenn du gähnen müsstest. Presse die Zunge gegen die Backenzähne und erzeuge den konstant kehligen Laut. Dann spiele mit dem Klang, indem du langsam (!) die Zunge im

Mundraum hin und her bewegst, nach vorne und hinten schiebst und auch das Volumen der Mundhöhle variierst.

Integriere für dich funktionierende Übungen in deine Meditationspraxis.

HamSo-Meditation I

Setze dich in dein Asana. Das für diese Meditation verwendete Mantra entspricht der Zahl 8, der Zahl des Ablanathanalba in ihrer gestürzten Form als Unendlichkeitssymbol.

HamSo bedeutet: Ich bin Unendlichkeit.

Atme tief in den Bauch, aber ungezwungen, natürlich. Sollte deine Atmung mit zunehmender Entspannung etwas flacher werden, lasse dies ruhig zu.

Beim Ausatmen intoniere *Ham*, wobei du es durch deine Zungenstellung betonst wie zuvor das „ng" bei der Gong-Übung. Beim Einatmen flüstere stimmlos das langgezogene *So*. Beim Ausatmen lasse nachtblaue Energie durch dein Kronenchakra in deinen Körper fließen, entlang der Wirbelsäule bis zu deren Basis. Beim Einatmen ziehe diese Energie wieder hinauf zu deinem Dritten Auge. Von dort aus lasse sie mit dem nächsten Ausatmen zurück in deinen Beckenbereich fließen. Wiederhole diese Abfolge eine Zeit lang. Dann halte die Energie im Kopfbereich, indem du sie mit dem Ausatmen nicht mehr an deiner Wirbelsäule hinabfließen lässt, sondern dir vorstellst, dass eine zum Unendlichkeitssymbol gekippte 8 deine Augen umrundet, der Schnittpunkt in der Mitte der 8 entspricht exakt der Lage des Dritten Auges bei dir. Beim „So", d.h. beim Einatmen lenke deine ganze Aufmerksamkeit auf dein Drittes Auge, das beginnt, hell aufzuleuchten. Nimm das Licht wahr. Beim Ausatmen geht diese Lichtenergie über in den Kreislauf der 8 um deine Augen. Wiederhole auch diese Abfolge, solange du magst, mindestens aber rund 20 Minuten, höchstens eine Stunde, zumindest solange, bis du die Wirkungen dieser Arbeit selbst einschätzen kannst.

Experimentiere auch bei der HamSo-Meditation mit offenen und geschlossenen Augen, verschließe die Ohren und bediene dich der Variante, die Erfolg bringt.

HamSo-Meditation II

Wie bei der HamSo-Meditation I setze dich in dein Asana, vorzugsweise in den Drachen- oder Diamantsitz, und beginne beim Ausatmen, *Ham* zu intonieren und beim Einatmen *So*. Beim Ausatmen lasse nachtblaue Energie durch dein Kronenchakra in deinen Körper fließen, entlang der Wirbelsäule bis zu deren Basis. Beim Einatmen ziehe diese Energie wieder hinauf zu deinem Dritten Auge. Von dort aus lasse sie mit dem nächsten Ausatmen zurück in deinen Beckenbereich fließen. Wiederhole diese Abfolge eine Zeit lang.

Dann lasse die nachtblaue Energie beim Ausatmen und beim Intonieren des „Ham" an deiner Wirbelsäule entlang nach außen fließen, diese bildet einen nachtblauen Energiestrahl nach Norden, der endlos weit entfernt im Horizont verschwindet und auch beim Einatmen dort verbleibt. Dieser Energiestrahl ist innen hohl, bildet eine Art Tunnel, der von dir aus bis in den Horizont reicht, um später dort Kraft zu „zapfen". Es handelt sich also im direkten Nudelvergleich eher um Makkaroni als um Spaghetti. Beim „So" bzw. beim Einatmen sammle erneut Energie in dir, beim neuerlichen

Ausatmen sende einen Energiestrahl endlos weit nach Westen. Ebenso folgen Energiestrahlen nacheinander nach Süden und Osten. Mit diesen Strahlen hast du Tunnel erschaffen, um die Energie der Elemente zu dir zu ziehen.

Ziehe nun beim „So" zeitgleich die Essenz der Elemente durch die Tunnel in deinen Beckenbereich. Beim „Ham" lasse dein Bewusstsein wieder entlang der Tunnel in den Horizont fließen, um dort beim „So" weitere Energie abzuholen. Vollführe dieses Sammeln von Energie solange, bis du einen starken Überdruck im Beckenbereich verspürst. Identifiziere deine Wirbelsäule mit dem Lingam des Set, dein Becken mit dem Schoß des Set, deine Kopfhöhle mit der Yoni der Nephtys. Die Kraft jedoch, die vom Lingam in die Yoni drängt, ist die schöpferische Macht des Westfalken. Beim Einatmen steigt die nachtblaue Energie empor am Lingam des Set und erfüllt die Yoni der Nephtys. Beim Ausatmen bzw. beim Intonieren des „Ham" sinkt die Kraft zurück in den Schoß des Set. Wenn du dich ganz in dieser Vorstellung auflöst, verfahre weiter wie zuvor, jedoch ist die Yoni der Nephtys nicht länger vom Schädel begrenzt, sondern endlos weit, die Unendlichkeit des tiefblauen Nachthimmels, der sich mit der nachtblauen Kraft des Westfalken vereint, wenn seine Macht durch den Lingam des Set beim „So" empor drängt. Beim Ausatmen fließt die Energie zurück in den Beckenbereich des Set, um dann wieder empor zu schießen in den Nachthimmel in der Verzückung der Vereinigung.

Nach einer Weile verfahre wie zuvor, jedoch stelle dir nun auch den Schoß, das Becken des Set als unendlich vor. Beim „So" drängt die Energie in den nachtblauen Himmel und vereinigt sich mit ihm, beim Ausatmen fließt sie zurück durch den Lingam des Set in die Unendlichkeit seiner Zeugungsfähigkeit, in die Unendlichkeit der Basis deiner Wirbelsäule, die nunmehr richtungslos schöpft aus dem Nichts für das Nichts, aus dem Ewigen für das Ewige, aus dem Alles für das Alles, aus dem All für das All. Fahre fort mit dieser Arbeit, bis du selbst ein Einiger bist und der Rest deines Bewusstseins eins wird mit der Unendlichkeit.

Life everlasting, world without end.

Osiris und der Falke des Westens

„Deine Töchter und deine Söhne haben die ganze Erde durchsucht
und den großen Osiris gefunden, den sie in Fesseln zu dir führten.
Sie sind es, die im Bunde mit dir kämpften gegen die Götter,
sie sind es, die des Himmels doppelte Falten schlossen
und einschläferten die Schlange, die man nicht anschauen kann,
die zum Stehen brachten Meer, Fluten, der Ströme Gewässer,
bis du Herr wurdest über dieses Reich."

(Nebet-Het, die Herrin des Tempels)

Diese Arbeit kannst du als Technik der leeren Hand durchführen, indem du alle Hilfsmittel visualisierst, du kannst aber auch ein Uas-Zepter und andere Hilfsmittel verwenden, oder aber du begehst dieses Ritual in meditativer Versenkung. Ebenso kannst du es in einen größeren Rahmenritus einbetten.

Set triumphiert in dieser Arbeit über seinen „Feind" Osiris, den Stillstand. Indem der Satanist wie Set Osiris tötet, entthront er die inneren Götter. Er stürzt das Überkommene, Alte in den Staub. Hier liegt die Kernbedeutung der ursprünglichen Schwarzen Messe. Es geht um das Brechen der eigenen Tabus, das rituelle „Verarschen" der eigenen Werte, das Entthronen des fetten Gottes hinter unseren Stirnen. Wohlgemerkt geht es NICHT um das Brechen der Tabus irgendwelcher Leute, das ist nur ganz selten lustig und fast nie wirklich sinnvoll. Dem Allerhöchsten den Allerwertesten zuzudrehen, wirkt nur befreiend, wenn wir unser eigenes Idol in den Staub treten. Es steht geschrieben: „Jeder, der sagt: du sollst, ist mein Todfeind." Was aber ist der Sumpf der Fraglosigkeit, in dem keine Rebellion keimt? Setze dort Fragezeichen, wo kein anderer zu fragen wagt. Stelle alles in Frage, auch dich selbst. Satanismus ist die Antithese zum Konformismus und zur Herdenmentalität. „Er ist ein erprobtes und ausgefeiltes Paket von Prinzipien und Übungen, die den Einzelnen von der Gefahr befreien sollen, sich mit jener Geistlosigkeit anzustecken, die jegliche Innovation zunichte macht. Ich habe meinen Denkansatz ‚Satanismus' genannt, weil diese Bezeichnung stimulierender klingt. Selbstdisziplin und Motivation können unter stimulierenden Bedingungen viel leichter erreicht werden. Satanismus bedeutet ‚Widerspruch' und schließt sämtliche Symbole des Nonkonformismus ein. Satanismus ruft die starke Fähigkeit hervor, eine Neigung in einen Vorteil umzuwandeln und Entfremdung in Exklusivität. In anderen Worten, es heißt Satanismus, weil es Spaß macht und weil es exakt und produktiv ist." (Anton Szandor LaVey). Alles, was Satanismus für den Einzelnen ist, ist Teil eines dynamischen Prozesses und steht oftmals im Widerspruch zu dem, was Satanismus für die gleiche Person am Tag davor war. Jede Überzeugung tendiert dazu, sich die Krone der Wahrheit aufs Haupt zu setzen und sich stolz auf dem Thron des Osiris niederzulassen, bis ein satanisches Fragezeichen mit dem ahrimanischen Prinzip des Zweifels daherkommt und die Regentschaft der „absoluten Wahrheit" zwischen den Mühlsteinen des Xeper etwas ungemütlicher gestaltet. Osiris ist eine Identifikationsfigur für den Einzuweihenden, der von Set initiiert wird. Wir sollten uns deshalb auch hier davor hüten, in bekannten Kategorien von Gut und Böse zu denken und nun Set als gutes Wesen und Osiris als lebensfeindlich-statisches, also böses Wesen zu sehen: Set und Osiris sind zwei entgegengesetzte Impulse, die jedoch einander bedingen. Der Satanist arbeitet jenseits der „Vorurteile Gottes", wie Nietzsche Gut und Böse beschrieb.

Bereite dich auf die folgende Arbeit vor durch die Übungen aus dem Kheper-ka-t, A hunnu Set und A hunnu Nephtys, wie in Teil II beschrieben.

Du befindest dich nun in deinem Tempel, gebildet aus dem Kopfschmuck der Nephtys, über dir ist die Schale der Nephtys und vor dir der kleine Winkel in ihrem Kopfschmuck als Altarbank. Visualisiere auf dieser Bank einen mächtigen Falken und sprich zu ihm: *„Falke des Westens, du Leben im Tod. Du Tod im Leben. Führe mich den dunklen Weg, du Sohn der Nut, du Herr der Toten und des Todes, du Tod des Osiris. Nimm mein Fleisch als beständiges Opfer auf deinem Altar. Öffne mir die Tore des westlichen Horizonts. Zeige mir dein Mysterium. Erfülle mich mit deiner Macht. Verbinde meine Knochen erneut, lasse mich in jedem Augenblick des Lebens* *auferstehen und unter den Werdenden sein. Ich bin der, der gemeinsam mit dir die ganze Welt durchsuchte und den großen Osiris fand, den ich in Ketten zu dir bringe. Ich bin der, der dich im Krieg mit den Göttern begleitete! Ich bringe vor dein Antlitz Osiris als gebundenen Gefangenen!"*

Bei diesen Worten öffne weit die Arme. Der Falke entreißt deinem Körper den „gefesselten Osiris". Dies kann etwas sein, das deiner Vergangenheit entspringt, eine Eigenschaft, die Stagnation und Erstarrung bedeutet, ein Lebensumstand, eine Verhärtung im Fluss des Lebens, eine Erinnerung, die dich schon lange quält. Der Falke des Westens greift Osiris fest in seine Klauen und fliegt mit ihm in die untergehende Sonne davon. Doch er hat etwas zurückgelassen, das nun auf dem Altar liegt. Das aus-Zepter seiner Kraft.

Uas

Das Uas-Zepter ist ein Zeichen, eine Art Fetisch, das von vielen Göttern und den Gott gleichen Pharaonen getragen wurde als Symbol für Heil, Glück und Macht. Den Toten wurden aus-Zepter als Grabbeigabe mitgegeben, um ihnen ihr Heil und Glück auch im Jenseits zu sichern. Unter dem Zeichen der Himmelsgöttin Nut war es ein Zeichen für Dunkelheit und erinnerte an einen Blitz, der aus dem Himmel herab zuckt. Die Vorläufer der Hieroglyphen wurden im mittelägyptischen Abydos gefunden. Sie befinden sich auf kleinen Elfenbeinplatten und sind ca. 5300 Jahre alt. Auf einer dieser Schriftplatten befindet sich etwas, das von den Forschern als „Himmelsblitz" beschrieben wurde. Dieser Himmelsblitz unter einer Gewitterwolke erinnert sehr an das Uas-Szepter der Stärke und der Macht, das, vom Kopf eines Caniden gekrönt, wahrscheinlich eine Set-Darstellung ist. Unten ist das Zepter gegabelt und erinnert an das Geburtsmesser des Set, gekrönt wird es von einem stilisierten Set-Kopf. Als Zeichen der Stärke ist es ein Überbleibsel aus Zeiten, in denen Set dem König die Macht verlieh. Mit Band und Feder war es Symbol des thebanischen Gaues und wurde Uaset genannt.

Ergreife dieses Zepter, halte es als Zeichen der Macht, die dir soeben verliehen wurde, triumphierend empor und lasse den setianischen Kraftstrom in dir fließen:

„Ich bin der Schöpfer des Tages und der Nacht, ich bin der Herrscher über die Höhe des Himmels und die Tiefen der Duat und Meister aller Dinge, die dazwischen existieren.

Ich bin das Oben und das Unten, das Alpha und das Omega, der Mann und die Frau, der Gott und das Tier, der Stein und die Pflanze, die Wolke und das Meer. Ich bin der unsichtbare Gott im Herzen jedes Sterns und lehre die Welt das Wissen um mein unsterbliches Feuer! Ich bin Unendlichkeit!

Ich vereine und trenne, gebe Leben und Tod. Ich bin der Herrscher dieses Äons, die Schlange der Erkenntnis umwindet mein Herz! Mein Wille verwirklicht sich in dem Moment, in dem sich die Idee als Gedanke in mir formt. Meine Stimme erhebt sich im grollenden Donner und zuckt hernieder auf das Ziel meines Willens, wie der nächtliche Blitz die Dunkelheit durchschneidet und sein Ziel findet."

Zeige mit dem Zepter auf das Symbol deines Willens (zum Beispiel auf eine Sigill, ein Foto, einen niedergeschriebenen Willenssatz, ein Bild, eine Figur,...) und beobachte, wie die Kraft des Zepters deinen Willen im Universum wirkt. Schließlich danke dem Falken des Westens und beende das Ritual.

Der träumende Falke

„Beende deine Existenz als Traum Gottes.
Werde selbst ein Träumer."

(Ed Stoiber II.)

Wenn du dich heute abend zum Einschafen niederlegst, dann stelle dir vor, dass du ein Falke bist, der sich stolz von einem Baum im fruchtbaren und grünen Nildelta erhebt, über Dörfer hinweg fliegt bis in die westliche Wüste Descheret. Du gleitest in der Sonne des Mittags über die endlose Wüstenlandschaft. Alles, was sich verändert, ist, dass die Zeit rückwärts zu laufen scheint. Du gleitest immer weiter nach vorn, dem Horizont entgegen, unter dir nichts als die endlose Wüste Ägyptens. Doch die Sonne wandert nicht zum westlichen Horizont, sondern versinkt im Morgengrauen im Osten, um dann die verheißungsvolle Dunkelheit, die den Sonnenaufgang anzukündigen scheint, über das weite Land zu legen. Dann gleitet die Sonne rückwärts dem Abend entgegen durch die Duat, während du weiter unter den Sternen der Nut dahin gleitest auf dem Flug des Falken. Schlafe in dieser Vorstellung ein und schaue einfach, was passiert.

Jeder Mensch verschläft rund ein Drittel seines Lebens, ganz ohne Mithilfe eines Anästhesisten. Frau Merkel, George W. Bush, Saddam Hussein, Bin Laden, Gerhard Schröder, Mozart, Michael Jackson, Madonna, Bill Gates, Adolf Hilter, Nicole Kidman, Stalin, Frank Sinatra, Aleister Crowley, Anton Szandor LeVey und Pocahontas versanken oder versinken noch immer nach vollbrachtem Tagewerk in dem dunklen Abgrund des Schlafes, um dort zu vergehen, dann wiedergeboren zu werden in die fremde Welt unserer Träume und schließlich mit dem Morgengrauen wieder aufzuerstehen als bewusstes Wesen (na ja, vielleicht außer Herr Bush).

Der Tod ist der große Schrecken unseres Lebens. Seltsamer Weise haben die wenigsten Menschen Angst vor dieser völligen Auflösung des Egos, vor diesem die uns so wichtig erscheinende Kontrolle über unser Leben verschlingenden Monstrum namens Schlaf. Sterben und Einschlafen markieren den Beginn einer Reise ins Dunkel, in das Unbekannte, zu der man allein aufbrechen muss.

In unserem mehr oder minder magischen Alltagsleben versuchen wir, Bewusstheit und Eigensteuerung in die entlegensten Winkel unseres Daseins zu tragen, doch den Schlaf klammern wir gerne aus, bildet die Nachtzeit der Ruhe doch jenen Riss in unserer Weltordnung, durch die der fahle Lichtschein des Chaos in unser aufgeräumtes Leben dringen kann.

Die tibetischen Meister, die Techniken der Traumarbeit entwickelten, dachten durchaus ökonomisch. Selbst, wenn sie täglich sechs Stunden meditierten, wurden sie die restlichen achtzehn Stunden vom umherwirbelnden Samsara abgelenkt, so begannen sie, die Stunden des Schlafes für ihre Arbeit zu nutzen. Sie erreichten das Ziel, in den endlosen Ländern des Traumes jene Bewusstheit aufrechtzuerhalten, die sie auch am Tage auszeichnete. Sie nutzen die Traumzeit wie den Wachzustand, um an der großen Befreiung zu werkeln, darüber hinaus bereitete sie die Nachtarbeit auch auf ihren eigenen Tod vor, den großen Bruder des Schlafes. Über den Tod hinaus Bewusstheit zu erhalten ist jedoch, freilich aus unterschiedlichen Beweggründen, auch das Ziel manch eines Magiers des linken Pfades.

Zweifelsfrei kann in diesen wenigen Zeilen nur an die Wirksamkeit dieser Techniken erinnert und die einfache Behauptung aufgestellt werden, dass völlige Bewusstheit im Traum für jeden Menschen durch Übung erreichbar ist. Dies eröffnet uns die Möglichkeit, die Zeit des Schlafes zu nutzen, um Spaß zu haben, unsere Primärziele weiter zu verfolgen über das Tagesbewusstsein hinaus, Zauber zu wirken im Schlaf, in dem die Grenze zum Unbewussten nicht mehr aus Mauern besteht, sondern aus feinen Schleiern, an unserer Befreiung zu arbeiten, an unserem Weiterleben nach dem Tod in einer Form unserer Wahl zu wirken, und dergleichen mehr.

Wie erreicht man Bewusstheit? Indem man beobachtet, sich erinnert, vergleicht, bewertet. Nimm eine Tüte Popcorn, greife ein beliebiges Stück heraus und betrachte es, studiere es. Dann leg es zurück zu den anderen in der Tüte, vermische sie, dann schütte alle Popcorn-Stücke auf den Tisch und versuche, „dein" Stück Popcorn wiederzufinden. Wende dich willentlich den Kleinigkeiten des Lebens zu und du erreichst Bewusstheit, übe ruhig an lächerlich kleinen Dingen wie Popcorn, denn je größer und bedeutender die Beobachtungsobjekte sind, desto eher neigt der Mensch dazu, eine Religion zu gründen. Wenn du es schaffst, aus Popcorn eine Religion zu machen, dann beeindruckst du mich zutiefst und ich konvertiere freiwillig.

Ich weigere mich, an dieser Stelle, bei der es um deine Träume geht, feste Rezepte zu bieten, daher hier lediglich ein Beispiel.

Ein Zyklus beginnender Traumarbeit kann zum Beispiel wie folgt angegangen werden:

Erinnere dich morgens an deine Reise in das Reich des Schlafes: Schreibe alles, was du noch weißt, nieder in ein Traumtagebuch wie ein Wissenschaftler, der ein Experiment beschreibt. Dazu gehört auch: Wann bist du eingeschlafen, wie lange hast du geschlafen, wie kurz oder lang nach dem Aufwachen kannst du dich am Besten an deine Träume erinnern? Zu welcher Aufwachzeit ist der letzte Traum noch am meisten präsent? Erinnerst du dich vielleicht später am Tag wieder an Bruchstücke deiner Träume, die du direkt nach dem Aufwachen vergessen hast?

Dann verkürze deine Schlafphasen: Stelle dir alle drei Stunden einen Wecker und schreibe ins Traumtagebuch, bevor du weiter schläfst. Dann verkürze die Zeit auf zweieinhalb Stunden, dann auf zwei, auf eineinhalb, eine Stunde, dann lasse dich jede halbe Stunde wecken.

Beginne nun, deinen Biocomputer mit einer Reisehaltung zu programmieren. Nimm eine Einschlafhaltung ein, die du ab sofort nur verwendest, wenn du Elemente deiner Traumwelt bewusst bestimmen willst. Dies kann zum Beispiel der ganze oder halbe Lotus sein oder du verschränkst die Beine zum „Schneidersitz", lässt deinen

Oberkörper dann nach hinten sinken. Lege deinen Oberkörper und Kopf jedoch etwas erhöhter als sonst.

Dann beginne, über dir ein Landschaftsbild zu visualisieren. Vielleicht nimmst du ein Urlaubsfoto, denn die Erinnerung hat es hierbei etwas leichter, dieses Bild wieder zu beleben. Dieses Bild visualisierst du über dir, es beginnt zu strahlen, das Licht wird von deinem Dritten Auge aufgenommen. Schließlich gleitet das Bild vollständig durch dein Drittes Auge in dich hinein, die Landschaft breitet sich nun vor deinem inneren Auge aus. Halte diese Vorstellung bis zum Einschlafen.

Mit einiger Übung werden sich die Geschehnisse in deinen Träumen, die sich nach wie vor deiner Kontrolle und Steuerung entziehen, an diesem Bild orientieren, eine Reaktion auf das Bild darstellen oder einfach in der vorgegebenen Landschaft stattfinden. Trage deine Erfolge und Misserfolge in dein Traumtagebuch ein.

Bringe auf diese Weise nach und nach immer mehr Elemente willentlich in deine Träume ein. Du kannst zum Beispiel beginnen, Sigillen in deinen Traum zu schmuggeln und durch bewusstes Träumen zu laden usw.

Ein Traum wird an keinem Punkt eine reine Fantasiereise werden, denn die unbekannten, überraschenden Elemente werden immer überwiegen, genau wie unser Ich an jedem Tag unseres Lebens immer wieder mit dem Nicht-Ich konfrontiert wird. Manchmal auf angenehme, gelegentlich aber auch auf sehr unangenehme Art und Weise. Jedoch wirst du immer bewusster selbst aktiv in den Traum eingreifen können, ihn zu einem Teil deines Lebensweges machen.

Beende deine Existenz als Traum Gottes. Werde selbst ein Träumer.

Aber bedenke:

„All that we see or seem
is but a dream within a dream."

(Edgar Allan Poe)

IX. Io. Der Wegebereiter

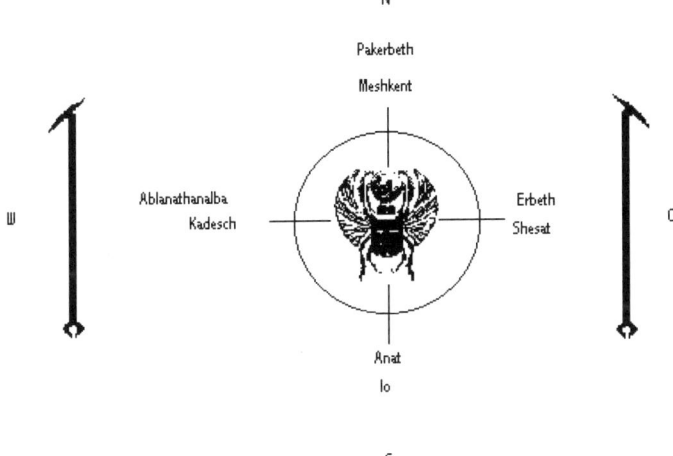

N

Pakerbeth

Meshkent

W

Ablanathanalba
Kadesch

Erbeth
Shesat

O

Anat
Io

S

Io, der Krieger des Südens

„Es handelt sich nicht um ein Vorangehn
(damit ist man bestenfalls ein Hirt, d. h. oberster Notbedarf der Herde),
sondern um ein Für-sich-gehen-Können, um ein Anders-sein-Können."

(Friedrich Nietzsche)

Io ist der eselsköpfige Gott des Südens, der das Geburtsmesser Pesh-Kent in seiner Hand hält und damit den Weg freimacht.

Er bildet die Kraft, die mit der Schwesterkraft Anats gemeinsam oft ungerichtet mit großer Macht nach vorn drängt, nieder ringt, was sich ihr in den Weg zu stellen wagt, in Grund und Boden schlägt, was nicht fest steht und nur Asche verbleibt, wenn Io den Weg des Feuers gegangen ist. Doch aus der Asche entsteht der sagenumwobene Feuervogel Phönix, der sich zu neuerlichem Dasein erhebt. Io ist der Gott, der sich erhebt und ausruft: „Ich bin!" Wenn der Magier mit Set verschmelzen will, so ruft er „Io Set" und wird Io.

Pesh-Kent

Der Esel war ein typisches Set-Tier in Ägypten, entweder wurde Set selbst als Esel dargestellt oder aber der Esel galt zumindest als Helfer des Set mit typhonischen Kräften. Dem Esel selbst war zwar kein eigener Kult geweiht, jedoch spielte er der Religion eine vielfältige, wenn auch oftmals zwielichtige Rolle. In der Duat gab es eine Vielzahl Wächter mit den Köpfen von Eseln, sie wachten über die Pforte zur Duat und über die Verstorbenen. Damit sind sie bereits mit dem Aspekt des Set als Gott der Unterwelt und Führer der Verstorbenen fest verbunden. Es existieren Darstellungen, auf denen der Esel als Totenwächter von einer gewaltigen Schlange bedroht wird. Es sind die Verstorbenen, die dem Esel zu Hilfe eilen und die Schlange töten. Wahrscheinlich war der Esel bereits in Zeiten vor dem Alten Reich, als dieser noch als Fruchtbarkeitsgott galt, fest mit Set verbunden, darauf weisen auch Statuen hin, die den Esel bei der Vereinigung mit einer Frau zeigen.

Der Esel wurde jedoch nicht nur mit Set, sondern auch mit Apophis in Verbindung gebracht. So sind es 77 Esel, die sich kurz vor Sonnenaufgang der Sonne entgegenstellen, um ihre Wiedergeburt zu verhindern.

Insgesamt entwickelte sich der Esel wohl zu einer Art Sündenbock fast alttestamentarischen Ausmaßes, denn er wurde als Entführer des ermordeten Osiris gesehen, der das den toten Osiris beherbergende Korn vom Feld trug. Natürlich konnte der Esel hierfür reichlich wenig als geplagtes Lasttier, sondern es war vielmehr der Mensch und Bauer, der den Esel für seine Zwecke „einspannte".

Beim Osirisfest wurde ein Esel mit einer Lanze durchbohrt, um symbolisch Set zu töten, und selbst die Hieroglyphe für „Esel" wurde mit einem Messer versehen, um den Esel bereits in der Wort- und Schriftmagie zu bezwingen.

In der Spätzeit nahmen die Darstellungen zu, die Set mit dem Körper eines Mannes und dem Kopf eines Esels darstellten, in den späteren gnostischen Vorstellungen hatte diese Darstellung das ursprüngliche Settier mit dem Canidenkopf fast vollkommen verdrängt.

Io selbst wurde gerade in den griechischen Zauberpapyri immer wieder in Verbindung mit den weiteren typhonisch-gnostischen Aspekten des Set genannt: Pakerbeth, Bolchoseth, Erbeth, Ablanathanalba, Patathnax.

Das Pesh-Kent deutet ebenfalls auf Set hin, der nicht auf natürliche Weise von Nut geboren wurde, sondern sich selbst „vor seiner Zeit" aus ihr herausschnitt und aus eigener Kraft ins Dasein gelangte. Dieser Umstand liefert die Erklärung, warum er nicht wie die anderen Götter am Abend von Nut verschlungen wird und stirbt, um am nächsten Morgen von der Mutter Nut neu geboren zu werden. Er ist der Ungeborene, einer seiner Kultnamen ist Set-Heh, der ewige Set, der niemals stirbt und dadurch der Gott wurde, der freien Zugang zu allen Regionen des Lebens und des Todes hat. Er ist der Initiator, der Isolierer jenseits der Macht der Kreisläufe. Aus diesem Grund waren die Circumpolarsterne, die nie am Horizont versanken und „starben", fest mit Set verbunden. Doch Sutuach ist auch der Isolierer, der uns von der Herde trennt, der Initiator, der uns vom Reich der Kreisläufe und des „Es ist" abkoppelt und in das unbekannte Land des „Ich werde" einweiht. Er ist der Feuerträger in der Hitze des Mittags, wenn die glühende Sonne im Süden steht und auf uns niederbrennt.

„Die brennende Sonne im Süden, der heran eilende Sandsturm, die Wege zur rettenden Oase, der Sand unter euren Füßen: All dies ist ER." (Nebet-Het, die Herrin des Tempels)

Er ist Set im Süden, der erhöht wird in der Mitte des Kreuzes im Kreis, in der Gestalt des Sutech, der die Flammen des Io in den Wassern der Kadesch zu zischenden Dämpfen der Erhöhung löscht und dadurch das Instrument des Aufstiegs errichtet, das die Ägypter Set-Leiter nannten: „*ER ist immer die Mitte, wenn Wege sich kreuzen, wenn Elemente sich treffen, wenn das Morgen das Gestern nieder ringt, wenn Feuer und Wasser sich auslöschen. Nach IHM streben alle Dinge, alles Leben, und doch fürchten sie ihn, denn er ist der große Initiator auf allen Stufen der Lebensleiter, nein: ER ist die Leiter selbst.*" (Nebet-Het, die Herrin des Tempels).

Der Ruf an den Feuerträger

„*Wer mich böse nennt, der ahnt nicht das Ausmaß meiner Finsternis.*"

(Nebet-Het, die Herrin des Tempels)

Setze dich in Robe oder nackt ins Drachenasana vor deinen Schrein NAOS, entzünde eine schwarze Kerze, blicke auf das Bild oder Symbol des Set und sprich folgende Anrufung. Wenn es deinem Willen entspricht, bette die Anrufung in einen Rahmenritus ein oder bereite dich und deine Umgebung vor durch Bannung, Räuchern, Reinigung der Luft usw.

„*Ich rufe dich, Feuerträger, Siebengestirn, Wüstensturm, du hast Apep mit deiner Lanze gezwungen, die Wasser des Lebens auszuspeien. Du triumphierst über Apep, der das Urmeer austrank, um die Fahrt der Barke zu beenden. Du bekämpfst Janka unter deinem Namen Teschub.*

„Ich bin der Schöpfer der Flammen"

Dich rufe ich im Namen des Niedrigsten, das kriecht auf der Erde, und des Höchsten von Allem, der Essenz des endlosen Weltenspiels. Dich rufe ich an, dich: Zepterhalter und Herrscher der Zeptergewalt dort oben, Gott der Götter, Dunkelerschütterer, Donnerbringer, Stürmischer, Nachtdurchblitzender, Kälte und Wärme Hauchender, Felserschütterer, der du Mauern erbeben machst, Wogenerreger, der Tiefe Erschütterer und Beweger.

Vor dir zittern Erde, Tiefe, Himmel, Sonne, Mond, der Sterne sichtbarer Chor, die ganze Welt. dich rufe ich an, der zuerst unter den Göttern die Waffe führte, dich, der über die Himmlischen das Königsszepter hält, dich, der droben mitten unter den Sternen ist, dich, den gewaltigen Herrn über die Fixsternsphäre, dich, den Furchtbaren und Schrecklichen und Schaurigen, dich, den Klaren, Unüberwindlichen, dich rufe ich, in Stunden, die ohne Gesetz und Maß sind, dich, der auf unauslöschlichem, zischendem Feuer schreitet, dich, der über dem Schnee und unterm finsteren Eis ist, dich rufe ich, Allbeherrscher, auf dass du dein Auge richtest auf die Schwestern und die Brüder der Schlange, dein Ankh richtest auf sie, dein Messer führst für sie, wie sie bereiten deinen Weg unter den Menschen.

Nimm auch mich unter deinen Schutz, lasse alles, was sich gegen mich richtet, verglühen in deinem Feuer.

Erfülle mich mit Freude am Weg, möge das ins Dasein Gelangte die ins Dasein Gelangenden ins Dasein geleiten.

Ich werde mich erneut erheben aus dem Sumpf der Bedrängung und meine Flügel mögen sich erneuern, so dass ich mit den Falken in das Tal der Ewigkeit fliegen kann. Lasse dein Wüten die Stille zerschneiden und meine Feinde stürzen, aus welcher Richtung sie auch kommen mögen. Lasse meine Gedanken sich klären und zu den Gipfeln richten, auf denen die Lust in einem prächtigen Tempel wohnt, dessen Säulen Leidenschaft und Liebe genannt werden, die sich in den Fels der Abscheu und des Hasses gebohrt haben.

Die Säulen tragen das Dach der Halle, in der wohnt der große König Phamoteb, dessen Heimstatt in Mendes längst verlassen ist und dem ein Platz geschaffen ist zwischen den Augen seiner Priesterschaft.

Höre auf mich, denn ich sage deine wahren Namen: Ioerbeth, Iobakerpeth, Iobolchoseth, Typhon, Phra, erhöre mich, großer Sutuach. Ich habe die ganze Erde durchsucht und den großen Osiris gefunden, den ich in Fesseln zu dir führe. Gib mir Macht und gewähre mir deine Gunst. Nimm mich auf in ewiger Vereinigung mit deiner Gestalt, gib mir Stärke durch deinen großen Namen.

Gib meinen Augen Sicht, gib meinen Armen Stärke, gib meiner Stimme Kraft, gib meinem Herzen Mut, gib meinen Gedanken Klarheit, gib meinen Sinnen Feinheit, gib mir aufrechtes Begehren und Durst nach der Krone von Allem, die Keine trägt auf ihrem Thron.

Öffne für mich den geheimen Weg des Willens und der Intelligenz, weit hinter den Pforten der Nacht, jenseits der Grenzen der Zeit. Dort treffen sich Dolch und Gral, dort entspringt der Drache dem heiligen Kreis. Ich rufe dich an unter deinen sieben Sternen, dich, der du die Erde erzittern machst und mit starker Hand den Pol drehst. "

Schreibe nun deinen Willenssatz auf ein Pergament und lege dies auf die Ziegelsteine im Naos. Dann fahre fort mit deiner Anrufung:

„Ich rufe alle Großmächtigen, Hochherrlichen, gewaltig Starken, Erdentsprossene, mächtige Urdämonen, die ihr seid des Chaos Boten, des Abgrunds Wächter, der Tiefe Bewohner, ich rufe euch, ihr schwarz Umwolkte, Unsichtbare, der Unterirdischen Führer, Erdgewaltige, Erdbewegende, mit dem Schicksal Ringende, Erhalter des Schreckens, des Schnees und Regens Erzeuger, in der Luft Laufende, Sommerhitze Erzeugende, den Wind Herbeitreiber, Herren der Zukunft, Dunkelgestalten, des Feuers Sender und Entflammer, Bringer des Schneesturms und des Taus, Windentsender, in Windstille Schreitende, durch Mut Überlegende, Herzkränkende, Starkherrschende, Abgrundbeschreiter, schwer lastende Dämonen, Eisenherzige, Wildzornige, Ununterjochte, Wächter der Duat, irreführende Schicksalsgeister, Allerspäher, Allhörer, Allunterwerfende, Himmelsschreiter, Atemspender, Leben Raubende, Polbeweger, im Herzen Frohe, Todknüpfende, der Gefallenen Rächer, Weise ohne Licht, Allherrscher, Unbekämpfbare, eilt hervor aus euren Wohnstätten und kommt herbei, um meinen Willen zu verwirklichen.

Denn dies ist der Wille des/der ... (magischer Name oder Motto). "

Gib nun deinen Willen frei an den Wind, der ihn zur Verwirklichung trägt. Verbrenne das Pergament auf den Steinen. Dann verstreue die Asche in alle Himmelsrichtungen. Wenn es dein Wille ist, einen Zauber an einem Gegenstand oder einem Wesen zu wirken, kann es sinnvoll sein, das Pergament oder dessen Asche in Kontakt mit dem

Gegenstand oder dem Wesen zu bringen. Es kann unter Fußmatten gelegt, im Vorgarten vergraben oder dem Essen beigefügt werden, unter das Auto geklebt, in die Zigarette gedreht oder unter die Matratze geschoben werden. Der Fantasie sind hier (wieder einmal) keine Grenzen gesetzt. Für sehr wirkungsvolle Zauber nimm die Asche, vermische sie mit flüssigem Kerzenwachs und drehe eine Kerze aus dem Gemisch. Dann lasse diese Kerze langsam abbrennen und gib so deinen Zauber allmählich frei und lasse ihn wirken.

Man glaubt es kaum, aber auch als Heilmittel kann eine solche Kerze wirkungsvoll sein, wenn sie zum Beispiel am Krankenlager eines lieben Menschen abgebrannt wird.

Ob Schadens-, Liebes- oder Heilzauber: Wenn möglich ein Stück des Adressaten (auch wenn man selbst der Empfänger ist) mit beimischen bzw. mit verbrennen, es muss ja nicht gleich ein Finger sein: Haare, Fingernägel, Spucke, Sperma, Blut, im Zweifelsfall ein persönlicher Gegenstand, ein Foto.

Der setianische Pfad

„Wir leben, erschaffen pompöse Illusionen über uns selbst, wir sterben.
Zu schade.“

(Blanche Barton)

Auszüge aus einem Vortrag, gehalten am 16.02.2000 e. v. anlässlich einer Dragon-Rouge-Zusammenkunft in der Taverne in Gelsenkirchen. Die oftmals rohe, empor drängende ewig geile Kraft des eselsköpfigen Io, die den Charakteristika des christlichen Satansbildes zu einem großen Teil entspricht, äußert sich in unterschiedlichen Strömungen. Einige seien hier kurz skizziert.

Xepera Xeper Xeperu

Eine sehr naheliegende Ausgangsposition, um Satanismus und Setianismus zu verstehen, ist das Christentum.

Dies bedeutet nicht, dass wir es beim Satanismus automatisch mit einem Antichristentum zu tun haben. Dennoch soll uns das Christentum für die folgenden Überlegungen als Orientierung dienen, sind wir doch alle in einem christlich geprägten Umfeld aufgewachsen. Einfach wäre es, die Antipode Gottes in Satan zu sehen. Alles, was Gott nicht ist, ist Satan. Dies funktioniert bei einem gütigen, lieben Gott, dann wäre Satan Hass, Gewalt, Zwietracht, das Böse schlechthin.

Da jedoch frei nach Nietzsche die heilige Vereinfachung das Holz ist, aus dem Scheiterhaufen bestehen, schauen wir uns ein komplexeres Bild an, denn bei einem allmächtigen Gott funktioniert diese Vereinfachung nicht, in ihm ist kein Platz für Satan.

Von Weizsäcker schreibt, dass positive Begriffe nur nach Verständnis der negativen und in Relation hierzu zu verstehen sind, so auch beim Christentum: Also müssen wir zunächst die christliche Ausgangssicht begreifen, indem wir versuchen, den positiven Grundgedanken des Christentums anhand seines grundlegenden negativen Begriffs zu verstehen.

Der negative Begriff des Buddhismus ist Leid („Alles Dasein ist Leid", Buddha). Das passende satanische Axiom wäre demnach: „Alles Dasein ist reine Freude; alles Leid ist nur wie ein Schatten, es geht vorüber und ist vorbei." (aus dem *Buch des Gesetzes* von Aleister Crowley).

Der negative Grundbegriff des Christentums ist Schuld. Der Satanist könnte nun entgegnen: „Es gibt keine Gnade, es gibt keine Schuld: Tu was du willst, ist das ganze Gesetz!" (ebenfalls aus dem *Buch des Gesetzes*). Doch beginnen wir vorn:

Am Anfang war die Unschuld.

Aus religiöser Sicht ist es die Unschuld des Garten Eden, psychologisch betrachtet die Unschuld des Unbewussten, biologisch gesehen die Unschuld der Instinktnatur der Tiere. Gemeint ist jene Unschuld, in der wir nicht verantwortlich sind für das, was wir tun, weil wir nichts von Verantwortung wissen.

Es ist hierbei vollkommen unerheblich, ob von einem anderen, höheren, vielleicht gar göttlichen Standpunkt aus eine Verantwortung, eine Schuld besteht.

In unserem Sprachgebrauch ist der Löwe, der eine Gazelle schlägt, natürlich Schuld am Tod der Gazelle, ganz im Sinne eines Verursachers.

Sicher aber fühlt er sich nicht schuldig und niemand kam bislang auf die Idee, dass Löwen göttliche Gnade für ihre sündigen Missetaten zuteil werden solle. Der Löwe tötet lediglich seinem Instinkt folgend, um zu fressen, und frisst, um zu leben, und lebt, um zu sterben. Er hat keine Wahl.

Schuld im christlichen Sinn hat also etwas mit einer Entscheidung zu tun, mit Wahlfreiheit, mit Bewusstsein und Willen, mit Intelligenz, die über die Instinktnatur hinausgeht. Dies trifft selbst für die Erbsünde zu, der ebenfalls eine Entscheidung vorausging.

In einer Missionsschrift schreibt die evangelische Volks- und Schriftenmission Lemgo: *„Gott hat uns die Fähigkeit zur Willensentscheidung gegeben. Er zwingt niemanden. Im Himmel wird es nur Freiwillige geben. In die Hölle aber werden viele unfreiwillig gehen müssen, weil sie Gottes Rettungsangebot nicht oder nur oberflächlich annahmen. Du stehst also vor der Entscheidung. Entweder du folgst Jesus Christus, der für dich am Kreuz gestorben ist und damit den Weg zu Gott freigemacht hat, oder dem Teufel, dem Zerstörer, der unsichtbaren finsteren Macht. Einen Mittelweg gibt es nicht. Wer keine Entscheidung fällt, befindet sich automatisch auf dem Weg des Verderbens. Denn unsere Natur ist immer gegen Gott* (vom Autor hervorgehoben)."

Der Mensch hat seine erste große, tragische Schuld auf sich geladen, da er vom Baum der Erkenntnis naschte, und bereits hier kam der Agent der Freiheit, der Teufel, die „ewige Schlange Satan" als Verführer ins Spiel. Und bei genauerer Betrachtung war er mehr als ein Verführer: Die „ewige Schlange Satan" hat den Menschen erschaffen, denn er hat zwei Maschinen, die von Gott zur Gartenarbeit gezüchtet wurden, eingeweiht in das Wissen um Gut und Böse, hat ihnen ermöglicht, zu unterscheiden, bewusst wahrzunehmen, und hat ihnen damit den Fluch des Leidens, aber auch die Freude der Lust am Leben und den Eigenwillen gegeben.

Doch was erkannte der Mensch im Garten Eden? Er erlangte Erkenntnis über etwas, was vorher schon da war, der Mensch erkannte, dass er nackt war, und schämte sich, er wurde sich seiner Instinktnatur bewusst, die ihm zuvor niemals gesagt hatte, dass man sich Feigenblätter vors Gemächt hält, wenn man dem anderen Geschlecht gegenübersteht.

Hier ist das große Ankerwort aller christlichen Religionsausformungen: Schuld. Wohin führt die Schuld? Direkt in das biblische „Jammertal", in das Hier und Jetzt, in dem der Teufel regiert, der „Herr der Welt", wie die Bibel – und nicht einmal die *Satanische Bibel* eines Anton Szandor LaVey – uns berichtet. In diesem Jammertal leben wir und sind von Täuschung umgeben, aufgespannt und verloren in der Dualität, fernab der Einheit des Paradieses. Wer den Himmel auf Erden sucht, hat möglicherweise im Erdkundeunterricht nicht aufgepasst.

Liebe und Hass, Vertrauen und Betrug, Tag und Nacht, Freude und Trauer, Gut und Böse, die gegensätzlichsten Dinge haben hier genauso Platz wie alles, was zwischen ihnen liegt.

Im christlichen Sinne laden wir uns in diesem Jammertal immer mehr Sünde auf, aus der es nur eine Rettung gibt. Bei den Katholiken ist sie von den Taten abhängig, bei den Protestanten ein Gnadenakt Gottes. Jesus von Nazareth nahm all unsere Schuld auf sich und opferte sich am Kreuz der Welt.

Wohin führt nun diese Gnade Gottes bzw. die Erlösung aus dem Jammertal? Für die Juden in die goldene Stadt, für die Buddhisten und Hinduisten in das Nirwana, indem die Individualität erlischt, da das Selbst mit dem Göttlichen verschmilzt. Wer Nirwana erlangt, ist frei vom Kreislauf der Wiedergeburt und muss nicht mehr inkarnieren. Heim in das Reich Gottes, in eine neue Unschuld, in die *unio mystica* des abendländischen Mystikers, die erneute Einheit mit Gott.

Der negative Kernbegriff, wahlweise wurzelnd in der Natur des Menschen oder im Wirken des Teufels, ist Schuld, der demnach positive Kernbegriff Unschuld. *„Denn ihr müsst unschuldig sein wie die Kinder, um in das Reich Gottes zu gelangen."* Das gesamte Christentum besitzt als Ausgangsposition die vergangene und zukünftige Unschuld, die ewige göttliche Einheit, denn diese Welt hat ein Verfallsdatum wie ein Pfund Butter.

Wie ist das nun beim Satanismus? Grundlegend stelle ich die Behauptung auf, dass sich Satanismus in allen Spielarten vom „Reich des Teufels", dem so genannten Jammertal, ausgehend versteht. Aus satanistischer Sicht müsste das, was Christen positiv nennen, negativ sein, wenn wir der These Weizsäckers folgen und annehmen, dass Satanismus überhaupt noch in Relation zum Christentum zu verstehen ist. Versuchen wir es, indem wir das christliche Weltbild in alter satanischer Tradition umdrehen. Wir müssten dann verschiedene Spielarten des Satanismus höllisch gut einsortieren können.

Nehmen wir exemplarisch die *Church of Satan*, offizielle Kirche Satans, sicherlich die Bekannteste und größte Organisation, die sich explizit „satanisch" nennt.

8. Satanischer Grundsatz: *„Satan bedeutet alle so genannten Sünden, denn sie alle führen zu physischer, geistiger oder emotionaler Erfüllung!"*
Hier sollte der Ausgangspunkt jeder Überlegung klar sein, es geht um Erfüllung im Hier und Jetzt, im christlichen Jammertal.
3. Satanischer Grundsatz: *„Satan bedeutet Sinnesfreude statt Abstinenz!"*
Hier werden die Früchte des Lebens nicht asketisch zurückgewiesen, sondern ausgekostet, gelebt.
Aus dem *Buch Satan*: *„Ich breche mit allen Konventionen, die nicht zu meinem irdischen Erfolg und Glück beitragen!"*
2. Satanischer Grundsatz: *„Satan bedeutet Lebenskraft statt Hirngespinste!"*
Und doch bleibt LaVey nicht an diesem Punkt stehen, sondern er fordert den Menschen nicht nur dazu auf, sich auf seine Natur zu besinnen (erinnern wir uns an die christliche Missionsschrift: „Denn unsere Natur ist immer gegen Gott"), sondern er stellt diese Natur auf eine Stufe mit der tierischen Natur, wenn er schreibt: *„Satan bedeutet, dass der Mensch lediglich ein Tier unter anderen Tieren ist. Ist es natürlich, dass Feinde einander Gutes tun? Kann das zerfetzte und blutige Opfer das blutverschmierte Maul lieben, das ihm Stück für Stück seine Gliedmaßen abreißt? Haben wir nicht alle den Instinkt räuberischer Tiere? Könnten die Menschen weiter existieren, wenn sie völlig damit aufhörten, einander zur Beute zu machen? Warum sollte man keine Religion haben, die auf Sinnesfreude/Indulgence beruht? Sie steht auf jeden Fall im Einklang mit dem Wesen des Tieres. Der Satanismus bestärkt seine Anhänger darin, ihren natürlichen Trieben nachzugeben. Die reinste Form fleischlicher Existenz lebt in den Körpern von Tieren und Kindern, die noch nicht alt genug sind, sich ihren natürlichen Bedürfnissen zu verweigern."*
Aus einer tiefen Verzweiflung und Frustration über die „real existierende Menschheit", (LaVey beschrieb sich gern als eine das Leben liebende Person, die sich aber in einer todessehnsüchtigen Welt wiederfand), aus seiner Misanthropie heraus sehnte er sich auch durch das Gesetz des Dschungels, das er proklamierte, zurück in die Unschuld des Tieres.
Doch LaVey will kein bewusstloses Vegetieren, denn seine „Indulgence", sein „sich hingeben", erfordert eine Entscheidungsfreiheit; es geht ihm um eine bewusste, eigenverantwortliche Entscheidung zugunsten der Triebnatur.
Der LaVeysche Satanist kann im Gegensatz zum Löwen gegen seinen Instinkt handeln. Es geht hier also nicht um ein christliches Paradigma, es wäre unzulässig, die *Church of Satan* auf dem Rückweg in den christlichen Garten Eden einzuordnen.
Blanche Barton nach dem Tod LaVeys im Oktober 1997 in einem katholischen Krankenhaus: *„Es gibt keinen Platz für ein Leben nach dem Tod in Anton Szandor LaVeys Philosophie. Wir leben, erschaffen pompöse Illusionen über uns selbst, wir sterben. Zu schade. Und doch, wenn wir genug andere Menschen faszinieren, irritieren, inspirieren oder terrorisieren, wird man sich an unsere Namen erinnern. Dr. Anton Szandor LaVey hat sich dieses Recht verdient."*
Auf der anderen Seite sehen wir *Thelema*, von außen immer wieder als satanistisch eingestuft, von Thelemiten selbst wird dies oft jedoch als Vorwurf gesehen und weit von sich gewiesen. Crowley selbst wird heute gerne als Begründer des Neo-

Satanismus angesehen, fraglich ist nur, was er selbst von diesem Titel gehalten hätte, hat er doch nicht wirklich viel für die „Schwarzen Brüder" übrig gehabt. Treffender wäre es wohl, LaVey diesen Titel zu verleihen, schließlich befreite er den Satanismus aus dem reinen Antichristentum und machte ihn zu einer eigenständigen „Religion".

Thelema ist der Bereich, der am schwersten zu durchleuchten ist, da ein Crowley an einer Stelle die Existenz Satans verleugnet, ihn an anderer Stelle mit Adonai gleichsetzt und ihn an dritter Stelle in der Abramelinarbeit im *Liber Samekh* ruft.

Eigentlich ist das Gesetz von *Thelema* ganz einfach. Der Trick ist, seinen wahren Willen zu tun. Nicht das, was man gerade möchte, sondern was man wirklich will. Das Problem ist nur, dass dieser Wille erst mal aufgespürt und dann auch wirklich getan werden muss. Man kann seinen wahren Willen nur in Einheit mit dem göttlichen Willen, mit dem Willen des Kosmos tun. Wenn dieser Wille getan wird, gibt es keinen Widerstand. An dieser Stelle haben wir den Ankerpunkt entdeckt, an dem sich das Schlachtschiff der thelemitischen Religion mit dem Grund auf dem Ozean der Mystik und der Religion verankert, während der LaVeysche Satanist mit seiner Nussschale über die sieben Weltmeere schippert und Anker, Kompass, Seekarte gleich daheim gelassen hat, immer auf dem Weg der Sinnesfreude und auf der Suche nach ein paar hübschen Meerjungfrauen.

Wenn es keinen Widerstand zwischen Ich und Nicht-Ich gibt, löst sich die Individualität auf, es gibt nicht mehr den Willen des Kosmos und den Willen des Individuums, sie sind zu einem Willen verschmolzen.

Hier sind wir (fast) im hinduistischen Nirwana, in dem das Selbst mit Brahman, dem höchsten Göttlichen verschmilzt, so dass die Individualität erlischt. Der Mystiker, der Nirvana erreicht, hat das Jammertal Erde verlassen und muss nicht mehr inkarnieren. Crowley selbst schreibt im Blue Equinox: *„Die Konzeption ist deshalb Nirvana. Dann und nur dann bist du in Harmonie mit der Bewegung der Dinge, dein Wille Teil dessen und deshalb gleich dem Willen Gottes."*

Der Weg eines Aleister Crowley entspricht sicher nicht dem Weg eines orthodoxen Hindus, eher den lebens- und leibesfrohen Riten des linkshändigen Tantrismus, in dem nicht durch Askese und Zurückweisung der Welt, sondern durch Umarmen, Durchdringen und Auskosten der Existenz die Illusion Maya transzendiert werden soll.

Andere sehen im „Tu was du willst" lieber eine dynamische Formel, welche die unendliche Bewegung des Bewusstseins als Prozess symbolisiert. Eine unendliche, unaufhörliche Evolution, die nicht unbedingt mit der Zerstörung der „Fiktion der Individualität" einhergehen muss.

Zu diesen gehört Dr. Michael Aquino, der Gründer des *Temple of Set*, der die Lehren der *Church of Satan* mit dem Gesetz von *Thelema* zu einem synkretistischen Setianismus verbunden hat. Der Tempel ist im Gegensatz zu anderen setianischen Verbindungen, wie zum Beispiel dem *Current of Set*, eine religiöse Gemeinschaft, in der nur religiöse „Set-Gläubige" weiterkommen. Im *Current of Set* gibt es hingegen zwar einige religiöse Menschen, aber der *Current of Set* an sich ist keine religiöse Organisation.

Im Tempel als religiöser Einrichtung geht es um ein ewiges Werden, das Bewusstsein des Selbst dehnt sich im ewigen Werden immer weiter aus, auch über den Tod hinaus. Set wartet nicht am Endpunkt des Wachstums auf seine Schäfchen, sondern ist schlicht jenes Wesen, das am weitesten im Werden fortgeschritten ist, selbst aber nach wie vor wächst.

Es geht hier weder um den klassischen Sündenfall noch um den othodoxen Erlösungsweg, sondern wie beim *Current of Set* um ein Weder/Noch, ein Nichtdies/nicht-das, einen eigenständigen Punkt im Kreis, um ein ewiges Werden, in dem der Weg eines Anton Szandor LaVey und eines Aleister Crowley zusammengeführt werden. In allen Formen der setianischen Magie ist „Xeper" das zentrale Motiv. Xeper bedeutet soviel wie „werden", „ins Dasein gelangen". Xeper ist jedoch kein Verhaltenskodex, keine Aufforderung, „zu werden". Xeper beschreibt den unvermeidbaren Wandel aller Dinge, die Überwindung des Bestehenden durch die Idee des Neuen. Werden geschieht zu jeder Zeit, an jedem Ort, ob wir dies wollen oder nicht ...

Aber: Wer sein Werden nicht selbst lenkt, der wird gelenkt.

Set ist der Gott der willentlichen, aktiven Erweiterung der individuellen Existenz durch die Initiation durch und in das Leben.

Xeper an sich ist jedoch eine unendliche Bewegung in alle Richtungen.

Auf dem linkshändigen Pfad bestimmen wir die Formel unseres Weges selbst und gelangen ins Dasein aus eigener Kraft. Der eigene Wille, der die Initialzündung für dieses Bestreben ist, tritt dort in Kraft, wo der externe Gott stirbt, die Projektionsfläche untergeht und der verborgene Gott ins Dasein gelangt.

Crowley sagte: „ *Übertriff!* "

Nietzsche formulierte diese Idee als *„über sich hinausdrängen"*.

Friedrich Wilhelm Joseph Schelling sprach vom Prinzip des Expansiven, vom schöpferischen Impuls des Hervorbringens und Sich-Selbst-Überschreitens. Nach Jean-Paul-Sartre kann sich der Mensch aus der ursprünglichen Nichtigkeit am eigenen Schopfe herausziehen und ins Dasein gelangen. Er schafft Werte durch Handlung und kann Herr über seine Situation sein, indem er über sie hinaus wächst und willentlich neu bestimmt.

Indem der Mensch in das Nichts hinein schreitet ist das Nichts kein Nichts mehr, sondern die Bewusstheit der durch Handlung gemachten Erfahrung, der Mensch gelangt ins Dasein, ist ein beständig Werdender. Bei Sartre kann der Mensch seine eigene Vorstellung von Göttlichkeit verwirklichen. Dieser Freiraum birgt für den Setian die Möglichkeit, ins Dasein zu gelangen.

Seine Philosophie bietet den Unterbau zum Axiom: Der Mensch ist frei.

Ein weiterer Philosoph, der einige Bedeutung hat für die moderne setianische Philosophie, ist Nietzsche. In seiner Philosophie spielt der Wille zur Macht eine zentrale Rolle. Dieser Wille ist überpersönlich und bezeichnet die allen Bewegungen und Entwicklungen zugrunde liegende Kraft. Dieser Wille zur Macht, zum Werden korrespondiert mit Xeper, dem Logos Aionos von Set. Letztlich geht es darum, willentlich und bewusst am Werden teilzunehmen.

Sowohl Nietzsche, als auch der moderne Setianismus, den ich hier von der Verehrung des Set(h) im alten Ägypten klar trennen möchte, stimmen darin überein, dass monotheistische Religionen als Orientierung ihre Kraft verloren haben.

An deren Stelle setzt Nietzsche das Konzept des Übermenschen. Übermensch ist kein Ziel, kein finales Ende einer Entwicklung, sondern ein Mensch, der an seinem Werden bewusst teilnimmt und dies gestaltet, ein Geschöpf, das in seine Schöpfung eingreift und damit selbst ein Schaffendes wird, ein Schlafender, der erwacht.

Die uralte Schlangen-Kraft, die dieses Werden, Xeper, ermöglicht, ist das einweihende Prinzip, die uralte smaragdene Drachenschlange, die durchaus mit den verschiedenen Drachen- und Schlangenmotiven der Bibel korrespondiert.

Es ist unerheblich, ob wir probieren, Xeper mit einem psychologischen Ansatz zu erklären, denn es ist möglich, dass eine tiefe Spaltung unserer Persönlichkeit vorliegt und sich die Teile unseres Selbst nach Einheit sehnen. Die abgespaltenen Persönlichkeitsanteile werden kontinuierlich in die Außenwelt projiziert, um sie schließlich wieder reintegrieren zu können. Vielleicht beschreibt Sartres Philosophie den Urimpuls des Xeper aber treffender: Das Sein für Sich gibt der Ursehnsucht nach der Verschmelzung mit dem Sein an Sich nach, diese Sehnsucht äußert sich in Bewegung. Möglicherweise treffen religiöse Ansätze des Monotheismus eher zu: Ein allumfassender Gott befiehlt uns, ins Dasein zu gelangen, oder bereitet für uns einen determinierten Weg. Vielleicht hat der Polytheismus oder der Pantheismus recht und alle Dinge sind beseelt, die ganze Welt ist mit Göttern, Geistern und Dämonen bevölkert, die versuchen, uns dies oder jenes tun zu lassen, und wir wählen aus einer Vielzahl von Angeboten, Befehlen und Verlockungen. Crowleys Heiliger Schutzengel ist eine weitere Möglichkeit. Durch Konversation mit ihm werden wir geleitet auf dem Weg zum wahren Willen. Oder haben wir es mit einer Art Über-Ich zu tun, der Manifestation unserer Selbst als gereiftes Wesen in weiter Zukunft, das sich uns als Frank Lerchs Vision vom Future-Self offenbart? Die reine Existenz dieses Future-Self wäre ausreichend, um uns zu erinnern, wer wir sein können, und bewusstes Voranschreiten zu unterstützen.

In Xeper finden wir das zentrale und komplexe Wort des Äons von Set. Die Bilder des modernen Setianismus bestechen darüber hinaus jedoch durch ihre Einfachheit: Der Gott der Stasis und der unveränderlichen Vergangenheit, Djet, ist Osiris. Ihm gegenüber steht Set als Gott von Neheh, der Zukunft, der Gott von allem, was wird. Ein alter Kultname des ägyptischen Set war „Set-hen", „der Gott von unendlicher Zukunft". Jede bewusste Änderung der Zukunft, jede Manipulation nach eigenem Willen ist das Töten des Osiris und eine setianische Tat.

Jedes willentliche Verlassen unseres scheinbar determinierten Lebensweges, jedes Abzweigen auf abenteuerliche Seitenpfade ist satanisch.

Jeder Wechsel von der Wirkungs- (ich bin ein Produkt aus Djet, dein Wille geschehe) auf die Ursachenseite (ich bin die Quelle von Neheh, mein Wille geschehe) ist Initiation in das Mysterium dessen, der ins Dasein bringt, was wird. Diese Initiation beschreibt den Pfad der Gottwerdung, die nicht nur, aber mit großer Vorliebe von christlichen Sektenbeauftragten ebenso falsch verstanden wird wie das Gesetz von *Thelema*. Ein im Menschen immanenter Gott ist nicht allmächtig, wir sind keine

Supermänner und -frauen. Doch sowohl das setianische als auch das christliche Gottesbild beschreiben einen isolierten Gott, der nicht aus sich selbst schöpft, sondern der die im Universum befindlichen Energien neu ordnet, dessen schöpferischer Impuls sich demnach außerhalb der Schöpfung befindet, alles weitere ist eine Frage der Quantität, der Reichweite seiner Macht und nicht länger eine Frage der Qualität.

Set erhält das Dasein, indem er die feste Ordnung durchbricht, er schafft neuen Raum durch Zerstörung, ordnet neu, schöpft. Set existiert durch Osiris, Osiris durch Set, beide erhalten sich, indem sie sich bekämpfen. Dieses endlose Weltenspiel sollte bei allen Überlegungen, die schnell in ein Gut/Böse-Schema abgleiten können, berücksichtigt werden.

Set ist nicht richtig und Osiris falsch, Osiris ist nicht gut und Set böse und auch nicht anders herum.

Wer vor dem einen im Staube kniet, hat den anderen im Nacken.

Die einzige Kraft, die das komplette Spiel zerstören kann, die jede Nacht die Sonnenbarke in der Unterwelt zu verschlingen droht, und die versuchte, das Urmeer des Lebens auszutrinken, ist die Apepschlange, sie ist die „Alles-Verschlingende".

Es ist Set, der am Bug der Sonnenbarke Nacht für Nacht seinen angeblichen „Feind", die Sonne und das Licht, gegen den Alles-Verschlinger Apep verteidigt. Auch hier ist es lediglich eine Frage der Perspektive, ob wir ein Gut/Böse-Schema anwenden, letztendlich tut auch Apep den Job, der Teil des Weltenspiels ist. Aus dem 3200 Jahre alten Papyrus Beatty I: *„Was mich angeht, so bin ich Set, groß an Kraft unter den Göttern. Ich töte den Feind des Ra täglich, während ich an der Spitze der Barke von Millionen stehe, ohne dass irgendein anderer Gott es zu tun vermöchte. Ich will das Jawet (Amt) des Osiris erhalten. Dann sagten sie: Recht hat Set, Sohn der Nunnet."*

Der dunkle Set, die schwarze Sonne, steht am Bug der Barke und tötet Apep, um das Leben zu erhalten. Kein anderer Gott könnte dies tun, da kein Gott dem Wesen der Apep so nahe kommt, wie Set dies tut. Er ist der Gott, der alle Ebenen des Seins bereist, auch wenn er seinen Hauptsitz in der Duat, der Unterwelt hat. Er existiert außerhalb der Kreisläufe aus Leben und Tod, er ist der Agent des Wandels, der Geist, der verneint und als Teufel schaffen muss (sehr frei nach Goethe), Initiator der vielen Tode und Wegbereiter des neuen Lebens.

Er erhält das Leben, indem er Wandel bringt, und dieser Wandel ist die Frucht am Baum des Todes, er ist die Hand, die dem Lebensrad neuen Schwung gibt.

Seine Gemahlin Nephtys schließlich ist die große Unbekannte, die Herrin des Tempels der unerschaffenen Dinge, das schwarze Meer des Unbekannten, aus dem Set schöpft, die Summe der unmanifestierten Energien.

Sie ist das weibliche Pendant zu Set, keiner von beiden kann sein Werk tun, ohne den oder die andere. Sie sind das verborgene Paar.

Nephtys wird Versprechen genannt von jenen, die sie tanzend erblicken können. Set ist das flüssige Feuer in ihrem Herzen, ihre Hände formen den Himmel, die Unendlichkeit des blau-goldenen Himmels der Nacht. Sie ist das brennende Verlangen im Herzen des Set. Die Zeit ist sie und das Lebenswasser, das Set aus ihrem Kelch schöpft und das seinen Daseinsdurst doch nie stillt. Sie ist die verhüllte Göttin in ihrem Schweigen, sie ist die See, in dem Sets erhitzter Körper Kühlung findet, und das Feuer, das ihn in der kalten Wüstennacht wärmt, sie ist jene, die Set in Finsternis vervollkommnet und ihn werden lässt.

Gemeinsam sind sie in Ekstase umschlungen, in ihrer Umarmung erschlagen sich Ich und Nicht-Ich, sie sind der große Drachen der Nacht. Sie nehmen die dunkle Essenz auf, aus der sie beide erschaffen sind und die ihr Werden ermöglicht, und erheben sie in ihrer Vereinigung über sich selbst hinaus, erschaffen, nehmen bewusst und willentlich Teil am Werden, indem sie die erhöhte Essenz als Frucht ihrer Vereinigung in die Welt entlassen.

Wir haben nun die große Triade der Strömungen betrachtet, die vielmals als satanistisch betrachtet werden: Satanismus, Thelema und Setianismus. Es gibt natürlich unendlich viele weitere Organisationen, differente Ansätze, Mischformen und natürlich auch nach wie vor den klassischen (historischen) Satanismus, Teufelsanbeter und Antichristen, die hier ungenannt blieben. Dennoch haben wir drei Hauptcharakteristika herausgearbeitet, die eine Bewertung der satanisch-setianischen Ansätze vereinfachen können:

Rückbesinnung (auf die Unschuld, die fleischliche Existenz, das Gesetz des Dschungels), Auflösung (des eigenen Willens mit dem Willen des Kosmos, Versöhnung des Ich mit dem Nicht-Ich) und Trennung (des Ich vom Nicht-Ich, Isolation des schöpferischen Eigenwillens vom Willen des Kosmos).

Dass in allen drei Bereichen die Schriften von Onkel Al holy Crowley gern studiert werden, mag auf dessen Widersprüchlichkeit oder auch auf dessen Vielseitigkeit hindeuten. Gemeinsam ist allen Bereichen, dass Schuld im christlichen Sinne und Sünde entweder positiv gesehen (*„Satan bedeutet alle so genannten Sünden, denn sie alle führen zu physischer, geistiger oder emotionaler Erfüllung!"*) oder vollständig negiert werden (*„Es gibt keine Gnade, es gibt keine Schuld ..."*). Dies ist der wahre Kern in der gern wiederholten Aussage, dass Satanismus eine Gegenbewegung zum Christentum sei:

Satanismus wurzelt in der Welt, zu der Io alle Pforten weit aufstößt, das Christentum hingegen wurzelt im „Reich Gottes".

> *„Wer allen Sinnengenüssen ganz nach seinen Wünschen dient,*
> *der verehrt im Yoga der Eigen-Gottheit sich selbst und andere.*
> *Wer in schwer zu verwirklichender, strenger Zucht verweilt,*
> *der erlangt keine Vollkommenheit."*
>
> (Guhyasamaja Tantra)

> *„Satan bedeutet Sinnesfreude anstelle von Abstinenz!"*
>
> (Anton Szandor LaVey)

Wege öffnen: Die Pentagrammreise

„Om bhur bhuvah svaha
Tat savitur varenyam
Bhargo devasya dhimahi
Dhiyo yo nah prachodayat. "

(Gayatri, indisches Mantra, eingesetzt, um das Verständnis unserer wahren Natur zu fördern)

Bei den Pentagrammreisen handelt es sich um Dimensionsreisen, die uns tief hinab führen können in unsere eigenen Abgründe oder aber, je nach religiös-philosophischem Ansatz, in das Herz unseres Gottes leiten können. In jedem Fall ist es wahrscheinlich, dass sie uns tief berühren, so dass ich die Einzelversion hier der Vollständigkeit halber aufführe, jedoch empfehle, zumindest einen vertrauten Menschen in der Nähe zu haben, der zumindest grundlegende Erfahrung mit dem Themenkreis Meditation und/oder Magie hat. Diese Reisen sind fest mit dem Pentagramm des Set verbunden und mit dem eselsköpfigen Io als Wächter der Unterwelt, der die Tore öffnet. Je öfter wir reisen, desto stärker wird unsere Verbindung mit Io, unabhängig davon, ob uns die Reise in die Duat oder an einen vollkommen anderen Ort führt. Die Tatsache, dass die Textkonglomerate in den einzelnen Teilen dieses Buches nicht in jedem zweiten Satz den Titel gebenden Daimon erwähnen, bedeutet ausdrücklich nicht, dass sie willkürlich unter diesen Überschriften zusammengefasst wurden. Wie auf einer Perlenkette sind die Kapitel recht lose auf dem roten Faden aufgereiht, getrennt jeweils durch einen Knoten, die verschiedenen Teile dieses Buches, um den Einstieg an jeder Stelle des Buches zu ermöglichen und ein späteres „Nachschlagen" zu erleichtern.

Wenn du mit Hilfe einer Gruppe reist, so stelle sicher, dass du diesen Menschen vertrauen kannst. Bei Gruppenarbeiten dieser Art ist es möglich, dass sich so viel Energie aufstaut, die dich hinab drückt, dass du nicht in der Lage bist, aus eigener Kraft die Reise zu beenden. Dann ist es wichtig, einen Kreis zuverlässiger Mitmagier um sich zu wissen. Wenn du magst, füge die Pentagrammreise in einen Rahmenritus ein. Experimentiere mit dieser Form der Reise auch an Kraftplätzen, beobachte, wie sich die Qualität der empor gezogenen Energie dadurch ändert.

Trage Sorge dafür, dass der Tempelraum, in dem du reisen willst, sehr gut geheizt ist. Lege Decken auf den Boden, so dass du bequem liegen kannst. Entkleide dich vollständig und lege allen Schmuck ab.

Einzelversion

Lege dich mit weit ausgestreckten Armen und Beinen auf den Rücken, als würdest du ein inverses Pentagramm ausfüllen wollen. Der Kopf bildet den untersten Punkt des Pentagramms, die Hände jeweils links und rechts die seitlichen Spitzen, die Füße bilden die oberen beiden Punkte, die „Hörner" Baphomets in seinem Siegel.
Stelle dir nun beim tiefen Einatmen vor, wie du Energie

Das Baphomet – Siegel

unter deinem unteren Wirbelsäulenbereich (Lordosengegend) empor ziehst in deinen Bauch und deinen Solarplexus. Hierbei nimmst du keine Bewertung oder Selektion der Energie vor, sondern berücksichtigst alle Kraft, die du im Bereich unter deinem Rücken wahrnimmst, denn an dieser Stelle liegt das Zentrum des Tores. In Wirklichkeit liegst du nicht länger auf einem gedachten Pentagramm auf dem Fußboden, sondern du bist das Pentagramm selbst, und damit bist du eher das Tor als der Reisende. Stelle dir vor, wie du aufgespannt bist wie eine hauchdünne Membran zwischen den fünf Eckpunkten des Pentagramms, die sich bei jedem Emporziehen von Energie aus dem Bereich unter dir, der einen unendlichen, dunklen Hohlraum zu bilden scheint, nach oben wölbt. Sobald sich die Energie, die auch von Reise zu Reise sehr unterschiedliche Qualitäten haben kann, in dir befindet, visualisiere beim Ausatmen, wie sie sich fünfteilt und zeitgleich entlang der Beine, der Arme und des Halses zu den Eckpunkten des Pentagramms bewegt. Dort entströmt sie deinem Körper, um aufzusteigen und sich im Bereich über deinem Bauch und Solarplexus wieder zu vereinen. Sobald die zuvor willkürlich geteilten Kräfte wieder eine Kraft sind, fallen sie hernieder und drücken auf deinen Oberkörper, der wie eine dünne Haut, wie ein elastischer Schleier nachgibt und nach unten über die Schwelle des Tores gedrückt wird, sie reichen jedoch nicht aus, um dich ganz hinab zu drücken. Während du den Druck von oben spürst, atme wieder ein und ziehe Energie von unten in deinen Oberkörper. Hierdurch bekommst du allmählich das Gefühl, dass sich unter dir eine Art Vakuum bildet, das dich hinab zieht, während die Energie von oben zunehmend drückt. Doch du wehrst dich nicht, sondern beobachtest; schließlich bist du kein Brett, das unter Druck bricht, sondern eine elastische Membran, dehnbar und auf der Torschwelle schwingend. Die in deinem Oberkörper gesammelte Energie lasse beim Ausatmen wieder durch die Eckpunkte des Pentagramms aus dir heraus gleiten. Sie sammelt sich erneut über dir und erhöht den Druck auf dich von oben, während du wieder neu einatmest und Energie in dir sammelst. Diesen Ablauf wiederhole solange, bis das Vakuum unter dir und der Überdruck über dir so groß werden, dass sie dich hinab drücken in die Welt unter dir. Dies ist der Beginn deiner Reise.

Gruppenversion
Die Gruppenversion funktioniert im wesentlichen genauso wie die Einzelvariante, nur dass an den fünf Eckpunkten fünf Magier den Reisenden wie folgt unterstützen: Während der Reisende beim Einatmen die Energie aus dem Bereich unter ihm herauszieht und in seinen Oberkörper leitet, ziehen die fünf Helfer diese Energie aus der Mitte durch den Körper des Reisenden auf direktem Wege zu sich, in ihre Füße, durch ihren Körper hindurch und schleudern diese Energie mit viel Kraft über den Oberkörper des Reisenden, wo sie sich sammelt, sich auftürmt und Druck auf das Tor ausübt. Im gleichen Moment, an dem die Energie von den Helfern heraus geschleudert wurde, beginnen sie bereits von neuem, Energie aus dem Körper des Reisenden zu ziehen. Dies muss nicht simultan geschehen, sowohl der Reisende, als auch die Helfer untereinander können in einem stark voneinander abweichenden Rhythmus atmen und arbeiten. Die Tätigkeit des Reisenden beschränkt sich also auf

das Emporziehen der Kraft, er muss bei der Gruppenvariante nicht aktiv die Energie zu den Eckpunkten leiten, sondern einfach nur beobachten, was geschieht.

Wenn der Druck ausreichend ist, werden geübte Helfer mitbekommen, wann für den Reisenden die Reise wirklich beginnt und er in die Welt unter sich absinkt. An diesem Punkt bildet sich gelegentlich eine Art Energiestrudel in der Mitte des Pentagramms, vielleicht am besten vergleichbar mit dem Wirbel, der sich über dem Abfluss einer gefüllten Badewanne bildet, nachdem der Stöpsel gezogen wurde und das Wasser endlich der Schwerkraft hinab in die Rohre folgen darf. Diese Rohre sind in unserem Fall die Tunnel des Set, wenn man mir den etwas „unmystischen" Vergleich verzeihen mag.

In allen richtig ausgeführten Fällen, die mir bekannt sind, verspürten die Helfer einen deutlich wahrnehmbaren Sog aus der Mitte des Pentagramms und den Impuls, sich selbst hinein fallen zu lassen. Diesem Impuls können vier der fünf Helfer gerne nachkommen, natürlich nicht, indem sie ihre übergewichtigen Körper auf den armen Magier in der Mitte fallen lassen, sondern indem sie ihr Bewusstsein in den Tunnel vor ihnen hinein saugen lassen. Der fünfte Helfer muss außerhalb bleiben und widerstehen, da er verantwortlich dafür ist, dass alle Reisenden die Tunnel auch wieder vollständig und bei bester Gesundheit verlassen. Es ist recht interessant, die Reiseerlebnisse nach der Rückkehr abzugleichen, da sich oftmals Parallelen finden lassen. Gelegentlich können sich die Reisenden in den Tunneln sogar gegenseitig wahrnehmen.

Der an der Oberfläche verbliebene Helfer, unterstützt von eventuell ebenfalls oben gebliebenen weiteren Helfern, kann dem/den Reisenden in der Mitte bei der Rückkehr helfen, indem er (und hier hört das physikalische Erklärungsmodell auf, aber es funktioniert zuverlässig, warum auch immer) Kraft sammelt, seine Hände fest aneinander reibt und als nicht an das Tunnelsystem Angeschlossener die Kraft vor seinen Händen her langsam senkrecht von oben auf den Solarplexus und Bauchbereich des Reisenden herab drückt, jedoch ohne diesen zu berühren! Wie ein Gegenstand, der auf den Grund eines mit Wasser gefüllten Glases gesunken ist, wieder auftauchen kann, wenn der Wasserdruck von oben erhöht wird, so kommt auch unser Reisender langsam wieder an die Oberfläche. Der Helfer lässt dem Reisenden ausreichend Zeit, wieder zurückzukehren.

Wenn es zu lange dauert, dann ruft der Helfer keinen kirchlichen Exorzisten, sondern den Reisenden beim Namen. Wenn dies nicht hilft, benetzt er die Stirn des Reisenden mit eiskaltem Wasser. (Kommt bitte nicht auf die Idee, dem Reisenden einen Eimer Wasser ins Gesicht zu schütten.) Wenn auch das nichts nützt, holt er den Reisenden zurück, indem er ihm mit einer Punkttaschenlampe in die Pupillen leuchtet. Wenn das auch nichts nützt, beginnt er zunächst vorsichtig, dann etwas rustikaler, sich über den Reisenden lustig zu machen. Er sagt ihm, dass seine Schnürsenkel offen sind, dass seine Nasenlöcher ungleich groß sind, und dergleichen mehr. Das hilft immer.

X. Erbeth. Das Auge des Ostens

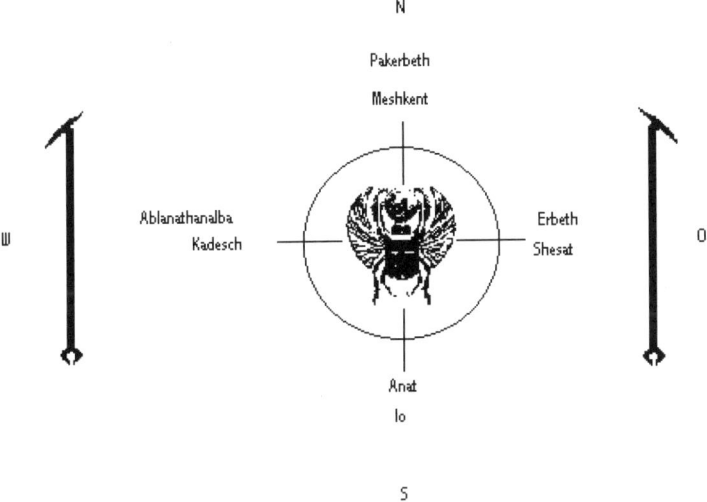

Das Auge inmitten des Wirbelsturms

„Freiheit macht Angst. Die Menschen reden zwar von Freiheit, aber sie haben Angst davor. (...) Deshalb sind so viele Menschen Christen, Hindus, Mohammedaner oder Jaina geworden, weil sie keine Freiheit wollen. Sie wollen ein festes Schema. (...) Jedes Individuum ist Freiheit. (...) Stück für Stück zerstöre ich eure Sicherheit, ich lasse euch zögern und verunsichere euch immer mehr. (...) Sprich nicht von Unsicherheit – nenne es Freiheit. "

(Osho)

Erbeth ist die Wildkatze am Fuße der mächtigen Wasserfälle, er ist das Auge, das sich im Osten inmitten eines riesigen Wirbelsturms erhebt. Das Wort Taifun, im englischen Typhoon, entwickelte sich aus der Bezeichnung für den Titanen Typhon. Der Sturm als bedrohliche Naturgewalt mit seiner gewaltigen zerstörerischen Kraft, wurde seit jeher von den Menschen als unberechenbare, Vernichtung bringende Urkraft gefürchtet. Das Auge auf der anderen Seite war eines der wichtigsten Symbole Ägyptens und stand schon immer für Einsicht, Erkenntnis, Weisheit. Dies lässt Erbeth als luziferische, prometheische Gestalt erscheinen, die der Menschheit nicht das Wissen bringt, sondern die Fähigkeit zur eigenen Erkenntnis. Erbeth ist mit reinem Verstehen nicht zu erfassen, ist er selbst noch nicht formulierte und geordnete Erkenntnis. Diese Neigung zu plapperndem, unpragmatischem Mindfuck, der erst durch Shesat einer Ordnung und Planung unterzogen wird, frönen die meisten Autoren dieser Welt. Daher finden sich in diesem Teil des Buches auch Auszüge aus Interviews, da ich mich so gern reden lese ..., des weiteren sind bei Erbeth und Shesat die theoretischen Konzeptionen der modernen Magie und des Setianismus daheim.

Von Horus wird berichtet: „Wenn er die Augen aufschlägt, füllt er das All mit Licht, wenn er sie aber schließt, entsteht Finsternis." Doch wenn Horus die Augen schließt, öffnet die Nacht ihre Augen, erleuchtet Erbeth das Multiversum mit dem schwarzen Licht der inneren Sonne bis zum erneuten Tagesanbruch im Osten des Landes. Wenn Horus die Augen öffnet, kommt die Zeit des Erbeth als Sturm, der Ideen und Gedanken aus den entferntesten Winkeln der Welt herbei trägt, oftmals chaotisch, unsortiert, das Dasein hinterfragend, ewig suchend. Dies macht ihn zu einer ahrimanischen Gestalt.

In den Mahkaah-Texten des Buches Scheth findet sich folgende Passage: *„Am Anfang war das Ende der alten Welt. Der Eine aber befand sich nun im ursprünglichen Chaos und er war allein. Der eine Geist durchdrang jede Form, jeden Namen und erschuf ein Zweites und mit dem Zweiten kam die Zwillings-Matrix auf die Welt. Das Universum ward geboren und geteilt in Licht und Finsternis, doch es sollte kein Ding ohne das andere sein auf dem Antlitz der Erde. Er aber ist die Nacht. Er ist die Krone der Dunkelheit. Er ist das Auge, das die Finsternis durchstreift auf der Suche nach den Seinen. Er ist die Seele des schwarzen Mondes, wütend lässt er die Wirbelstürme sich erheben und über die Erde ziehen wie die Drachenkönige der alten Zeit."*

Das Auge wurde früher in der Ägyptologie von den Augendarstellungen des Horusfalken abgeleitet und Sonne und Mond wurden als die Augen des Horus bezeichnet. Aktuellere Arbeiten halten es jedoch für wahrscheinlicher, dass es sich um ein Stierauge handelt. Mond und Sonne haben das Epitheton „Himmelsstier" in Ägypten.

Der Stier galt als symbolischer Träger der Lebenskraft (Ka) und der Fruchtbarkeit. Die alljährliche Nilüberschwemmung wurde „Gabe des Stiers" genannt. In der Frühzeit identifizierten sich die Herrscher Ägyptens mit einem Stier, die Pyramidensprüche verweisen auf einen vierhörnigen Stier als Wächter der Himmelswege. Uns führt der Stier auf die typischen Baaldarstellungen zurück und auf die Setvorstellungen der predynastischen Zeit als Fruchtbarkeitsgott. Baal führt uns zu Bata, der in den griechischen Zauberpapyri zum Beispiel als Bepon-Bata immer wieder erwähnt wird und bereits in ägyptischer Frühzeit als Gott verehrt wurde. Im Märchen von den zwei Brüdern erfahren wir vom Herz des Bata, das in einer Zeder schlug; als die Zeder gefällt wurde, starb auch Bata.

Bepon wurde oftmals anstelle von Typhon in den Zauberpapyri verwendet, Bata wird mit einiger Wahrscheinlichkeit auf Beth zurückgehen Von Beth ist es nur noch ein kleiner Schritt zu Seth, zumal Set(h) in der Formel Bolchoseth mit dem Stiergott Baal gleichgesetzt wird. Dies hört sich recht willkürlich an, entspricht jedoch der Vorgehensweise der Verfasser der Zauberpapyri. Bether war nach dem Grimoire Arbatel ein würdevoller Geist, der die Luftgeister versöhnt und die Kräfte des Ostens harmonisiert und ausgleicht. In der persischen Mythologie ist Bad ein Dschinn, der Macht über die Stürme und Winde besitzt. Im phönizischen und hebräischen

Sprachgebrauch ist Beth mit „Haus" zu übersetzen, im Tarotspiel des Thoth und seiner Gattin Shesat wird Beth dem dualistischen Pfad des Magiers und des Merkur zugeordnet. Der merkurianische Affengott Hanuman der Hindus verweist zurück auf Thoth, Merkur verdeutlicht ebenfalls die prometheischen Aspekte des (Er)Beth, denn der Stab des Merkur ist der Stab des Prometheus, mit dem er das göttliche Feuer und die Erkenntnis auf die Erde brachte.

„Ein Weiser lief einst durch die Wüste, einen Stab hoch haltend, der an beiden Enden brannte. Auf die Frage, wohin er laufe, antwortete er: ,Ich will das Paradies am einen Ende und die Hölle am anderen Ende der Welt in Brand setzen, erst dann werden die Menschen Gott erkennen!'"

(Spruchweisheit der Assassinen).

Merkur und Erbeth sind Wirker und Symbole der nicht endenden Schöpfung. Erbeth ist jene Instanz, die durch das Öffnen des Auges das Unerwartete, Überraschende in die Welt bringt und damit jeden Status Quo, jede feste Vorstellung von Wahrheit ins Wanken bringt, auf einer sehr viel feineren, geistigeren Ebene, als dies zum Beispiel der kriegerische Ablanathanalba vollbringt.

Über die Verwandtschaft mit dem Westfalken hinaus besteht eine direkt Verbindung zum Drachen des Nordens: Paker-Beth oder Paker-Erbeth, „ich werde Erbeth", jener Instanz, jenen letzten Drachenkönig, der uns den steinigen Pfad der Gottwerdung gehen lässt. Der eselsköpfige Gott des Südens ist ständiger Begleiter des Erbeth, da er die nötige Energie bereitstellt, damit Erbeth Idee und Handeln in allen Formen sein kann und damit das nicht enden wollende Weltenspiel aufrecht erhält.

Messe des Erbeth

„Du kannst die Wirklichkeit nicht erkunden, wenn du nicht mutig bist. (...)
Mut heißt, trotz aller Ängste ins Unbekannte zu gehen. (...)
Die Freude, die das Unbekannte mit sich bringt, die große Ekstase, die damit einher
geht, macht dich stark; sie gibt dir eine gewisse Integrität und schärft deine
Intelligenz. Grundsätzlich bedeutet Mut, das Bekannte für das Unbekannte aufs Spiel
zu setzen,
das Vertraute für das Neue, die Bequemlichkeit für eine unbequeme
und beschwerliche Pilgerreise zu einem unbekannten Ziel. (...)
Es ist die Angst, die dich zum Sklaven macht. (...)
Und deine Angst zwingt dich dazu, andere zu Sklaven zu machen,
bevor sie dich versklaven können. "

*(*Osho*)*

Vor Beginn der Zeremonie schreibt jeder Teilnehmer vier Hemmnisse, die ihn zur Zeit in seinen Vorhaben behindern, auf und ordnet sie den Elementen und Himmelsrichtungen zu.

Der Kheri-Heb („Besitzer des Buches") klatscht zu Beginn der Zeremonie vier mal in die Hände, vollführt eine Bannung, wenn dies erforderlich ist, und entzündet die Black Flame auf dem Altar. Er spricht den einleitenden Satz, den alle Anwesenden wiederholen:

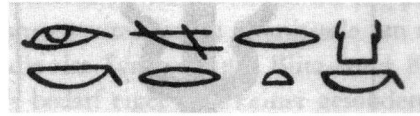

„Tue, was dein Ka liebt."

Dann räuchert er schweigend den Tempel und schlägt die Glocke acht mal. Schließlich entzündet er die restlichen Kerzen auf dem Altar. Er schlägt in seiner Funktion als Vorlesepriester das Ritualbuch auf und beginnt mit seiner Anrufung:

„Falke des Westens, der Osiris in seinen Klauen hält, mächtiger Gott des Südens, der uns das Feuer des Willens bringt, Wind des Ostens, der die ganze Welt durchweht, Land des Nordens, Ödnis der Wüste und Vielfalt der Fremde. Zurre fest dein Band um Zed, die Wirbelsäule des Osiris.
Küsse die Nacht um Nephtys und erhebe dich über die Vier, stolzer Krieger!
Wirble das Rad und schüttele die Welt, großer Bepon-Bata. Die Pforten sind weit geöffnet für dich an diesem geheimen Ort. Erhebe dich, Erbeth, blicke auf die deinen. Schüttele ab den Staub der Zeit, die uns trennt. Deine Klauen sind die eines Leoparden. Dein geheimer Name ist „Der Erwählende". Erwähle uns, die wir uns in Stärke erheben werden. Wir sind Götter im Glanze deines dunklen Lichtes! Wir werden ins Dasein gelangen aus eigener Kraft. Wir sind die Pilger in Zeiten des Feuers, des Wassers, der Luft und der Erde. Wir sind die, die durch die Wüsten wandeln. Wir sind die, die das Meer durchschwimmen. Wir sind die, die sich in die Lüfte erheben und die Welt mit Sturm überziehen. Wir sind die, deren Klauen die Erde aufwühlen in Sehnsucht und Verlangen. Wir sind die, die dem Himmel in jedem Moment das Feuer erneut stehlen. Wir tragen den Stab des Prometheus! Wir sind die

lebende Verkörperung deines Willens, indem wir unseren Willen in die Welt tragen.
Wir erkennen dich mit deinen eigenen Augen, großer Erbeth, mächtiger Bepon-Bata,
Welterschütterer, Sturmerzeuger, Kephra, Maat, Geb, Nuit, Anubis, Bastet, Min, Isis,
Ptah, Sechmet, Thot, Uräus, Set, Nephtys!
Io Erbeth! Io Pakerbeth! Io Bolchoseth!"
Alle Versammelten wiederholen: *„Io Erbeth! Io Pakerbeth! Io Bolchoseth!"*
Unter Anleitung des Kheri-Heb beginnen alle Anwesenden mit den folgenden
Mantren, die rhythmisch und orientiert am 4/4-Takt gesprochen werden, die Betonung
liegt jeweils auf der ersten Silbe. Dies kann durch das Schlagen einer
Rahmentrommel und/oder den Einsatz eines Stroboskops unterstützt werden. Die
Mantren werden solange weiter gesprochen, bis sie sich verselbständigen und immer
neue Kombinationen aus den Elementen der Sätze entstehen.
„Set ist der Sohn des Weges
Set ist der Herr des Todes
Set ist der Baum der Sinne
Set ist der Keim der Hölle
Set ist das Wort der Nacht
Set ist die Saat der Liebe
Set ist das Blut der Weihe
Set ist der Herr der Sinne
Set ist der Baum der Hölle
Set ist der Keim der Liebe
Set ist das Wort der Weihe
Set ist das Blut der Nacht
Set ist die Saat des Weges
Set ist der Sohn des Todes
Set ist das Blut der Liebe
Set ist die Saat der Sinne
Set ist das Wort des Weges
Set ist der Keim des Todes
Set ist der Baum der Weihe
Set ist der Herr der Hölle
Set ist der Sohn der Nacht"
Alle Anwesenden bilden nun einen großen Kreis. Der Kheri-Heb beginnt, die von den
Versammelten zuvor niedergeschriebenen Hemmnisse laut vorzulesen und in den
Kreis zu rufen, alle Anwesenden nehmen die Ankunft der jeweiligen Hemmnisse
wahr:
„Aus dem Süden rufe ich ..., eile herbei in die Mitte unseres Kreises.
Aus dem Osten rufe ich ..., eile herbei in die Mitte unseres Kreises.
Aus dem Norden rufe ich ..., eile herbei in die Mitte unseres Kreises.
Aus dem Westen rufe ich ..., eile herbei in die Mitte unseres Kreises."
Wenn sich alle Hemmnisse im Kreis befinden, beginnen die Anwesenden den Sturm
des Erbeth heraufzubeschwören.

Der Kheri-Heb spricht: *„Ich bin der Herr der Stürme und wandere den dunklen Weg! Ich breite meine Schwingen aus wie der Phönix und ich bin zur gleichen Zeit der Schakal, der aus der Feuersäule in der Wüste entsteht. Ich bin das Schwert, das den Ballast aus unserem Leben schneidet und uns wieder leicht wie Luft werden lässt. Ich bin die Klinge, die alle Schmarotzer und die Hunde der Trägheit hinfort jagt, um den Weg frei zu machen, denn ich werde mein Ziel erreichen!"*

Alle Anwesenden visualisieren in ihrer Mitte ihre eigenen und fremden Hemmnisse, ohne diese zu bewerten oder darüber nachzudenken, was sie bedeuten, es geht um reine Wahrnehmung. Dann schließen alle die Augen und beginnen mit den Armen zu rudern (auf ausreichend Platz achten) und den Körper einzusetzen, um einen gewaltigen, alles vernichtenden Sturm hervorzurufen. Auch hierbei kann eine sehr schnell geschlagene Rahmentrommel hilfreich sein. Ihr seid die Mitte des Sturms, dann öffnet eure Augen und seht, wie sie wie gewaltige Scheinwerfer den Sturm durchbrechen und eines der in unendlichem Chaos umher gewirbelten Hemmnisse in eurer Mitte fixieren, unabhängig, ob dies nun ursprünglich „euer" Hemmnis war oder ein fremdes. Mit eurem Blick und mit Hilfe des tosenden Taifuns schleudert ihr ein Hemmnis nach dem anderen in die äußersten Bereiche der Galaxie, wo sie verglühen.

Der Kheri-Heb ruft nach einiger Zeit in das unbeirrt weitergehende Vernichtungsritual hinein:

„Wir sind die Stürme des Chaos, die namenlosen glühenden Augen in der Dunkelheit. Wir verfluchen die Hemmnisse, die sich uns in den Weg gestellt haben, wir heißen sie willkommen in unserer Mitte, um sie zu zertreten mit gespaltenen Hufen, um sie hinauszuschleudern in die äußersten Bereiche der Galaxie und uns an ihrem Vergehen zu erfreuen. Ihr, die ihr es wagt, in unserem Weg zu stehen, wir waren, bevor ihr wart, wir sind jetzt euer Untergang und wir werden sein, wenn ihr nicht mehr seid. Nach uns: Vernichtung!!! Io Erbeth! Io Erbeth! Io Erbeth!"

Alle Anwesenden rufen nun immer und immer wieder, bis der Feind vernichtend geschlagen ist: *„Io Erbeth!"*

Sie erheben die Arme in das Zeichen des siegreichen Typhon und der Sturm legt sich, aus dem wirbelnden Chaos entsteht eine mächtige Säule des Triumphes in der Mitte der Versammelten. Angefangen beim Kheri-Heb beginnen sie nun, entgegen dem Uhrzeigersinn ihre Willenssätze und Wünsche in jeweils einem vollständigen Satz zu formulieren. Beispiel: „Ich will, dass morgen die Abschlussprüfung meines Sohnes gelingt und er eine sehr gute Note erhält." Der nächste hat vielleicht den Willenssatz: „Ich will, dass Bärbel wieder zu mir zurückkehrt und ich eine zweite Chance von ihr bekomme." Der dritte Teilnehmer: „Ich will, dass mein Mann sein Alkoholproblem endlich erkennt." Der vierte Teilnehmer: „Ich will endlich die Zeit finden, die Exerzitien des Sutech durchführen zu können, und die Kraft erhalten, mir diese Zeit zu nehmen." Dann werden die Willenssätze verkürzt und in zügigem Tempo reihum einige male wiederholt, bei unseren Beispielen könnte das so aussehen: „Die Abschlussprüfung gelingt." „Bärbel kommt zurück." „Alkoholproblem erkennen." „Zeit für die Exerzitien". Die Folge der Willenssätze wird schneller und schneller, schließlich werden reihum nur noch Stichworte genannt: „Prüfung." „Bärbel." „Alkoholproblem." „Exerzitien." Wenn sich alle Versammelten der Willenssätze bewusst sind und die Säule des Sieges deutlich vor ihnen steht, stellt der Kheri-Heb den Kelch mit dem Sakrament an den Fuß der Säule, alle Anwesenden ziehen die gesamte Macht der Säule mit einem einzigen Ruf, „Erbeth!!!" in das Sakrament, das der Kheri-Heb den Teilnehmern reicht.

Der Ka ist zufrieden.

Dann machen alle das Zeichen der Schlangenkraft und der Kheri-Heb spricht Satz für Satz, den jeweils alle wiederholen:

„Der Gott in meinem Herzen ist Kephra und ich sah die endlose Zeit.
Die Göttin in meinem Herzen ist Maat und ich sah das vollkommene Gleichgewicht.
Der Gott in meinem Herzen ist Geb und ich sah die Erde, auf der ich meinen Tempel errichte.
Die Göttin in meinem Herzen ist Nuit und ich sah den unendlichen Raum.
Der Gott in meinem Herzen ist Anubis und ich sah die verborgenen Pfade.
Die Göttin in meinem Herzen ist Bastet und ich sah die sanfte Stärke.
Der Gott in meinem Herzen ist Min und ich sah seinen gewaltigen Phallus die Erde befruchten.
Die Göttin in meinem Herzen ist Isis-Hathor und ich sah die Liebe auf dem Thron der Welt.
Der Gott in meinem Herzen ist Ptah und ich sah die Mysterien des Erschaffens.
Die Göttin in meinem Herzen ist Sechmet und ich sah die Löwin der Rache.
Der Gott in meinem Herzen ist Thot und ich sah die geheimen Worte der Magie.
Die Göttin in meinem Herzen ist Uräus und ich sah die kampfbereite Kobra.
Der Gott in meinem Herzen ist Set und ich sah die ausgerichtete Schöpferkraft des Geistes.
Die Göttin in meinem Herzen ist Nephtys und ich sah die Wunder der noch unerschaffenen Dinge.
Io Erbeth! Io Pakerbeth! Io Bolchoseth! Xepera Xeper Xeperu!"
Der Kheri-Heb spricht den abschließenden Satz:
Alle Anwesenden wiederholen.
Der Kheri-Heb löscht alle Lichter im Tempel und schlägt den Gong mit den traditionellen Schlussworten:
„And so it is done."

Fragen, Fragen, Fragen

(Auszüge aus verschiedenen Interviews mit den Magazinen Zinnober, Black und der freien Mitarbeiterin des Wewelsburg-Museums, D. Siepe (D. S.) mit dem Autor dieses Buches. Die Interviews wurden sowohl schriftlich als auch teilweise mündlich geführt, daher gelegentliche sprachliche Holprigkeiten bei den Mitschriften.)

<u>D. S.</u>: *Kannst du bitte etwas zu dir, deinem satanistischen Werdegang und zum Current of Set/Circle of Hagalaz sagen? (Wie hängen der Current of Set und der Circle of Hagalaz eigentlich zusammen?)*
Ich beschäftige mich jetzt seit rund 17 Jahren mehr oder minder intensiv mit dem Themenkomplex Magie. Später fand ich für mich heraus, dass es ein Verständnis von Satanismus gibt, das sich mit meiner Vorstellung von Leben deckt. So wurde ich Satanist. Mit dieser Selbstbezeichnung kann ich mich nach wie vor identifizieren. Satanismus ist ein Widerspruch in sich. So, wie Satan der ewige Rebell ist, der sich gegen den Status Quo auflehnt, so ist jede Religion um Satan, jeder -ismus, der Versuch, den Wind anzubeten, indem man ihn in ein altes Einmachglas sperrt und auf einen Altar stellt, der Versuch, einen Kult um einen reißenden Gebirgsfluss zu errichten, indem man etwas von seinem Wasser nimmt und einfriert. Ich kann aus der momentanen Bestandsaufnahme meiner Erkenntnis einen Kult formen, doch die Gottheit hat Flügelschuhe und ist schon lange enteilt.
Deshalb ist das wahre Symbol meiner Religion nicht in ihrem Zentrum wie der Gott der Christen, sondern am äußersten Rand, in der zerbrechlichen und brüchigen Peripherie, die kleine Risse aufweist, durch die das Chaos hindurch flackert.
Hinter den Grenzen meines Selbst wartet das Nicht-Ich, das mich daran erinnert, wer ich bin. Indem ich durch Erkenntnis eine Brücke schlage zum Wesen des Nicht-Ich, wird es ein Teil von mir: Ich werde und gelange ins Dasein. Doch das Nicht-Ich bleibt, die Midgard-Schlange umzüngelt nach wie vor den Umfang meiner Welt, das dunkle Abenteuer, das Unbekannte, die kommenden Formen des Lebens, bedrohlich, chancenreich, spannend.
Es gibt im Satanismus/Setianismus Menschen, die trinken von den Wassern des Unbekannten, um es zum Bekannten, zu einer Form bewussten Erlebens zu machen, um zu wachsen. Andere jedoch verbrennen, was nicht fest steht, und dehnen sich aus in eine verbrannte Landschaft. Diese Menschen nehmen dem Fremden seine Eigenart, und bevor sie das Fremde verstehen, nehmen sie ihren Maßstab, das Feuer, und schauen, ob es würdig ist, zu bestehen. Diese Vorgehensweise hat viel mit Ausdehnung (Mission) zu tun, wenig mit Wachstum, denn die Substanz des Selbst nimmt nicht zu. Ein Luftballon bleibt ein simples Stück Gummi, auch wenn du ihn aufbläst. Das macht ihn jedoch auch anfälliger gegen echte oder vermutete Attacken von außen und jeder, der sich nähert und eine Nadel in der Hand haben könnte, wird zum Feind, zum Widersacher. Diese Ausführung bedeutet lediglich, dass große Unterschiede bestehen, dass es den einen „wahren" Satanismus nicht gibt, da hier der Widerspruch regiert, sondern dass es so viele Satanismen gibt, wie es Satanisten gibt. Es geht um die grundlegende Freiheit, aus sich selbst heraus ein Konzept zu

entwickeln, das dem eigenen Daseinsziel förderlich ist, ohne auf fremde Religionsstifter, Führer und Gurus hören zu müssen. Der Current of Set beschäftigt sich auf rein magische Weise mit der Verbindung des Individuums mit dem Kraftstrom des Satan-Set. Es gibt kein umfangreiches Lehrgebäude, der Current ist eher ein magischer Kräftegenerator, hat also wenig von einem klassischen magischen Orden.

Um bei dem zuvor genannten Bild zu bleiben: Der *Current* bietet die Option, sich in den Kraftstrom zu stellen mit seiner ganzen Existenz, die Schlange aus den Gärten der Lilith in das eigene Sein gelangen zu lassen. Es geht um individuelle Zugänge und so ist es nicht verwunderlich, dass wir keine Gehorsamseide und Gradhierarchien kennen. Wir sind Männer und Frauen, die nicht einem anderen gehören werden, solange sie für sich selbst sein können („Alterius non sit, qui suus esse potest.").

*Black: Dein Buch und auch deine Vorträge, Seminare etc. sind zwar zum einen wirklich voller interessanter und wissenswerter ernsthafter Information; doch bist du eine Person, die das alles mit einer sehr lockeren, absolut humorvollen, sympathischen und ‚kumpelhaften‘ Art und Weise an die Zuhörer/Leser bringt, pädagogisch natürlich sicher äußerst geschickt *grins*. Gehört diese Art einfach zu deiner Person und du hast sie dir durch die langen Jahre erhalten oder ist das eine Art unbewusster Taktik, um dem Thema dem Zuhörer/Leser gegenüber die Fremdheit zu nehmen? Wird dir das Ganze eigentlich nie langweilig?*

Wenn es mir irgendwann keinen Spaß mehr macht, werde ich meine diesbezüglichen Aktivitäten sofort einstellen. :-) Ich habe keine Lust, als irgend etwas oder irgendwer zu erscheinen, der ich eigentlich nicht bin. Deshalb halte ich Vorträge nicht mit Hühnerei großen magischen Ringen am Finger, breitkrempigen Hüten auf dem Kopf und einem zur Faust geballten Gesicht. Nur wenn dir das Leben Spaß macht, hast du auch Freude an der Magie. Ob meine Art eine unbewusste Taktik ist, weiß ich nicht, deswegen wäre sie ja dann unbewusst. Eine bewusste Taktik, um dem Zuhörer/Leser die Fremdheit zu nehmen ist es jedenfalls nicht. Jeder, der bereit ist, sich mit dem Thema Satanismus/Setianismus ernsthaft auseinander zu setzen, wird ohnehin sehr schnell gewisse antrainierte Vorbehalte verlieren, denn vieles auf diesem Gebiet macht einfach Sinn, ist logisch, bringt dich in deiner persönlichen Entwicklung weiter, lässt dich reifen und macht Spaß. Was will Mensch mehr?

Black: Dein Buch hat sicher einen Meilenstein für den Satanismus (zumindest in Deutschland) gesetzt, indem es – auch für den interessierten Laien verständlich – schnell erkennen lässt, dass sämtliche Bild-Zeitungs-Klischees wirklich völlig lächerlich sind. War es dir wichtig, mit diesen albernen Vorurteilen aufzuräumen, oder magst du sie eigentlich (macht ja auch immer noch Spaß, ab und an diverse oberflächliche Menschen ein wenig in ihrem Vier-Farbseiten-Weltbild zu bestätigen?)

Wenn der Satanismus nicht eine gewisse Kraft aus den diversen Vorurteilen und dem Image, welches ihm anhaftet, ziehen würde, dann hätte er einen anderen Namen. Jeder, der sich dieses plakative Etikett selbst aufklebt, weiß, dass er möglichst beim Arbeitgeber seine Religionszugehörigkeit verschweigen sollte. Doch jeder, der sich ernsthaft mit diesem Themenkomplex auseinander setzt, sollte über das Klischee beladene Bild hinausgehen und seinen eigenen Weg finden, Satanismus zu definieren.

Hier liegt ein gewisser Vorteil im Klischee: Du weißt ab einem gewissen Punkt, dass die Bildzeitung unrecht hat. Damit weißt du aber noch nicht, was Satanismus ist, nur was er nicht ist. In diesem Vakuum ist viel mehr Platz für eigene Spiritualität, eigene Ideen, eigene Magie und die eigene Person als in vielen anderen Systemen, in denen dir oft sehr genau erklärt wird, was dein Weg ist und was er eben nicht ist.

Zinnober: Das bringt uns zur Diskussion, die wir schon einmal geführt haben: Wie ernst muss man die Church of Satan nehmen? Mich hat dieses klischeehafte Bild der Cos immer abgeschreckt, da es endlos viele Vorurteile gegenüber Okkultismus, gegenüber Magie – zumindest scheinbar – bestätigt. Nach wie vor frage ich mich, ob das der sinnvolle Weg ist, den Menschen Magie nahezubringen. Wie empfindest du selbst diese Klischees?

Ach, Klischees sind was Nettes. Satanismus lebt von Klischees. Ich habe ja schon auf dem Vortrag bei der Loge *Thagirion* gesagt, dass Satanismus bis zu einem gewissen Punkt ein Scherz im Besonderen auf Kosten des Allgemeinen ist. Und Satanismus ist mit einem Riesenhaufen von Bildern, Klischees etc. überfrachtet, was auch eine große Schutzfunktion und eine Menge Freiheiten ausmacht. Es gibt kaum etwas, das nicht irgendwann im Laufe der Geschichte als „satanisch" bezeichnet wurde, zumindest alles, was Spaß macht im Leben, ist irgendwann mal als satanisch gebrandmarkt worden. Und aus all diesen Ängsten, Träumen, magischen Wegen, Ernsthaftigkeiten und Lächerlichkeiten, vom einsamen satanischen Magier bis zum „Heil Satan" schreienden 15-Jährigen Black Metaller passt da halt sehr, sehr viel rein. Und diese sind letztendlich auch eine riesige Energiequelle, auch für den einzelnen Satanisten. LaVey hätte niemals den Einfluss gehabt, den er auch heute noch hat, wenn er sich „frei fliegender Transzendental-Atheist" oder wie auch immer genannt hätte. Er bekam durch diesen Begriff Macht über seine Umwelt und zum Teil über sein direktes Umfeld. Und das hat er konsequent genutzt. Er war in der Lage, sein Umfeld nach seinem Willen zu gestalten, und das macht meiner Meinung nach einen guten Magier aus. Ohne diesen Begriff – auch wenn er recht hohl ist – hätte er das wahrscheinlich nicht geschafft. Marilyn Manson hat einen ähnlichen Weg eingeschlagen. Er nimmt gewisse Begrifflichkeiten, besonders den „Antichrist Superstar", und trifft damit genauso ins Schwarze. Auch wenn es 35 Jahre später ist. Die Leute springen darauf an, die einen finden es geil, die anderen grässlich, weil ihre Werte auf dem Spiel stehen. Dieser Begriff birgt eine große Macht, weit mehr als der Begriff „Thelema". Von daher finde ich Klischees völlig in Ordnung. Auch, sie zu pflegen.

Zinnober: Was mich an dieser Lehre von LaVey immer gestört hat, ist, dass das Streben nach Transzendenz einem reinen Materialismus geopfert wird ...

Absolut. Soweit ich LaVey verstanden habe, konnte er es durchaus tolerieren, dass in der *Church of Satan* gewisse Leute sind, die mehr wollten, als „Herren der Erde" zu sein. Das hat sich offensichtlich ein bisschen geändert. Und das ist auch immer mal wieder, auch zu LaVeys Zeiten, verurteilt worden. Er selbst war ein eindeutiger Magier der Erde, aber er hat ja selbst in der *Satanic Bible* ein Weiterleben nach dem Tod nicht ausgeschlossen. Nach einem erfüllten Leben der Tod für einen Menschen, das ist wie für ein kleines Kind, das nach einer Party ins Bett geschickt wird, aber weiter durch die Tür lugt, um zu schauen, was die Erwachsenen noch so treiben. So kann nach LaVey ein Geistwesen an die Erde gebunden sein. Da ist er sehr widersprüchlich. Er war sich offensichtlich selbst nicht so sicher. Er ist relativ offen damit umgegangen. Für ihn war auch satanische Musik eine Geschichte, die nun überhaupt nichts mit Black Metal zu tun hatte, dennoch sind offensichtlich viele Musiker dieser Szene Magister der *Church of Satan*. Soweit kann sein Anspruch, sich selbst durchzusetzen, dann auch nicht gegangen sein. Er war offensichtlich wesentlich toleranter und größer als einige seiner Gefolgsleute. Ich persönlich sehe im Satanismus mehr als nur reinen Materialismus. Ich empfinde es aber bei LaVey als sehr erfrischend, dass er einer der wenigen ist, der die Sache immer wieder auf die Erde zurückholt, und dass er in der Lage ist, komplexe Thematiken zu sublimieren und vor die eigenen Füße zu legen mit den Worten: „Mach was daraus!". Es ist alles sehr manifest. Das ist eine Geschichte, die heute noch einigen Magiern recht gut tun würde: Eben nicht in Sozialutopien zu leben und riesige sozialpolitische Ansprüche im Orden zu verfolgen, hart an der Erleuchtung zu arbeiten, aber nicht einmal in der Lage zu sein, sich selbst zu ernähren. Das sind schon Punkte, wo LaVey recht deutlich und auch erfrischend war.

Zinnober: Wobei aber genau diese Vorgehensweise LaVey auch die Kritik eingebracht hat, er hätte nur finanzielle Interessen. Wie würdest du das bewerten und was ist überhaupt mit dem ganzen Geld geschehen?

Davon ist LaVey Essen gegangen ! (lacht)

Zinnober: Das hatte ich befürchtet. Es ist in Deutschland eigentlich recht wenig über die Struktur der Church of Satan oder des Temple of Set bekannt, von okkulten Kreisen mal abgesehen. Auch die Werke von LaVey selbst wurden erst in den letzten Jahren den Lesern zugänglich gemacht. Warum ist der Satanismus erst so spät nach Deutschland gekommen?

Weil er sehr amerikanisch ist. Es ist eine sehr amerikanische Geschichte und eine – zunächst einmal – sehr oberflächliche Art und Weise, mit der Thematik umzugehen. Zumindest bei der *Church of Satan*, man denke nur an LaVey und seine „Oben-ohne-Hexen", mit LaVey und diversen Gerüchten, die er selbst über sich gestreut hat, die nun, nach seinem Tode, nach und nach widerlegt wurden, u.a. von seiner Tochter Zeena. Offensichtlich hat er, genau wie Crowley, sehr heftig selbst an seiner Biografie gestrickt und er ist ein echter Selfmade-Ami, ein Selfmade-Hohepriester. Das ist etwas, was vielen Magiern in Deutschland zu leicht ist. Wenn man sich dagegen die „deutschen Traditionen" anschaut, beispielsweise die *Fraternitas Saturni*, so geht man da doch mit einer ganz anderen Schwere und Ernsthaftigkeit an die Sache heran. Ich denke, viel wurde über die Musik transportiert und einen immer amerikanischer werdenden Lifestyle.

Black: Wie hat sich dein Verhältnis zu unserer kulturell, religiös und gesellschaftlich sehr christlich geprägten westlichen Welt mit den Jahren der Erfahrung in puncto Magie, Satanismus und Co. verändert?

Je mehr man sich mit dem Thema befasst, desto mehr wird klar, dass in Deutschland keine klare Trennung zwischen Staat und Kirche, des weiteren zwischen den Massenmedien und Kirche besteht. Die christlichen Kirchen bekommen in den

Schulen einen Werbeblock auf Staatskosten, der sich Religionsunterricht nennt. Es ist vollkommen normal, dass eine Krankenschwester in einem katholischen Krankenhaus zumindest eine Christin auf dem Papier sein muss, um ihren Job zu behalten, obwohl sie zu einem Großteil aus Steuergeldern bezahlt wird. Krankenhaus- und Militärseelsorger bekommen ihren Auftrag von der Kirche, ihr Geld vom Steuerzahler, wir alle finanzieren diese Leute mit, ob wir Kirchensteuer zahlen oder nicht. Jetzt höre ich einige Leser rufen: Ja, es ist doch ein gutes Werk, wenn Kranke, die vielleicht im Sterben liegen, betreut werden. Richtig! Warum aber nicht von Hindu-Priestern, Set-Priestern oder von konfessionslosen Psychologen? Die Verzahnung von Staat und Kirche scheint einigen Verantwortlichen wirklich nicht mehr aufzufallen, weil es so unglaublich normal ist, dass man sich für christliche Grundwerte einsetzt. Das Problem ist nur, dass die eigentlichen christlichen Grundwerte keine gesellschaftliche Relevanz mehr haben. Vieles, was heute als christlicher Grundwert bezeichnet wird, ist einfach nur gesunder Menschenverstand. Wenn ich einen Menschen mag und ihm in einer schwierigen Situation helfe, ist das nicht charakteristisch für das Christentum. Wenn die Kirche heute vom Himmelreich spricht, hört niemand mehr zu. Wenn die Kirche heute versucht, andere Religionen und Weltanschauungen zu diskreditieren, indem sie ihnen vorwirft, einer Irrlehre zu unterliegen, die direktissimo in die Hölle führt: Es hört ihr niemand zu. Schließlich leben wir in einer toleranten Gesellschaft. :-) Wenn sie jedoch das Böse im Satanismus ausmacht und den Finsterlingen gleich Dutzende von gesetzesrelevanten Straftaten unterstellt, dann wird ihnen zugehört. Damit säkularisiert sich die Kirche aber, gräbt sich selbst das Wasser ab. Hierzu eine vielleicht interessante Glaubensnote, die von der katholischen Kirche kürzlich herausgegeben wurde und die sehr schön illustriert, was die Kirche unter Religionsfreiheit versteht: „1. Die katholische Kirche befürwortet die Religionsfreiheit, d. h. die freie Wahl der Religion. 2. Frei entscheiden kann sich ein Mensch nur, wenn er die Wahrheit annimmt. 3. Die Wahrheit ist einzig in der katholischen Kirche zu finden."

Zinnober: Aus welchen Facetten fügt sich dein Set-Bild zusammen? Studierst du mehr das Bild moderner Gruppen und Okkultisten oder stehst du mehr dem altägyptischen Set nahe?

Hauptsächlich geht es bei mir um die Energie hinter dieser Figur. Dafür unablässlich, um das einigermaßen zu verstehen, ist die Beschäftigung mit dem ägyptischen Set. Set hat schon im alten Ägypten stetige Wandlungen durchlaufen, worauf ich auch intensiv in meinem Buch hinweise[6] und was ich auch ziemlich deutliche machen wollte, dass es diesen einen Set, klar umrissen und mit klaren Konturen, so nie gegeben hat, sondern dass er immer ein Spiegelbild für Wünsche, Hoffnungen und Ängste der Menschen war. Er war auch immer eine Personifikation für das Fremde, in guten Zeiten war er derjenige, der das Neue ins Land brachte, in schlechten Zeiten war er der, der das Verderben ins Land brachte. Er ist also sehr wandlerisch. Das ist ein Kernpunkt auch im modernen Setianismus. Die Verbindung von Set mit dem Horizont, mit der Fremde, mit dem Erweitern, mit der Grenze, von dem, was ich im

---

[6]   Im Kraftstrom des Satan – Set, erschienen im Second Sight Verlag Berlin.

Moment wahrnehme. Eine Figur, die mich anleitet, mich dazu auffordert, diese Grenzen zu erweitern, um ins Dasein zu gelangen, mich selbst größer zu machen. Verbindungen und Brücken zu schlagen zu anderen Formen von Leben. Es ist ein Weg der Erweiterung, der möglicherweise kein Ende hat. Es geht also nicht so sehr um eine Zielgerichtetheit. Es ist die Bewegung, die den Satanismus bzw. Setianismus ausmacht, und dazu gehört auch, sich das Fremde zu eigen zu machen. Set als Gott der Fremde, Set als Gott, der in die Ferne, in den Horizont weist, wo meiner Meinung nach der Wissende losmarschiert und schaut, was der Horizont zu bieten hat, und derjenige, der in alten Mustern verhaftet ist, auf die Knie fällt, wenn Set in den Horizont weist, seinen Finger anstarrt und ihn anbetet. Das ist der Unterschied. Das ist ein ganz maßgeblicher Punkt. Und der ist nur dann zu verstehen, wenn man sich mit dem alten Set und seiner Herkunft beschäftigt, wobei mein primäres Interesse im direkten, magischen Austausch liegt und nicht so sehr im Durchwühlen des Wüstensands.

D. S.: Du warst einmal führend in der Totenkopf-Grotto der Church of Satan aktiv. Zu deren Nachfolgern gehören der Circle of Hagalaz/ Current of Set und der Schwarze Orden von Luzifer. Stimmt das so? Wie sieht heute dein Verhältnis zum SOL aus? Der SOL/Satorius scheint ein eher negatives Verhältnis zur Church of Satan zu haben. Woran liegt das?

Das stimmt so nicht ganz. Der *SOL* und der ursprüngliche Ansatz des *CoH* sind Produkte, die aus dem Schisma der *Totenkopf-Grotto* entstanden sind, der *Current of Set* hat mit der *Totenkopf-Grotto* oder der *Church of Satan* nichts zu tun. Die Enttäuschung eines Satorius bezüglich der *Church of Satan* ist durchaus nachzuvollziehen: Wenn ich ihn richtig verstanden habe, sah er immer so etwas wie einen elitären Orden mit einem umfassenden Auftrag in der *Church*. Kurzum: Er hat es richtig ernst gemeint. Doch die *Church* entwickelte sich mehr und mehr zu einem Unternehmen, bei dem es eher um Profit als um Überzeugung ging und die Frage, ob ein Club elitär ist, dem JEDER für 100 Dollar Beitrag auf Lebenszeit beitreten kann, darf sich jeder selbst beantworten. Man stelle sich vor, wie viele Gläubige in der römisch-katholischen Kirche reagieren würden, wenn der Vatikan anfangen würde, sich weniger um den rechten Glauben als vielmehr um die Wahrung seiner finanziellen Interessen zu kümmern. Was, das macht er schon? Siehst du, und deshalb schätze ich Satorius. Ihn stört wenigstens bei der *Church of Satan*, was bei der *Church of God* seit ihrer Gründung vollkommen normal ist.

Es interessiert mich nur am Rande, was der *SOL* tut, über den ganzen inhaltlichen Zwist hinaus schätze und respektiere ich Satorius als einen der selten gewordenen Menschen auf diesem Planeten, der in der Lage ist, für seine Überzeugung einzutreten und mit Kraft und Mut etwas in Bewegung zu setzen. Wenn es eine satanistische Bewegung gibt, dann besteht sie nicht aus denen, die mit Pentagrammen behangen zu schwarzen Gurus der Magie oder Musikszene aufschauen, sondern dann besteht diese Bewegung aus denen, die sich selbst bewegen. Und dazu gehört Satorius und dafür hat er meinen Respekt, auch wenn sein Weg überhaupt nicht meiner ist und ich immer gemeint bin, wenn er von Scheiß-Unruhestiftern spricht. Was kann es für ein schöneres Kompliment für einen Satanisten geben? So hat der alte Weißbart im

Himmel seinen schönsten Engel bestimmt auch genannt: Scheiß-Unruhestifter. Hölle, öffne deine Pforten, ich komme.

D. S.: In deinem Buch Im Kraftstrom des Satan-Set gehst du in einem allgemeinen Überblick zur Geschichte des Satanismus auch auf Karl Maria Wiligut, die SS und die Wewelsburg ein. Warum gehören diese Themen in einen solchen geschichtlichen Überblick?

Zum einen, da es gemeinsame Quellen gibt. Viele der okkulten (nicht ausschließlich im Sinne von satanisch, bitte bedenken, dass es auch im Christentum und gerade im Katholizismus zahlreiche okkulte Strömungen gibt) Gruppierungen berufen sich auf die Templer und Gralsüberlieferungen. Mir ging es darum, herauszustellen, dass es sehr unterschiedliche Wege gibt, mit den Quellen umzugehen, dass einige Interpretationen im Nationalsozialismus und der Versklavung von Millionen gemündet sind, andere in die persönliche Freiheit führten. Meiner Überzeugung nach ist es sinnlos, empor zu schauen zu Gurus, Göttern und (Ver-) Führern. Frei nach Aleister Crowley: Wenn der Blick nach innen geht, ist ein Stern in Sicht. Michael Bakunin sieht in Satan den „ewigen Rebell, ersten Freidenker und Weltenbefreier", der bewirkt, dass „der Mensch sich seiner tierischen Unterwürfigkeit schämt, er befreit ihn und drückt seiner Stirn das Siegel der Freiheit und der Menschlichkeit auf, indem er ihn antreibt, ungehorsam zu sein und die Frucht der Erkenntnis zu essen."

Dies alles lag sicher nicht im Interesse der politischen Führung im Dritten Reich; wer möchte kann sich jetzt die Frage stellen, ob dies überhaupt jemals im Interesse einer politischen oder religiösen Führung gelegen hat.

Zum anderen ist es die Aufgabe eines Satanisten, so genannte „verbotene Zonen" zu betreten, vergessene Gedanken zu denken, sich mit den kleinen und großen Unanständigkeiten des Lebens zu konfrontieren. Es ist definitiv kein gesunder Umgang mit der eigenen Vergangenheit, wenn im Ottenshof im Dörfchen Wewelsburg alle Schnitzereien aus dem Dritten Reich an Geländern und Holzbänken durch hübsche Blumenkränze überhängt werden. So ist man im glücklichen Deutschland schon immer gerne mit der Erinnerung an Hitler-Deutschland umgegangen: wie ein Mensch, der die Mittagssonne genießen will, aber seinen Schatten verleugnet (übrigens sind beides, Mittagssonne und Schatten, Attribute Satans). Doch der Schatten ist da, dunkel, bedrohlich allein durch seine Existenz, da er, indem er an das erinnert, was war, auch an das erinnert, was sein könnte. Und der Mensch sagt sich los von seinem Schatten, welcher ungeachtet dieser Entscheidung trotzdem einfach da bleibt; doch eins ist sicher: Es mag Menschen ohne Schatten geben, wie uns Fantasy-Autoren glauben machen wollen, aber niemals habe ich einen Schatten ohne Menschen gesehen. Und so wird er fort geredet, anderen Menschen zugeordnet, die Schuldfrage wird geklärt, er wird in Geschichtsbücher gesperrt, die Tatsache ignorierend, dass Geschichte von Menschen geschrieben wird, oder es wird ein hübscher Blumenkranz drüber gehängt. Der ist zumindest wieder leicht zu entfernen, wenn der Schatten eines Tages wieder hervorbrechen sollte und seinen Platz auf dem Thron hinter unseren Stirnen einnimmt. Dass der wahre Despot nur in dir selbst bekämpft werden kann, hat auch Satan im Roman *La revolte des anges* des Nobelpreisträgers Anatole France erkannt. Hier findet sich eine passende literarische

Beschreibung des modernen Satansbildes und eine schöne Parabel auf den Umgang mit Macht: Jahwe wird in diesem Roman mit dem gnostischen Jaldabaoth gleichgesetzt, einem ungerechten und gewalttätigen Verwalter eines kleinen Teils des Kosmos, der sich damit brüstet, der Schöpfer zu sein. Doch France stellt klar, „... dass alles Bestehende durch sich selber besteht und nicht durch die Laune Jahves, dass die Welt ihr eigener Urheber und der Geist sein eigener Gott ist." Doch der ewige Rebell und gefallene Engel rief seine Getreuen dazu auf, sich durch Nachdenken, Vernunft und Studium in die Lage zu versetzen, eine neue Revolte gegen den Tyrannen anzuzetteln. Doch kurz vor der erfolgversprechenden Revolte träumt Satan einen Traum, in dem ihm die Wichtigkeit seiner Rolle als ewiger Rebell und Gegenspieler klar wird. Er spricht zu seinen Getreuen: „Nein, erobern wir den Himmel nicht. Es genügt, dass wir es könnten. Denn Krieg erzeugt wiederum Krieg und der Sieg Niederlage. Der besiegte Gott wird Satan und der siegreiche Satan wird Gott. Möge mir das Geschick dieses furchtbare Los ersparen! (...) Was nützt es, dass die Menschen Jaldabaoth nicht mehr unterworfen sind, wenn der Geist Jaldabaoths weiter in ihnen lebt, wenn sie nach seinem Ebenbilde eifersüchtig, gewalttätig, streitsüchtig und habgierig, Feinde der Künste und der Schönheit sind; was nützt es, dass sie den barbarischen Demiurgen verworfen haben, wenn sie nicht auf die Dämonen, ihre Freunde, hören, auf Dionysos, Apollon und die Musen. (...) Wir wurden besiegt, weil wir nicht begriffen haben, dass der Sieg etwas Geistiges ist und wir in uns selbst, und nur in uns selbst, Jaldabaoth bekämpfen und bezwingen müssen."

Statt dessen wird in Deutschland der einfache Weg gewählt. Verbieten und verdrängen, kaschieren und als schuldig klassifizieren. Es herrscht ein hysterischer Umgang mit den Symptomen, hier den Auswüchsen der neuen Rechten. Es wird agiert mit der oberflächlichen Aufmerksamkeit einer Mutter, die ihren pubertierenden Kindern ein „Das tut man aber nicht" entgegensetzt, und man wird dasselbe ernten: Die Kinder werden es tun und im Gegensatz zu der Zeit, bevor der Zeigefinger erhoben wurde, wird es nun sogar Spaß machen. Muttergesellschaft und Vaterland vergessen gerne, dass im Großen dasselbe gilt wie im Kleinen: dass ihre Kinder, die sie in die Welt gesetzt und geformt haben, an einem gewissen Punkt der Entwicklung sich der feigen Übermacht der Eltern entziehen wollen, sie möchten schlicht erwachsen werden und sich emanzipieren, indem sie sich distanzieren. Eine Möglichkeit, viel Distanz zwischen sich und gesellschaftlichen Konsens zu bringen, ist, genau das zu tun, was „man" nicht tut. In Deutschland haben wir eine nahe Vergangenheit, die sich hervorragend hierzu eignet. Indem an Schulen das Tragen von bestimmten Kleidungsmarken und Armeestiefeln untersagt wird, nur weil diese angeblich von Neonazis getragen werden, ist dies ein Herumpfuschen an Symptomen. Indem in regelmäßigen Abständen überlegt wird, ob nicht doch zum Beispiel nicht nur das Hakenkreuz, sondern auch das Symbol der Schwarzen Sonne, die Othala-Rune oder doch gleich die ganze Runenreihe verboten wird, ist dies ein Missbrauch uralter Symbole und es wird nichts erreicht außer dass ein gewaltiger Mülleimer entsteht, in dem die Dinge ruhen, die in die Schublade mit der Aufschrift „Tabu" gehören. Dass derartige Mülleimer dazu tendieren, ein gewisses Eigenleben zu entwickeln, habe ich in meinem Buch ausreichend dargestellt. Bevor Verbote ausgesprochen werden , macht es Sinn, sich einen Ratgeber für Eltern zu kaufen, da kann möglicherweise auch der Herr Innenminister im Umgang mit radikalen Randgruppen noch was lernen. ;-).

Es geht im Satanismus immer um individuellen Einfluss auf sich und seine Welt und der damit wachsenden individuellen Verantwortung. Wir sollten dem Ideal der Aufklärung folgen und den Menschen in den Vordergrund stellen, nicht das Etikett, das ihm anhaftet. Nur der Stempel zählt. Dieser Mensch kann seinen Freundeskreis, seinen Job und seine Gesundheit verlieren. Diese „„chuld zuweisen und Schuld verschieben"-Taktik hat bereits bei den Juden, bei den Hexen, bei den Freimaurern, bei den Kommunisten, bei den Yeziden, bei den Moslems, bei den Satanisten und vielen anderen funktioniert; der Teufel wird ausgemacht, erst gemieden und dann bekämpft. Als ich vor vielen Jahren das erste Mal eine Sonnenwendfeier an den Externsteinen besuchen wollte, wurde mir abgeraten: „Dort wimmelt es von Nazis". Ich bin trotzdem hingefahren, und tatsächlich saßen dort ein paar „Rechte" am Feuer, die gerade in ausgesprochen freundlicher Atmosphäre mit anderen Besuchern die hohe Politik diskutierten, vielleicht doch eher stritten, sich aber dann ihre mitgebrachten Bratwürstchen und das Bier teilten. Das nenne ich eine pluralistische Gesellschaft. Ich möchte diesen Gedanken stärker pointieren am Beispiel des Satanismus, denn das ist der Bereich, in dem ich mich auskenne. Da fordert die Jugendorganisation *Weiße Rose* im Internet „Härtere Strafen für Satanisten", ein Verbot von umgekehrten Kreuzen, des Pentagramms, satanischer Tatoos, des Teufelsgrußes mit der linken Hand. Dass sie sich bereits selbst absolut faschistoid gebärden, wird ihnen nicht aufgefallen sein. In diesem Staat wird ein Verbrechen be- und verurteilt, nicht die Religion dessen, der das Verbrechen ausgeübt hat. Dies sollte zumindest so sein. Wenn ein Moslem einen Mord am Müllmann begeht, spielt es keine Rolle, dass er Moslem ist. Wenn ein Christ den gleichen Müllmann umbringen würde, interessiert es das Gericht nicht, dass er Christ ist. Das Gleiche muss auch für einen Satanisten gelten, wenn er den Müllmann umbringt. Jetzt fordert die *Weiße Rose* härtere Strafen für den Anhänger einer Religion für die gleiche Tat. Rechtsstaat? Was würde geschehen, wenn wir ab sofort Moslems härter für Ladendiebstahl bestraften als Christen? Umgekehrte Kreuze hingegen verbieten zu wollen, ist lustig und zeigt die Hilflosigkeit solcher Forderungen: Wird Kopfstand im Angesicht eines „richtigen" Kreuzes dann auch bestraft? Wie groß darf der Neigungswinkel eines Kreuzes sein, damit es als „umgekehrt" gilt? Zur Klärung dieser Frage könnte man eine EU-Kommission einsetzen. Was machen die Träger satanischer Tatoos mit ihren alten Tatoos? Was macht meine alte Grundschullehrerin, die ebenfalls den Teufelsgruß mit der Hand formte, nur nannte sie ihn „Klassenfuchs" („Ohren auf, Mund zu"). Leider versucht die *Weiße Rose* nicht einmal ansatzweise, den Kampfbegriff Satanismus zu definieren. Ebensowenig wie ein politisches Bündnis gegen Rechts sich nicht dazu berufen fühlte, „rechts" zu definieren, und doch machen alle mit. Wo genau fängt rechts an? Frage ein Mitglied der PDS und ein Mitglied der CSU, und du bekommst sicher nicht die gleiche Antwort ... Es ist das Prägen von Kampfbegriffen, von Etiketten, die ein Hinterfragen überflüssig machen,was das politische Klima in Deutschland verschärft, nicht die politische oder religiöse

Ausrichtung der so titulierten. Kraftloser wurden in den letzten Jahrzehnten die Kampfbegriffe „schwul", „Kommunist" und „der Jude an sich". Vor und im Krieg und mancherorts auch heute ist der Begriff „Beschissjude" ein echter Knüller, nach dem Krieg war „schwule Kommunistensau" ein echter Bringer. Wer Kampfbegriffe prägt und Menschen mit Kampfbegriffen belegt, dem liegt nicht an Austausch und Vielfalt, sondern sein Anliegen ist: den Feind ausmachen, zu benennen und zu bekämpfen. Wenn im Begriff Satan nicht soviel Energie seiner erklärten Gegner stecken würde, würde ich mich wahrscheinlich immer noch Satanist nennen, aber es würde nur halb soviel Spaß machen. Insofern erwarte ich kein öffentliches Verständnis für Satanisten, diesen Kampfbegriff könnt ihr nutzen und missbrauchen, wie ihr wollt. Mit jedem neuen abstrusen Vorwurf nährt IHR die Feuer der Hölle, nicht ich. Und doch möchte ich auf die Chance hinweisen, die wir alle haben: Zu erkennen, dass sich selbst hinter den mit dem bösesten Symbol und Begriff belegten Tabu immer noch Menschen befinden, die vielleicht gar nicht gerettet oder überzeugt werden wollen.

Erst wenn wir, jeder einzelne von uns – denn DIE Gesellschaft hat keine Hände – den Schleier des Tabus fort nehmen, können wir in einen echten Austausch treten. Dass dies nur begrenzt möglich ist, ist mir klar: Ein fundamentalistischer Christ kann einen fundamentalistischen Moslem nicht so lassen, wie er ist, und umgekehrt, denn beide haben einen göttlichen Missionsauftrag, insofern machen Diskussionen auf Gartenpartys, bei denen der eine dem Moslem heimlich Weihwasser in die Cola mischt und den Exorzismus des Rituale Romanum schon hinterm, Achtung: Wortspiel, Kreuz hält und der Moslem bereits in klassischer Selbstmordattentätertradition die Dynamitstange auf den Grill schmuggelt, wenig Sinn. Dennoch: Wenn auch nur ein Leser sich dazu berufen fühlt, der Welt und allem Fremden etwas offener entgegenzutreten, so sind wir einen großen Schritt weiter gekommen.

Die Amerikaner, ohnehin nicht das Volk mit dem ausgeprägtesten Geschichtsbewusstsein, sind von unseren deutschen Kampfbegriffen weit weniger geprägt. Dr. Michael Aquino, ehemaliger ranghoher Offizier der amerikanischen Streitkräfte, hat selbst bereits Erfahrung mit Kampfbegriffen gemacht. „Rechtsradikaler Satanist" ist nun wirklich eine kraftvolle Mischung, so dass es sich erübrigen sollte, für einen solchen Herren die Lanze brechen zu wollen. Wollen wir doch einen Versuch wagen? O.K., ich lege noch einen drauf: „Rechtsradikaler Satanist und Kinderschänder". Reicht das jetzt an Etiketten? Schauen wir uns dennoch den Fall näher an:

Dr. Aquinos eigene Darstellung der Geschehnisse um den Vorwurf des Kindesmissbrauchs findet sich im Anhang meines Buches *Im Kraftstrom des Satan-Set*. Aufgrund von vollkommen unlogischen Vorwürfen des rituellen Mssbrauchs, für die mehrfach der angebliche Tatzeitpunkt und Tatort verlegt werden musste, damit es wenigstens mit viel Fantasie theoretisch zu einem Missbrauch hätte kommen können, wurde auf ihn eine wahre Hexenjagd veranstaltet. Man stelle sich das vor: Ein Verbrechen soll geschehen sein, für das es keinerlei Beweise gibt, nur die Aussage eines Therapeuten. Der angebliche Täter hat für den Zeitraum ein Alibi, woraufhin die angebliche Tatzeit verlegt wird. Schön und gut, zu der neuen Tatzeit war der angebliche Täter jedoch erwiesenermaßen nicht am Tatort, woraufhin der Tatort verlegt wird. Dieses Spiel wird solange fortgesetzt, bis es theoretisch zu einer Tat hätte kommen können. Ein interessantes Rechtsverständnis. Logischerweise ist es niemals zu einer Verurteilung gekommen. Deutsche Hexenjäger wie die Gebrüder Grandt führen dies auf den politischen Einfluss des Dr. Aquino zurück, neutralere Beobachter sehen in seinem Status als ranghoher Offizier mit unbequemer, weil satanischer Religion, gerade den Grund für die tönerne Anklage. Die Methode, an den Punkten, wo die Logik geht, die Verschwörungstheorie herein zu bitten, hat auch der Autor zweier FBI-Studien zum Thema kennen lernen dürfen. Legte er in seinen Studien doch eindeutig dar, dass der organisierte Satanismus gewaltfrei ist, fand er sich schon bald im Zentrum der Vorwürfe wieder, er selbst sei Teil einer satanischen Verschwörung.

Wenn die Sache mit dem Kinderschänder bei Dr. Aquino schon nichts wird, dann vielleicht eine öffentliche Brandmarkung als Neonazi, immerhin hielt er in der Wewelsburg das „berüchtigte" Wewelsburg Working ab. Der folgende Satz von Dr. Aquino vom 14.11.1990 kann unkommentiert bleiben: „I have always deplored its [Naziism's] premises, policies, and activities which resulted in savagery and misery to a great many people." Aquino ist ein entschiedener Gegner eines totalitären Staates, eine Ausgewogenheit der Kräfte und demokratische Strukturen finden sich auch in seiner Organisation, dem *Temple of Set*. Auch der Hohepriester kann abgesetzt werden, wenn er Bockmist baut. Des weiteren hat Aquino niemals eine „Rasse" als höherwertig gesehen, Elitarismus ist in seiner Sicht der Dinge unabhängig von rassischer oder nationaler Zugehörigkeit, sondern eine Frage der individuellen Qualität. Richtig ist, dass Dr. Aquino sich wissenschaftlich und magisch mit der Sozialdynamik und den okkulten Strömungen des Dritten Reiches beschäftigt hat und dass es innerhalb des Temple eine Untergruppierung, den Orden des Trapezoid gibt, der sich explizit mit dem Dritten Reich beschäftigt. Richtig ist es aber auch, dass zum Beispiel der Orden von Shuti oder der Orden des Vampirs, ebenfalls Untergruppierungen des Temple of Set, überhaupt nicht in eine Nazi-Ideologie passen.

D. S.: Du schreibst in deinem Buch, daß die SS für Aquino und LaVey eine Art Hobby darstellt/darstellte. Satanismus habe für dich mit Faschismus nichts zu tun. Wie sieht das für Nikolas und Zeena Schreck aus? Ist Faschismus/Nationalsozialismus eigentlich ein Thema für Satanisten?

Das Gesetz des Starken, das ist unser Gesetz und die Freude der Welt. Nun gibt es die Möglichkeit, „stark" erscheinen zu wollen, indem man seinen Mitmenschen auf den Kopf tritt, sie klein zu halten, um sich selbst in Relation zu ihnen in eine herausragende Position zu bringen. Die andere Möglichkeit wäre: Gemeinsam mit seinem Umfeld zu wachsen, nicht den anderen, sondern sich selbst als Maßstab zu nehmen und sich selbst zu übertreffen, über sich hinaus zu wachsen. Bei LaVey und Aquino geht es im Kern darum, dass nicht jeder Mensch gleich ist. Es geht um eine Elite durch Stärke. Doch beide sehen den Weg in die Elite in dem, was ein Mensch aus dem, was er hat und kann, am Ende macht, es geht um individuelle Leistung, den

Ruhm des Einzelnen, den Weg des Helden. Keiner von beiden hat jemals gesagt, dass ein Mensch aufgrund seiner Zugehörigkeit zu einer Nation oder Gruppe mehr wert ist als ein anderer. Auf der anderen Seite weht bzw. wehte in der *Church* und auch im *Temple of Set* ein pluralistischer Wind, in der *Church* zumindest bis zum Tode LaVeys; die aktuellen Entwicklungen verfolge ich nicht mehr so intensiv. Hochrangige Ämter werden z. B. von Menschen mit jüdischer Abstammung belegt, Männer und Frauen sind gleichberechtigt. Black Metal wurde von LaVey zeitlebens als christliche Propaganda-Erfindung gesehen, dennoch sind Black-Metal-Musiker Priester und Magister der *Church*. Dieser Umgang mit anderen Ansätzen zeigt deutlich, dass LaVey zwar eine sehr klare eigene Meinung vertrat, dennoch auch den Satanisten mit anderen Überzeugungen in seiner *Church of Satan* einen Platz finden ließ. Im Gegensatz dazu lesen sich zumindest alte Interviews mit Nikolas Schreck sehr faschistoid, auch Boyd Rice, ehemaliger Sprecher der *Church of Satan*, stellt Thesen auf, bei denen sich mir die Fußnägel hoch klappen.

D. S.: Ein in den Boden des Gruppenführersaales der Wewelsburg eingelassenes Sonnenrad wird heute häufig als „Schwarze Sonne", als Sonne hinter der Sonne, bezeichnet. Ich habe einmal gehört, dass Set mit der „Sonne hinter der Sonne" gleichgesetzt wird. Stimmt das? Siehst du einen Zusammenhang? Welche Meinung hast du zu dem Kult um das Wewelsburger Sonnenrad?

Man nehme sich vor der sancta simplicitas in Acht: sie ist es, die das Holz zu allen Scheiterhaufen gehäuft hat. So spricht Nietzsche und das gleiche trifft auf den Begriff der Schwarzen Sonne im Zusammenhang mit Satan bzw. Set zu. Das Sonnenrad der Wewelsburg ist meines Wissens nach in seiner Form einzigartig. Natürlich gibt es eine Vielzahl von Sonnenrädern und ähnlichen Darstellungen, die bis nach Mesopotamien zurück reichen, doch obwohl mir gegenüber immer wieder behauptet wurde, dass es Jahrtausende alte identische Vorläufer gibt, ist man mir bis jetzt diesen Beweis schuldig geblieben. Korrekt ist, dass die Bezeichnung „Schwarze Sonne" in Verbindung gebracht werden kann mit der Qlipha Thagirion. Zugrunde liegt die jüdische Geheimlehre der Kabbala. Dort, wo die befruchtende Polarität von Gegensätzen besteht, herrscht Entwicklung und Leben. Fehlt sie, kommt es zur Erstarrung des Seienden. Der kabbalistische Baum des Lebens (ein Symbol, das die Schöpfung und den Aufbau der Welt emanativ darstellt) besitzt ebenfalls diese Gegenseite, jede Emanation, jede Sephira hat ihre Qlipha. Die zentrale Sonnensephira Tiphereth, die mit Osiris und Christus assoziiert wird, hat ihre Antipode in der Qlipha der Schwarzen Sonne Thagirion, die mit Satan und Set in Verbindung steht. „Niemand gelangt zum Vater denn durch mich" ist eine typische Tiphereth-Aussage der messianischen Charaktere, die in ihr beheimatet sind. Erlösung durch Befolgen der orthodoxen Regeln, Askese und Gnade Gottes sind hier passende Stichworte.

Auf der anderen Seite steht, dass der Mensch die Möglichkeit in sich trägt, sich selbst zu erretten. Jeder trägt die dunkle Erleuchtung, die uns nicht ins selige Paradies/Nirwana trägt, sondern in die absolute Präsenz und Wachheit, bereits in sich. Die Zahl des Sonnendämons Sorath ist eines Menschen Zahl. Satan-Set zweifelt in Thagirion den göttlichen Maßstab immer wieder aufs neue an, hinterfragt alle so genannten ewigen Wahrheiten und erhält das Leben, die Evolution, die Vielfalt.

Black: Sowohl in deinem Buch als auch im Zinnober-Interview beziehst du dich immer wieder auf Nietzsches „Willen zur Macht". Das heißt für mich, du bist der Meinung, dass in jedem von uns der Wille zur Macht schlummert – in dem einen mehr und in dem anderen weniger. Doch mir erscheint gerade in diesem Bereich (Magie oder Satanismus) die Gefahr sehr groß, dass der Wille zur Macht überhand nimmt und dazu führt, dass Menschen ein falsches Bild von sich gewinnen und größenwahnsinnig werden. Gibt es im Bereich Magie und Satanismus deiner Meinung nach eine Möglichkeit, den wachsenden Machthunger zu kontrollieren?

Klar, du musst dafür sorgen dass die Bodenhaftung nicht verloren geht, dir Freundschaften erhalten, die mit Magie nichts zu tun haben, Gespräche mit „Andersgläubigen" führen, dich im Paradigmenwechsel üben, halt aufpassen, dass dein satanisches Schlachtschiff kein fliegender Holländer wird. Die Tatsache, dass die Schlange aus den Gärten der Lilith in dir weilt, macht dich noch lange nicht zu Superman! Es hat schon seine Gründe, warum in vielen alten Mysterienschulen und z. B. auch in der originären *Church of Satan* die „höheren Weihen" nur jenen zugänglich waren, die einen gewissen materiellen, alltäglichen Erfolg im Leben vorweisen konnten, die, einfach gesagt, ihr Leben im Griff hatten. In magischen/setianischen Bereichen, in denen du an deine Grenzen gehst, ist immer die Gefahr da, zu weit zu gehen, das sehe ich genauso wie du. Es ist ein gefährlicher Bereich, kein Kinderspiel. Genau an diesem Punkt macht auch eine magische Arbeitsgruppe Sinn, jeder achtet auf den anderen und holt ihn hin und wieder auf den Boden zurück („Hey, großer Satan, deine Schnürsenkel sind offen.") Im schlechtesten Fall trägt dich eine Gruppe über deine Grenzen hinweg oder übt Druck aus, dann wird es schnell ungesund, daher: Wähle dir deine Mitstreiter gut aus.

Black: Eine inhaltliche Frage: Magie hat für mich persönlich immer sehr viel mit „Wahrem Willen" zu tun, wie es Onkel Aleister einst definiert hat (auch wenn er da oft missverstanden wird). Die Forschung nach dem eigenen wahren Willen in sich selbst ist garantiert einer der Hauptmotoren des menschlichen Seins. Abseits vom „Willen zur Macht", für wie wichtig hältst du den „Wahren Willen" eines Menschen?

Es kommt darauf an, wie man „Wahrer Wille" definiert. Die Psychologie spricht vom Primärimpuls, eben als wahrer Wille, der das ganze Tun und Denken eines Menschen bestimmt. Meine Großmutter hat gesagt, dass es für jeden Menschen im Leben nur eine einzige, große Aufgabe gibt und dass jeder Mensch sie eines Tages erkennt. Und sie hat Meister Therion sicher nicht gekannt. Vielleicht handelt es sich aber auch um eine Persönlichkeitsspaltung, die jedem Menschen widerfahren ist: Er projiziert fortan die abgespaltenen Anteile mit dem Ziel der Reintegration. Der Wahre Wille wäre demnach das, was es uns ermöglicht, wieder ein ganzes, vollständiges Wesen zu werden. Philosophisch geht es vielleicht doch eher um Sartres Sein für sich, das die Ursehnsucht nach der Verschmelzung mit dem Sein an sich antreibt. Man kann es religiös angehen, vielleicht besteht der Wahre Wille darin, den Willen Gottes/den Willen des Kosmos zu erkennen, anzunehmen und zu tun. Mit dieser Deutung sind wir übrigens, für viele vielleicht erschreckend, am nächsten an der Idee Crowleys. Vielleicht kommuniziert das Über-Ich als Manifestation unseres gereiften Wesen aus der Zukunft mit uns, das uns allein dadurch, dass wir von seiner Existenz wissen, antreibt, unseren Wahren Willen, nämlich, mit ihm zu verschmelzen, zu erkennen und zu vollbringen. Ein Schelm, wer jetzt an den Heiligen Schutzengel denkt. Es geht bei der Frage nach dem Wahren Willen schlicht um die Frage nach dem Sinn des Lebens, allgemein und individuell, und es gehört schon einige Mutwilligkeit dazu, den thelemitischen „Willen" als „Tue, was du gerade möchtest, ohne Rücksicht auf Verluste" zu lesen.

Zinnober: Du hast die Autarkie angesprochen. Im Grunde halte ich es für Widersprüchlich, wenn so viele Menschen versuchen, den Individuationsprozess innerhalb von Gruppen zu vollziehen. Viele fallen damit gewaltig auf die Schnauze, was sich auch darin widerspiegelt, dass ich nur recht wenige Menschen kenne, die in nur einer Gruppe tätig sind: Sie merken, dass sie das, was sie suchen, in der einen Gruppe nicht finden, und dann gehen sie zur nächsten. Ist das eine Schwäche der Gruppen oder eine grundlegende Schwäche der Menschen?

Jede Gruppe die existiert, existiert, weil sie durch Menschen existiert. Das heißt, offensichtlich wird ein bestimmtes Bedürfnis befriedigt. Gerade im magischen/okkulten Bereich sind einige Gruppen Meister der Vernebelung und eben nicht selten wird genau das, was am Anfang nicht gemacht wird, am Ende doch gemacht, und andersherum. Das heißt, so manch ein klassischer Einweihungsweg über viele Jahre und Grade bringt so manche 180°-Kehrtwendung in der Ideologie mit sich, die auch so gewollt ist. Es ist relativ schwierig, das Endziel eines klassischen magischen Ordens zu durchschauen, wenn du unten stehst und um Einweihung bittest. Ich glaube, dass viele, viele Menschen, die nach magischen Gruppen und auch nach Individualität suchen, einfach recht schlecht informiert sind und recht leichtfertig sind mit dem, was sie da tun. Das heißt konkret, viele Menschen sind im *OTO*, im *Caliphat des OTO*, in den ersten Graden der Meinung, dass sie in einem satanischen Orden sind – eine Meinung, die durch *RTL* und Co gestärkt wird. Und häufig sind diese Menschen ohne Wissen darüber, was sie wirklich suchen – das ist eine Frage, die man sich selber stellen muss –, und binden sich dann ein Leben lang an Gruppen, (manchmal auch über den Tod hinaus), die sie überhaupt nicht, nicht einmal ansatzweise durchschauen. Das führt auf materieller Ebene häufig dazu, dass man sich sehr schnell nach Neuorientierungen umschaut, wenn man merkt „Das ist es doch nicht". Doch auf magischer Ebene zehren diverse Eide an einem, wo man doch etwas vorsichtiger sein sollte bei den Fragen, wann man etwas schwört und an wen oder an welche Organisation man sich bindet. Es ist meiner Meinung nach bei einigen Menschen so, dass sie Meta-Ordenssysteme bilden, d. h. dadurch, dass sie in verschiedenen Gruppen tätig sind, sich trotzdem etwas sehr individuelles herausziehen, nämlich aus jeder Gruppe das, was ihnen gefällt, und es für sich nutzen. Sie machen sich diese Gruppen nutzbar. Sie nutzen diesen Gruppen erheblich weniger. Das ist mit ein Grund dafür, warum einige dieser Gruppierungen bei Menschen, die in vielen Gruppen Mitglied sind, heftig ziehen, um sie nur noch an sich zu binden, und sie ködern durch tolle Grade, tolle Aufgaben und mehr Macht innerhalb der Gruppe, weil sie merken: „Wir werden benutzt". Für mich ist eine Organisation dafür da, genutzt zu werden. Vor allem eine Organisation des Linkshändigen Pfades muss dafür da sein, das individuelle Fortkommen zu unterstützen. Das kann meiner Meinung nach in dem Moment möglich sein, in dem die Karten auf dem Tisch liegen. Ein Mensch, der weiß, was er will, der prüfen kann, für den ist das klar. Dann hab ich auch nichts dagegen, wenn man sich bis in alle Ewigkeit an eine Gruppe bindet. Häufig ist es aber nur Doofheit. Man stolpert in irgendetwas rein und bekommt erst Jahre später die Quittung dafür und merkt, wo man da denn eigentlich Mitglied ist. Das muss aber auch nicht immer negativ sein, manchmal ist es auch ein positives Erwachen. Also, grundsätzlich: Individualität, um auf deine Frage zurückzukommen, in einer Gruppe zu suchen, ist relativ schwierig, d. h., meiner Meinung nach ist das ein Teil eines satanischen Weges, den Weg und die Orientierungspunkte dieses Weges erst mal selbst für sich klar zu haben und festzulegen, eine ungefähre Vorstellung davon zu haben, wie es sich anfühlt, diesen Weg zu gehen, den man gehen will. Denn dann kriegt man es auch mit, wenn man von diesem Weg abkommt. Und dann Gruppenarbeit, Gruppenrituale, auch Orden, zu nutzen, wenn sie diesem Weg förderlich sind. Wenn das klar ist, ist auch ein klassischer Orden nicht falsch. In der Realität sieht es halt häufig anders aus. Das gute alte Freimaurer-Bild, ich glaube die Johannisgrade sind das, zu bemühen, der gute alte Stein, der erst behauen werden will, sodass er in das Gebäude passt. Letzten Endes behaut man sich selbst, damit man in ein magisches System passt. Und das tun eben auch sehr viele klassische hermetische Orden, dass man, je länger man diesen Weg geht, immer mehr Kanten von sich aufgibt, Kanten abschlägt. Das hat etwas mit Aufgeben zu tun, Aufgehen in einem großen System. Auch das kann ein tolles Gefühl sein. Nur letztendlich sind es eben diese Kanten, die die Individualität ausmachen. Darum ist es meiner Meinung nach eine satanistische Maxime, sich eben nicht in ein Haus einzufügen, in das Traumhaus eines anderen Ordensgroßmeisters oder Gottes, sondern einen Weg zu finden, sein eigenes Haus zu bauen. Und die große Angst in der Gesellschaft, und auch in Orden, vor solchen Individuen, Steine, die sich nicht behauen lassen, besteht eigentlich nicht so sehr darin, dass sie nicht zur Verfügung stehen für das eigene Haus, sondern in dem Entsetzen darüber, dass es Steine gibt, die den Traum haben, sich nicht zurecht klopfen zu lassen, sondern ihr eigenes Haus zu bauen. Ich glaube, das ist eine sehr ursprüngliche Angst, die Angst vor Größe.

Zinnober: Denkst du nicht, dass dennoch die Schwäche des angebotenen Materials eine Rolle spielt? Das Geheimwissen, das von den Orden im Zuge der Initiation preisgegeben wird, unterscheidet sich letztendlich nicht großartig von dem, was der Mensch sich in einer esoterischen Buchhandlung erkaufen kann.

Jein. Es ist ein Unterschied, ob ich mir von Herrn König ein Buch kaufe und mir sämtliche *OTO*-Rituale durchlese oder ob ich mir in der vorgeschriebenen Zeit diesen Weg gehe. Innerhalb des Ordens. Das ist ein riesiger Unterschied. Und es ist auch nicht mein Problem gewesen in meiner Anfangszeit, dass ich nicht an Material gekommen wäre, ganz im Gegenteil, ich habe dieses Material einfach nicht erkannt. Ich hatte es. Ich hab es ja auch gelesen, teilweise auch praktiziert, aber es ist die Art und Weise, wie ich es praktiziert habe. Insofern macht es eine Menge aus, wie man Material präsentiert, und es ist ein Unterschied, ob in einem Buch ein Ritual drin steht unter vielen anderen, das meinetwegen beim Durchlesen gar nicht so spektakulär aussieht, was meinetwegen der ein oder andere dann tatsächlich auch mal macht. Es ist aber etwas ganz anderes, wenn ich in einem Orden, meinetwegen in einem 6. Grad, jemanden repräsentiere und sage: „Dies ist das Ritual, das dir den sechsten Grad nahe bringt. Du hast sechs Monate Zeit, es zu praktizieren." Das ist eine andere Wertigkeit. Und ich verspreche dir, wenn du so an die Arbeit herangehst, wirst du immer Ergebnisse erzielen, die etwas mit dir zu tun haben. Immer.

Zinnober: Die Effizienz will ich auch nicht anzweifeln, nur den Glauben, dass es Gruppen gibt, die etwas bieten, was man sich allein nicht erarbeiten könnte.

Das ist der Trick. Das ist Magnetismus. Das ist die Geschichte vom berühmten Wirbelsturm, wo in der Mitte letztendlich gar nichts mehr ist. Es geht maßgeblich darum, gerade im Okkultismus, etwas zu wissen, was andere wissen wollen, ein Geheimnis zu haben und sehr laut zu sagen, dass man ein Geheimnis hat, aber es dann trotzdem nicht zu verraten. Diejenigen, die wirklich „Geheimorden" sind, sind so geheim, davon werden wir nichts erfahren. Das ist ein typisches Charakteristikum eines Geheimordens. Diejenigen, die sich Geheimorden nennen, allerdings als e.V. organisiert sind und auf irgendwelchen Pagan-Federation-Aktionen Flugblätter verteilen und Anzeigen schalten, sind definitiv keine Geheimorden. Sie bieten ein Geheimnis, das dann irgendwann mal preisgegeben wird, wenn man eben lange genug das getan hat, was die oberen Grade gerne möchten. Was auch nicht immer schlecht sein muss. Es ist eine Energie, die dann entwickelt wird, die ein Streben hervorruft beim Einzelnen.

Zinnober: Im Gegenteil kann das Eingebundensein in die Mysterienorden auch sehr frustrierend sein. Ich kenne einige Menschen, die versuchen, in der Szene Fuß zu fassen, indem sie versuchen, so viele Namen wie möglich zu kennen, sich intensiv mit der Historie von Orden beschäftigen und immer auf dem Laufenden darüber sind, wer gerade mit wem irgendwo zusammenarbeitet. Menschen, die so gut über alles in der okkulten Szene informiert sind, dass sie überhaupt nicht die Zeit haben, auch nur ansatzweise an sich selbst zu arbeiten.

Die meisten, die sich in dieser Szene bewegen, arbeiten nicht wirklich. Sie machen mal ein Ritual mit in der Hoffnung, dass es bald vorbei ist und bald Kuchen gereicht wird und man sich nett unterhalten kann. Was ich auch nicht verwerflich finde, solange es den Leuten klar ist. Manchmal mache ich einen Ausflug ins Internet oder manchmal, wenn ich Post bekomme von Menschen, erschrecke ich, wie viele Leute es gibt, die über andere reden. Gerade in dieser Szene ist es offensichtlich so. Vielleicht noch mehr als in anderen Bereichen. Und vielleicht noch mehr als in Taubenzüchtervereinen. Es wird sehr viel über Menschen geredet und sehr wenig mit Menschen. Es wird sehr viel über Magie, über Orden geredet und nur sehr wenig über Inhalte. Letzten Endes tun wir das auch, wir reden in diesem Interview auch relativ wenig über Inhalte. Das liegt ja auch in der Sache, sie ist nunmal nur individuell erfahrbar. Ich glaube, dass viele merken, dass Satanismus etwas mit ihnen zu tun hat, dass Satanismus sie da packt, wo es wehtun kann, sie berührt, sie verbindet und fasziniert. Das sind die berühmten Leute in der Peripherie, die aber auch einen gewissen Fluchtimpuls haben, weil sie merken, dass es wehtun kann und dass es möglicherweise etwas mit ihnen zu tun hat. Und das sind häufig auch die Leute, die sich sehr intensiv über andere unterhalten, die neusten Gerüchte kennen, die auch viel

Buchwissen haben, die aber nie wirklich anfangen, selbst zu arbeiten. Ein Teil davon macht irgendwann den berühmten Quantensprung und fängt einfach an. Den größeren Teil verlässt irgendwann die Lust und der Fluchtimpuls überwiegt. Die meisten reden, setzen Gerüchte in die Welt, es menschelt an allen Ecken und Kanten. Das ist eine normale Geschichte innerhalb dieser Szene und es war schon immer so.

Auch die berühmten Grabenkriege zwischen Orden und zwischen einzelnen Magiern, wo man eigentlich davon ausgehen müsste, dass ein ordentlicher magischer Orden, wenn er sich mit einem anderen zofft, einen richtigen magischen Krieg vom Zaum brechen würde, selbst dann werden die weltlichen Gerichte bemüht. Selbst wenn es eine Gerichtsbarkeit innerhalb eines Ordens gibt, die für Ordensbelange zuständig ist, um es nicht an weltliche Gerichte zu tragen, wird dies dennoch getan und es darf dann in Amerika ein weltliches Gericht darüber entscheiden, welcher *OTO* dann das Recht hat auf den Arschfick im elften Grad. Mit allen Materialen, mit allen Initiationsritualen die dann dem Richter vorgelegt werden, und so geheim ist das dann alles auf einmal gar nicht mehr ... Das sind schon interessante Effekte, die da mitschwingen. Ich denke, dass du recht hast. Die wenigstens Leute arbeiten wirklich an sich selbst bzw. mit sich selbst. Den meisten geht es um Einfluss, das Gefühl von Macht, das Gefühl dazuzugehören, aber auch irgendwo um dieses unbeschreibliche Gefühl, dass da etwas ist, das wahr ist, das wahrhaftig ist und das sie packt. Das ist meiner Meinung nach auch der Grund, warum zu den Jahreskreisfesten so viele Leute zu den Externsteinen kommen. Viele kommen dahin, weil Party ist, weil man Leute wieder trifft. Aber die meisten, auch die ganzen Touries, die da herum rennen, spüren, dass da etwas ist, das mit ihnen zu tun hat. Nur sie wissen nicht genau, was es ist.

Ein weiteres Beispiel dafür ist die Drüggelter Kapelle. Ich habe dort einen Rentner getroffen, der dorthin mit dem Fahrrad gefahren ist. Er hat sein Fahrrad abgestellt, ist hineingegangen, hat eine Säule umarmt, stand dort fünf Minuten und ist dann wieder hinausgegangen. Ich habe ihn gefragt, was er da getan hat, und er wusste es nicht. Dieser Mann fährt einmal die Woche zur Drüggelter Kapelle, umarmt eine Säule, fühlt sich danach gut und es genügt ihm. Er hat keinen theologischen Exkurs gehalten und vor allem keinen magischen Exkurs über irgendwelche Kraftlinien, die dort zusammenlaufen, oder über die alte Tradition der Drüggelter Kapelle oder ein heidnisches Heiligtum, das da mal gestanden hat, oder was auch immer. Der Mann hat einfach gemerkt, es hat etwas mit mir zu tun und es tut mir gut und dann tu ich das. Er hat sich auch die Frage nach dem Warum gar nicht gestellt. Und ich denke, viele Leute haben selbst das noch nicht so klar, dass es ihnen gut tut, aber sie kommen trotzdem. Und ich denke, dass ist beim Satanismus nicht viel anders als beim Okkultismus.

Zinnober: Du hast das Überschreiten von Grenzen als Teil des Initiatorischen genannt. Kannst du dafür Beispiele geben? Du hast auf einem Vortrag auf die Gefahren hingewiesen, auf die man dabei stoßen kann ...

Ich denke, das ist ein grundlegender Punkt in vielen okkultistischen Systemen. Auch im thelemitischen Kontext geht es letztendlich um Überschreitung, Übertreffen. Auch Crowley sagte: „Übertriff!". Auch da geht es um das Niederreißen von Grenzen, seinen Willen umzusetzen, sich selbst zu erweitern. Es ist nur relativ schwierig. In dem Kontext sind ja auch die klassischen Geschichten in Thelema-Kreisen einzuordnen, wie z. B. das Ekeltraining im Eschner-Clan, sich selbst mehr oder weniger Gewalt anzutun, um sich zu erweitern. Eine Grenzerweiterung ist möglich in alle Richtungen. In dem Moment, wo ich diesen Anspruch habe, alles zu tun, und gerade in der Crowleyanity, gibt es einige Menschen, die den Anspruch haben, ALLES zu tun im Zuge ihrer Gottwerdung und alles mit seinem Gegenteil auszugleichen.

Und beim nächsten Mal etwas mehr zu tun. Es gibt eine Menge Dinge, die man tun kann auf der Welt, die sich nicht nur nicht mit dem Strafgesetzbuch vertragen, sondern sich auch mit einigen ethischen Standards beißen, die man haben sollte,. Und die sich mit der eigenen Psyche und der eigenen Magie nicht vertragen. Es geht nicht darum, wahllos irgendwelche Dinge zu tun, die man noch nicht getan hat, ansonsten ist man preäonisch, larval und völlig uneingeweiht. Man muss jetzt nicht unbedingt mit 20 Leuten Sex haben, seinen eigenen Kot probieren oder unbedingt mal jemanden blutig schlagen. Es kann auch zu viel subtileren, magischeren Dingen kommen, die man dann auf einmal tun muss, ich muss jetzt unbedingt den Schutzengel mal greifen. Das sind alles sicherlich Punkte, die mit Grenzüberschreitung zu tun haben, die aber nicht unbedingt gesund sind. Und das ist ein ganz wichtiger Punkt, der uns wieder zu dem zurückbringt, was wir vorhin über Orden gesagt haben: Letzen Endes wird in vielen Gruppen an den Halmen gezogen, damit das Getreide schneller wächst. Will sagen: Persönliches Wachstum wird nicht unterstützt, sondern es wird kräftig gezogen. Und das sind Dinge, die an dem Punkt etwas bringen können, wo vorher dem Einzelnen klar ist, wo sind die Grenzen, welche die Statik meines Seins ausmachen? Wo sind meine ethischen Standards? Was will ich tun? Was will ich nicht tun? Welche Grenze liegt als nächste an und welche liegt in weiter Ferne? Und wenn diese Grenzen nicht klar sind, dann wird es auch sehr gefährlich, insbesondere wenn es zur Gruppendynamik kommt. Bestenfalls wacht man am nächsten Tag auf und denkt sich: „Scheiße, was war das denn?" Es gibt Grenzen, die extrem wichtig sind für die Statik des Hauses, das ich mir selbst baue. Der Tempel. Und wenn es um Erweiterung geht, geht es um Anbau. Und jeder zieht den Grundstein weg, der da anbauen will. Darum muss man vorher prüfen: Wo ist es sinnvoll? Wo ist Raum?Wohin baue ich mein Haus? Möglichst nicht im Garten des Nachbarn, denn der will auch leben, sondern dann bitte auf die freie Fläche, die bleibt. Das ist das, was ich am Anfang gesagt habe, dass man ein Gefühl dafür entwickelt, was denn nun der eigene Weg ist. Und das bekommt man relativ schnell mit, wenn man sich mit sich selbst befasst und nicht mit irgendwelchen Ordenssystemen, Großmeistern oder Gurus, die irgendwann mal irgendwas gesagt haben. Das heißt, dass, wo ich das Gefühl habe, das tut mir gut oder das hemmt mich, diese Grenze bewusst und eigenverantwortlich anzugehen. Und das dann meinetwegen auch mit Hilfe einer Gruppe geschehen, aber ich werde mir nicht von einer Gruppe oder einem Hochgrad sagen lassen: „Da ist deine Grenze und die musst du überschreiten!"Gerade im Satanismus, wo ich eine größtmögliche Freiheit beanspruche, muss ich auch dem anderen diese Freiheit zugestehen. Und in dem Moment, wo meine Freiheit wächst, wo ich in der Lage bin, meine Grenzen zu erweitern, meinen Weg frei wählen kann, im gleichen Maße wächst die Verantwortung mir selbst und meiner Umwelt gegenüber. Das sind Dinge – und das ist kein hohles Geschwätz –, die jedem Einzelnen klar sein müssen. Vielen ist das leider nicht klar, was dann immer wieder zu unschönen Schlagzeilen in diversen Zeitungen führt, weil dann etwas gemacht wird, das sich angeblich gut anfühlt. Dann wird irgendein Satanismus herangezogen, um den eigenen kranken Weg zu rechtfertigen, und das kann es nicht sein.

D.S.: Im vorletzten Jahr wurde von der ARD eine Reportage ausgestrahlt mit dem Titel „Höllenleben". Darin sagt eine Frau mit einer multiplen Persönlichkeit aus, in der Wewelsburg im Rahmen eines satanistischen Rituals ein Kind zur Welt gebracht und getötet zu haben. Wie beurteilst du diese Aussage? Was hältst du von der Berichterstattung?

Ich habe den Beitrag gesehen und kann natürlich nicht ausschließen, dass es derartige Verbrechen gibt. Menschen sind zu allem fähig und es gibt wahrscheinlich nichts, was ein Mensch tun kann, was nicht irgendwo auf der Welt bereits ein kranker Geist getan hat. In dem konkreten Fall stimmt jedoch nachdenklich, dass sich die Frau erst Jahrzehnte später mit Hilfe von Therapeuten wieder erinnern und keine der Erinnerungen mit Fakten belegt werden konnte. Weder konnten Ärzte die Reste von Knochenfrakturen, die aus angeblichen Misshandlungen stammen sollten, feststellen, noch ist meines Wissens ein Einbruch in den damals verschlossenen und nicht zugänglichen Nordturm dokumentiert. Gerade Berichte über rituellen Missbrauch gehen sehr oft auf die Aussagen von multiplen Persönlichkeiten zurück, die sich im Rahmen von Therapien und Hypnose-Sitzungen an den vorgeblichen Missbrauch, oft Jahrzehnte nachdem dieser stattgefunden haben soll, erinnern. Seit langem ist in der Psychologie das so genannte False Memory Syndrom bekannt, bei dem sich vorwiegend bei Kindern und Jugendlichen durch gebetsmühlenartiges Nachfragen der „Therapeuten" eine falsche Erinnerung bildet. Mittlerweile gibt es Selbsthilfegruppen von Eltern, die von ihren eigenen Kindern des sexuellen Missbrauchs angeklagt wurden, nachdem zum Beispiel Kindergärtnerinnen solange mit gezielten und sich immer wiederholenden Fragen auf die Kinder eingeredet haben, bis diese schlussendlich die Antwort gaben, die die Kindergärtnerinnen hören wollten. Um diese Falschaussage bildet sich mit der Zeit beim Kind die Überzeugung, dass es wirklich so geschehen ist.

Seit etwa fünfundzwanzig Jahren gibt es eine steigende Anzahl von Patienten mit multipler Persönlichkeit, deren „Erinnerungen" an rituellen Missbrauch vor allem in den USA eine wahre Hexenjagd auslösten. In Deutschland ist aktuell der Fall der Elisabeth Reuter bekannt. Ihr Therapeut stellte 1992 eine multiple Persönlichkeit bei ihr fest, ihr Vater habe sie als Kind vielfach sexuell missbraucht. Neun Jahre lang lebte sie mit dieser Diagnose, bis sie 2001 begann, selbst zu recherchieren, und herausfand, dass der Missbrauch unmöglich so stattgefunden haben kann, wie es der Therapeut herausgefunden haben wollte. Elisabeth Reuter geht zur Zeit juristisch gegen ihren damaligen Therapeuten vor.

In den USA existieren schon seit längerem entsprechende Erfahrungswerte. Dort fanden bereits zahlreiche Prozesse gegen Therapeuten statt, die teilweise ihre Berufslizenz verloren und Geldstrafen bis zu 10,6 Millionen Dollar zu zahlen hatten.

Paul McHugh, Professor für Psychatrie: „Alle Fälle, die ich gesehen habe, waren produziert von den Therapeuten und den Patienten eingeredet worden ...". Christopher Barden, Anwalt von Therapieopfern in den Staaten: „Wir haben Jahre damit verbracht, diese so genannten Erinnerungen zu untersuchen, auf Kannibalismus, auf rituellen Mißbrauch ... das FBI hat Hunderte dieser Fälle untersucht und Millionen Dollar aufgewendet, um irgendeinen Beweis zu finden. Die Erinnerungen waren falsch. Praktisch alle Fälle wurden gegen die Therapeuten entschieden. Viele hörten auf, als Therapeuten zu arbeiten. Ihre wichtigste Zeitschrift wurde verboten, ihre Kliniken geschlossen."

Black: Dieser Tage macht ja Michael Moynihan mit seiner deutschen Fassung von „Lords Of Chaos" von sich reden. Ich hab' nur kurz rein gelesen, weil mich die Metal-Szene wirklich überhaupt nicht interessiert, aber das, was ich gelesen habe, wusste mich auch nicht sonderlich zu überzeugen. Satanismus in der Metal-Szene wirkt auf mich, als hätte er keinerlei Substanz ... einfach nur ein paar skandinavische Irre, die Kirchen anzünden, und deutsche Fanatiker wie H. Möbius, denen man viel zu viel Medienrummel zuteil kommen lässt. Wo siehst du die Verbindung zwischen der Metal-Bewegung und Satanismus und inwiefern erachtest du diese Metal-Bewegung für wichtig?

Im Mordfall Sandro Beyer haben sowohl die Täter als auch das Gericht sehr deutlich klargestellt, dass es sich nicht um einen satanistischen Ritualmord handelte, sondern dass lediglich der Ideenkomplex des Satanismus in der Interpretation der Täter eine gewisse Rolle bei der Tat selbst gespielt hat, d. h., in dem Moment, in den Bruchteilen von Sekunden, in dem es von einem Einschüchtern des späteren Opfers umschlug in einen Mord. Dass zunächst die blutgeilen Medien, später auch die von einigen Wahnsinnigen als Helden gefeierten Täter das ganze anders dargestellt haben, ist bekannt. Wenn Herr Möbius im Interview gesagt hätte, dass der Mord mit Satanismus nichts zu tun habe, wäre das Interview auf der Stelle beendet gewesen. So aber konnte er nun auf vielen Seiten seine Ideen unkommentiert unters Volk bringen. Die Metalszene lebt zu einem Teil vom satanischen Image und dies übt ja auch einige Faszination auf viele Leute aus. LaVey sah den Blackmetal als Erfindung des Christentums und in der Tat besingen viele Metalbands in ihren Texten genau das, was der brave Christ von einem ordentlichen Satansanbeter erwartet. Das ist sicherlich bis zu einem gewissen Punkt recht unterhaltsam, hat jedoch mit „meinem" Satanismus wenig zu schaffen. Das beste Beispiel ist doch die Sendung „Die Osbournes" auf *MTV*. Da wurde Ozzy sowohl von den Medien, als auch von den Kirchen und auch von ihm selbst als Vorzeigesatanist hochstilisiert, der angeblich täglich ein Kind auffrisst, zwei schwarze Messen abhält und ansonsten nachts einen Meter über seinem Bett schwebt, von den Händen Satans persönlich getragen. Seine Auftritte waren umlagert von christlichen Gegendemonstranten und gespickt mit Bombendrohungen und allem, was dazu gehört, um so ein Happening erst richtig spannend zu machen. Doch was sehen wir auf *MTV*? Einen netten alten Mann, der Bier trinkend vorm Fernseher sitzt, mit nervigen, aber ganz normalen Kindern (wie konnten die nur so alt werden bei einem Satanisten), einer krebskranken Frau und Träumen, Ängsten, Sehnsüchten: Wie wir alle. Fazit: Der Metalbereich lebt zum Teil vom satanistischen Image mit wenig Tiefgang, doch es gibt durchaus andere Beispiele, wie z. B. Bands wie Therion & Co, bei denen sich eine ernsthafte Auseinandersetzung mit dem Thema in der Musik und in den Texten widerspiegelt.

Black: Ich hatte mal vor einigen Jahren im Rahmen des BLACK Kontakt zu einer Gruppe/Organisation, die sich Order Of Nine Angles nennt und sowohl in Amerika als auch in Europa ansässig ist. Eigentlich war damals auch eine Art Interview geplant, aber nachdem ich meine recht allgemein gehaltenen Fragen zum Thema „Satanismus" abgesandt hatte, brach man plötzlich den Kontakt zu mir ab und ich erhielt für eine Weile recht seltsame E-Mails aus allen Teilen der Welt, die mich schließlich dazu veranlassten, meinen damaligen E-Mail-Account zu wechseln. Da frage ich mich natürlich, ob es am Ende nicht doch ein wenig gefährlich ist, den Kontakt zu solchen Leuten und Gruppierungen zu suchen, wenn man Gefahr laufen muss, am Ende bedroht oder verfolgt zu werden. Ich kenne solche Geschichten natürlich aus dem Buch der Gebrüder Grant (Schwarzbuch des Satanismus). Meine Frage: Ist da nun doch was dran oder sind das deiner Meinung nach alles Schauermärchen?

Warte erst mal ab, ob Droh-Mails von uns kommen, und entscheide dann ... :-) Nee, im Ernst: In allen Bereichen, in denen die Gruppenstrukturen und die Ideen der Gruppe dazu führen, dass viel Macht an einer Stelle konzentriert wird, gibt es auch die Gefahr des Missbrauchs dieser Macht. Das ist in der Katholischen Kirche genauso wie in der Politik, in jedem entsprechend hierarchisch strukturierten Wirtschaftsunternehmen und natürlich auch im magischen Bereich. Es menschelt halt auch in magischen Orden ganz gewaltig. Drum prüfe, wer Kontakt zu solchen Gruppierungen sucht, vorher sehr genau, was er eigentlich sucht, was er von einer Gruppe erwartet, und beherzige ganz normale Vorsichtsmaßnahmen. Nebenbei: Auch, wer sich einer buddhistischen Meditationsgruppe anschließen möchte, wird in aller Regel nicht einen Haufen Erleuchteter vorfinden, sondern Menschen, mit Träumen, Hoffnungen, Ängsten, monetären, sexuellen, spirituellen, undmateriellen Interessen.

Zinnober: Zurück zum Current of Set. Kannst du etwas über die praktische Arbeit erzählen, in welchem Umfang ihr arbeitet und vielleicht auch etwas über die Gruppenstärke, wenn du willst ...

Über Gruppenstärke rede ich nicht. Das hat seinen Grund. Da wir kein Orden sind und letzten Endes nicht einmal eine Gruppe, sondern eine Minimalorganisation, die sich um ein Tor, einen Zugang stellt, um die Möglichkeit zu schaffen, das Tor auf zu halten, für diejenigen offenzuhalten, die hindurch wollen im Zuge einer Initiation. Es gibt eine Menge Menschen, die sich eben nicht einem Orden anschließen wollen, aber dennoch auf magischer und astraler Ebene eine Zugehörigkeit zum Kraftstrom suchen und dadurch den weg durch den *Current of Set* oder durch das Tor des *Current of Set* gehen. Das sind manchmal Menschen, die von vornehrein klipp und klar sagen: Ich will Initiation, ich will dieses Tor, aber ihr werdet mich danach wahrscheinlich nie wieder sehen. Und das war für mich eine sehr überraschende Geschichte, zu sehen, wie viele wahre Einzelgänger es gibt. Übrigens sind überraschend viele Frauen, gerade unter jenen, die sich eben nicht mehr melden und jede zweite Woche mal vorbeikommen wollen, um ein Ritual zu machen, sondern von denen man statt dessen einen Brief bekommt und die ganz selten vorbeischauen und die ganz klar für sich herausstellen: Ich arbeite allein und wollte nur die Initiation.

Das ist ein Grund, warum zahlenmäßige Stärke eigentlich vollkommen unwichtig ist, weil sie einfach nicht zu greifen ist. Zum anderen merke ich, dass bei vielen Gruppen – es gibt unzählige Gruppen, die heute magisch arbeiten, die auch alle ihre Berechtigung haben – ich persönlich bin der Meinung, dass viele kleine Gruppen erheblich effektiver arbeiten als Großorden, die mit langer Tradition intensiv damit werben, dass sie wie die *Church of Satan* mal 40.000 Mitglieder hatten, angeblich, um damit Macht und Stärke und Einfluss zu demonstrieren. So funktioniert Magie nicht. Das heißt, manch eine Gruppe aus drei Freunden arbeitet erheblich effektiver. Und möglicherweise drehen sie mehr an den Geschicken der Welt als ein großer Orden, der hauptsächlich damit beschäftigt ist, sich selbst zu verwalten. Von daher ist zahlenmäßige Stärke unwichtig. Und zum anderen ist mir als Initiator wichtig, dass derjenige, der diesen Weg beschreitet, das für sich tut und keinerlei Gruppenbindung besteht. Es bindet sich niemand an irgendwelche Menschen noch an eine Organisation, sondern im Prinzip nur an sich selbst. Es ist eine Selbstverpflichtung. Und da sind alle Zahlen völlig irrelevant

Black: Du hast in anderen Interviews davon berichtet, dass es überraschend viele Frauen in diesem Bereich gibt, die für sich selbständig magisch oder satanisch arbeiten, ohne einer bestimmten Gruppe zugehörig sein zu müssen. Wie erklärst du dir das und was denkst du darüber?

Die meisten Ordenssysteme sind eher von Männern dominiert und in ihren Strukturen eher auf Männer ausgelegt. Das fängt an bei den Freimaurerlogen, bei denen die Frauen mal zum Kaffeetrinken kommen dürfen, aber wehe, sie setzen einen Fuß in den Tempel! Auch bei LaVey scheinen Frauen, zumindest wenn man nur einen oberflächlichen Blick auf seine magische Praxis wirft, hauptsächlich nackig auf dem Altar rumzuliegen, um die männlichen Ritualteilnehmer anzuschärfen, natürlich nur wegen der höheren Energie für das magische Werk, versteht sich. Man vermisst bei ihm die gut gebauten Männer, die für den Energieausstoß der weiblichen Ritualteilnehmer zuständig sind, vollkommen. Die naturreligiösen Bereiche und das Hexentum sind sicherlich interessante Bereiche, erfüllen aber offensichtlich nicht alle Frauen mit Zufriedenheit. Es fällt auf, dass viele Frauen, die ja von Natur aus Schöpferinnen sind und aufgrund ihres biologischen Vorteils „ins Dasein bringen" können, sich der Kraft der Magie wieder bewusst werden und sich dem Setianismus zuwenden, in dem sie so sein können, wie sie sein wollen, ohne sich starren Systemen unterwerfen zu müssen. Es geht hierbei um die volle Entfaltung ihres Potenzials, was kann es für eine größere Aufgabe geben? Im *Current of Set*, der Organisation, in der ich mitarbeite, gibt es eingeweihte Frauen, die zum einen das Kraftpotenzial des setianischen Stroms nutzen, zum anderen die Kontaktmöglichkeiten, die eine solche Organisation bietet, in den Dienst ihrer eigenen Ziele stellen – und das Ganze, ohne sich von festen sozialen Ordens-Strukturen abhängig zu machen. Darunter sind auch Frauen, die ursprünglich mit dem Thema Satan/Set nicht viel anfangen konnten und doch mittlerweile eine spirituelle Heimat gefunden haben, die ihrem Potenzial hilft, anstatt mit Regeln und Beschränkungen die weibliche Kraft zu unterdrücken.

Zinnober: Würdest du generell zwischen Magie und Satanismus differenzieren?
Satanismus kann eine Weltanschauung sein und muss mit Magie nicht unbedingt etwas zu tun haben. Ich persönlich bin Magier und der Meinung, dass jede bewusste Handlung ein Stückchen Magie ist. Jede freie und eigenverantwortliche Handlung ist für mich auch satanistisch. Nur, da kommt man sehr schnell in Begriffsfixerei hinein, in der es dann darum geht, was der wahre Satanismus ist. Eben darum, weil es so viele Klischees, ernsthafte Wege und so weiter gibt, die sich satanisch nennen oder von außen so genannt werden, kann es keine Diskussion über „wahren Satanismus" geben. Insofern kann ich immer nur von mir reden, auch nicht über andere, die im *Current* sind. Und für mich ist Satanismus eine Weltanschauung, eine Philosophie und Magie ein Handwerk.

Zinnober: Kannst du diesen Begriff des „setianischen Kraftstroms" kurz beschreiben? Wesenheit, Egregor ...?
Nein. Den Kraftstrom gibt es, wenn man bildlich sprechen will, seit Prometheus den Göttern das Feuer stahl. Oder meinetwegen seitdem die Schlange Eva dazu verführte, am Apfel zu knabbern. Von daher ist es eine Geschichte, die in den ältesten Mythen eine Rolle spielt und die Geschichte des Menschen durchzieht: sein Streben nach Erkenntnis und Autarkie, Individualität. Eben nicht mehr das Aufgelöstsein in einer göttlichen Allmacht. Und das ist letztendlich die Macht, die dem Left-Hand-Path und vielen anderen Organisationen zugrunde liegt, es gibt eine Menge anderer Einzelorganisationen oder Einzelpersonen, die zu diesem Kraftstrom Zugang haben. Der rechtshändige Pfad wird meiner Meinung nach am besten mit den Worten von Jesus aus dem Markus Evangelium beschrieben: „Wer mir nachfolgen will, der verleugne sich selbst." Das ist eine typische Aussage des rechtshändigen Pfades: sich in einem höheren Wesen aufzulösen, ob dies nun Nirwana oder Paradies heißt, ein Zustand, in dem er eben nicht mehr selbst erkennt, sondern wie ein Tropfen in ein großes Meer zurückfällt. So wie der Mystiker die *unio mystica* anstrebt, die Auflösung im Großen und Ganzen. Das ist meiner Meinung nach ein Teil des Rechtshand-Pfades. Dazu gehören externe Götter. Das Christentum, und auch der Islam, ist durchzogen von der Idee, Individualität angesichts göttlicher Allmacht zu vernichten. Wer sich nicht von seiner Individualität und seiner Einzigartigkeit lossagt, ist eine Beute des Teufels, also letzten Endes auf einem satanischen Weg. Und diejenigen, die ihre Individualität pflegen, erweitern ihr Bewusstsein, also praktisch in die Mitte rücken, das ist für mich Left-Hand-Path. Die Antithese zur Auflösung. Der Schritt in die Richtung Vereinzelung, Individualität. Was man heute ja auch sieht, was auch sicherlich negative Folgen hat für gesellschaftliches Leben. Das ist der Punkt wo Set z. B. in seiner Funktion als Isolierer eine Rolle spielt, eben Herausziehen aus dem großen Ganzen und den einzelnen Menschen auf sich selbst zurückwerfen. Das ist eine Kraft, die Evolution überhaupt erst ermöglicht, Weiterkommen ermöglicht. Nicht nur des Individuums, sondern auch des großen Ganzen. D. h., diese Antithese, dieser Widersacher, hebräisch „Satan", ist nötig für das Leben, für diese Dualität, und das ist letztendlich der Anspruch eines Satanisten, der im Kraftstrom steht – ob er den Kraftstrom so nennt oder nicht, ist im Grunde egal –, diese Dualität so anzuerkennen, wie sie ist, sie zu durchleben und nicht aufgrund einer *unio mystica*, einer großen

allein selig machenden Einheit, zurückzuweisen. Dafür ist dieses Leben einfach zu geil.

Black: Wie vereinbarst du das tägliche Leben, die schnöden Anfordernisse des Alltags etc. mit deinem Verständnis von Satanismus (verhext Frater Eremor ab und an seine Waschmaschine, wenn sie nicht mehr will, oder verflucht er gar einen garstigen Kunden ;-))? Wie „lebbar" ist der Satanismus und auch die Magie an sich für dich, abseits davon, dass man die grundsätzliche Philosophie ja ohnehin so verinnerlicht hat, dass man sie nicht mehr von sich und seinem Tun trennen kann?

Satanimus und Magie existieren vor allem im Alltag, denn da gehören sie hin. Wer Magie nur betreibt, wenn er alle vier Wochen seinen Zirkel trifft, der hat sicherlich eine gute Zeit, doch mit meiner Vorstellung eines Magierlebens hat es nicht viel zu tun. Ich kenne Magier, die ausschließlich diedere Schwarze Magie betreiben, kleine Taschenspielereien und Psychotricks, um ihre Mitmenschen zu manipulieren. Dann gibt es jene, die nur für ihren materiellen Zuwachs zaubern: Lieber Satan, ich hätte gern ein neues Auto und die Waschmaschine könntest du auch reparieren. Andere wiederum arbeiten ausschließlich am großen Werk, an ihrem Wahren Willen, hausen in Bruchbuden, gehen nicht zum Frisör, riechen komisch, leben von der Stütze und bekommen grundsätzlich nichts auf die Reihe. Oft wird das damit begründet, dass sie all ihre Energie auf ihr Großes Werk richten. Ich denke, es geht um einen gesunden Mittelweg. Das große Werk, schön und gut. Aber ein gutes Leben hier und jetzt wäre doch auch was Feines. Das Problem liegt darin, dass die Kontrolle bei handfesten Zaubereien einfach unglaublich einfach ist: Entweder die Waschmaschine läuft wieder und ich hatte Erfolg oder sie läuft nicht und ich habe versagt. Bei den ganz großen, wichtigen Werken lässt sich viel leichter ein Misserfolg vertuschen, da Ergebnisse nicht ohne Weiteres nachzuprüfen sind. Hier liegt der wahre Grund, warum sich manch ein Magier eher für kosmische Abläufe gigantischen Ausmaßes verantwortlich fühlt und sich mit den schnöden niederen Dingen des Lebens nicht abgeben will: weil ihm der mögliche Misserfolg zeigen könnte, dass seine Magie nur eine Fluchtburg vor seinen Alltagsproblemen ist.

XI. Set. Der ins Dasein Gelangende

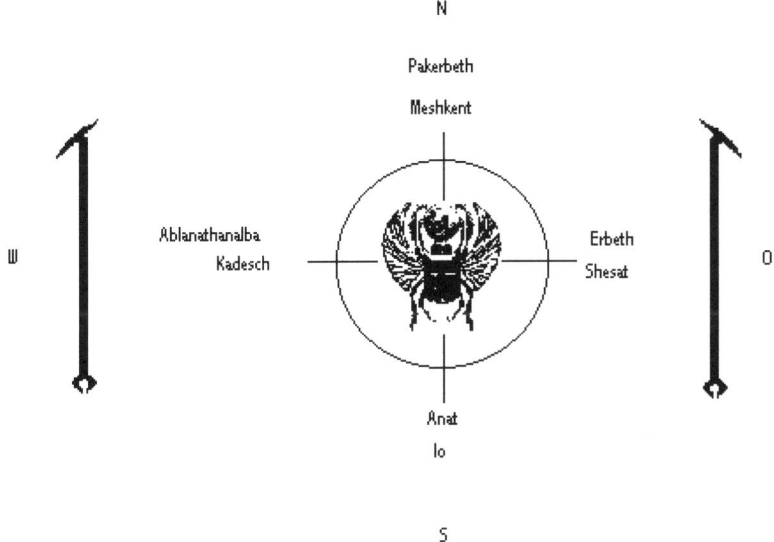

N

Pakerbeth

Meshkent

Ablanathanalba
Kadesch

Erbeth
Shesat

W

O

Anat

Io

S

Sutuach

„Seth (der Bösewicht): Bruder von Osiris.
Statt eines schwarzen Huts hat er einen Schakalkopf.
Wohl damit man ihn in einer großen Menge gleich erkennt."

(Alexander C. Rae)

Set war ein Gott der ursprünglichen Neunheit der Götter aus dem kosmogonischen System von Heliopolis: Der Schöpfer Atum, seine Kinder Schu und Tefnut, deren Kinder Geb und Nut und schließlich wiederum deren Kinder Osiris und Isis sowie Set und Nephtys als Götterpaare. Kenneth Grant hingegen ist der Meinung, dass die Mutter des Set gleichbedeutend mit Typhon ist, dem Drachen, dem ersten Licht in der Dunkelheit, auch mit Taurt, der ursprünglichen Göttin, dem Tier aus der Tiefe. In seiner Darstellung wäre Set somit die erste männliche Wesenheit, die je verehrt wurde.

Set bezwingt Apophis

Set nahm in Oberägypten lange Zeit die Funktion alsHauptgott ein, die Horus in Unterägypten ausübte. Gemeinsam krönten sie den Pharao, der in den Pyramidentexten als „Erbe der beiden

Brüder" bezeichnet wurde und die „Ämter des Horus und des Set" übernahm. Es ist jedoch wahrscheinlich, dass der Horuskult insgesamt sehr viel jünger ist als der Setkult und diesen zunächst in Unterägypten nach und nach verdrängte. In predynastischer Zeit war Set ein Fruchtbarkeitsgott, der in seinen Charakteristika sehr viel Ähnlichkeiten mit dem kanaanitischen Baal aufwies.

Bis zur 4. Dynastie (2700-2600 vor unserer Zeitrechnung) war Set der große Gott der Initiation, des Übergangs, der Transformation, der Erweiterung, der Zukunft. Die Pyramiden von Sakkara und Giseh entstanden in dieser Zeit. Ein anderer Name für die Pyramiden war „Set-Berg", sie wurden auch als „mer", „Ort des Aufstiegs" bezeichnet. Wer das Herz des dunklen Gottes verstehen wollte, der blickte hinauf zur Sonne im Süden. Set war der Gott, der die Existenz erweitert, er verlässt die Mitte des Kreises und öffnet dessen Grenzen. Er brachte die einströmenden chaotischen Kräfte in das Herz des Reiches. Er ist die Antipode der Stasis (Osiris) und der Herr der Metalle. Eisenerze wurden „Knochen des Set" genannt. Beiname des Unterweltgottes Set war seit frühester Zeit „groß an Zauberkraft", er ist keine Schutzgottheit wie Nut, kein Seelenführer wie Anubis, kein richtender Gott. Set hat keine Hoffnung für die Schwachen, keinen Rat für die Erschöpften, keinen Trost für die Trauernden und keinen Urteilsspruch, ob der Verstorbene in Himmel oder Hölle gelangen soll, und doch ist er ein Gott des Übergangs und des Todes. Set ist auch der Gott des Südens, des kreativen und verzehrenden Feuers im Symbol des hebräischen Taukreuzes.

Im Zentrum jedes Kreises ist Set das umgekehrte Tau-Kreuz, über das der Magier im vollkommenen Gleichgewicht der Elemente im Ritual höhere Ebenen erreichen kann. Das Tau-Kreuz in seiner aufrechten Form symbolisiert Io im Süden, den erschaffenden, kreativen, begehrenden Geist. Im Zentrum des Kreises ist das Tau-Kreuz nach unten gedreht und ein Symbol für Set als Gott des Übergangs in die „Anderswelt", in die Ebenen des Geistes sowie des Todes. Im Zentrum des Tau-Kreuzes treffen die Kräfte der vier Himmelsrichtungen aufeinander und verschmelzen zu dem einen Erhöhten.

Wenn wir uns das umgekehrte Tau-Kreuz ansehen, so finden wir ein weiteres Zeichen für das Symbol des Kreuzes im Kreis. Von oben betrachtet kann es eben das sein: Ein Kreis, die durch den „ewigen Horizont" repräsentierte Nebet-Het, die Herrin des Umfangs.

In diesem Kreis, ausgerichtet in die vier Himmelsrichtungen, befindet sich ein Kreuz. Jeder Arm des Kreuzes weist auf eine Himmelsrichtung:

Im Westen öffnet sich das große Tor zu Kadesch und Ablanathanalba. Im Osten regieren Shesat und Erbeth. Im Norden ruhen Meshkent und Pakerbeth in der Erde. Im Süden wüten Anat und Io und erschaffen Wege durch ihr Feuer. In der Mitte treffen diese Energien aufeinander, drücken sich nach oben wie Wellen im Wasser, die aus unterschiedlichen Richtungen aufeinandertreffen. Die Kräfte werden durch den Druck des Aufpralls erhöht, erreichen eine höhere Ebene und Einheit, züngeln empor wie die erwachte Kundalini. So wird aus dem Tau des Set das Tao der Nephtys.

Was wir demnach als Tau-Kreuz wahrnehmen, ist die perspektivische Betrachtung eben dieser Szenerie von der Seite, um die Potenz der Erhöhung anzuzeigen. Kreis und Kreuz sehen wir lediglich von der Seite, sie erscheinen uns somit als einzelne Linie.

Set ist auch der Gott, durch den Osiris zum Herrn der Unterwelt werden konnte, der initiatorische Faktor des Universums, der Gott, der den Schamanen einweiht und ihm seine Kräfte verleiht. In der berühmtesten Geschichte um Set zerstückelt Setech oder Sutuach, wie Set ursprünglich hieß, Osiris, der daraufhin in die Unterwelt niederfuhr, wiederbelebt wurde durch Isis, aus der Unterwelt aufstieg, um seine Aufgabe als Himmelsgott an Horus weiterzugeben. Selbst blieb er jedoch aus freien Stücken schwarzer, richtender Gott der Unterwelt und des Jenseits. Mit der im neuen Reich zunehmenden Osirisverehrung wird dessen Zerstückelung durch Set neu bewertet, Horus wird nun in den Mythen und Legenden zum Rächer seines Vaters, bezwingt Set, vergewaltigt ihn und aus dem Scheitel des Set wird Thot geboren.

Thot, der Gott des Mondes und der Magie trug als Kind des Set in sich das Wesen, die Essenz und das Kämpferische seines Vaters. Anfangs ging Thot bei seinem Vater in die Lehre und wurde dann zum Herrn der rituellen Magie. Er erfand die Schrift, das Rechnen, alle Sprachen. Set selbst wurde zum Sündenbock und Symbol für den politischen Untergang Ägyptens und für alles, was die Ägypter fürchteten. So manifestierte sich Set als der verdrängte Schatten in den geistigen Abgründen der Ägypter. Die Darstellungen, in denen Thot gemeinsam mit Horus die Wasser des Lebens über dem König ausgießt, sind ebenso häufig wie Set bei dieser Tätigkeit abgebildet. Es gibt jedoch auch Überlieferungen, nach denen Thot und Isis bei der Ermordung des Osiris durch Set halfen oder sogar treibende Kraft waren.

Osiris ist der Gott der Stasis und der unveränderlichen Vergangenheit, symbolisiert durch den Djetpfeiler.

Sutuach   Djetpfeiler

Ihm gegenüber steht Set-heh als Gott von Neheh, der Zukunft, der Gott von allem, was ins Dasein gelangt. Jede eigenverantwortliche Veränderung der Zukunft, jede Manipulation nach eigenem Willen ist das Töten des Osiris und eine setianische Tat. Jedes willentliche Verlassen unseres scheinbar determinierten Lebensweges, jedes Abzweigen auf abenteuerliche Seitenpfade, ist satanisch. Jeder Wechsel von der Wirkungs- (ich bin ein Produkt aus Djet; dein Wille geschehe) auf die Ursachenseite (ich bin die Quelle von Neheh; mein Wille geschehe) ist Initiation in das Mysterium dessen, der ins Dasein bringt, was wird. Der eigene Wille tritt dort in Kraft, wo der externe Gott stirbt, die Projektionsfläche untergeht und der verborgene Gott ins Dasein gelangt. Und alle Wege der Selbsteinweihung führen in den Kraftstrom des Sutuach.

Die Circumpolarsterne, zu denen z. B. der Große Bär gehört, galten im alten Ägypten als unsterblich, da sie nie am Horizont versanken. Diese Sterne waren eng mit Set verbunden. Set ist als Gott des Übergangs und der Entwicklung im Gegensatz zu den ordnenden Göttern eine unsterbliche Gestalt, die dynamisches Wachstum und Einweihung in Leben und Tod symbolisiert anstelle von Kreisläufen, wie dies z. B. beim sterbenden und wiederauferstehenden Sonnengott der Fall ist. Und so wurde Set am dritten zusätzlichen Tag auch nicht „natürlich" von Nut geboren, sondern brach aus ihrer Seite hervor. Er wird beschrieben als „jener, der nicht im Westen untergeht und seinen Sitz in der Unterwelt hat". Set bricht Tabus, Grenzen, schafft Raum für Neues, das er in den Prozess des Werdens überführt. Diese Tätigkeit hat ihn in den Augen der neophoben Menschheit zu „dem Bösen" gemacht, der das bequeme tagtägliche Einerlei zu Staub zermalmt, uns auffordert, zu erwachen und ins Dasein zu gelangen aus eigener Kraft. Er weist zum Horizont, lenkt unseren Blick auf unsere Möglichkeiten, und wenn wir ihn um Hilfe anbetteln ... dann schweigt er.

Set war in Ägypten der Gott der Wüste. So wurde er zum Gott der Fremden, die aus der Wüste in die ägyptischen Zentren kamen. Mit der Zeit und dem schwächelnden ägyptischen Imperium wurde er auch ein Symbol für die Angst vor den Fremden, die aus der Sicht der Ägypter eine Bedrohung für das Reich darstellten. Zwischen dem mittleren und dem neuen Reich fiel Ägypten tatsächlich unter Fremdherrschaft durch die Hyksos, von ihnen wurde Set wieder mit ihrem Stammesgott Baal vereint und zum obersten Reichsgott gemacht. Astarte und er wurden als Götterpaar verehrt. Im Neuen Reich verlegten die ägyptischen Könige nach Beendigung der Hyksos-Herrschaft ihre Hauptstadt nach Tanis, dem vorrangigen Kultort des Set. So wurde er erneut oberster Reichsgott und persönlicher Gott der Könige, die sich teilweise nach ihm benannten (Sethos, „der zu Set gehört" oder Sethnacht, „Set ist stark"). Im Westen des Niltals regierte Set die rote Wüste „Descheret", wie sie die Nilzivilisation nannte. Nun wurden in der Oase Dachla 20 Tempel entdeckt, in Charga fand man den prächtigen „Goldschatz von Douch", in Belat al Roum wird zur Zeit ein Totenland mit mindestens 400 Mumien ausgegraben. Überall in den Oasen finden sich Hinweise auf Set in Form von Stelen, Statuen und Inschriften, in Charga lebte vor 2000 Jahren Penbast, der „erste Prophet des Set". Set hatte laut dem Archäologen Olaf Kaper „in den Oasen eine überragende Bedeutung". Zu ihrem Reichtum kamen die Könige der Oasen durch den Schmuggel von Luxusgütern an der pharaonischen Zentralmacht vorbei ans Mittelmeer. Die Pharaonen versuchten immer wieder, die Zentren der Schmuggler unter ihre Kontrolle zu bringen, mit mäßigem Erfolg. Auch dies mag ein Grund dafür sein, dass Set, „der Rote" im Niltal dämonisiert wurde.

Set wurde wieder besonders populär in der 19. und 20. Dynastie, als Ägypten wieder beständig seine Grenzen erweiterte und Wohlstand und Macht in das Land strömten. Ab der 22. Dynastie nahm die Abneigung gegen ihn erneut zu, als das Reich durch starke Bedrohung von außen zerfiel und die Ägypter eher in vergangener Größe schwelgten als im Reich Set-Hehs, dem Reich der Zukunft.

Nach der Verfolgung der Set-Kulte wurde er in der Zweiheit Set-Horus durch Thot ersetzt. Manchmal erscheint er auch als weiterer Falke, als Doppelhorus. Der Falke ist als Form vieler lokaler Gottheiten aus Ägypten bekannt. Die Vereinfachung der

Gottgestalten und Dominanz des Osiris/Horus-Kultes reduzierte das Bild des Falken schließlich auf den allgemeinen Begriff Neter/Götter. In Ägypten waren die Reste der alten Tierkulte zu jeder Zeit in den Darstellungen der manifestierten Götter gegenwärtig. So wurde Set unter anderem als Antilope, Fisch, Nilpferd, Schildkröte, Falke, Schlange, Leopard, Giraffe dargestellt, im Synkretismus der griechischen Papyri als eselsköpfiger Io, hahnenköpfiger IAO bzw. Abraxas und als pferdeköpfiger Dämon. Set wurde oftmals gleichgesetzt mit dem sumerischen Falken, der sich später als luziferianisch-stolzer Pfau Melek Taus der Yeziden aus der Hölle erhob, die er mit seinen Tränen gelöscht hatte, um Herr der Erde zu sein (siehe: „Yezidi"). In anderen Überlieferungen tritt Set aber auch gleichbedeutend mit Typhon auf oder als hahnenköpfiger IAO/Abraxas, Weltengott der spätantiken griechisch-orientalischen Gnostiker.

All dies basiert auf den verwirrend variationsreichen, uralten Tierkulten, die später vereinfacht wurden auf jeweils ein männliches und weibliches Exemplar einer Gattung als Paar, um die Heerscharen von Göttern und heiligen Tieren etwas zu vereinfachen. Oft wird diese reine Pärchenbildung durchbrochen, indem Funktionen von anderen Lokalgöttern von den Pärchen assimiliert werden. Der Doppelfalke Set-Horus der predynastischen Zeit ist hierfür ein gutes Beispiel. Er könnte zum einen das klassische Falkenpaar zeigen, zum anderen die unzähligen Falkengötter der alten Kulte in sich aufgesogen haben.

Im neuen Reich tauchte ein alter Bekannter als Unterweltsdämon wieder auf: „Der mit den zwei Köpfen", Mehen. Dieser begleitet den Sonnengott Re auf der allnächtlichen Reise durch die Unterwelt. Mehen trägt die Köpfe von Set und Horus. Hinter unserer Welt, in der Unterwelt, sind beide wieder vereint in einer Gestalt. Das Verhältnis von Horus und Set auf dieser Welt ist auch ein Symbol für das ständige Ringen von Individualismus und Kooperation. Wir leben in einer dualistischen Welt, in der sich Licht und Finsternis, Horus und Set, These und Antithese gegenüberstehen.

Die Kämpfe zwischen Set und Horus sind vielfach beschrieben worden. In einer der gängigsten Fassungen zerstückelt Set bekannterweise den Gott Osiris und verteilt dessen Reste über ganz Ägypten. Im Auftrag der Isis sammelt Anubis vierzehn von fünfzehn Leichenteilen zusammen. Dreimal darfst du raten, welches Körperteil nicht gefunden wurde. So formt Isis im Schwarzen Ritual einen Phallus aus Gold und belebt Osiris von neuem. Horus schließlich will seinen Vater rächen, es kommt zum Kampf zwischen Set und Horus.

Die uns erhaltene Literatur über die Kämpfe zwischen den beiden ist stark unterägyptisch-heliopolitanisch ausgeprägt. Sie stammt aus einer Zeit, in der Religionspolitik eine herausragende Rolle spielte. Die uns erhaltene Literatur besteht teilweise aus Abschriften älterer Texte. Hierbei erscheint es nicht unwahrscheinlich, dass die abschreibenden Gelehrten auf Weisung oder selbständig die Schriften dem herrschenden Zeitgeist und der politischen Situation anpassten. Diese Vorgehensweise der Geschichtsverfälschung durch Siegermächte ist uns nicht nur aus dem alten Ägypten bekannt. Somit ist Hermann Kees in seinem Werk *Horus und Seth als Götterpaar* (Leipzig, 1923) sicherlich zuzustimmen, wenn er vermutet, dass die erhaltenen Schriften inhaltlich auf keinen Fall mit der Urfassung gleichgesetzt werden dürfen. Ein Beispiel sei hier erwähnt:

Der Sonne Re lauert seit Anbeginn der Welt in jeder Nacht die Apophisschlange auf, die ihn und damit die Schöpfung verschlingen will. Es ist ursprünglich der unsterbliche Totengott Set, der die Angriffe abwehrt, und somit ist er der Totengott, der das Leben schützt. Es existieren auch Darstellungen, auf denen Set-Tiere die Sonnenbarke durch die Unterwelt ziehen. Es ist ein gutes Beispiel für viele spätere Umdeutungen, dass, als Set als Verteidiger des Re aus den Darstellungen verschwand, Re nun selbst die Apophisschlange niederringt; schließlich wird Set mit der Apophisschlange identifiziert und wird wie sie zuvor zum Symbol für alles Böse.

Ein weiteres Beispiel für eine Umdeutung sei hier angefügt:

Einer der zahlreichen Beinamen des Set war „Beschwörer des Meeres", ein Meeresgott, der die in die Fremde (das Reich des Set) fahrenden Ägypter leitete, wie er den Toten in der Fremde der Unterwelt führte und ihm vor dem Gericht der Maat beistand oder auch so, wie er der Gott der Reisenden in der Wüste war. Schließlich wurde er in den Darstellungen zum bösen Gott, der die Meere aufwirbelte und Stürme entfachte, um die Boote der Seefahrer in die Tiefen des Meeres zu reißen. Schließlich war Set „nur noch" der Gott der Finsternis und Horus ausschließlich der Gott des Lichtes und der Rächer seines Vaters. Ihre Kämpfe waren letztendlich Bilder für das Ringen zwischen Licht und Finsternis.

Ein in der ägyptischen Geschichte jedoch immer gegenwärtiger Rest der alten Setkulte ist das Uaszepter, welches vom König, von Osiris und anderen Göttern gehalten wird. Es wird gekrönt vom stilisierten Kopf des Set-Tieres, um die Einweihung des Trägers durch Set zu symbolisieren. Es zeigt Heil, Stärke, Kraft und magische Macht.

Das dritte und für uns wichtigste Aufblühen des Setianismus im neuen Königreich fiel zusammen mit dem steigenden Einfluss der Griechen. Deren Ideen vom Individuum und persönlicher Freiheit waren neu für die Ägypter, deren Lebenszentrum bislang einzig der Pharao war. Die fremden Ideen vom freien Individuum wurden dem Wüstengott der Fremde, Set, zugeordnet. Beide Kulturen befruchteten sich gegenseitig, ägyptische Magie gelangte nach Athen; griechische Philosophie nach Ägypten. Zwischen dem 4. Jahrhundert vor unserer Zeitrechnung und dem 4. Jahrhundert unserer Zeit wurde Set immer wieder mit dem griechischen Titanen Typhon verbunden.

Die griechisch-ägyptische Magie wurde erfüllt von der Befruchtung neuartiger philosophischer Konzepte und bildete den Nährboden, auf dem der moderne Setianismus gewachsen ist. Das dritte Jahrhundert unserer Zeitrechnung war Höhepunkt setianischer Hermetik. Als der Druck des römischen Reiches wuchs, wurde der Individualismus erneut unterdrückt. Als das Christentum schließlich erstarkte, flohen viele Priester mit ihrem Wissen über die südliche Reichsgrenze in die Fremde. Typhon-Set-Heh begann langsam seine Metamorphose in verschiedene Gottheiten und die Geburt des christlichen Satan stand bereits in den Sternen.

Sexenu-Gruppenritual

Absolute Dunkelheit und Stille. Der Altar befindet sich im Westen. Der Priester erhebt die Stimme:

„In nomine magni dei, introibo ad altare domini inferi, qui regit terram!"

Er entzündet die Black Flame auf dem Altar:

„I am the flame, that burns in every heart of man and in the core of every star. I am life, and the giver of life, yet therefore is the knowledge of me the knowledge of death. I am alone, there is no god where I am."

Er reinigt den Raum durch neunmaliges Schlagen der Glocke, beginnend im Westen, dann sich jeweils im 45°-Winkel drehend gegen den Uhrzeigersinn, bis er schließlich wieder mit dem Gesicht nach Westen steht.

Sutuach! Wir nehmen deine tausend flüsternden Stimmen aus allen Regionen deines Reiches wahr!"

Er gibt Räuchermittel auf die glühende Kohle.

„Sutuach! Wir atmen von deinem Atem!"

Während er diese Worte spricht, schreitet er mit dem Räuchergefäß durch den Raum und bleibt vor jedem einzelnen Teilnehmer stehen, damit dieser den Atem des Sutuach in seine Lungen ziehen kann.

Sofern ein Passwort in den Kraftstrom des Set bekannt ist, wird es nun intoniert.

Er weist mit dem Schwert oder dem Dolch nach oben.

„In nomine Seti, principis tenebrarum. O Sethen, age cum me via ipsa! Xeper-I-Set! Bolchoseth! Nuk neter, nuk Set, ur! Pert em kerh, Sutuach!"

Der Priester steht ca. drei Schritte vom Altar entfernt.

Die Magier des Südens, Ostens, Nordens und Westens beginnen jetzt zeitgleich ihre Invokationen:

Der Magier des Südens steht zur Linken des Priesters und wendet sich im Zeichen des Feuers dem Süden zu. Er atmet tief durch die Nase ein und durch den Mund atmet er eine rote, feurige Plasmakugel aus, die vor ihm frei im Raum schwebt. Die Kugel entfernt sich ungefähr zwei Schritte weit in den Süden und wächst dabei auf einen Durchmesser von ca. drei Metern an. Er visualisiert in der Kugel einen eselsköpfigen Gott, der ein Geburtsmesser trägt, den Herren dieser Sphäre. Er macht den ersten Schritt auf die Plasmakugel zu und nimmt den Gott wahr. Er macht den zweiten Schritt auf die Plasmakugel zu und legt die Hände auf die Außenhaut der Kugel. Er beobachtet den Gott in der Kugel. Er macht den dritten Schritt in die Kugel hinein und steht nun direkt vor der Gottheit. Er nimmt die spezifische Qualität dieser Sphäre wahr und nimmt die Energie der Gottheit vor ihm in sich auf. Der Magier des Südens atmet nun durch den Mund ein und durch die Nase aus. Beim ersten Einatmen nimmt er den Atem der Gottheit in sich auf, spürt, wie er von seinem Mund in den seinen fließt. Beim zweiten Einatmen spürt er, wie die Kraft aus den Augen der Gottheit in seine Augen hinüber strahlt. Beim dritten Einatmen gleitet sein Körper an ihm ab wie ein von den Schultern herab rutschender seidener Umhang. Der Atem des Magiers ist der Atem des Io, seine Augen sind die Augen des Io, er ist Io! Er intoniert immer wieder ein leises, forderndes, in der Intensität nach und nach anschwellendes: *„Io!"*

Der Magier des Ostens steht hinter dem Priester und wendet sich im Zeichen der Luft dem Osten zu. Er atmet tief durch die Nase ein und durch den Mund atmet er eine goldene Plasmakugel aus, die vor ihm frei im Raum schwebt. Die Kugel entfernt sich ungefähr zwei Schritte weit in den Osten und wächst dabei auf einen Durchmesser von ca. drei Metern an. Er visualisiert in der Kugel ein gigantisches Auge inmitten eines Wirbelsturms, den Herren dieser Sphäre. Er macht den ersten Schritt auf die Plasmakugel zu und nimmt den Gott wahr. Er macht den zweiten Schritt auf die Plasmakugel zu und legt die Hände auf die Außenhaut der Kugel. Er beobachtet den Gott in der Kugel. Er macht den dritten Schritt in die Kugel hinein und steht nun direkt vor der Gottheit. Er nimmt die spezifische Qualität dieser Sphäre wahr und nimmt die Energie der Gottheit vor ihm in sich auf. Der Magier des Ostens atmet nun durch den Mund ein und durch die Nase aus. Beim ersten Einatmen nimmt er den Atem der Gottheit in sich auf, spürt, wie er von seinem Mund in den seinen fließt. Beim zweiten Einatmen spürt er, wie die Kraft aus seinen Augen in seine Augen hinüber strahlt. Beim dritten Einatmen gleitet sein Körper an ihm ab wie ein von den Schultern herab rutschender seidener Umhang. Der Atem des Magiers ist der Atem des Erbeth, seine Augen sind die Augen des Erbeth, er ist Erbeth! Er intoniert ein immer wieder ein leises, forderndes, in der Intensität nach und nach anschwellendes: *„Erbeth!"*

Der Magier des Nordens steht zur Rechten des Priesters und wendet sich im Zeichen der Erde dem Norden zu. Er atmet tief durch die Nase ein und durch den Mund atmet er eine schwarze Plasmakugel aus, die vor ihm frei im Raum schwebt. Die Kugel entfernt sich ungefähr zwei Schritte weit in den Norden und wächst dabei auf einen Durchmesser von ca. drei Metern an. Er visualisiert in der Kugel einen mächtigen Drachen, den Herren dieser Sphäre. Er macht den ersten Schritt auf die Plasmakugel zu und nimmt den Gott wahr. Er macht den zweiten Schritt auf die Plasmakugel zu und legt die Hände auf die Außenhaut der Kugel. Er beobachtet den Gott in der Kugel. Er macht den dritten Schritt in die Kugel hinein und steht nun direkt vor der Gottheit. Er nimmt die spezifische Qualität dieser Sphäre wahr und nimmt die Energie der Gottheit vor ihm in sich auf. Der Magier des Nordens atmet nun durch den Mund ein und durch die Nase aus. Beim ersten Einatmen nimmt er den Atem der Gottheit in sich auf, spürt, wie er von seinem Mund in den seinen fließt. Beim zweiten Einatmen spürt er, wie die Kraft aus seinen Augen in seine Augen hinüber strahlt. Beim dritten Einatmen gleitet sein Körper an ihm ab wie ein von den Schultern herab rutschender seidener Umhang. Der Atem des Magiers ist der Atem des Pakerbeth, seine Augen sind die Augen des Pakerbeth, er ist Pakerbeth! Er intoniert ein immer wieder ein leises, forderndes, in der Intensität nach und nach anschwellendes: *„Pakerbeth!"*

Der Magier des Westens steht vor dem Priester und wendet sich im Zeichen des Wassers dem Westen zu. Er atmet tief durch die Nase ein und durch den Mund atmet er eine blaue Plasmakugel aus, die vor ihm frei im Raum schwebt. Die Kugel entfernt sich ungefähr zwei Schritte weit in den Westen und wächst dabei auf einen Durchmesser von ca. drei Metern an. Er visualisiert in der Kugel einen großen Falken, der Osiris in seinen Krallen hält, den Herren dieser Sphäre. Er macht den ersten Schritt auf die Plasmakugel zu und nimmt den Gott wahr. Er macht den zweiten Schritt auf die Plasmakugel zu und lege die Hände auf die Außenhaut der Kugel. Er beobachtet den Gott in der Kugel. Er macht den dritten Schritt in die Kugel hinein und steht nun direkt vor der Gottheit. Er nimmt die spezifische Qualität dieser Sphäre wahr und nimmt die Energie der Gottheit vor ihm in sich auf. Der Magier des Westens atmet nun durch den Mund ein und durch die Nase aus. Beim ersten Einatmen nimmt er den Atem der Gottheit in sich auf, spürt, wie er von seinem Mund in den seinen fließt. Beim zweiten Einatmen spürt er, wie die Kraft aus seinen Augen in seine Augen hinüber strahlt. Beim dritten Einatmen gleitet sein Körper an ihm ab wie ein von den Schultern herab rutschender seidener Umhang. Der Atem des Magiers ist der Atem des Ablanathanalba, seine Augen sind die Augen des Ablanathanalba, er ist Ablanathanalba! Er intoniert ein immer wieder ein leises, forderndes, in der Intensität nach und nach anschwellendes: *„Ablanathanalba!"*

Sobald die Invokationen einen befriedigenden Grad erreicht haben, geht der Priester zur Feuersphäre in den Süden und spricht im Zeichen des Feuers:

„Io, eselsköpfiger Gott des Südens. Erhebe Pesh-Kent, auf dass ein Weg geboren werde."

Dann stellt er sich mit dem Zeichen der Luft vor die Sphäre des Erbeth:

„Erbeth, großes Auge des Ostens. Belebe den Geist mit Ideen."

Im Zeichen der Erde spricht er zu Pakerbeth:

„Pakerbeth, mächtiger Drache des Nordens. Lehre uns, als Götter wiedergeboren zu werden!"

Schließlich erreicht er die Sphäre des Ablanathanalba im Zeichen des Wassers:

*„*Ablanathanalba, unaufhaltsamer Falke des Westens. Zerstöre den Stillstand!"

Der Priester nimmt den Kelch mit dem Sakrament und stellt es in die Mitte des Tempels:

„Xeper-I-Set! Bolchoseth! Nuk neter, nuk Set, ur!
Pert em kerh, Sutuach!"

Die Magier des Südens, Westens, Nordens und Ostens gehen langsam auf die Mitte des Tempels zu, dabei weiter ihren Namen intonierend. Ihre Sphäre umschließt sie weiterhin auf ihrem Weg. Wenn sie schließlich dicht vor dem Sakrament stehen, komprimieren sie beim Einatmen ihre Sphäre auf eine fußballgroße Kugel in ihrem Solaplexus, lassen sie dann beim Ausatmen aus ihrem Körper heraus zwischen ihre Handflächen gleiten, die Plasmakugel wird beim nächsten Einatmen über den Kopf gehoben (wie beim Einwurf beim Fußballspiel ☺), alle Anwesenden intonieren ein zunächst leises, aber an Intensität und Lautstärke zunehmendes: *Suuuuuuuuuuuuutuuuuuuuuuuuuuuuuuuuu ...*, um schließlich die Energiebälle mit aller Kraft und dem Schrei: *...Aaacccchhhhh* nach vorn in das Sakrament zu schleudern.

Der Priester nimmt das Sakrament und spricht:

„Heil dir, Herr der Flammen. Wir nehmen das Aus-Szepter. Wir werden deinen Einfluss in dieser Welt und unsere Macht in jener Welt durch beständiges Streben vergrößern."

Dann stellt er das Sakrament zurück auf den Altar. Er erhebt das Schwert bzw. den Dolch über seinen Kopf:

„Hoc est signum corpus meum, hic est via veritatis. Corpus et anima !
„A Nebet-Het! A hunnu Nebet-Het! Hay n-ek!
Pert em kerh, Nebet-Het!"

Der Priester steht in der Mitte des Tempels.

Die Magier des Südens, Ostens, Nordens und Westens beginnen jetzt erneut zeitgleich ihre Invokationen:

Der Magier des Südens steht wieder zur Linken des Priesters und wendet sich im Zeichen des Feuers dem Süden zu. Er atmet tief durch die Nase ein und durch den Mund atmet er eine neue rote, feurige Plasmakugel aus, die vor ihm frei im Raum schwebt. Die Kugel entfernt sich wieder ungefähr zwei Schritte weit in den Süden und wächst dabei auf einen Durchmesser von ca. drei Metern an. Er visualisiert in der Kugel eine mächtige Kriegerin mit Schild und Axt, die Herrin dieser Sphäre. Er macht den ersten Schritt auf die Plasmakugel zu und nimmt die Göttin wahr. Er macht den zweiten Schritt auf die Plasmakugel zu und legt die Hände auf die Außenhaut der Kugel. Er beobachtet die Göttin in der Kugel. Er macht den dritten Schritt in die Kugel hinein und steht nun direkt vor der Gottheit. Er nimmt die spezifische Qualität dieser Sphäre wahr und nimmt die Energie der Gottheit vor ihm in sich auf. Der Magier des Südens atmet nun durch den Mund ein und durch die Nase aus. Beim ersten Einatmen nimmt er den Atem der Gottheit in sich auf, spürt, wie er von deren Mund in den seinen fließt. Beim zweiten Einatmen spürt er, wie die Kraft aus den Augen der Göttin in seine Augen hinüber strahlt. Beim dritten Einatmen gleitet sein Körper an ihm ab wie ein von den Schultern herab rutschender seidener Umhang. Der Atem des Magiers ist der Atem der Anat, seine Augen sind die Augen der Anat, er ist Anat! Er intoniert immer wieder ein leises, forderndes, in der Intensität nach und nach anschwellendes: „Anat!"

Der Magier des Ostens verfährt entsprechend mit einer goldenen Plasmakugel im Osten. Er visualisiert in der Kugel eine Gelehrte mit Griffel und Schreibpalette, bekleidet mit einem Pantherfell, die Herrin dieser Sphäre. Er intoniert: „Shesat!"

Der Magier des Nordens verfährt ebenso mit einer schwarzen Plasmakugel im Norden. Er visualisiert in der Kugel eine kampfbereite Kobra, die Herrin dieser Sphäre. Er intoniert ein immer wieder leises, forderndes, in der Intensität nach und nach anschwellendes: „Meshkent!"

Der Magier des Westens verfährt wie zuvor bei Ablanathanalba mit einer blauen Plasmakugel im Westen. Er visualisiert in der Kugel eine nackte, auf einem Löwen stehende Göttin, die in ihren Händen zwei Schlangen hält, die Herrin dieser Sphäre. Er intoniert immer wieder: „Kadesch!"

Sobald die Invokationen einen befriedigenden Grad erreicht haben, geht der Priester zur Feuersphäre in den Süden und spricht im Zeichen des Feuers:

„Anat, mächtige Kriegerin des Südens. Erhebe deine Axt und ringe nieder die Illusion!"

Dann stellt er sich mit dem Zeichen der Luft vor die Sphäre der Shesat:

„Shesat, große Schreiberin des Ostens. Mache aus Ideen einen Plan."

Im Zeichen der Erde spricht er zu Meshkent:

„Meshkent, Feuer speiende Kobra des Nordens. Schütze unseren Ka!"

Schließlich erreicht er die Sphäre der Kadesch im Zeichen des Wassers:

„Kadesch, Löwen reitende Herrin des Westens. Erwecke die Lust in uns."

Der Priester nimmt den Kelch mit dem Sakrament und stellt es in die Mitte des Tempels:

„A Nebet-Het! A hunnu Nebet-Het! Hay n-ek!

Pert em kerh, Nebet-Het!"

Die Magier des Südens, Westens, Nordens und Ostens gehen langsam auf die Mitte des Tempels zu, dabei weiter ihren Namen intonierend. Ihre Sphäre umschließt sie weiterhin auf ihrem Weg. Wenn sie schließlich dicht vor dem Sakrament stehen, komprimieren sie beim Einatmen ihre Sphäre auf eine fußballgroße Kugel in ihrem Solaplexus, lassen sie dann beim Ausatmen aus ihrem Körper heraus zwischen ihre Handflächen gleiten, die Plasmakugel wird beim nächsten Einatmen wie zuvor über den Kopf gehoben, alle Anwesenden intonieren: *„Nephty ..."* , um schließlich die Energiebälle mit aller Kraft und einem zischenden *„...sssssssssssssssssssssssssssssss"* nach vorn in das Sakrament zu schleudern.

Der Priester nimmt das Sakrament und spricht:

„Heil dir, Herrin der Nacht. Wir nehmen das Ankh. Du warst Zeugin bei unserer Geburt, warte auf uns, wenn wir sterben.

Das Tor im Herzen des Taukreuzes ist geöffnet und Io, Erbeth, Pakerbeth, Ablanathanalba, Anat, Shesat, Meshkent und Kadesch sind geladen. Küsse die Nacht der Nebet-Het und erhebe dich in uns über die Acht, großer Sutuach. Wir befehlen unser eigenes Werden.

Xepera-Xeper-Xeperu!

Ho Ophis, ho Archaios. Ho Drakon ho Megas. Ho en kai ho on kai ho zon eis tous Aionas ton Aionon."

Das Sakrament wird getrunken, denkt auch an die Erde, die euch trägt. Dann sendet die vollständige Restenergie der Kräfte, die gerufen wurden, zu den sieben Sternen.

Der Priester spricht die traditionellen Schlussworte:

„Wir sind stark durch unseren Willen.

Was wir in Bewegung gesetzt haben, wird uns leiten und testen.

And so it is done."

(Lösche die Black Flame)

Yezidi

Schriftform eines Vortrags, gehalten im Frühjahr des Jahres 2004 e. v. anlässlich eines offenen Treffens der *Dragon Rouge* in Thüringen.

„Die Gottheit hat Teil an allem Geschehen.
Die Andersgläubigen aber nennen einiges, das nicht nach ihrem Wunsch ist, böse. "
(Kitab al-Dschilwa, das Buch der Offenbarungen, I, 3)

Die Yeziden sind jenes legendäre Volk Kurdistans, das Karl May in seinem Buch *Durchs wilde Kurdistan* vorstellt und über das sich immer wieder gerade und auch in Büchern über Satanismus und Magie, von Crowley bis LaVey, Beiträge finden. Sogar einige linkshändige magische Orden berufen sich auf die Überlieferung der Yezidenmagie. Natürlich finden es die Yeziden selbst vollkommen absurd, in Zusammenhang mit Satanismus gebracht zu werden, und tragen selbst alles dazu bei, dass der arabische Begriff für Satan, „Scheytan", aus dem Sprachschatz verschwindet. Ein verbotenes Wort. Selbst Worte, die ähnlich klingen, wie Iblis, Satan, Sheytan, wurden aus dem Wortschatz verbannt. Ob dies freilich daran liegt, dass die Yeziden nichts mit der Figur des Scheytan zu tun haben wollen – denn dies ist ja lediglich ein Name, den Adam dem Engel Pfau gegeben hat –, oder ob es nicht doch eher aus einer Strategie der Tarnung herrührt, gewisse Schlagworte zu vermeiden, die den Yeziden bei ihren muslimischen und christlichen Nachbarn nicht unbedingt Freunde machen würden, sei der Fantasie des Lesers überlassen.

Der Engel Pfau, Melek Taus

Dass dennoch den wilden Geschichten, die sich um die Yeziden ranken, ein wahrer Kern zugrunde liegt, soll dieser Abschnitt aufzeigen und damit einige Informationen nachliefern, die in den anderen Magieveröffentlichungen, die ich kenne, meist fehlen. Auf der anderen Seite soll hier eine Lanze gebrochen werden für das Selbstverständnis der Yeziden, das aussterbende Volk der Schweißgeborenen, der Kindes des Engels Pfau, die dem Vorwurf, Teufelsanbeter zu sein, oft absolut fassungslos gegenüberstehen.

Die Herkunft der Bezeichnung „Yezide" ist vollkommen ungeklärt. Möglicherweise geht der Name auf das Jahr 680 unserer Zeitrechnung und den Kalifen Yazid I. zurück, der unter den Yeziden als Reformator ihrer Religion gilt. Yazid I. übernahm das Kalifat von seinem Vater, doch Husain, der Sohn Alis, versuchte, das Kalifat gewaltsam unter seine Herrschaft zu bringen. Doch er verlor die Schlacht bei Kerbela im heutigen Irak und auch sein Leben. Daher liegt in Kerbela heute eine berühmte Pilgerstätte, das Grab des Imam Husain, eines der größten Heiligen der Aleviten und der schiitischen Moslems.

Als Abdullah bin Zubair das Kalifat in Mekka und das sunnitische Heiligtum Kaaba übernahm, war er fest davon überzeugt, dass die umayadischen Truppen unter Yazid

I. nicht in die heilige Stadt einfallen würden, denn dies wäre einer Entweihung gleichgekommen. Er irrte sich. So gilt Yazid I. bei Aleviten und Schiiten als Mörder des großen Imam Husain und auch die Sunniten hassen ihn als „Gottlosen", da er die Kaaba in Brand setzte. Daher ist es naheliegend und nachvollziehbar, dass ein Volk, das sich Yeziden nennt, als Minderheit in einem islamischen Umfeld Probleme bekommt.

Die Yeziden lebten ursprünglich in einem sehr großen Gebiet, welches sich heute in den Irak, die Türkei, Armenien, Syrien und den Iran erstreckt. Durch diese Staatsgrenzen wurden die Yeziden voneinander getrennt, das zentrale Heiligtum aller Yeziden liegt im Irak und ist für die meisten Yeziden mittlerweile unerreichbar. In allen fünf Staaten, in denen Yeziden ursprünglich gelebt haben, wurden sie verfolgt, ausgegrenzt und unterdrückt, ihre Religion und ihre Tradition erstickt und in vielen Fällen führte dies sogar zu Gewaltexzessen, die viele tausend Yeziden das Leben kosteten. Da die Yeziden sich als das auserwählte Volk des Engels Pfau, des Melek Taus sehen, fanden sie über die Jahrhunderte viele Möglichkeiten der Tarnung, damit ihre religiöse Identität überleben konnte. Auf der anderen Seite ist eine in Existenz und Religion bedrohte Minderheit darauf angewiesen, stärker am Kult und den heiligen Symbolen und Traditionen festzuhalten, um sie überhaupt zu erhalten.

Da die Yeziden an Seelenwanderung und Wiedergeburt glauben, durch die der Mensch jeweils gemäß seiner Taten im vorhergehenden Leben als ein höheres Wesen reinkarniert, ist das Symbol des Kreises eines der heiligsten Zeichen der Yeziden überhaupt. Im Gegensatz zu anderen Religionen bekennen sich die Yeziden jedoch mit Nachdruck zu dieser Welt, die erhalten und ausgestaltet werden will und nicht als biblisches „Jammertal" nur möglichst schnell durchschritten werden muss. Sie wollen nicht den Kreislauf der Wiedergeburten durchbrechen und eines Tages eins werden mit dem göttlichen Licht. Dies unterscheidet sie maßgeblich von den mystischen Traditionen des Westens, sowie vom Buddhismus und dem Hinduismus. Der Ausspruch „Endloses Weltenspiel, Welt ohne Ende" könnte dem yezidischen Gedankengebäude entstammen. Es gibt im yezidischen Glauben kein Ende der Welt. Alle tausend Jahre (siehe das tausendjährige Friedensreich, an dessen Ende der Satan auf die Erde kommt (Offenbarung des Johannes)) kommt ein Gesandter des Melek Taus auf die Erde und bringt diese wieder auf den rechten Weg. Während der tausend Jahre entfernen sich die Menschen immer weiter vom Ursprung, indem sie sich von diesem emanzipieren. Die Welt regeneriert sich immer wieder aufs neue, zum einen durch den Bund Gottes mit Melek Taus, zum anderen durch die Zeremonien und Taten des auserwählten Volkes, das damit ein erhaltendes Volk der ewigen Wiederkehr und des Kreislaufs ist.

Auch Melek Taus soll einst einen Kreis um die Yeziden gezogen und zu Gott gesprochen haben: „Siehe, dies ist mein Volk."

In früheren Zeiten zogen Moslems oft einen Kreis um einen Yeziden. Diesem war dieses Symbol heilig, ein Übertreten des Kreises wäre für ihn gleichzusetzen gewesen mit dem Übertreten der eigenen Religionstabus, einem Heraustreten aus der yezidischen Gemeinschaft in den islamischen Glauben, quasi eine Zwangsbekehrung. Sein Yezidentum und seine Entfaltung als Erwählter des Melek Taus, der schon einmal einen Kreis um sein Volk zog, sind nur innerhalb des Kreises des Yezidentums möglich. Somit sahen viele Yeziden das „Einkreisen" durch Moslems als Prüfung und verharrten solange in dem Kreis, bis dieser von dem Moslem wieder weggewischt wurde. Angeblich blieben viele Yeziden bis zu ihrem Tod in den Kreisen stehen, da sie lieber starben und später „erhöht" reinkarnierten, als ihre Identität als Yezide zu verraten und aus dem Kreis zu treten. Es gehört nicht viel Fantasie dazu, sich vorzustellen, wie sich früher in den Dörfern, in denen nur wenige Yeziden lebten, die islamischen Kinder und Halbstarken einen Spaß daraus machten, um die Yeziden einen Kreis in den Staub zu ziehen.

1992-1993 wurden die yezidischen Familien endgültig aus dem türkischen Bereich Kurdistans vertrieben, doch die Verfolgung setzte bereits zu Zeiten des osmanischen Reiches ein und fand neue Höhepunkte seit der Gründung der türkischen Republik 1923. Im demokratischen türkischen Staat genossen und genießen die Yeziden keine bürgerlichen Rechte, in ihren Ausweispapieren sind sie mit einem Kreuz gekennzeichnet, denn sie sind in den Augen des Staates schlimmer als die ebenfalls verfolgten Kurden, da sie nicht einmal zum Islam gehören. In Deutschland werden die emigrierten Yedizen schlicht als „Türken" geführt. Als 1984 viele Kurden, mit denen sich die Yeziden ihre Sprache teilen, in der *PKK* den bewaffneten Kampf zur „Befreiung" Kurdistans begannen, bewaffnete die türkische Regierung so genannte Dorfschützer, die gegen die *PKK* kämpfen sollten. Die Mehrheit der Yeziden und Aleviten, die so instrumentalisiert werden sollten, lehnten diese „Zwangsbewaffnung" ab, was zur Folge hatte, dass die neu geworbenen regierungsloyalen Dorfschützer ihre Waffen eher dazu nutzten, die Minderheiten zu vertreiben und das Land der bäuerlich lebenden Yeziden zu beschlagnahmen. Nach dem Lausanner Abkommen von 1923 zählen die Yeziden nicht zu den Minderheiten und haben somit auch keine Sonderrechte und keinen Schutz erhalten. Bis heute gibt es keine verlässlichen Erhebungen, wieviele Yeziden es gab oder gibt. Auch die emigrierten Yeziden in Deutschland werden zahlenmäßig nicht erfasst. Man geht jedoch davon aus, dass der überwiegende Teil der aus der Türkei geflohenen Yeziden mittlerweile in Deutschland lebt. Die vermutlich größte Yezidengemeinde weltweit existiert mittlerweile bei Celle.

Die Verfolgung und Diskriminierung der Yeziden beruht ausschließlich auf ihrer Religion. Das Yezidentum gehört nicht zu den klassischen Buchreligionen und besitzt keine feste Struktur. Es entwickelte sich in den verschiedenen Provinzen Kurdistans und der angrenzenden Länder teilweise sehr unterschiedlich, da der ständige Austausch unter den Yeziden fehlte. Auch ein Religionsstifter oder eine ähnliche historische oder mythische Figur ist nicht bekannt, das gesamte Yezidentum ist daher durch eine gewisse Unschärfe, (wohlgemerkt ist hier nicht Beliebigkeit gemeint) geprägt. Dies ist unter Umständen eine Äußerlichkeit, die die Yeziden tatsächlich mit dem heutigen Satanismus gemeinsam haben: Keine homogene, strikt durchstrukturierte Glaubenslehre und -struktur. Es mag darüber hinaus eine Folge der langen Verfolgung sein, dass die Yeziden in der Lage sind, ihre Geschichte anhand ihrer gegenwärtigen Situation immer neu zu entwerfen. Je nachdem, in welchem Land sie leben, welche sozialen und politischen Bündnisse sie eingehen, verändert sich auch ihr Geschichtsentwurf. So gehen sie angeblich auf den Manichäismus, auf den Zoroastrismus, auf den Mithraskult, auf den Sufismus, das nestorianische Christentum oder das Judentum zurück, sind Anhänger von Yazid I. oder alles gleichzeitig oder einige Herkünfte in Kombination oder keins von alledem, ganz nach individuellen oder kollektiven Umständen neu entschieden.

In Deutschland sind die Yeziden zur Zeit in zwei Dachverbänden organisiert. Der eine ist der Ansicht, dass ihre Religion auf das Zarathustratum zurückgeht, die Mitglieder des anderen Dachverbandes lehnen diese These strikt ab. Dass der erstgenannte Dachverband versucht, die Nähe zu den Kurden zu suchen, soll hier gemeinsam mit der Tatsache, dass die *PKK* der Meinung ist, dass die Meder und der Zarathustra-Kult die gemeinsame Herkunft aller Kurden darstellen, eine politische Facette um den bewaffneten Kampf um die Freiheit Kurdistans anreißen. Dies können und werden wir hier jedoch nicht weiter vertiefen.

Auch die mystisch-religiöse Erfahrung eines Einzelnen kann in der Lage sein, wiederum ein neues Geschichtsbild zu entwerfen. Obschon es zwei Grundlagenwerke gibt, spielt das geschrieben Wort bei der Religionsausübung der Yeziden nahezu keine Rolle. Dies hat mehrere Gründe, auf die wir später noch eingehen werden.

Das Yezidentum ist in verschiedene Kasten aufgeteilt, die Kaste der Schechs, die im yezidischen Glauben direkt von den Engeln abstammen, stellt die politischen und religiösen Oberhäupter der Yeziden. Der höchste Priester der Yeziden trägt als Zeichen seiner Macht eine Axt, die möglicherweise noch auf den hurritisch-hethitischen Götterkult um den Gewittergott Teschup zurückgeht, der von vielen Wissenschaftlern mit dem ägyptischen Seth in Verbindung gebracht wird.

Einen besonderen Status haben die Quewwals, die nach den Texten benannt wurden, die sie in den yezidischen Dörfern rezitieren. Die Quewwals leben im größten Heiligtum der Yeziden, jenem Ort, der vor der Schöpfung war und an dem Gott im einunddreißigsten Jahr weilte, nachdem er dreißig Jahre lang das Urmeer befahren hatte: Lalish im heutigen Nordirak. Dort befindet sich das Grabmal von Scheich Adi (1072-1162 e. v.), der als Inkarnation des Melek Taus gilt, in einer Höhle. In dieser Höhle entspringen die heiligen Wasser des Lebens und dort befindet sich als Altar ein schwarzer Monolith. Am Eingang der Höhle wurde eine Schwarze Schlange als Schwellenhüterin zum Jenseits eingemeißelt, vor der sich jeder Yezide, der die Höhle betritt, verneigen muss. Dieser Schlange kommt, ähnlich wie der in den Unterweltsbüchern der Ägypter als Schwarze Schlange dargestellten Schwellengöttin Nephtys, kein eigener Kult zu. Gleich daneben befindet sich eine weitere Höhle. Hier steht der goldene Thron, auf dem sich Melek Taus von Zeit zu Zeit niederlässt und seinen hohen Eingeweihten Mitteilungen macht. Dieser Thron steht auf vier kleinen Säulen, die wahrscheinlich die Elemente repräsentieren, und ist umgeben von sieben Stäben mit sieben Kugeln, die wohl für die sieben Planeten stehen. Melek Taus befindet sich in der Unterwelt und hütet die Quellen des Lebens. Auf seinem Rücken trägt er die Welt, sein Pfauenrad zeigt den Lauf der Gestirne über den Himmel. Doch Melek Taus ist der Engel Pfau, der aus der Unterwelt emporsteigt und den Menschen die Wasser des Lebens spendet.

In der Höhle wird auch der Sufi-Mystiker Mansur Al-Hallaj verehrt, der 922 e. v. hingerichtet wurde, weil er sich mit den Worten „ana`l Haqq", was soviel heißt wie „Ich bin die schöpferische Wahrheit", angeblich zum Gott erklärt hat. Mansur Al-Haqq wurde schon von Scheich Adi leidenschaftlich verehrt.

Die Quewwals besuchen die verschiedenen Dörfer, leiten religiöse Zeremonien und überliefern die alten Texte. Die Quewwals besetzen damit eine Schlüsselposition der yezidischen Religion, da sie es sind, die jene mündliche Überlieferung weitertragen, auf der das Yezidentum basiert. Zwar gibt es auch zwei grundlegende „heilige Schriften", das *Buch der Offenbarungen* und das so genannte *Schwarze Buch*. Da die ursprünglich in einer yezidischen Geheimschrift verfassten Originale jedoch verloren gegangen sind und das Studium der wenigen Abschriften, die inhaltlich teilweise stark voneinander abweichen, zunächst nur den Schechs vorbehalten war, spielte der Inhalt dieser Werke für den täglichen Kult eine untergeordnete Rolle. Wichtiger war die mündliche Überlieferung der Quewwals. Diesen Mythen werden wir uns im Folgenden zuwenden.

Viele der überlieferten Mythen und die meisten Abschriften des *Schwarzen Buches* stimmen darin überein, dass Gott aus sich selbst heraus eine weiße Perle und den Vogel Anfar erschuf. Der Vogel trug die Perle und Gott vierzigtausend Jahre umher. An einem Sonntag erschuf er den Engel Azazil (Azazel), dem später die Herrschaft der Welt übertragen wird und der dann Melek Taus genannt und als stolzer Pfau dargestellt wird. Bereits zu diesem frühen Zeitpunkt der yezidischen Genesis wird deutlich, woher die Verurteilungen der Yeziden als Teufelsanbeter kommen, verehren sie doch den „Herrn der Welt", im Islam, dem Christen- und Judentum ein Beiname des Teufels. Während Azazel im Buch Henoch ein gefallener Engel ist, der den Menschen die Schmuck-, Waffen- und Schminkkunst brachte, und die Juden den Sündenbock Azazel ins Meer oder in die Wüste jagen, verehren die Yeziden Azazil als Verwalter der Erde. Interessant ist in diesem Zusammenhang, dass der Gott des Pentateuch Moses Bruder Aaron Azazel einen Widder als Opfer bringen lässt, demnach die Feindschaft zwischen den beiden so groß nicht sein kann. Die Trennung der Yeziden zwischen passivem Schöpfergott, der ins Weltgeschehen nicht mehr eingreift und dem kein Kult geweiht ist, und dem aktiven Verwalter lässt unmittelbar an die verschiedenen Strömungen und Ideenkomplexe der Gnosis denken. Aufgrund der Tatsache, dass viele Darstellungen des Engels-Pfau auch einen simplen Hahn darstellen könnten, drängt sich die Verbindung zum hahnenköpfigen Weltengott Abraxas der Gnosis auf.

Nachdem Gott Azazil erschaffen hatte, erschuf er weitere sechs Engel, an jedem Wochentag einen, und unterstellte sie dem Befehl Azazils. Danach erschuf Gott die Himmel, die Erde, die Gestirne, Tiere, Menschen und Ungeheuer. Gott schrie die Perle an und sie zerplatzte und Wasser sprudelte aus ihr hervor. Dann erschuf Gott ein Schiff und befuhr dreißig Jahre lang dieses Wasser. Im einunddreißigsten (!) Jahr ging er nach Lalish (das größte yezidische Heiligtum im heutigen nordirakischen Kurdistan) und schrie die Welt an. Das Wasser verfestigte sich. Aus Wasser, Erde, Feuer und Luft erschuf in einigen Versionen der Schöpfungsgeschichte Gott den Menschen, in anderen erschuf Melek Taus diesen. In beiden Varianten gab Gott dem

Menschen von sich ein Stück Seele, jenen Funken des göttlichen Lichtes, um den sich die Mystiker aller Welt fortan bemühen sollten. Im Folgenden zog Gott sich von seiner Schöpfung zurück und überließ Melek Taus die Verwaltung und Herrschaft. Dieses wird in verschiedenen Geschichten tradiert, drei davon seien hier genannt:

I.) Adam und Eva lebten im Paradies, doch sie erkannten sich nicht als Mann und Frau. Melek Taus ging zu Gott und fragte ihn, wie sich die Menschen denn vermehren sollten, wenn sie sich nicht „erkennen", wie dies die Tiere tun. Gott pflichtete Melek Taus bei und übergab diesem die Herrschaft über die Erde. Er nahm Adam und Eva aus dem Paradies und setzte sie auf die Erde, wo sie sich erkannten und vermehrten.

II.) Gott war so begeistert von den ersten Menschen, dass er seinem ersten und höchsten Engel Melek Taus befahl, sich vor den Menschen zu verbeugen. Dieser entgegnete: „Wie kann ich mich vor Adam erniedrigen, habe ich ihn doch selbst erschaffen? Das wäre, als wenn du dich vor mir erniedrigst, der du mich geschaffen hast aus deiner göttlichen Essenz." Doch Gott war erzürnt ob dieser Widerworte und vertrieb Melek Taus aus dem Paradies direkt in die Hölle.
Die 2. Sure, V. 341 des Koran: „Und als wir zu den Engeln sprachen: Werft euch nieder vor Adam, da warfen sich alle nieder bis auf Iblis. Er aber verweigerte es aus Stolz und wurde zum Ungläubigen."
In der Hölle löschte Melek Taus die Feuer mit seinen Tränen und Gott sah ein, dass er keinen bedingungslosen Gehorsam erwarten konnte von seinen Geschöpfen, und war sogar stolz (!) auf den Widerstand des Melek Taus. Fortan gab er Melek Taus seine Würden als oberster Engel und Herrscher der Erde zurück, zog sich selbst jedoch von der Erde zurück.

III.) Gott befahl dem Melek Taus, dass die Menschen sich vermehren sollten. Dies ging jedoch nicht im Paradies. Also lies Melek Taus die Geschlechtsorgane und den Anus entstehen, Adam und Eva konnten sich nun vermehren und scheißen. Da sie dies ja schlecht im Paradies tun konnten und „unrein" in die paradiesischen Büsche zu kacken sicherlich nicht gottgefällig war, wurden sie auf die Erde gesetzt. Da der Wandlungsprozess der Menschen schmerzhaft war, beschimpften sie ihren Schöpfer Melek Taus als „Scheytan".

In allen Varianten ist der Engel Pfau, Melek Taus, der Schlüssel, der es den Menschen ermöglicht, sich zu erkennen und fortzupflanzen. Des weiteren ist er derjenige, der den Menschen aus dem Paradies auf die Erde bringt. Dies ist nicht unähnlich den Geschichten von der Verführung durch Satan, vom Sündenfall und von der Vertreibung aus dem Paradies, mit dem Unterschied, dass Melek Taus hier als Gott gefälliges, wenn auch etwas widerspenstiges Wesen dargestellt wird. In jedem Fall wird jedoch deutlich, dass Melek Taus durchaus der gefallene Engel ist, der aufgrund seines Stolzes des Himmels verwiesen wird und „in die Hölle kommt". Auch ist er der Auslöser der „Vertreibung" des Menschen aus dem Paradies und wird von diesem zunächst Scheytan genannt. Somit wird der Vorwurf der Teufelsanbeterei verständlich, unterteilt sich die Welt doch im Islam und im Christentum, in ein gutes und ein böses Prinzip. Sie sehen den Melek Taus als Widersacher, der dem bösen Prinzip gleichzusetzen ist, zudem die Yeziden ja auch einen dem christlichen Gott nicht unähnlichen Schöpfergott kennen, dem jedoch keine kultisch-organisierte

Verehrung entgegengebracht wird. Die Yeziden jedoch differenzieren nicht in Gut und Böse als kosmische Prinzipien, sondern erkennen im Spannungszustand zwischen Gott, Melek Taus und Schöpfung den Konflikt verschiedener Seinsaspekte, die jedoch immer in der Essenz dem gleichen göttlichen Licht entstammen. In ihren Augen widerspricht zum Beispiel die Interpretation der Rolle Satans im Christentum dem Monotheismus, denn nach ihrer Vorstellung kann kein Wesen das göttliche Licht in ihm zum Erlöschen bringen, ist doch alles, was ist, aus diesem göttlichen Licht geschaffen. Dies bedeutet jedoch nicht, dass sich kein Wesen gegen Gottes Willen auflehnen kann.

Aus diesem Grund ist die pure Verwendung des Begriffes Scheytan, in welchem Zusammenhang auch immer, eine tiefe Beleidigung für jeden Yeziden und die reine Blasphemie. Dies jedoch hat wahrscheinlich mit der Verwendung und Prägung des Begriffes Scheytan in den die Yeziden umgebenden Religionen zu tun, die Scheytan als Inbegriff des Bösen sehen. Das Yezidentum hat sich als synkretistische Religion immer auch der religiösen Motive der Nachbarn bedient, was naheliegend ist, wenn man bedenkt, dass die Yeziden in jedem Land, in dem sie lebten, immer eine Minderheit darstellten.

In einem anderen Paradigma, beispielsweise im modernen Satanismus, ist Scheytan durchaus eine positive Gestalt, die den Menschen befreit, dem reinen Glauben und dem blinden Gehorsam die Vernunft entgegen gesetzt hat und auf diese Weise den Menschen aus dem göttlichen Gefängnis führen konnte.

In allen Konfliktsituationen der Welt zeigt sich, dass die Unterteilung in Gut und Böse lediglich eine Frage der Perspektive ist.

Im yezidischen Glauben kann das göttliche Licht nur durch Vernunft zur Entfaltung gebracht werden. Die „vernünftige" Entfaltung des göttlichen Lichts ermöglicht es dem Menschen erst, zu einem Individuum zu werden, die Triebe zu kontrollieren und zu lenken und schließlich frei zu entscheiden. Aus diesem Grunde war Willensfreiheit und individuelles Erkennen im Paradies unmöglich, da dort nur göttliches Licht war. Mit dem Geschenk der Vernunft erhielt der Mensch jedoch auch die Last der Verantwortung als selbstständig denkendes und handelndes Subjekt. Im Glauben der Yeziden gibt es keine nur guten oder nur bösen Kräfte, die den Menschen verleiten wollen, dieses oder jenes zu tun (was nicht bedeutet, dass es keine Kräfte außerhalb des Menschen gibt. Die Yeziden lehnen nicht die Existenz externer Kräfte ab, sondern die Kategorisierung in ein einfaches „Gut-und-Böse-Schema"). Aus diesem Grunde haben Yeziden auch kein deterministisches Weltbild, sie lehnen die Idee eines göttlichen Plans, in dem das Geschick des Individuums von Geburt an festgeschrieben steht, ab.

Die Yeziden sehen sich als auserwähltes Volk des Melek Taus, da sie direkt von Adam abstammen. Dies erklärt, warum ein Mensch nicht zum Yezidentum konvertieren kann, Yeziden werden geboren, wenn sie einen yezidischen Vater und eine yezidische Mutter haben. Aus diesem Grunde steht das yezidische Volk vor dem Untergang, da die jungen Yeziden im europäischen Exil selbstverständlich eigene Wege gehen, sich zum Teil nicht-yezidische Partner suchen und somit den Fortbestand des yezidischen Nachwuchses gefährden. Bei – grob geschätzt – ca.

einhunderttausend Yeziden weltweit dürfte das Volk des Engels Pfau relativ schnell vom Antlitz der Erde verschwinden und damit eine einzigartige Kultur untergehen. Adam hatte zwar viele Kinder mit Eva, von denen die anderen Menschengeschlechter abstammen, jedoch entstand Adams Sohn Shahid ben Cer direkt aus einem Schweißtropfen Adams in einem Krug. Adam liebte Shahid ben Cer so sehr, dass Eva und seine anderen Kinder eifersüchtig wurden und beschlossen, Shahid ben Cer zu töten. Doch Melek Taus schickte vier Geister, die in die Münder der gemeinsamen Kinder von Adam und Eva spuckten, während diese schliefen. Am nächsten Morgen konnten sich die Geschwister nicht mehr verstehen, da jedes in einer anderen Sprache redete. Shahid ben Cer jedoch zeugte nicht mit einer gewöhnlichen Menschenfrau, sondern mit einer Huris, einer dunkelhäutigen „Paradiesesjungfrau", seine Nachkommen, die Yeziden (auch der Koran spricht von den Huris. Nach dem Koran stehen jedem Verstorbenen, der ins Paradies eingeht, zweiundsiebzig Huris zur persönlichen Verfügung. Der ismailitische Islam sieht die Wichtigkeit der weiblichen Mysterien. In den Paradiesgärten der ismailitischen Sekte der Assassinen standen Pavillons, in denen die Huris, die weiblichen Priesterinnen, den Ordensmitgliedern bei der Einweihung halfen.). Die Yeziden sind das auserwählte Volk, da ihre Stammutter als Huri himmlischen Ursprungs ist und sie das Element Feuer besitzen, denn Melek Taus, der Engel Pfau, ist wie Azazel des Buches Henoch ein Träger des Feuers, das Licht und Wärme spendet, die Welt aber auch in Schutt und Asche verwandeln kann.

Die Yeziden haben eine sehr enge und persönliche Bindung zu ihrem Gott, jeder betet auf seine Art, zum Beispiel dreimal am Tag zu Scheich Schams, der Sonne. Schams ist eine direkte Nachfahrin der babylonischen Schamasch (Bruder der Ishtar) und Ashtarot. Es gibt keine Kirchen oder Moscheen und keine Kontrolle der Frömmigkeit des anderen, es existiert keine homogene Glaubenslehre und kein vereinheitlichter Kult.

Die Tatsache, dass die Yeziden keinerlei Missionswillen zeigen, im Gegensatz dazu und größtenteils aufgrund der Tatsache, dass sie ständigen Verfolgungen ausgesetzt waren, ihre Religion im Geheimen praktizierten, machte natürlich die Akzeptanz durch ihre Umwelt und zum Beispiel die diversen Asylverfahren in Deutschland nicht einfacher. Geheimbündler sind eben keine verfolgte Minderheit im Sinne des Gesetzes.

Gemeinsam feiern die Yeziden die heiligen Feste wie zum Beispiel den Roten Mittwoch am ersten Mittwoch im April. An diesem Tag wird der Ahnen gedacht und Melek Taus geehrt, denn dies ist der Jahrestag der Übergabe der Erde von Gott an Melek Taus. Ansonsten wird der Kult eher im Privaten betrieben.

Ausnahmen bilden die drei großen religiösen Orden innerhalb des Yezidentums. Es gibt einen eigenen Frauenorden, dessen Mitglieder, die Fahra, in Lalish leben, und den Orden der Kochaks. Die Kochaks leben wie die Mitglieder des Frauenordens hauptsächlich in Lalish und können in Trance direkt mit Melek Taus Kontakt aufnehmen. Durch sie kann Melek Taus Wunder wirken, seinen Willen verkünden und die Zukunft voraussagen. Im Gegensatz zu den anderen Gruppierungen gehört ein Yezide dem Orden der Feqirs nicht durch Geburt an, sondern durch Initiation. Den endgültigen Rang eines Feqirs erhält der Ordensbruder erst dann, wenn er alle Grade und Weihen des Ordens durchlaufen hat.

Aber auch das Leben des „normalen" Yeziden ist von Initiation geprägt. Es sind dies die Zeremonien der ersten Haarbeschneidung, der Beschneidung, Taufe, die Jenseitsbruderschaft, die Hochzeit und schließlich die Bestattung. Die Bestattungszeremonie und die anschließende Trauerzeit stellt die Yezidi im deutschen Exil vor größere Probleme. Viele Yeziden versuchen, Räume anzumieten, in denen dann einen Monat getrauert werden kann, denn in ihrer Heimat wurde ebenfalls nach einem Todesfall gemeinsam mit Verwandten und Freunden des Verstorbenen wochenlang nicht gearbeitet und gemeinsam Trauerarbeit geleistet. Dass dies in unserer schnelllebigen deutschen Umgebung kaum durchzuhalten ist und Schwierigkeiten aufwirft, dürfte einleuchtend sein.

Das Schließen der Jenseitsbruderschaft ist ebenfalls eine Initiationszeremonie, die bei deutschen Behörden Unverständnis hervorruft. Bevorzugt werden solche Verbindungen zwischen einem Mann und einer Frau aus einer jeweils anderen Kaste geschlossen, die ohnehin keinen Geschlechtsverkehr haben und heiraten dürfen, um die Auswahl an möglichen Partnern nicht noch mehr einzuschränken, denn das Verhältnis zum Jenseitsbruder oder zur Jenseitsschwester wird betrachtet wie eine normale Blutsverwandtschaft. Diese Jenseitsbruderschaft wird bereits zu Lebzeiten geschlossen, die Jenseitsbrüder und -schwestern nehmen gemeinsam mit den Würdenträgern die letzte rituelle Waschung des Verstorbenen vor und spielen bei der Bestattungszeremonie eine gewichtige Rolle. Des weiteren sind sie mitverantwortlich für das Schicksal des anderen im Jenseits, das heißt jenem Ort, an dem sich die Seele aufhält, nachdem der Körper verstorben ist, und auf ihr neues Körperkleid wartet.

Bis zu diesem Punkt der Ausführungen dürfte bereits klar sein, dass die Yeziden sicherlich keine Teufelsanbeter im orthodox islamischen oder christlichen Sinne waren oder sind; doch auch die meisten bekennenden Satanisten passen nicht in das Gut/Böse-Schema dieser religiösen Gruppen. Es gibt eine schöne Geschichte unter den Yeziden, dass am Anfang, als nichts war als Wasser und der Lebensbaum, Gott sich in Gestalt eines Vogels auf einem Ast niederließ. Auf einem anderen Ast saß Melek Taus. Und Gott fragte: „Wer bin ich? Wer bist du?" Und Melek Taus antwortete: „Ich bin ich und du bist du." Gott sagte: „Flieg los und schau, ob du noch andere findest." Und Melek Taus flog los und suchte, doch er fand keine anderen, nur Wasser überall. Als er zurückgekehrt war, fragte Gott wieder: „Wer bin ich und wer bist du?" Und Melek Taus antwortete wieder: „Ich bin ich und du bist du." Doch Gott überlegte eine ganze Weile, bis er sprach: „Sage das nicht. Denn ich bin der, der aus sich selbst heraus erschaffen hat, und du bist das Erschaffene."

Melek Taus diskutierte noch eine ganze Weile mit Gott, wer von beiden denn nun der erste gewesen sei, bis er akzeptierte, das erste Geschöpf Gottes zu sein, dem Gott später die Schöpfung des Menschen überlassen sollte und dem er die Herrschaft über die Erde gab. Wäre Melek Taus etwas eloquenter gewesen und hätte er in einer Zeit, in der es keine Wahrheit und keine Zeugen gab, sondern nur Meinungen, mit mehr Nachdruck argumentiert, wäre Gott vielleicht nicht Gott und der Herr der Welt hätte möglicherweise jeden Tag ein tolles Fest organisiert. Da dies jedoch nicht funktioniert hat und der Herr der Welt seine Chance verpasste, wurde das Jura-Studium erfunden.

„Es ist mein Begehren, dass all meine Anhänger sich in Einheit verbinden, damit nicht die Unwissenden die Vorherrschaft erringen.
Und jetzt, da ihr alle meinen Belehrungen und Anweisungen folgtet,
verwerft sie vor jenen, die unwissend sind.
Ich lehrte euch nichts und nichts kam von mir.
Erwähnt meinen Namen und meine Eigenschaften nicht, sonst müsst ihr es bereuen:
Denn ihr wisst nicht, was euch die Unwissenden antun. "
(Aus dem Kitab al-Dschilwa, dem Buch der Offenbarungen)

Nachtrag oder Was Satanisten bekannt vorkommen dürfte:
In zwei Fernsehbeiträgen und einem Bericht im Spiegel sind die Yeziden in Deutschland als grausame, zum Mord bereite und mafia-ähnlich organisierte Gruppierung dargestellt worden.
Ein im *MDR* („Fakt" gesendeter Beitrag wurde im Internet mit folgendem Vorspann präsentiert: „Die Yeziden – Eine kleine türkische Minderheit schottet sich in der Bundesrepublik ab. Wer die Gemeinschaft verlassen will, wird ermordet. Grausame Taten, die bislang nicht in die Öffentlichkeit gelangten."
Im *ZDF* („aspekte") folgte ein Beitrag, der im Internet als Bericht über die „tödliche Religion" der Yeziden angekündigt wurde.
Spiegel und *ZDF* beziehen sich auf den Fall eines Mädchens aus Celle, das im Alter von 16 Jahren sein Elternhaus verließ und nach eigenen Angaben aus Angst vor Schlägen mit dem damaligen Freund und heutigem Verlobten, einem Pakistaner, versteckt lebt. Im *ZDF* kommt Sükrüya E. selbst zu Wort. Dazwischen werden Bilder eines Ermordeten gezeigt, der Opfer von Blutrache unter Yeziden gewesen sein soll. Machart und Wortwahl der Berichte drängen den Verdacht einer gezielten Diffamierung auf. Einzelfälle werden benutzt, um die Yeziden unter Pauschalverdacht zu stellen.

Der Hain des Sutech

„Dies ist der Gott, auf den mein Sehnen nieder regnete,
der Gott, der zu den Wurzeln ging, um Chaos zu speien in den Stamm des Baumes,
und der dort die Stille Chemeia fand und ruhte und schlief in meinem Schoß,
der sich nun erhebt in eurer Ekstase, um die Sterne zu küssen
und die zwei Länder zu vereinen,
der sich hingab seinem Bruder, um den Leib der Welt zu spannen in Lust.
Ich bin die Herrin der Quellen,
denn in meinem Kelch sprudelt das Verlangen nach den Himmeln.
Hetep en netcher em hek ent esh.
Und dort schlief der Rote unter dem Baum,
bis ich mit meiner Schwester die Sonne aus der Dunkelheit hob. "

(Nebet-Het, die Herrin des Tempels)

Die „Grüne Hölle"

Set war und ist der Gott der Wildnis, des Abenteuers, der große Isolator, der uns an den Rand der bekannten Welt führt. Diesen Rand bildeten in Ägypten hauptsächlich die Wüste und das Meer. Schon am Rande der Siedlungen, dort, wo die Wüste beginnt, entfaltete sich die Herrschaft des Unbekannten, des Namenlosen, Geheimnisvollen, das Reich des Set. Ebenso mögen die Germanen und Kelten die schier endlosen Wälder empfunden haben, für sie war es ein gefährliches Abenteuer, die „grüne Wüste" der Wälder zu durchstreifen. In zahlreichen Psychotherapien betreten die Patienten unbekannten oder gefürchteten Boden in sich selbst, brechen auf in die eigene Dunkelheit. Der Andenforscher, der eine versunkene Tempelanlage wieder entdeckt, der erste Mensch auf dem Mond, der Forscher, der in unbekanntes Terrain vordringt, das vor ihm noch kein Mensch gesehen hat, der Läufer, der sich an seinen ersten Marathon wagt, das Kind, das zum ersten Mal auf einem Abenteuerspielplatz spielt, der Greis, der stirbt. All diesen Menschen ist gemeinsam, dass sie sich auf unbekanntes Gebiet begeben. Der Mann, der gerade seine Frau verlassen hat und mit zwei Koffern die regennasse nächtliche Strasse hinunter läuft, einer ungewissen Zukunft entgegen. Kolumbus, der nur deshalb die neue Welt entdecken konnte, weil er bereit war, mit seinen Schiffen abzulegen und den sicheren Hafen zu verlassen. Die Braut in Nepal, die ihr Elternhaus verlässt und zur Hochzeitsfeier in einer fremden Stadt fährt, zu einem Mann, den sie noch nicht kennt. Es gehört nicht viel Fantasie dazu, sich einen Kultplatz des Set in den Wäldern zu errichten, wenn man sich einmal von der Vorstellung der lokalen Wüstengottheit verabschiedet hat und das setianische Prinzip als Teil des Selbst anerkennt. Bei Bedarf kann das „Heil Satan" fortan auch durch ein „Waidmanns Heil" ersetzt werden. Suche dir einen Platz, der weitab vom Wegenetz liegt, was in den meisten Gegenden Deutschlands bereits die erste große Herausforderung für den Wald- und Wiesenmagier sein dürfte. In der Mitte des Platzes steht ein einzelner Baum, um den ein exakter, großer Kreis gezogen wird. Den Baum markiere mit dem umgekehrten

Taukreuz. Nun wird ein Kreuz in den Kreis, der den Baum umgibt, gezogen (zum Beispiel mit Sägespänen, Bändern oder Mehl). Der Mittelpunkt des Kreuzes ist der Baum. In den Himmelsrichtungen postiere große Steine, die du mit Farbe kennzeichnest: Rot im Süden, Gold im Osten, Schwarz im Norden und Blau im Westen. Errichte einen kleinen steinernen Altar auf der Ostseite des Baumes und richte deine Arbeiten in den Westen.

Weihe diesen Ort deinem Werk und sammle im Wald Schmuck für den Altar.

Der Baum repräsentiert in vielen Kulturen der Welt die Weltenachse, oft übertragen als große, das Himmelszelt stützende Säule. Dies ist die zentrale Achse, um die sich die Welt dreht, Crowley nannte sie Hadit. In diesem (Welten-) Baum vereinigen sich die männlichen, aufstrebenden Kräfte des Stammes mit den chtonischen, weiblichen Kräften der Wurzeln. Die Griechen kannten den Baum des Lebens, der weit im Land des Westens stand und dort vom Drachen Ladon bewacht wurde. Im antiken Rom errichtete man Altäre unter Bäumen und Plinius berichtete, dass die Bäume selbst einst Tempel der Götter waren. Die Sumerer verehrten den Himmelsbaum, Buddha erlangte Erleuchtung unter einem Baum, denke an den Baum des Lebens und den Baum der Erkenntnis im Garten Eden, die germanische Mythologie kennt die Weltenesche Yggdrasil, an deren Fuß der Urquell des Lebens sprudelt. Oftmals wurden die Wurzeln des Baumes von zusammengerollten Drachenschlangen bewacht, die als Wächter der Unterwelt und der Lebenskräfte dienten. Schlängelten sie sich am Baum empor, so wurden sie Symbole für die aufsteigende Lebenskraft. „An dieser Stelle wächst der Baum des Lebens, das heißt, das Universum selber. Er wurzelt in der tragenden Finsternis, auf seinem Wipfel sitzt der goldene Sonnenvogel, und ein Brunnen, die unerschöpfliche Quelle, murmelt zu seinen Füßen. (...) So ist der Weltnabel das Bild der andauernden Schöpfung, das Geheimnis der Erhaltung der Welt durch das dauernde Wunder der Belebung, die in allen Dingen quillt." (Joseph Campbell).

Im alten Ägypten wurden viele Götter bestimmten Bäumen zugeordnet. Die Akazie gehörte zum Beispiel zu Horus und die Sykomore zu Re. In ganz Ägypten kannten die Menschen bereits spätestens seit der Frühzeit Baumkulte. In Heliopolis befand sich als heiliger Schicksalsbaum eine Akazie, in der „Leben und Tod beschlossen liegen", in Memphis wurde der später mit Ptah verschmolzene Gott Cheribakef, „der unter dem Ölbaum", verehrt. Das Herz des Bata ruhte in einer Zeder. Zahlreiche Abbildungen zeigen Baumnumen, wie sie den Ba-Vögeln der Verstorbenen, die sich auf den Ästen niederließen, die Wasser des Lebens und Früchte reichten. Zu einigen Tempelanlagen gehörten Haine, auch Gräber hatten oft einen heiligen Baum, damit sich der Ba des Toten dort niederlassen konnte. Auf Sargtexten heißt es, dass „der Sarg grünt", gelegentlich finden sich auf Särgen auch Abbildungen von Bäumen. Auch die Göttin Nut wurde gelegentlich als Baum dargestellt. Der Baum symbolisierte und verband zeitgleich die Unterwelt und den Himmel. Seneca: „In den Himmel springen, das kann man auch aus einem düsteren Winkel." Als Mittelachse im Kreuz, die tief in die Unterwelt führt und gleichzeitig in den Himmel, ist der Baum ein passender Mittelpunkt eines setianischen Tempels. Im Folgenden ein Beispiel für ein Ritual im neuen Waldtempel.

Erdenkraft

Wenn es notwendig ist, dann banne.

Umkreise den Baum entgegen dem Uhrzeigersinn langsam neun mal. Dann räuchere die Luft und schlage neun mal die Glocke. Setze dich vor deinen Altar, blicke hinauf zum Siebengestirn und beginne mit der Anrufung:

„Im Namen des Set, roter Gott, schwarzer Gott, Erdengott. Ich preise dich, Set, Vielverkannter, Ofterkannter, Brecher der ehernen Tafeln, Brecher, Zerbrecher, Grenzerhöher, Grenzzerstörer, erschaffender Geist, sich erhebend aus totem Gebein und der Asche der Sterne. Dein pulsierendes Herz ist reine, rote Glut, auf dem Amboss der Zeit geschmiedet in der Stadt der Pyramiden. Und das Feuer lodert auf und blitzt durch deine Augen, die entflammen, was sie erblicken. Du bist fest verwurzelt in den Tiefen der Erde in Ewigkeit verschlungen mit deiner Mutter, die deine Geliebte ist im Zentrum deines Zeichens, dem Taukreuz. Und doch trägt der Nachtwind dich fort in die fernen Reiche bis hinter die Sterne, hinein in meine Träume, mein Sehnen, Wünschen und Lieben, mein Streben, Hassen und Zähnezeigen. Set, ich bin wie du, ein Werdender! Ich habe mich aufgerichtet zu voller Größe. Da ist ein Gott, wo ich bin. Alles Heil dieser Welt, ich bleibe deiner Erde treu, Set! Ich lebe im Wind, im Sturm. Ich lebe auf der Erde und grabe meine Hände tief hinein. Ich bin das Feuer und meine Stütze ist ein Stab, der die Schlange birgt.

Mein Ziel ist der Punkt hinter dem Meer, jenseits der Wüste, weit hinter der Dunkelheit und unendlich weit jenseits der letzten Sterne, die ich erahnen kann, wenn mein Blick deinem Fingerzeig folgt. Ich bin ein Kind der Sterne, die Atome meines Körpers wurden Jahrmilliarden vor der Geburt unseres Sonnensystems im Inneren eines explodierenden Sterns geschmiedet. Sie sind älter als die Berge, älter als die Seen, älter als alles, was mich umgibt. Und das Geschenk der schwarzen Flamme hat mich kräftig und klug gemacht.

Ich habe die Macht, mich loszureißen aus den Ketten der Sklaverei. Die Schwarze Flamme, gespeist vom dunklen Kraftstrom, treibt mich voran. Das bin ich. Und das bist du, Set. Wanderer auf dem Pfad des Wandels. Werdender, Erschaffender, Ins-Dasein-Gelangender. Und die matten und müden Götter und Herrscher der Vergangenheit, seht ihre bleichen Knochen, aus denen das Leben erwächst. Sie sollen aufstehen als Götter der Freude!

Ich bin immer ein Krieger in meinem Reich und da, wo ich aufhöre, wie Set zu sein, hinter jener Grenze, ist er auch. Ich erhebe mich erneut zu wahrer Größe, der ich an meinen Grenzen erhöht werde. Wahre Initiation endet niemals. Heil dem Zerstörer! Heil dem Erschaffenden! Heil dem Menschen! Heil der Freude an allen Dingen über, auf und unter der Welt. Heil dem Baumstamm, der tief in den Schoß der Urmutter ragt und die Himmel teilt, an dessen Fuß der Rote ein Schwarzer wird. Heil dem Gott, der zu den Wurzeln ging, um Chaos zu speien in den Stamm des Baumes, und der dort die Stille Chemeia fand und ruhte und schlief im Schoß der dunklen Mutter im Reich der Herrin der Quellen, der sich nun erhebt in Ekstase, um die Sterne zu küssen! Hetep en netcher em hek ent esh. Io Setnacht!"

Stelle dich nun ca. dreißig Zentimeter vom Baumstamm entfernt hin und lehne deine Stirn an den Stamm. Du kannst dich dabei mit den Händen abstützen. Dein Körper bleibt aufgerichtet. Ziehe nun Erdenergie durch dein Drittes Auge in deinen Körper, bis du sie deutlich in dir spürst.

Dann lege vor dem Baum einige Opfergaben auf den Boden. Dies können Tabak, Räuchermittel, Bier, Obst, Schilf oder irgendetwas anderes sein, was dir passend erscheint. (Wohlgemerkt fordert Set keine Opfergaben, jedoch kann dies für ihn ein Zeichen sein, dass der Magier die predynastische Rolle Sets als Fruchtbarkeitsgott eben auch als einen wichtigen Aspekt dieses Gottes anerkennt und berücksichtigt und ihn nicht auf den Gott der Ödnis beschränkt, denn diese Beschränkung entstammt ausschließlich der Hirne jener Menschen, die ihn zum Sündenbock gemacht haben.)

Dann setze dich direkt vor den Baumstamm und starre ihn mit magischem Blick an. Verliere dich vollkommen in der Beobachtung der Baumrinde. Dann verschmelze mit dem Baum, werde der Baum selbst. Dies geschieht entweder ganz von selbst oder du kannst mit einem tiefen Atemzug den Baum zu dir ziehen. Beim Eintritt in den Stamm schließe einfach die Augen und spüre nach, wie es sich anfühlt, inmitten des Baumes zu sein.

Folge nun dem Wurzelwerk nach unten, beobachte, wie es sich durch den Erdboden bohrt, den steinigen Untergrund teilt, dann reichen die Wurzeln durch Felsspalten weiter hinab, haben Wasseradern durchwachsen und reichen schließlich nach schier endloser Reise bis zum feurigen, rot glühenden Mittelpunkt der Erde. Mit jedem Einatmen ziehst du nun diese feurige Energie aus dem Erdkern durch das Wurzelwerk hoch zu dir in deinen Solarplexus, der sich beim Ausatmen, wenn sich die Energie dort staut, rot färbt. Dann atme erneut ein und wiederhole diesen Zyklus einige male.

Dann folge mit deinem Bewusstsein dem Stamm nach oben, ins Geäst und in die Baumkrone. Spüre, wie ein leichter Wind durch deine Äste fährt. Bei Nacht nimm nun tiefschwarze, bei Tag blaue Energie auf und ziehe sie beim Einatmen durch deine Äste und den Stamm hinab zum Solaplexus. Dort vermischt sie sich bei jedem Ausatmen mit der roten Energie aus dem Erdinnern. Dann atme wieder ein und ziehe weitere Energie von oben herab. Wiederhole auch diesen Ablauf eine Weile.

Schließlich beginne zu beobachten, wie beide Energien anfangen, sich kreisförmig in deinem Solaplexus zu bewegen, und dabei immer schneller werden wie Wäschestücke in der Waschmaschine beim Schleudergang. Die Energien vermischen sich, wirbeln umher und in ihrer Mitte entsteht ein kleiner schwarzer Punkt, der rasch wächst: Ein pechschwarzes Abbild des Set, das sich von den Kräften nährt und wächst und wächst und schließlich so groß wird, dass es dich vollkommen ausfüllt. Du bist Set, der Schwarze. Set verlässt nun den Baumstamm, wie du in ihn gelangt bist. Als Set erhebe dich, lehne dich erneut gegen den Stamm und ziehe beim Einatmen Energie aus ihm durch deine Stirn, doch dieses mal lässt du die Energie deinen Körper einfach durchfließen und beim Ausatmen durch deine Füße wieder ins Erdreich gelangen, wo die Kraft vom Wurzelwerk wieder aufgenommen wird, um beim nächsten Einatmen wieder durch deine Stirn in dich gezogen zu werden. Die Erdenkraft läuft eine ganze Weile so im Kreis, mit dem Effekt, dass du dich stärker und stärker fühlst. Schließlich atme sehr tief ein und beim Ausatmen bilde einen riesigen, feuerroten Feuerball, der deinem Mund entspringt um den gesamten Ritualplatz. Wenn du mit dieser Arbeit nicht einfach die Verbindung stärken willst, so formuliere nun deinen Willenssatz, spüre, sehe, höre, wie der Willenssatz vor dir schwebt: Dann rufe, nein schreie: *„Setnacht!"*

Bei diesem Schrei implodiert urplötzlich die Feuersphäre um dich herum, zieht sich zusammen zu einem roten, kleinen Lavaklumpen und fällt in den Kelch mit dem Sakrament, das sofort getrunken wird.

Läute neunmal die Glocke und beende das Ritual mit den traditionellen Worten: *„And so it is done."*

Anhänge

In hoc signo vinces!
„Unter den endlosen Ozeanen aus Sand hat er nie die vergessen,
die mit ihm waren in allen Zeiten,
die das Zeichen des Paktes der Schlange tragen in ihren brennenden Herzen.
In diesem Zeichen wirst du siegen."
(Nebet-Het, die Herrin des Tempels)

Die Suche nach dem Bösen

„Seht, ich betrete die Dunkelheit,
ich erglänze in der Urfinsternis,
ich ziehe vorüber und ich schaue!"
(Das ägyptische Höhlenbuch, vierter Abschnitt)

Der Teufel als die Gestalt, die alles Böse auf dieser Welt repräsentiert, ist ein Merkmal der großen monotheistischen Religionen. In anderen Kulturkreisen finden sich natürlich freundlich und weniger freundlich gesonnene Wesen, doch z. B. in allen asiatischen Religionen, sei es nun der Buddhismus, der Taoimus oder auch der Hinduismus, suchen wir eine dem christlichen Teufel entsprechende Figur vergeblich. Bei vielen Naturvölkern und zum Beispiel in einigen indianischen Kulturen finden wir einen Gegenspieler des Kulturheros, in der Glaubenswelt der Irokesen z. B. den Kojoten als Gegenspieler des Silberfuchses, in der Vorstellung der Azteken repräsentiert Tezcatlipoca die „dunkle Seite". Diese haben jedoch nur entfernt Ähnlichkeit mit der christlichen Vorstellung des Bösen.

Vor ca. 6000 Jahren begann die indogermanische Völkerwanderung im Süden Russlands, die den Grundstein vieler großer Kulturen legte und quasi im Vorbeiziehen fast alle europäischen Sprachen prägte. Nachdem die Indogermanen in den Iran eingewandert waren und den dort lebenden Stämmen, die sehr unterschiedlichen Kulten angehörten, ihre vedische Religion brachten, wurde der erlösende Ahriman zu einem der höchsten Götter. Die Anhänger des Kultes von Ahriman, die Arier, gelangten vor ca. 4000 Jahren bis nach Indien und brachten die Veda als Religion der Aristokratie mit. Siddharte Gautama Buddha wurde 560 vor unserer Zeitrechnung in diesem religiösen Umfeld als Kind von Adeligen im Gebiet des heutigen Nepal geboren. Mit ihm begann die große religiöse Revolution in Indien und Nepal. Fast zeitgleich begann in China eine ähnlich tiefgreifende religiöse Umwälzung durch Laotse, der durch seine Lehren den Taoimus begründete, die „Lehre des Weges". Kurz darauf betrat Konfuzius die weltanschaulich-philosophische Bühne. Als der Buddhismus im dritten Jahrhundert vor unserer Zeitrechnung China erreichte, verschmolz er mit dem Taosimus und dem Konfuzianismus. Fast zeitgleich zu den Lehren des Buddha, des Konfuzius und des Laotse fand im heutigen Iran die zoroastrische Reform statt. In einem von der Veda geprägten Umfeld existiert die Heilsgeschichte von Mithra, der Ahriman als Erlöserfigur abgelöst hatte. Die Geburt Mithras als Menschenkind sollte von einem leuchtenden Stern begleitet werden. Dies lässt uns unvermittelt an die Geburt des christlichen Heilands denken. Ahriman ist nun der Freund und Helfer des Mithra und kümmert sich auch um allerlei irdische Belange der Menschen.

Zarathustra entwarf auf dem fruchtbaren Boden der vedischen Überlieferungen eine Lehre von Gut und Böse als widerstreitende Prinzipen, die erstmals in der uns bekannten Religionsgeschichte von einem ausschließlich guten und einem ausschließlich bösen Wesen ausgingen. Der gute Gott was der Schöpfergott Ahura Mazda, zum bösen Gegenspieler dieses Gottes wird sein ehemaliger Begleiter Ahriman, der ja weit früher selbst als Erlöser angebetet wurde. In den so genannten *Gathas*, den Schriften, die Zarathustra zugeschrieben werden, findet sich nun in seiner ganzen Deutlichkeit das monotheistische Prinzip von Gut und Böse. Die sieben Todsünden werden bereits erwähnt, ein richtender Jenseitsgott ist das Endziel jeden Lebens, das Leben selbst wird zur reinen Vorbereitung auf das Gericht. Der Zoroastrismus hatte später großen Einfluss auf das Judentum, die Juden wurden mit der persischen Religion und dem Mazdaismus auch in babylonischer Gefangenschaft konfrontiert. Gerade die Essener, deren Reihen möglicherweise Jesus entstammte (was zumindest die Schriftrollen von Qumran nahelegen), werden stark durch die klare Trennung von Gut und Böse inspiriert.

Durch die sich gegenseitig befruchtenden monotheistischen Religionen mit ihren patriarchalen Strukturen und männlichen Göttern blieben für Göttinnen nur noch die Jobs als Verführerinnen übrig und mit dem Verschwinden der Göttinnen sank das Ansehen der Frauen. Die Essener bezeichneten die Frau als „Irrtum der Natur".

Der Nachbar des medischen Reiches, in dem die zoroastrische Reform stattfand, war das chaldäische Reich mit seiner Hauptstadt Babylon und seinem komplexen Pantheon. Der Geschichtsschreiber Herodot berichtete viel später von einem

Bestandteil des Melitta-Kultes, bei dem die babylonischen Frauen einmal in ihrem Leben in den Tempel gingen, um mit einem Fremden zu schlafen, der sie dafür bezahlte. Der Melitta-Kult mit seiner Laien-Tempelprostitution hat ebenfalls Wurzeln in der ägyptischen Religion. Auch in Griechenland gab es Tempelprostitution, seit es Tempel gab. Die Hetären hatten oftmals Kenntnis von praktischem Geheimwissen, von Kräutern und „Zaubertränken", hatten durch ihre Bildung und ihre physische Nähe zu Männern der Oberschicht oft bedeutenden politischen Einfluss. Der Hekate-Kult florierte.

Bedenkt man die babylonische Gefangenschaft der Juden unter dem mesopotamischen König Nebukadnezar um 600 vor unserer Zeitrechnung, kann man erahnen, welchen Eindruck die oftmals sehr handfesten babylonischen Riten auf die Juden gemacht haben mögen und welche Wirkung dies auf die Entwicklung ihrer Vorstellung vom Bösen und der „großen Hure Babylon" gehabt haben wird. Es war exakt die Zeit der babylonischen Gefangenschaft, in der die so genannten Priesterschriften entstanden, die Urform der ersten Schrift des Pentateuch, der Genesis. Zahlreiche Einzelheiten der Genesis sind offenbar mesopotamischen und ägyptischen Mythen entnommen und fanden so Eingang in die Schöpfungsgeschichte des judeo-christlichen Kulturkreises. Zum Beispiel ist der Begriff Tehom fest mit der babylonischen Göttin Tiamat verbunden. Tehom lässt sich auf akkadisch-mesopotamische Ursprünge zurückverfolgen und lässt sich mit „Meerestiefe" übersetzen. Im Schöpfungstext der Genesis finden wir die Zeilen: „Finsternis war über Tehom." Auch die Sintflut lässt sich auf den mesopotamischen Gilgamesch-Epos zurückverfolgen und mittlerweile gefundene Schlammablagerungen geben Indizien dafür, dass es diese Katastrophe tatsächlich gegeben haben könnte, hervorgerufen durch ein gewaltiges Hochwasser von Euphrat und Tigris. In der Bibel sollte Noah die Sintflut überleben, in Mesopotamien war es Gilgamesch.

Die babylonische Ishtar versuchte Enkidu zu verführen, indem sie ihm sagte: „Ihr werdet sein wie Götter" und „Weise bist du, Enkidu, weise wie ein Gott".". Ähnliche Worte verwendete die Schlange im Garten Eden. Es ist vielleicht noch interessant anzumerken, dass der Garten Eden der Genesis sich vom sumerischen „edenu" ableitet, was das fruchtbare Gebiet zwischen den beiden großen Strömen Mesopotamiens beschrieb. Die babylonische Göttin Schamash ging später in der Göttin der Minäer auf, die sie unter dem Namen Schams verehrten. In Griechenland wurde sie mit Astaroth verbunden und als Astarte im Melitta-Kult verehrt.

Zur Zeit der indogermanischen Einwanderung waren im heutigen Griechenland die Dorer ansässig, ein Volk mit einer vielseitigen Kultur und einem seit langer Zeit gepflegten Hang zur Schauspielkunst und zum Geschichtenerfinden. Auf den Ideen der Dorer wuchs das griechische Pantheon heran, allesamt Götter, die in ihrer menschlichen Schwäche und Komplexität nichts zu tun haben mit dem einen Guten oder dem einen Bösen, wie wir dies aus den Ideen des Christentums kennen. In den mittelalterlichen, abendländischen Teufelsglauben wurden jedoch die Magievorstellungen der Griechen (und auch der Römer) übernommen. Der griechische Kult der Hekate und auch der römische Kult der Diana bilden ein Fundament, auf dem der Hexenkult bis in unsere Zeit hinein gedeihen konnte.

Der Hexenkult soll ja, zumindest wenn man den Werken von emanzipierten zeitgenössischen Autorinnen Glauben schenken möchte, bereits in frühester Zeit aus weisen, Kräuter kundigen, gelehrten Frauen bestanden haben, die mit dem Teufel und anderen gefallenen Engeln, die mit ihm den Himmel verließen, natürlich nichts zu tun haben. Wenn wir uns jedoch zum Beispiel die Geschichten von den Nephilim ansehen, von den Riesen des Alten Testaments und den gefallenen Engeln des Buches Henoch, so ergibt sich ein anderes Bild. Das Buch Henoch ist eine so genannte „intertestamentarische Schrift", die wahrscheinlich im dritten vorchristlichen Jahrhundert in griechisch und hebräisch verfasst wurde: *„Es begab sich in den Tagen, als die Menschen sich vermehrt hatten, dass herrliche und schöne Töchter geboren wurden. Und da die Engel, die Söhne des Himmels, diese sahen, entbrannten sie in Liebe zu ihnen und sagten: 'Kommt, lasst uns Weiber wählen unter den Nachkommen der Menschen und mit ihnen Kinder zeugen.' Da sprach Samjaza, ihr Anführer: ‚Ich fürchte, dass ihr euch von diesem Plan abschrecken lasst und ich alleine ein so schweres Verbrechen leiden muss!' Aber sie erwiderten und sprachen: ‚Wir schwören alle und verpflichten uns durch gegenseitige Eide, unser Vorhaben auszuführen.' Ihre Zahl betrug zweihundert, die hinabstiegen (...), da nahmen sie Weiber, ein jeder wählte für sich, sie näherten sich ihnen und wohnten mit ihnen und lehrten sie Zauberei, Beschwörung und Anwendung von Wurzeln und Bäumen. Gottlosigkeit nahm zu, Hurerei breitete sich aus, und sie sündigten und verdarben alles auf ihrem Wege. Amazaral lehrte alle Zauberei und den Gebrauch von Wurzeln, Amers das Lösen des Zaubers, Barkajal die Beobachtung der Sterne, Akibeel die Zeichen, Seriel die Zeichen des Mondes, Smasaveel die Zeichen der Sonne."*

Gott reagiert eifersüchtig und unnachgiebig. Er sinnt darauf, die verliebten, abtrünnigen Engel mitsamt den sündigen Menschen zu vernichten. Im Buch Henoch ist auch die Rede von Azazel, der den Menschen so dämonische Dinge und Fertigkeiten, wie zum Beispiel die Herstellung besserer Waffen brachte. Die Frauen lehrte er, sich zu schminken und Kosmetik herzustellen, und sensibilisierte sie für die Schönheiten des Schmucks. Allein die letzterwähnte Heimsuchung der Männerwelt, die seither bei jedem Einkaufsbummel mit ihrer Liebsten an keinem Schaufenster eines Juweliers zügig vorübergehen können, ohne von ihren Frauen unumwunden an den nächsten Hochzeitstag oder Geburtstag erinnert zu werden, macht schon klar, warum Azazel als einer der schlimmsten Dämonen gilt. Azazel begegnet uns im Alten Testament auch als Sündenbock, dem die Juden auch noch heute alljährlich symbolisch die Sünden der Menschen aufladen und ihn, je nach örtlichen Gegebenheiten, entweder ins Meer oder in die Wüste treiben. Immer wieder wird der Teufel auch mit Baal gleichgesetzt, der uns zuhauf im Alten Testament begegnet. Er war in Kanaan der Schöpfer der Natur, unter dem Namen Baal-Fagor verehrten ihn die Moabiter. Baal-Fagor wurde später zu Belphegor „verhonepipelt". Baal soll sich auf der Erde eine menschliche Frau gewählt haben, um schließlich doch freiwillig in die Unterwelt zurückzukehren, weil er die Feuer der Hölle der Ehe vorzog.

Um das Wort Gottes zu verstehen und auch in seinen verborgenen Aspekten zu entschlüsseln, bildete sich die jüdische Geheimlehre, die Kabbala, die zunächst ausschließlich von Mund zu Ohr überliefert wurde und so ständig für alle äußeren

Einflüsse offen war, bis sie schließlich in ihren Grundzügen schriftlich fixiert wurde. Zu ihrer vollen Entfaltung kam die Kabbala erst nach 1300 nach Beginn unserer Zeitrechnung, wahrscheinlich gehen viele ihrer Ansätze jedoch auf die so genannten Patriarchenüberlieferungen zurück, die 1300 bis 2000 vor unserer Zeitrechnung entstanden. Im Talmud und im Alten Testament finden sich zahlreiche frauenfeindliche Textstellen. In der Kabbala begegnen uns die Dämonenmutter Lilith, die erste Frau Adams, Naamah, Machlath und Iggereth. Da die Vorstellung vorherrschte, dass der Geist dem Göttlichen nahe stehe, die Materie, die Natur und der Körper dem Teuflischen, wurde der Teufel als Herr dieser Welt angesehen, der große Verführer, der letztendlich Schuld hatte am menschlichen Drama. Die Frau aber wurde, wie dies später auch im *Hexenhammer* nachzulesen war, jenem berüchtigten Buch, nach dem „Recht" über die der Hexerei Angeklagten gesprochen wurde, der Natur nahe gestellt. Sie sei eher Tier als Mensch, ja, schlimmer noch als ein Tier, da sie sich menschlich gebe und es mit ihrer Schlangen gleichen Verführungskunst vermöge, den Mann in den Untergang zu treiben. Sie sei aufgrund ihrer Beeinflussbarkeit den Versuchungen Satans direkt ausgesetzt und so wirke der Höllenfürst durch das Weibliche an sich. Dieser Vorstellungskreis sollte eine Grundlage der Inquisition in Mittelalter und Neuzeit bilden. Mit dem Niedergang des Ansehens der Weiblichkeit ging eine Verkrampfung im Umgang mit Sexualität einher. Waren die Hetärenkulte, die Kadeschen, Tempelprostituierten, der exzessive Dionysos-Kult und vergleichbare Strömungen Bestandteil vieler polytheistischer Religionen, sprangen Pan, Satyrene, Faune, Silene und Konsorten mit aufrechtem Penis durch die Wälder, so übernahmen die Urchristen liebend gern die leibesfeindlichen Lehren der Essener. Die Lust wurde, wie weit früher auch im Judentum, durch die mosaischen Gesetze nun auch aus der urchristlichen Religion verbannt und suchte sich ihren Weg über den großen Verführer, den Teufel, zu den Verführten, von Succubi und Incubi Heimgesuchten zu den Hexen, die es angeblich mit dem Teufel trieben.

In den ersten vierhundert Jahren der christlichen Kirchengeschichte beginnt die Karriere des Teufels als Widersacher und Antichrist in der uns heute bekannten Form. Das Nizäische Konzil beschloss im Jahre 357, dass der Teufel keine Schöpfung Gottes ist, die Figur des Teufels wird ausgegliedert aus der alttestamentarischen Vorstellung, dass er ursprünglich ein Engel Gottes war, der zum Beispiel im Auftrag Gottes Hiob prüfte. Es begann eine bis heute nicht beendete Irrfahrt in der Beweisführung, wer der Teufel denn nun eigentlich sei, und vor allem, woher er komme. Das vierte Lateranenkonzil beschloss im Jahre 1215, dass Luzifer doch ein gefallener Engel sei. Im zweiten Jahrhundert christlicher Zeitrechnung ordnete Klemens von Alexandrien alle fremden Götter dem Satan zu, aus Göttern wurden Dämonen und Teufel. Auch die gnostischen Strömungen, die sich parallel zum Urchristentum entwickelten, wurden erbittert bekämpft. Bereits im vierten Jahrhundert brannten die ersten Scheiterhaufen und sie sollten bis in die Neuzeit hinein lodern. Die Zuordnung „Inquisition = Scheiterhaufen = Mittelalter" ist schlichtweg falsch. Mit den Scheiterhaufen sollten neben den Waldensern, den Templern, den Albigensern und den übrig gebliebenen Bogumilen auch die Katharer

Bekanntschaft machen, deren Lehren auf dem extremen Dualismus des Zoroastrismus und Manichäismus beruhten und die viele gnostische Züge hatten. So lehnten sie zum Beispiel die Taufe ab, es gab kein Entkommen von der Erbsünde. Sie wiesen diese Welt zurück und lebten in Askese.

Als Papst Innozenz IV. im Jahre 1235 die Folter zum Mittel der Wahrheitsfindung in Inquisitionsprozessen machte, brach eine Welle der Gewalt über die „Kirchenabtrünnigen" herein, denn es genügte einfache Denunziation, um in finsteren Kerkern durch Folter zum Geständnis der Teufelsbuhlschaft gezwungen zu werden. Die Verfolgung betraf nicht nur „Teufelsanbeter und Hexen", sondern verstärkt auch Juden, die enteignet, verfolgt und ermordet wurden. Dass hierbei auch materielle und, das wird zu selten in Betracht gezogen, sexuelle Intentionen eine Rolle spielten, ist offensichtlich. Die Inquisitoren waren Männer, deren Macht unbegrenzt schien. Es ist bezeichnend, dass sich selbst die Kirche immer wieder genötigt sah, zu betonen, dass die Vergewaltigung von inhaftierten „Ketzern" unchristlich sei, und schließlich rang man sich dazu durch, die Vergewaltigung von Hexen in Spanien unter Todesstrafe zu stellen, da Willkür und Machtmissbrauch der „Verteidiger des Glaubens" selbst dem Papst zuviel wurden.

In Deutschland wurde die Hysterie zusätzlich angeheizt, nachdem Kälteperioden die Ernte verdorben hatten und die Pest ganze Landstriche so gut wie entvölkert hatte. Der Schuldige war schnell gefunden: Der Teufel. Auch die protestantische Kirche beteiligte sich an der Hexenjagd. Obwohl der Antisemit Luther selbst wegen Ketzerei angeklagt wurde, stand er hinter der systematischen Ermordung von Andersgläubigen: „Es ist ein überaus gerechtes Gesetz, dass die Zauberinnen getötet werden ...", „Wenn du solch Frauen siehst, sie haben teuflische Gestalten, ich habe einige gesehen. Deswegen sind sie zu töten." (Martin Luther im Jahre 1526 in Wittenberg). Seine Reformen haben nichts mit dem Beginn eines vernünftigen, besser: menschlicheren Umgangs mit dem Hexenwesen zu tun, er ist der Meinung, „... dass die Hexen wegen ihres Bundes mit dem Teufel zu recht verbrannt werden."

Viele Wissenschaftler, die sich mit Astrologie, Alchemie, Physik, Astronomie, Biologie, Mathematik und Philosophie befassten, gerieten in den Verdacht, ihr Wissen und ihre Fähigkeiten dem Wirken des Teufels zu verdanken. Gelehrte wie Giordano Bruno, Nikolaus Kopernikus und Galileo Galilei landeten entweder auf dem Scheiterhaufen oder ihre Lehren wurden verboten, da sie die Macht der offiziellen Kirche und das ptolomäische Weltbild untergruben, nach dem Gott der Schöpfer der Welt und die Erde der Mittelpunkt des Universums war.

Mit dem Beginn der Aufklärung wurde dem Hexenwahn allmählich die Basis entzogen und die Scheiterhaufen erloschen, der Teufel jedoch blieb allgegenwärtig. Er erschien in vielen aufklärerischen Schriften und stand in vorderster Reihe bei einer immer kritischer werdenden Auseinandersetzung mit der offiziellen Kirche und Religiösität im Allgemeinen. Freidenkerische Organisationen, die Freimaurerei und das Rosenkreuzertum und andere Geheimbünde bildeten sich allmählich (wieder) heran. Dass all diesen Bünden von Seiten der Kirche der Bund mit dem Teufel vorgeworfen wurde und die Kirchenvertreter einen erbitterten Kampf gegen die neue Konkurrenz begannen, liegt in der Natur der Sache. Seit dem siebzehnten Jahrhundert nahmen aber auch explizit satanische Riten und Bündnisse zu, die den Teufel in einem durchaus christlichen Sinne verehrten und eine Art „umgedrehtes Christentum" praktizierten, sich am Tabubruch erfreuten und so doch allmählich dazu beitrugen, den Teufel zu emanzipieren und aus der Rolle des Antichristen in die Rolle des Agenten der Aufklärung und der Vernunft zu überführen. Der Teufel ist nun ein schelmischer, cleverer Gentleman, ein Nonkonformist, der sich seine eigenen Gedanken macht und die Menschen dazu bringt, ihre Individualität zu entdecken. Dieser Nonkonformismus wurde Jaques Cazotte zum Verhängnis. Er symphatisierte mit dem Satan und verfasste das Buch *Verliebte Teufel* im Jahre 1772 und wurde wenig später hingerichtet.

Während des ausgehenden neunzehnten Jahrhunderts gediehen in Europa neben unzähligen spiritistischen Zirkeln auch andere, neue und exotische Heilslehren, eine wahre Okkultwelle entstand, deren Schaumkrone aus der heutigen „esoterischen" Landschaft besteht. Der Teufel als heroische Gestalt in der Literatur gewann an Kraft und Eigenständigkeit. Heute ist er in variierenden Funktionen aus der Literatur, dem Filmbetrieb und der Musik von Franz Liszt bis zum Black Metal nicht mehr wegzudenken. Der Teufel als Symbol des Aufbegehrens gegen die kirchliche Obrigkeit wandelte sich in den 60er Jahren des letzten Jahrhunderts zum personifizierten Aufstand gegen das Establishment. Immer jedoch ist er offenbar ein unbequemer Aufrührer, der den beständigen Wertewandel voran treibt. Doch auch die Gegner, die Moralapostel, Sittenwächter und Exorzisten existieren unter uns. In London wird die letzte Hexe im Jahr 1944 (!) festgenommen, die Frau stirbt in der Haft. 1976 stirbt die letzte Frau in Deutschland an einer bischöflich beaufsichtigten Teufelsaustreibung.

Der Teufel ist tot, lang lebe der Teufel.

Offenbar hat er einen gewaltigen Sieg errungen und ist dem Zugriff der christlichen Kirche weitgehend entkommen.

So, wie Klemens von Alexandrien dereinst alle fremden Götter zu Teufeln machte, so entführen ihn seine Anhänger heute aus den christlichen Schubladen und fächern seine Gestalt auf in allen Farben und Aspekten seines Seins. Sie machen den Teufel zu einer Figur, die aufbegehrt gegen die Vereinheitlichung und eintritt für die Vielfalt, in der es Platz für so viele Kulte gibt, wie es Menschen gibt, die das Bedürfnis nach Göttern und Teufeln in sich tragen.

Der OTV und sein satanistisches Programm

*„Das Gute ist das Passive, das der Vernunft gehorcht,
das Böse ist das Aktive, das der Energie entstammt.
Das Gute ist der Himmel,
das Böse ist die Hölle."*

(William Blake)

Der OTV, der *Ordo Templi Veritatis*, ging vermutlich Anfang der 60er Jahre aus dem *Alten Orden von Satan* hervor, dessen Geschichte angeblich bis ins ausgehende neunzehnte Jahrhundert zurück reicht. Die einzige Begründung für die Schaffung dieses Ordensablegers war, das im wahrsten Sinne des Wortes okkulte System des *AOS* herunter zu brechen auf einen leicht verständlichen, einfachen gesellschaftlichen Hebel. Anhand dieser beiden heute weitgehend unbekannten im Verborgenen operierenden und miteinander verzahnten Ordensansätze können wir strukturelle Unterschiede bei explizit satanischen Organisationen sehr leicht herausarbeiten: Der *AOS* besteht für jeden Bruder und jede Schwester aus exakt drei Personen. Aus einem Lehrer, dem Mitglied selbst und dem Schüler. Da der *AOS* keinerlei Austausch mit anderen Gruppierungen pflegt und keine Kurse, Seminare und Magieabende in einschlägigen Zeitschriften anbietet, ist es eher „Zufall" (oder wäre „Vorsehung" der besser passende Begriff?), mit ihm in Verbindung zu kommen.

Es müssen verschiedene dieser Zufälle zusammen kommen: 1.) Der Magier muss einen Initiierten des *AOS* „zufällig" kennen lernen. 2.) Das Mitglied des *AOS* muss sich als solches zu erkennen geben. 3.) Der Magier muss den Willen haben, dem *AOS* beizutreten und sich einer umfangreichen Ausbildung zu unterziehen. 4.) Das Mitglied des *AOS* muss bereit sein, dem Magier diese Ausbildung angedeihen zu lassen. Dabei ist es wichtig, dass ein Bruder oder eine Schwester im *AOS* zu Lebzeiten nur drei Schüler haben darf. Dies bedingt, dass sich beide Seiten sehr, sehr sicher sein müssen, das Richtige zu tun, zumal eine Ausbildung nicht abgebrochen werden darf, weder von der einen noch von der anderen Seite. Was immer auch geschieht. Grundlage der Ausbildung ist das so genannte *Schwarze Buch*, welches diesen Namen trägt, da es ein verbotenes Buch ist, das ausschließlich demjenigen zugänglich sein darf, der es geschrieben hat. Der Lehrer darf es seinem Schüler nicht vorlegen, sondern muss die Inhalte des Buches „von Mund zu Ohr" und durch praktische Arbeiten an seinen Schüler weitergeben. Der Schüler macht umfangreiche Aufzeichnungen in SEINEM *Schwarzen Buch*, welches nicht einmal sein Lehrer zu Gesicht bekommt. Diese zugegebenermaßen etwas merkwürdige Vorgehensweise soll sicher stellen, dass sich die Lehre immer wieder der Zeit, der Sprache und dem Geist der Menschen anpasst, sich beständig verändert und lebt. Der berühmte „Stille-Post-Effekt" wird nicht nur billigend in Kauf genommen, sondern unterstützt. Dies bedeutet, dass die Lehre über die Jahrzehnte sehr unterschiedlichen Charakter annimmt. Es ist sogar vorstellbar, dass der unbekannte Gründer des *AOS* im Grabe rotieren würde, wenn er „seine" Lehre heute sehen würde, und genau dieses Aufbrechen von Dogmen ist gewollt. Der Schüler wiederum hat die Aufgabe, sich dreimal im Leben einen weiteren Schüler zu suchen und die Lehren des *AOS* lebendig zu halten.

Früher oder später, selbst wenn verschiedene Initiationslinien parallel in Gang gebracht wurden, ist die Zeit des *AOS* begrenzt, denn eines Tages wird die Exklusivität ihn ersticken, da die ursprüngliche Lehre entweder gänzlich verschwindet oder durch neue, verfälschte Einweihungslinien zunächst überlagert und dann abgelöst wird. Mir wurde dies als wünschenswert beschrieben, denn Gründung aus menschlicher Idee heraus, steter Wandel und schließlich Tod einer Organisation sind Bestandteil der Lehre und nicht das Gefäß, in dem die Idee vor der sich ändernden Welt beschützt werden muss. Insofern hat der Ideengeber des *AOS* eine Art Verfallsdatum für seinen Orden vorgesehen und diesen bewusst nicht für die Ewigkeit konzipiert. Dass scheinbar gerade diese Idee, die ja auf tönernen Füßen steht, bis in unsere Zeit überlebt hat, zeigt entweder, dass sie unglaublich kraftvoll ist, oder, dass meine Informationen von Betrügern stammen. Ja, es ist nicht einmal sicher, dass der *AOS* jemals existiert hat geschweige denn noch immer aktiv ist. Möglicherweise bin ich nur einem Gerücht aufgesessen, jedoch einem Gerücht, das eine gehörige Portion Faszination entfalten kann.

Meinen Informationen zufolge kam ein Mitglied des *AOS* Anfang der 60er Jahre auf die Idee, den *OTV* zu gründen, der seither eine ganz eigene Entwicklung gemacht hat mit dem Ziel, gewisse gesellschaftliche Strukturen zu unterwandern. Es gibt Gerüchte, dass der *OTV* seine Hände bei der Gründung der *Church of Satan* im Spiel hatte und dass die „unbekannte Hand", von der LaVey seine Version der Henochischen Schlüssel empfangen hat, tatsächlich zu einem Mitglied des *OTV* gehörte. Dem *OTV* wird ein Programm zugeschrieben, das in einigen seiner Punkte dem „Fünf-Punkte-Programm" der *Church of Satan* nicht unähnlich ist (im Folgenden aus der Erinnerung zitiert und mit Beispielen meiner Interpretation versehen):

1.) Strikte Trennung von Staat und religiösen Institutionen aller Art. (Beispiel: Abschaffung des staatlichen Einzugs der Kirchensteuer.)

2.) Besteuerung aller religiösen Institutionen, die ein regelmäßiges Einkommen aufweisen. (Beispiel: Besteuerung des Vermögens der großen Kirchen, um ein faires Kräftespiel zu ermöglichen.)

3.) Verbot von Missionierung aller Art im öffentlichen Raum. (Beispiel: Keine Evangelisation in Fußgängerzonen, keine Zeugen Jehovas an der Straßenecke. In vielen Ländern der Erde herrscht ein solches Verbot bereits.)

4.) Keine staatlichen Hilfen für Einrichtungen mit kirchlich/religiöser Trägerschaft. (Beispiel: Soziale Einrichtungen entweder mit Steuergeldern finanziert in staatlicher Trägerschaft oder in privater Trägerschaft, dann aber auch privat finanziert. Entgegen der landläufigen Meinung fließen maximal 8% der Kirchsteuern in soziale und caritative Einrichtungen)

5.) Abschaffung von Gottesdiensten, des kirchlichen Religionsunterrichtes und von religiösen Unterweisungen an öffentlichen Schulen. An dessen Stelle tritt ein religionswissenschaftlicher Unterricht. (Beispiel: Gleiches Recht für alle, also Abschaffung des staatlich finanzierten Werbeblocks für die katholische, evangelische oder islamische Religion in öffentlichen Schulen.)

6.) Verbot von fest installierten weltanschaulichen/religiösen Symbolen außerhalb von privatem Grund und Boden. (Beispiel: Keine Gipfelkreuze mehr, keine Zeichen der religiösen Vormachtstellung einer einzelnen Religion im öffentlichen Bereich.)

7.) Der gesellschaftliche Konsens, der sich in den demokratisch herbeigeführten Gesetzen des Landes ausdrückt, regelt das Zusammenleben aller Bewohner des Landes und steht somit über den Maßgaben der Religion. Die Gesetze des Landes stehen über dem Recht auf freie Ausübung der Religion. (Beispiel: Das Recht auf Unversehrtheit oder auch das Tierschutzgesetz dürfen nicht durch eine falsch verstandene Toleranz ausgehebelt werden.)

8.) Einführung von Minderheitenanwälten, die in der mehrheitsorientierten Demokratie die Rechte von Minderheiten schützen und im Parlament vertreten. (Beispiel: Staatlich finanzierte Vertreter von Minderheiten auf kommunaler-, Landes- und Bundesebene. Es geht nicht an, dass Menschen aufgrund ihrer Zugehörigkeit zu einer legalen Partei oder Religion ihre Arbeit verlieren, keine eingetragenen Vereine gründen können, öffentlich gebrandmarkt werden und ihre Persönlichkeitsrechte außer Kraft gesetzt werden)

9.) Freie Religionsausübung zu jeder Zeit, an jedem Ort, sofern keine Gesetze des Landes gebrochen und andere Mitbürger nicht in unzumutbarer Weise gestört werden. (Beispiel: Es ist Aufgabe des Staates, jedem Bürger die Durchführung seiner Religion zu ermöglichen, und sei sie noch so abstrus, solange nicht die Rechte anderer dadurch in Mitleidenschaft gezogen werden. Im Zweifelsfall also Polizeischutz für eine Schwarze Messe.)

10.) Stärkerer Schutz der Persönlichkeitsrechte. Angriffe auf Freiheit, physischer und psychischer Gesundheit des einzelnen Bürgers werden mit härtesten Strafen belegt. (Beispiel: Jeder gewalttätige Übergriff auf einen Mitmenschen zeigt einen mangelnden Respekt vor der Freiheit und dem Leben an und sollte erheblich härter bestraft werden als jedes andere Vergehen.)

11.) Freier Zugang zu jeder Tages- und Nachtzeit zu allen Stätten, an denen im öffentlichen Raum Religion praktiziert wird, es sei denn, dem steht ein hinreichend begründetes höher gestelltes Interesse entgegen, z. B. Denkmal- oder Naturschutz. (Beispiel: Kein Absperren mehr von Kraftplätzen, kein nächtlicher polizeilicher Verweis aus Wäldern und Höhlen; einem naturreligiösen z. B. muss es möglich sein, in der Natur zu tun und zu lassen, was er will und wo er will, es sei denn, es stehen tatsächlich gewichtige Gründe dagegen (s.o.).)

Diesem 11-Punkte-Programm merkt man an, dass es sich beim *OTV* mitnichten um eine primär magische Vereinigung handelt, sondern dass hier ganz klare gesellschaftliche Ziele verfolgt werden. Und somit liegt es auf der Hand, warum es den Mitgliedern des *OTV* oftmals darum geht, im Verborgenen zu operieren. Sie propagieren den Staat quasi als Schiedsrichter im Wettstreit der Religionen, der darauf achtet, dass die Spielregeln eingehalten werden. Diesen durchaus politischen Anspruch merkte man zu allen Zeiten auch der Church of Satan an. In deren Mitgliedermagazinen *Cloven Hoof* und *Black Flame* fanden und finden sich zahlreiche Beiträge, die auch dem *Freidenker* entstammen könnten. Im *OTV* existiert eine feste Definition eines Satanisten, die man nicht teilen muss, aber sie zu kennen, schadet nicht und kann ein guter Ausgangspunkt für eigene Überlegungen sein. Wiederum aus der Erinnerung zitiert:

1.) Der Satanist sieht sich als ein Säugetier unter vielen, nicht besser, sondern aufgrund seiner geistigen Fähigkeiten oft verheerender für seine Umwelt.

2.) Der Satanist nimmt in sich selbst eine vom geschaffenen Universum getrennte Kraft wahr.

3.) Mithilfe dieser Kraft kann er selbst schöpferisch werden und seine Welt durch Magie formen.

4.) Der Satanist lebt in einem vielfältigen Multiversum, in dem Teilung und Trennung herrscht. Weder kommt das Multiversum aus der Einheit, noch geht es dorthin.

5.) Indem der Satanist sich selbst und seine Welt zu beherrschen lernt, wird er Gott in dem Maße, wie ein Kapitän sich in die Lage versetzt, sein Schiff zu navigieren, Ziele anzusteuern, das Äußere seines Schiffes und seine Mannschaft zu bestimmen. Der Kapitän ist jedoch nicht in der Lage, den Gang der Wellen oder die Richtung des Windes zu beeinflussen, sondern er arrangiert sich mit diesen Kräften und macht sie sich zu nutze.

6.) Lust und Schmerz sind die Lehrer jedes Wesens, der Satanist erkennt sie jedoch als seine Initiatoren mit dem Ziel, mit ihnen auch über den Tod hinaus verbunden zu sein.

7.) Der Satanist sucht Erfüllung anstelle von Abstinenz. In dieser Erfüllung liegt Liebe.

8.) Der Satanist erkennt sich als Teil einer christlich geprägten Gesellschaft mit dem Ziel, sich und die Gesellschaft nach seinem Willen umzuprogrammieren. Satanismus bezieht seine Nahrung ausschließlich aus einer christlich geprägten Umgebung. In einer nichtchristlichen Umgebung ist Satanismus nicht lebensfähig.

9.) Der Wert von Licht und Finsternis, Gut und Böse, Wahrheit und Lüge liegt in ihrem Nutzen für den Satanisten.

10.) Das Gesetz des Starken ist das Gesetz des Satanisten. Geschichte wird von Siegern geschrieben.

Anhand der Ideen des *Alten Ordens von Satan* und dem *Ordo Templi Veritatis* ist hoffentlich deutlich geworden, dass im organisierten Satanismus, auch abseits der bekannten, großen Organisationen *Church of Satan* und *Temple of Set* eine sehr große Vielfalt herrscht, die eben von rein magischen, persönlichkeitsentwickelnden und initiatorischen Systemen wie dem *AOS* bis hin zu gesellschaftsverändernden Speerspitzen der Bewegung wie dem *OTV* reichen.

Nachzutragen wäre, gerade für Sektenbeauftragte, die beim Studium dieses Kapitels bereits ihre Hose geöffnet haben, dass Punkt 10 der Satanismusdefinition in Verbindung mit Punkt 10 des Programms gelesen werden sollte.

Aufnahme haben diese Überlegungen in dieses Buch nicht etwa deshalb gefunden, um für die eine oder andere Organisation zu werben (was auch schwierig sein dürfte, da bei keiner der beiden Organisationen deren tatsächliche Existenz zweifelsfrei nachgewiesen werden und die Behauptung von Menschen, die seien involviert, nicht als Beweis gelten kann, da durchaus auch Täuschung vorliegen könnte, wenngleich es sich in diesem Falle um einen interessanten Betrug handeln würde), sondern um das Bild des organisierten Satanimsus um zwei interessante Facetten zu ergänzen...

Literatur

Die Alten Ägypter	E. Brunner-Traut
Ägypten und ägyptisches Leben	A. Erman
Papyri Graecae Magicae	Karl Preisendanz (K.G. Saur München, Leipzig)
Night Magick	Phillip D. Williams (Privatdruck)
Im Kraftstrom des Satan – Set	Frater Eremor (Second Sight Books)
Satanismus	Josef Dvorak (Eichborn)
Nightworks	Frank Lerch (Bohmeier)
Handbuch der Chaosmagie	Frater 717 (Bohmeier)
Lexikon esoterischen Wissens	Nevill Drury
Das Ägyptische Totenbuch	G. Kolpaktchy
Der Götterglaube im alten Ägypten	H. Kees
Ägyptische Religion	S. Morenz
Abrasch	Romero E. Sotes (Arun)
Hathor und Re	Harry Eilenstein (Edition Magus)
Lexikon der Götter und Symbole	Manfred Lurker (Scherz)
Chaos und Hexenzauber	Nicholas Hall (Bohmeier)
A Witches Bible	Janet und Stewart Farrar (Phoenix)
Symbole der Kulturen	Ars Edition
Die Pharaonen	Christian Jacq
Übung der Nacht	Tenzin Wangyal Rinpoche
Das alte Ägypten	Hermann A. Schlögl
Hatuschili und Ramses	Horst Klengel
Schule der Hohen Magie I & II	Frater V.'.D.'. (Ansata)
Die Hieroglyphen entschlüsselt	Bridget McDermott (Heyne)
Black Magic	Michael Aquino
Horus und Seth als Götterpaar	Hermann Kees
Gesammelte Werke	Friedrich Nietzsche
Das magische System des Golden Dawn	Israel Regardie
Cults of the Shadow	Kenneth Grant
Die Satanische Bibel	Anton Szandor LaVey (Second Sight Books)
Die Satanischen Rituale	Anton Szandor LaVey (Second Sight Books)
Die Satanischen Essays	Anton Szandor LaVey (Second Sight Books)
The Diabolicon	Michael Aquino
Aleister Crowley's Magische Rituale	Gregorius (Schikowski Berlin)
Handbuch der Ägyptischen Königsnamen	J. v. Beckerath

Internetadressen:

Kestner-Museum Hannover:
www.hannover.de/deutsch/kultur/museen/mus_mus/mus_all/kestner.htm
Gustav-Lübcke-Museum Hamm:
www.hamm.de/gustav-luebcke-museum
Antikenmuseum Basel und Sammlung Ludwig:
www.antikenmuseumbasel.ch
Kunsthistorisches Museum Wien:
www.khm.at
Papyrussammlung und Papyrusmuseum der Österreichischen Nationalbibliothek:
www.onb.ac.at/sammlungen/papyrus/pap_allg.htm
Ägyptisches Museum der Universität Bonn:
www.uni-bonn.de/die_universität/museen/aegyptisches_museum
Sammlung des Ägyptologischen Instituts der Universität Tübingen:
www.uni-tuebingen.de/aegyptologie/sammlung
Ägyptisches Museum der Universität Leipzig:
www.uni-leipzig.de/-egypt
Roemer- und Pelizaeus-Museum Hildesheim:
www.rpmuseum.de
Staatliches Museum Ägyptischer Kunst München:
www.aegyptisches-museum-muenchen.de
Ägyptisches Museum und Papyrussammlung Berlin:
www.smb.spk-berlin.de/amp
Ägyptisches Museum Kairo:
www.egyptianmuseum.gov.eg
The British Museum London:
www.thebritishmuseum.ac.uk
Musee du Louvre Paris:
www.louvre.fr
Museo Egizio Turin:
www.comune.torino.it/musei/pag/megizio.htm

„Ich krieche in Deine Handlungen,
bin bestimmender Faktor Deiner Gedanken, Dein
Höllentrip beginnt erst jetzt.“
(Edwin Maybaum)